教育部人文社科一般项目课题
"湖南的矿业开发与近代社会转型(1680–1949年)"资助
项目号 09YJC770052。

清代湖南的矿业

分布·变迁·地方社会

林荣琴 著

商务印书馆
The Commercial Press

图书在版编目(CIP)数据

清代湖南的矿业:分布·变迁·地方社会／林荣琴著.—北京:商务印书馆,2013
ISBN 978-7-100-10403-6

Ⅰ.①清… Ⅱ.①林… Ⅲ.①矿业—工业史—湖南省 Ⅳ.①F426.1

中国版本图书馆 CIP 数据核字(2013)第 267798 号

所有权利保留。
未经许可,不得以任何方式使用。

清代湖南的矿业:分布·变迁·地方社会
林荣琴 著

商 务 印 书 馆 出 版
(北京王府井大街36号 邮政编码100710)
商 务 印 书 馆 发 行
山东临沂新华印刷物流集团
有 限 责 任 公 司 印 刷
ISBN978-7-100-10403-6

2014年1月第1版　　开本640×960　1/16
2014年1月第1次印刷　印张25.5
定价:45.00元

序

宋代以后,长江中下游地区经济迅速发展,最终取代了已经有千年繁荣的黄河中下游地区,成为全国经济中心。其原因和过程,前人已有多种著作论述,无须多赘。此处要强调的是矿冶业的发展,在其中占有十分重要的地位。在清代前期康雍乾时代,矿冶业在国计民生中的地位日益重要。朝廷内部围绕着禁矿还是鼓励开禁问题,曾经历时半个多世纪的政策论战,终于采纳了开放矿禁的政策,商办矿业由此有了很大的发展。矿冶业的发展带动了社会各方面的变化,如社会资金的转移、从业人员的增加、城市经济的变化、自然环境的影响,等等,都折射出社会历史的变化。

本书是作者在博士论文基础上修改而成的专著。作者选择湖南为研究对象,是因为湖南省的矿产资源丰富,含有铜、铅、煤、铁、金、锌、锡、磺等多种矿藏,开发的历史较早,到了清代,湖南矿业进入一个重要的发展时期,具有一定的典型性。

本书是从历史地理学的角度进行研究和探索,所以首先是研究清代湖南矿业的分布,以当时铜、铅、锌、锡等铸币原料矿存在很大的地区差异,形成以郴州—桂阳州为中心的三个层级的地区分布格局。其他矿产的开发,都有各自的中心,形成了全省矿业开发的综合地理格局。这种分布格局,既有自然原因,也有社会原因。由此为读者提供了清代湖南矿业的基本概貌;其次是研究这些矿业兴起、繁荣、衰落的过程,此为历史地理学研究的必然之义,亦为本书的重点所在;其三是对矿业生产、经营、管理上问题的探索。在传统社会里,朝廷、地方士绅、民众在矿业生产上各种利益的博弈,以及矿业生产对地方治安、社会风气、自然环境上的种种影响,反映了传统社会在发展社会生产力方面的艰难历程;其四,晚清湖南矿务总局的成立,是为湖南矿业发展的转折点,然在旧传统、旧制度的影响下,仍然步履艰难,成为近代中国工业发展的一个缩影。最后两个附表,是收集大量原始资料做出的统计表,具有重要的学术价值。

窥一斑而见全豹,本书虽限于湖南一省,但其具有一定的典型性。其成果是否有益于其他省区矿业的研究,读者专家自当有客观的结论。是为序。

邹逸麟

二〇一三年六月十九日

目 录

绪论 …………………………………………………………… 1
  一、研究的意义 ………………………………………………… 1
  二、学术史回顾 ………………………………………………… 2
  三、研究对象、方法与资料的运用 …………………………… 19
  四、研究的主要问题、目标及基本框架 ……………………… 22

第一章　背景分析 ……………………………………………… 25
第一节　清代湖南政区和自然地理概况 ……………………… 25
  一、政区 ………………………………………………………… 25
  二、自然地理概况 ……………………………………………… 28
第二节　地质条件和矿产资源 ………………………………… 32
  一、地质条件 …………………………………………………… 32
  二、现代矿产资源 ……………………………………………… 35
第三节　清代以前湖南的矿业开发 …………………………… 38
  一、先秦至隋代湖南矿业的缓慢发展 ………………………… 38
  二、唐代湖南矿业的大发展 …………………………………… 40
  三、宋代湖南矿业的繁荣与曲折 ……………………………… 41
  四、元代湖南矿业的分布 ……………………………………… 45
  五、明代湖南矿业的继续发展 ………………………………… 46
第四节　矿业再度兴起的社会经济条件 ……………………… 48
  一、农村经济的发展 …………………………………………… 49
  二、人口的增长及其影响 ……………………………………… 51

三、灾荒对社会经济的破坏 …………………………………… 53
　　四、开发矿产的需要 …………………………………………… 54
　　五、矿禁的放开及其在湖南的实施 …………………………… 59

第二章　清代湖南矿业开发的空间分布（1644—1874年）…… 63
　第一节　清代湖南矿产资源的种类及分布 ……………………… 63
　　一、矿产及其分布 ……………………………………………… 63
　　二、资源分布特点及其在利用上的优势 ……………………… 67
　第二节　铜、铅、锌、锡矿开发的分布与地区差异 …………… 69
　　一、铜、铅、锌、锡——铸币原料矿开发的空间分布 ……… 69
　　二、影响铜、铅、锌、锡矿开发分布与差异的因素 ………… 80
　第三节　煤矿、铁矿开发的分布 ………………………………… 85
　　一、煤矿的开采与封禁 ………………………………………… 86
　　二、铁矿的开采与封禁 ………………………………………… 91
　第四节　金、银、硫磺、硝土和其他矿产开发的分布 ………… 96
　　一、金矿开发的分布 …………………………………………… 96
　　二、银矿开发的分布 …………………………………………… 98
　　三、硫磺和硝土矿开发的分布 ………………………………… 100
　　四、其他矿产的开采 …………………………………………… 103
　小结：全省矿业开发的综合地理格局 …………………………… 104

第三章　清代湖南矿业的发展与兴衰（1644—1874年）……… 110
　第一节　铸币原料矿——铜、铅、锌、锡矿开发的盛衰 ……… 110
　　一、各时期在采矿厂（点）的数量变化与矿业盛衰 ………… 110
　　二、产量的变化与矿业盛衰 …………………………………… 115
　　三、宝南钱局铸炉数量的变化与矿业盛衰 …………………… 120
　第二节　各时期铜、铅、锌、锡矿业的发展与空间分布 ……… 122
　　一、康熙、雍正预备徘徊期 …………………………………… 123
　　二、乾隆至嘉庆初繁荣期 ……………………………………… 127

三、嘉庆十年以后衰落期 ·································· 135
第三节 煤矿、铁矿及其他矿产开发的空间变迁和兴衰 ········ 140
  一、煤矿开发地区的扩展与萎缩 ······························ 140
  二、铁矿开发地区的扩展变迁与兴衰 ························ 143
  三、金、银矿开发的空间变迁 ································ 147
  四、其他矿产开发的空间变迁 ································ 148
第四节 影响矿业开发兴衰的因素 ······························ 149
  一、学界对于中国古代矿业不发达的探讨 ·················· 149
  二、制约清代湖南矿业发展的因素 ·························· 152
  三、各种因素在清代湖南矿业开发兴衰中的作用 ·········· 157
小结 ·· 161

第四章 矿业生产中的经营管理和产销 ·························· 163
第一节 矿业生产的经营方式 ···································· 163
  一、经营方式 ·· 163
  二、私采、偷漏与私贩 ·· 167
第二节 矿业生产的税收与管理 ·································· 170
  一、税收 ·· 170
  二、管理 ·· 173
  三、封禁矿山——特殊的管理政策 ·························· 179
  四、惩治法规 ·· 184
第三节 铜、铅、锌、锡等矿的产销 ···························· 185
  一、产销量估算方法 ·· 186
  二、运送京局的铜铅矿数量 ···································· 187
  三、湖南鼓铸中铜、铅、锌、锡矿的用量 ·················· 188
  四、从外省采买和供外省采买的铜、铅矿数量 ············ 192
  五、各矿产量估算 ·· 197
小结 ·· 201

第五章 矿业开发中的冲突与调适 ……………………………… 203
第一节 坑冶"十害论"与郴州矿业开发 ………………………… 204
一、缘起——康熙年间的开矿事件 …………………………… 204
二、坑冶"十害论"的提出 …………………………………… 205
三、坑冶"十害论"的渊源与形成的背景 …………………… 207
四、延续——后世的余波 ……………………………………… 210
五、郴州矿业开发的成效与坑冶"十害论" ………………… 213

第二节 耙冲岭事件 ……………………………………………… 215
一、自然和人文简况 …………………………………………… 215
二、最早的冲突与解决 ………………………………………… 215
三、后世的阴影与再采的失败 ………………………………… 218
四、事件评论 …………………………………………………… 220

第三节 九嶷山事件 ……………………………………………… 221
一、九嶷山的自然和人文价值 ………………………………… 221
二、请开矿与封禁的事件 ……………………………………… 222
三、禁山风水与民生——九嶷山封禁的主题 ………………… 223
四、事件评论 …………………………………………………… 227

第四节 问题透视 ………………………………………………… 229
一、民间开矿和反对开矿的较量——以地方士绅为主导 …… 229
二、苗疆和风水——矿业开发中的敏感问题 ………………… 231
三、控制、让步和预防——应对矛盾冲突中的政府作为 …… 232
四、冲突的调适与矿业的继续发展 …………………………… 235

第六章 矿业开发对社会经济的影响 …………………………… 237
第一节 对地方经济的影响 ……………………………………… 237
一、对劳动力的吸收 …………………………………………… 237
二、对农业生产的影响 ………………………………………… 239
三、带动地方经济发展和相关产业的繁荣 …………………… 240
四、促进商业繁荣和小市镇的发展 …………………………… 242

目录

第二节　对社会安定和社会风气的影响 ·················· 246
 一、矿业中的人口流动与社会治安 ·················· 246
 二、矿业风险、争讼与社会治安 ···················· 248
 三、团练与矿业 ··· 251
 四、对地方民风的影响 ······································ 252

第三节　对自然环境和后期开发的影响 ·················· 257
 一、森林和植被的破坏 ······································ 257
 二、水、土壤和空气污染 ···································· 260
 三、对地质地貌的影响 ······································ 261
 四、对后期开发矿产的影响 ································ 262

小结 ··· 265

第七章　晚清湖南新式矿业的出现及其命运 ········· 267

第一节　新式矿业的出现 ··· 267
 一、鸦片战争后全国兴办矿业的局势 ·················· 267
 二、光绪朝前二十年湖南矿业的发展 ·················· 269
 三、陈宝箴与湖南矿务总局的设立 ···················· 272

第二节　晚清新式矿业的曲折发展 ······························ 273
 一、1896—1898年间矿业的艰难发展 ················ 273
 二、1898年以后矿业的继续发展 ······················ 276

第三节　各矿的空间分布与开发特征 ························· 282
 一、金、银矿 ··· 282
 二、铜、铅、锌、锡矿 ···································· 284
 三、锑、锰矿 ··· 286
 四、煤、铁和其他矿产 ······································ 288

第四节　成就与局限 ·· 291
 一、成就与影响 ·· 291
 二、局限及其原因 ·· 293

结语 ··· 296

一、传统时期湖南矿业开发的广度和深度 …………………… 296
二、兴衰变迁的规律是否可以不断循环,如何循环? ………… 297
三、矿业开发在湖南区域经济发展中的作用 ………………… 299
四、矿业政策、矿业开发及其与地方社会 …………………… 301

附表1 清代湖南矿产出产与开发的分布统计表 …………… 303
附表2 康熙至同治年间湖南铜、铅、锌、锡矿在采矿厂(点)
　　　 统计表 ……………………………………………… 356

参考文献 …………………………………………………………… 367
图表索引 …………………………………………………………… 395

绪　论

一、研究的意义

　　人类历史发展至今,几乎每一种矿产的发现和利用都有力地推动了社会的发展和文明的进步,矿产对人类社会的重要性不言而喻。我国的矿业开发源远流长,考古资料证明,我国早在夏代就出现了较为先进的青铜冶炼技术。我国也是世界上最早发明生铁的国家之一,铁器的广泛使用曾极大地推动了生产力的发展,并引起剧烈的社会变革。随着社会的发展,人们对矿产的认识和利用水平不断提高,到清代时,中国人发现并利用的主要矿产已经有20多种。

　　早在中国历史的传说时期,矿业在国家的政治和经济活动中已经占据了重要的地位。传说黄帝在首山采铜,禹在厉山、汤在庄山采金,因以裕民。西周时,已设有专门掌管矿业的官职,称为"卝人",据《周礼·地官·司徒第二》记载:"卝人,中士二人、下士四人、府二人、史二人、胥四人、徒四十人。……卝人掌金玉锡石之地,而为之厉禁以守之。若以时取之,则物其地图而授之,巡其禁令。"此后的数千年中,矿产的开发一直受到重视。围绕着矿业开发的政策、管理和控制等种种问题,有时成为重大政治事件,如西汉的盐铁会议、明代的矿税之祸。矿业开发及其相关事件不仅影响着宏观的社会发展脉络,也在微观上对地方社会经济产生影响。

　　中国幅员辽阔,矿产资源分布不平衡,古代矿业开发活动的分布也不平衡。因此,选取矿业相对发达的特定区域,对特定时段的矿业进行综合的、细致的研究,易于复原历史时期矿业的具体状况以及从微观上认识矿业开发与地方社会发展变迁之间的关系。在此基础上帮助人们了解历史时期人类大规模经济活动与区域社会发展之间的互动,这也是学术界关注的重大问题之一。湖南省矿产资源丰富,有着"有色金属之乡"和"非金属之乡"的美称,在历史时期曾有断断续续、较大规模的矿产开发。到清代,湖南的矿业相对发达,在全国的地位非常重要,本阶段也是湖南从传统时代向近代变迁的关键历史时期。另一方面,湖南处在中国的中南部与西南部相接的地区,区域民族、历史、文化复杂多样,因矿业开发而牵涉的问题很多。因此,利用历史文献资料,对清代湖南矿业相关问题进行讨论,既可以进一步推进对上述问题的认识,也可以通过对相关研究方法和思路的探索,为矿业史和历史矿业地理等相关领域的研究提供新的范例。

当今,矿产资源是关系国计民生的重要生产资料、战略物资。我国已制定了较完善的《矿产资源法》,以加强对矿业开发和生产的管理与监督,规范正常的社会经济秩序,协调人与自然的关系,还出台了引导矿业开发的措施。但是,在今天的矿业开发中问题与矛盾仍然普遍存在,如资源浪费、环境破坏、安全问题、社会问题等。因此,研究古代矿业开发活动中的各种问题,对当代的矿业生产具有较强的现实意义。另一方面,弄清古代矿产的分布,也对今天的探矿找矿工作有一定的帮助。

二、学术史回顾

（一）国外研究

国外对中国矿业史的研究以欧洲为早,[①]成果则以日本为多,涉及

[①] 二十世纪初,我国地质矿床学专家和矿冶工程学家王宠佑在欧洲学习时,见到西方人将中国经史书中关于矿业的记载翻译成英文,作为中国矿业历史进行介绍。这可能是最早的西方人对中国矿业史的关注,但仅是初步的资料编排工作。参见王宠佑:《中国矿业历史》,《东方杂志》1919 年第 5 期。

绪 论

的面也非常广。从一般的矿业史描述和分析(包括产地、种类、产量、技术、政策及其与社会经济、文化之关系等),到重点时期(如对宋代和清代矿业的研究)以及重点话题(如云南铜矿)都有讨论。

二十世纪初,日本对中国的调查资料——《支那经济全书》中的"矿山"部分介绍了当时全国矿产地、矿业生产现状,并以大量篇幅研究了中国矿业史。① 二十年代,加藤繁的《唐宋时代金银之研究》从货币史的角度研究了唐宋时期的金银,对金银矿的出产地、坑冶制度与岁课等问题进行了讨论。② 四十年代,芳贺雄的《支那矿业史》叙述了中国矿业的发展历程,内容包括历代矿业发展的综合情况、各种矿产开发的历史、历代矿业组织与法规的沿革、近代矿业的变迁、各省矿产的分布与整顿,以及当时的矿产资源和产出情况。③ 此外,当时关于清代经济史的著作,也注意到了矿业政策以及军事财源与矿税的关系。④

二十世纪三十年代以来,日本学者关于中国矿业史的论文主要集中于对宋代和清代的研究。其中,对宋代的研究最多,主要学者有日野开三郎、千叶炅、宫崎市定、立川昭三、吉田光邦、中岛敏等,研究主要着眼于矿产开采地、产量、矿产种类、生产过程和技术等方面的内容,特别是对铜、铁的研究较多。此外,对经营、政策以及矿业对宋代文化高度发展的作用等方面也进行了探讨。⑤ 对清代的研究以里井彦七郎、中岛敏、川

---

① 东亚同文会 1907—1908 年出版。后改名为《中国经济全书》,1989 年(台北)南天书局有限公司重印。
② [日]加藤繁:《唐宋时代金银之研究》,中国联合准备银行,1944 年。日文原版书 1926 年由东洋文库出版。
③ [日]芳贺雄:《支那矿业史》,(东京)电通出版部,昭和 18 年(1943 年)出版。
④ [日]如平濑巳之吉的《近代支那经济史》,昭和 17 年(1942 年)出版。
⑤ [日]日野开三郎:《关于北宋时代的铜、铁的产量》,《东洋学报》第 22 卷 1 号,1934 年;《关于北宋时代铜铁钱的需求与供给》,《历史学研究》6 卷 5—7 号,1936 年;[日]千叶炅:《北宋的矿山经营》,《东洋史学论集》2 号,1954 年;《南宋初期的矿业》,《东洋史学论集》3 号,1954 年;[日]宫崎市定:《宋代的煤和铁》,《东方学》1957 年第 3 期;[日]立川昭三:《古代中国探矿史》,《史观》48 册,1957,3;[日]吉田光邦:《关于宋代的铁》,《日本学者研究中国史论著选译》第十卷,中华书局,1992 年;《宋代的技术》,《中国科学技术史论集》,日本放送出版协会,1972 年;[日]中岛敏:《关于支那湿式收铜法的沿革》,《东洋学报》第 27 卷第 3 号,1940 年;《洪咨夔〈大冶赋〉》,《东洋研究》第 125 号,1997 年 11 月;《宋代的矿业技术》,《东洋史学论集续编》,汲古书院,2002 年。

3

胜守等为代表,五六十年代,里井彦七郎的论文以云南、湖南为例对矿业资本、矿业构造和发展等方面进行了深入的研究。八十年代末及九十年代末,中岛敏、川胜守的论文则特别关注到云南铜矿及其京运问题。①

　　至于其他国家,对中国矿业史有从科技史角度的研究,也有从社会经济史角度的研究。较早的相关研究当属英国科学家李约瑟的巨著《中国科学技术史》,其第五卷"地学·矿物学"对中国古代矿物学进行了综述,并就某些方面的知识和西方进行了比较,肯定了中国古代矿业的成就。② 二十世纪六七十年代,美籍华人学者任以都(E-Tu Zen Sun)在研究中国社会经济史的过程中,对清代矿业、矿厂工人,尤其是云南铜矿及其京运问题进行了较早的研究,其探讨的角度和涉及面尤为独特和前瞻。③ 美国学者哈特威尔(Robert Hartwell)的论文还探讨了宋代铁的年产量。④ 八十年代,澳大利亚学者蒂姆·赖特(Tim Wright)的专著《中国经济和社会中的煤矿业》,专门讨论了1895—1937年间中国的煤矿业,分析了旧中国煤矿业在空间和时间上发展不平衡的状况和原因,并关注到中外资本、政府与企业、资本家与工人的相互关系等问题。⑤ 韩国学者元廷植的论文以煤炭为切入,讨论了矿

---

① [日]里井彦七郎:《关于清代的矿业资本》,《东洋史研究》第11卷第1号,1950年9月;《清代铜、铅矿业的构造》,《东洋史研究》第17卷第1号,1958年6月;《清代铜、铅矿业的发展》,《桃山学院大学经济学论集》2集,1961年3月。均收入作者《民众运动及其思想》一书中,东京大学出版社,1972年;中岛敏:《清代铜政中的洋铜与滇铜》,《东洋史学论集》,东京汲古书院,1988年;川胜守:《乾隆朝云南铜的京运问题》,《九州大学东洋史论集》1989年;《清乾隆朝的云南铜京运问题与天津市的发展》,《清史研究》1997年第3期。
② [英]李约瑟:《中国科学技术史》,剑桥出版社,1954年。
③ "The Copper of Yunnan: An Historical Sketch," *Mining Engineering*, vol. 15, no. 7 (1964), pp. 118-124; "Ch'ing Government and the Mineral Industried before 1800," *Journal of Asian Studies*, vol, xxvii, no. 4 (1968), pp. 835-845; "Ch'ing-tai K'uang-ch'ang kung-jen" (in Chinese),〈清代礦場工人〉, *Journal of the Institute of Chinese Studies*, the Chinese University of Hongkong, vol. 9, no. 1 (1970), pp. 13-29; E-Tu Zen Sun, The transportation of Yunnan copper to Peking in the Ch. ing period, Journal of Oriental Studies (1971). 见张朋园、杨翠华、沈松侨访问,潘光哲记录:《任以都先生访谈记录》,"中央研究院"近代史研究所,1993年。
④ [美]哈特威尔:《北宋时期中国铁煤工业的革命》,《中国史研究动态》1981年第5期,杨品泉摘译自《亚洲研究杂志》1962年2月号。
⑤ Tim Wright. *Coal Mining in China's Economy and Society* 1895-1937, Cambridge University Press 1984。

绪 论

业生产与社会、文化等因素的互动关系。① 九十年代,由剑桥大学出版的中国科技史系列专著《中国的科学和文明》,其中彼得·J.格拉斯(Peter J. Golas)主编的第五卷第13部分专门研究了中国的矿业史。② 二十一世纪初,新加坡国立大学教授埃斯珀奇·汤姆森(Elspeth Thomson)的专著《中国煤炭工业经济史》考察了十九世纪中期到当代中国煤炭工业结构和经营方面的变化,尽管其关注的是工业经济,但对于煤炭与中国社会政治发展也提出了一些看法。③

(二) 国内研究

国内关于矿业史的论著和论文数量非常多。根据这些研究的内容、特点及其倾向性,中国矿业史的研究大致可分为三个发展阶段。

1. 二十世纪初至七十年代矿业史研究的开端和初步发展

国内矿业史的研究,与中国地质学的创始有密切的关联。二十世纪初,地质学家王宠佑在欧洲见到西方人关于中国矿业史的介绍。1919年,他发表了《中国矿业历史》一文,简略介绍了各个朝代的矿业政策和矿业发展的情况,分析了中国矿业起源虽早但是直到清末仍不发达的原因。1921年,地质学家章鸿钊出版了专著《石雅》,该著考证了古代文献中的金石名称和现代矿物名称的对应关系,是研究中国古代矿物知识的一部重要著作。④ 抗日战争期间,他依据两汉以来的正史《地理志》、各种地理总志和地方志的记载,着手编撰《古矿录》,新中国成立后,该书由地质出版社出版。书中提供了大量古代矿物产地的索引,具有重大的史料价值。⑤ 另外,章鸿钊很早就注意到我国古代使

---

① [韩]元廷植:《乾嘉年间北京的煤炭供应问题及其对策》,《东洋史学研究》第32辑,1990年2月;《清中期北京的煤炭不足和清朝的对策》,《中国社会经济史研究》1998年第3期。
② Peter J. Golas, *Science And Civilisation In China*. Volume 5: Chemistry and Chemical Technology; Part 13: Mining. Cambridge university press 1999.
③ Elspeth Thomson, *Chinese Coal Industry-An Economic History* (Routledge curzon Studies on the Chinese Economy 2), Routledge Curzon Dec 27, 2002.
④ 章鸿钊:《石雅》,北平地质研究所,1921年。
⑤ 章鸿钊:《古矿录》,地质出版社,1954年。

5

用锌矿的问题,发表论文对此进行了讨论。① 这期间,丁文江的《中国官办矿业史略》、马韵珂的《中国矿业史略》先后出版,两本著作分别对晚清以来的官办矿业、我国史前至民国时期的矿业史作了简略的介绍和总结。②

三四十年代,一些论文从历史与文化的角度,对矿业史进行了研究,内容涉及矿厂数量、矿产的分布、矿业的经营及其变化、劳动者、生产关系等方面,研究的时段集中在唐代、宋代和明代。③

五六十年代的重要成果是严中平的专著《清代云南铜政考》,该著对云南铜矿与鼓铸、铜政问题以及技术与组织形式等作了详细的考证,是最早关于清代云南矿业的全面研究。④ 可以说,从此以后,云南铜矿(滇铜)成为矿业史研究的一个重要内容,云南则成国中国矿业史研究中最重要的区域,相关研究几乎是一发不可收。当时的研究还有王明伦关于云南铜矿业中的资本主义萌芽、张煜荣关于云南矿业兴衰,以及林荃关于铜政的论文。其中"资本主义萌芽"又是当时矿业史研究的一个重要关注点。⑤

关于矿业史中资本主义萌芽的研究,可以说,起于五十年代初白寿彝的《明代矿业的发展》,⑥不仅云南铜矿研究深受其影响,此后直至八

---

① 章鸿钊:《中国用锌之起源》,《科学》1923,8(3);《中国地质学会志》1923,2(1—2);《再述中国用锌之起源》,《科学》1925,9(9)。
② 丁文江:《中国官办矿业史略》,(北平)地质调查所,1928年;马韵珂:《中国矿业史略》,上海开明书店,1932年。
③ 代表的论文有邓嗣禹:《唐代矿物产地表》,《禹贡》1934年第11期;西耕:《历代采制矿质之趋势与其发生政治上经济上之影响》,《实业杂志》第199期,1934年;铁丸:《隋唐矿业之史的考察》,《文化批判》1934年第4期;刘兴唐:《古代矿业在文化史上的一考察》,《文化批判》1934年第1期;《宋代矿业之史的考察》,《文化批判》1934年第6期;陶希圣:《十六、七世纪间中国的采金潮》,《食货》1934年第2期;程郊章:《北宋一代国内之矿产经济》,《东亚经济》1943年第6期;胡寄馨:《宋代银铜矿考》,载《社会科学(福建)》1946年1、2期。
④ 严中平:《清代云南铜政考》,中华书局,1957年。
⑤ 王明伦:《鸦片战争前云南铜矿业中的资本主义萌芽》,《历史研究》1956年第3期;张煜荣:《清代前期云南矿冶业的兴盛与衰落》,林荃:《谈谈清代的"放本收铜"政策》,均收入《云南矿冶史论文集》,云南历史研究所,1965年编印。
⑥ 白寿彝《明代矿业的发展》,讨论了明代官矿业和民矿业的发展、矿业生产中的所有制、商品生产和资本主义萌芽,《北京师范大学学报》1956年第1期。

绪 论

十年代,相关研究仍不断涌现。① 同样具有时代烙印的关注点是矿业史中的"阶级斗争"问题,关注的时期主要是明代。②

台湾学者王玺《中英开平矿权交涉》和李恩涵《晚清的收回矿权运动》关于近代矿权的著作也在这期间出版,它们不仅在中国外交史上具有重要价值,也是近代矿业研究的重要组成部分。③ 而关于台湾历史上矿业发展情况的研究也在此时取得成果。④

在七十年代,全汉升的矿业史研究具有重要价值和代表性,他的论文和著作对汉冶萍公司、清代云南铜矿工业都有全面的研究,另外,他对煤矿水患问题、明清矿业、矿业与工业化等问题的研究均有独到和先见之处。⑤

此期间,还有不少论文对宋代和近代的矿业进行了研究,⑥也有一

---

① 七十年代,有李龙潜的《清代前期广东采矿、冶铸业中的资本主义萌芽》,发表于《学术研究》1979 年第 5 期。至于八十年代的研究,下文再述。
② 如秦佩珩的《关于明代的矿业及其他》讨论了明代矿业的发展及其经济意义、社会矛盾和斗争与矿业的关系,强调了矿业生产中因社会矛盾所导致的矿工暴动对明王朝灭亡的推动作用,收入《明代经济史述论丛初稿》,河南人民出版社,1959 年。类似的研究还有李龙潜的《试论明代矿工运动的反抗斗争》,《史学月刊》1959 年第 3 期;龚化龙的《明代采矿事业的发达和流毒》,《明代经济》1968 年 7 月。
③ 王玺:《中英开平矿权交涉》,(台北)近代史研究所,1962 年;李恩涵:《晚清的收回矿权运动》,(台北)近代史研究所,1963 年。
④ 台湾矿业史编纂委员会:《台湾矿业史》,(台北)台湾省矿业研究会、台湾区煤矿业同业公会,1969 年。
⑤ 《汉冶萍公司之史的研究》,载吴相湘主编,《中国现代史丛刊》2,(台北)正中书局,1960 年。《汉冶萍公司史略》,香港中文大学,1972 年。《从马礼逊小册子谈到清末汉阳铁厂》,《清季自强运动研讨会论文集》下册,"中央研究院"近代史研究所,1988 年;《清季西法输入中国前的煤矿水患问题》,《中央研究院院刊》1954 年第 1 期;《山西煤矿资源与近代中国工业化的关系》,《中央研究院院刊》1956 年第 3 期;《从山西煤矿资源谈到近代中国的工业化》,《中国现代化论文集》,(台北)"中央研究院"近代史研究所,1991 年;《明清时代云南的银课与银产额》,《新亚学报》1974 年第 11 期上;《明中叶後中国黄金的输出贸易》,《中央研究院历史语言研究所集刊》53.2,1982 年;《清代云南铜矿工业》,(香港)《中国文化研究所学报》1974 年第 1 期。
⑥ 对宋代的研究重点在矿产地、矿产量、冶炼技术、地区性的矿业发展等方面。如华山:《宋代的矿冶工业》,《山东大学学报·历史版》1959 年第 2 期;燕羽:《宋代胆铜的生产》,《化学通报》1957 年第 6 期;吴子振:《中国古代浸析法采铜的成就》,《北京钢铁工业学院学报》1958 年第 5 期。对近代矿业的研究主要是关于煤矿业、煤矿业与社会、收回矿权等方面。如全汉升:《山西煤炭资源与近代中国工业化的关系》,台北《中央研究院院刊》第三辑,1956 年版;张国辉:《中国近代煤矿业中的官商关系与资本主义的发生问题》《历史研究》1964 年第 3 期;乔志强:《清末山西人民的收回矿权运动》,《山西师范学院学报》1957 年第 3 期。

7

些关于古代矿业技术和产地的论文发表。①

总体上看,二十世纪二十至七十年代,可以说是中国矿业史研究的开端和初步发展阶段,开端期的研究和地质学关联很大,后来有史学界的研究加入,增加了社会与文化的内容,但也使矿业史研究打上了时代的烙印,或者使矿业史研究与当时史学研究的主流观点相呼应,略带先入为主的偏见。所幸的是,矿业史研究的热点——清代云南铜矿研究也在本阶段发端,给矿业史研究带来新风。

2. 八十年代至二十世纪末矿业史研究的全面发展

(1) 专著

八十年代以后,国内矿业史研究成果明显增多,研究领域有了很大扩展。近二十部专著涉及通论、断代和区域研究、文献资料整理以及采矿技术和矿物学史研究等方面。夏湘蓉等《中国古代矿业开发史》以主要矿产为对象,介绍了我国古代矿业开发的进程,包括各个时期矿产的分布、开发的规模和技术水平等,是第一部中国矿业通史性的著作。② 其后,李仲均等《中国古代矿业》分不同的矿种对中国古代矿业进行了介绍。③ 霍有光《中国古代矿业成就及其他》对历代找矿、开采、选矿等技术性的生产发展状况进行了阐述。④ 崔云昊《中国近现代矿物学史(1640—1949)》对清代至新中国成立期间的矿物学进行了专门研究。⑤

杨达《唐代的矿产》主要对唐代矿物产地进行了考察。⑥ 韦庆远等《清代的矿业》以近十种主要矿产为纲,以各省为别,摘录了清代文献中有关矿业的各种资料,为研究清代矿业做了很好的资料基础工作。⑦

---

① 张滥模:《从中国古代矿业看金属矿产的分布》,《科学通报》1955 年 9 月;李仲均;王根元:《我国史前人类对于矿物岩石认识的历史》,《科学通报》1975 年第 3 期;北京钢铁学院中国冶金史编写组编写的《中国冶金简史》收录了古代矿业技术的相关论文,科学出版社,1978 年。
② 夏湘蓉、李仲均、王根元:《中国古代矿业开发史》,地质出版社,1980 年。
③ 李仲均、李卫:《中国古代矿业》,天津教育出版社,1991 年。
④ 霍有光:《中国古代矿业成就及其他》,陕西师范大学出版社,1995 年。
⑤ 崔云昊:《中国近现代矿物学史(1640—1949)》,科学出版社,1995 年。
⑥ 杨达:《唐代的矿产》,(台北)学生书局,1982 年。
⑦ 韦庆远、吴奇衍、鲁素编:《清代的矿业》,中华书局,1983 年。

唐凌《开发与掠夺——抗战时期的中国矿业》比较全面地研究了中国近代的矿业。①杭长松《广西矿产资源开发史》、韦天蛟《贵州矿产发现史考》分别对广西和贵州矿业史进行了专门的研究。②关于山西的研究主要在煤炭业领域，③此外，也有关于煤炭开发史的专著出版。④

一些相关专著和科技史研究也涉及矿业史，如童书业《中国手工业、商业发展史》有部分章节对历代矿业以及矿业的分布与兴衰进行了研究。⑤卢荫兹《中国古代科技之花》有一章的内容介绍了中国古代采矿业。何堂坤等编著的《中华文化通志·科学技术·纺织与矿冶志》也列有"矿冶篇"。⑥

（2）论文

本阶段矿业史研究论文多达数百篇，对历代矿业、各时期的矿业以及重点区域的矿业史均有讨论，也有专门对技术和史料的研究。对于历代的研究有从矿业分布与变迁、特别矿种的产地文献整理以及矿政等方面，如郭声波对黄河流域铁矿采冶点的研究⑦，（注：由于"矿冶"或"铁冶"在大多数学者的讨论中是包括采矿在内的，因为初期的冶炼业经常与采矿业在同一地点，因此，采和冶是分不开的，故本文将此类论文也收入综述。）以及李仲均等学者的研究。⑧具体到各朝代和不同时期，有关魏晋南北朝和唐代、宋代、辽代、元代、明代、清代、近代、抗日战争等时期

---

① 唐凌：《开发与掠夺——抗战时期的中国矿业》，广西师范大学出版社，2000年。
② 杭长松：《广西矿产资源开发史》，广西人民出版社，1992年；韦天蛟：《贵州矿产发现史考》，贵州人民出版社，1992年。
③ 主要代表有杨纯渊：《晋煤开发史》，山西高校联合出版社，1996年；胡忠贵编著：《山西煤炭工业简史》，山西科学教育出版社，1988年。
④ 吴晓煜等：《中国古代煤炭开发史》，煤炭工业出版社，1986年；中国近代煤矿史编写组：《中国近代煤矿史》，煤炭工业出版社，1990年。
⑤ 童书业：《中国手工业、商业发展史》，齐鲁书社，1981年。
⑥ 卢荫兹：《中国古代科技之花》，山西人民出版社，1983年；何堂坤、赵丰：《中华文化通志·科学技术·纺织与矿冶志》，上海人民出版社，1998年。
⑦ 郭声波：《历代黄河流域铁冶点的地理布局及其演变》，《陕西师范大学学报》1984年第3期。
⑧ 李仲均：《中国古代文献中记载的汞矿产地》，《有色金属》1981年第1期；李仲均、李庆元：《中国古代的矿政》，《有色金属》1985年第1期；李鄂荣、李仲均：《中国历代矿政史概述（上）》，《河北地质学院学报》1991年第5期；李鄂荣、李仲均：《中国历代矿政史概述（下）》，《河北地质学院学报》1991年第6期。

均有论文发表,但学者们对各时期的偏重程度不同,相对而言,关于明清以后的研究成果更多。

关于魏晋南北朝时期的研究以钮仲勋对矿业发展及其地理分布特征的讨论为代表。① 对唐代的研究则不限于矿冶的分布与发展,还涉及矿业政策以及矿业生产的影响。② 辽代的研究主要是从考古资料角度的考察。③

宋元时期的矿业受关注程度明显超过了前几个时期,出现较多的研究成果。宋代的研究除了王菱菱关于矿业经营方式、矿业政策和管理的一批成果外,薛国中也对当时的矿业经营方式与产品所有权的变迁进行了讨论。④ 关于元代矿业有王颋的综合研究以及高树林和高荣盛对匠户的专门研究。⑤

有关明清矿业的研究论文从数量上又远超宋元时期,关注的主要热点有矿业政策、明代矿税、矿业生产中的资本主义萌芽问题以及清代云南矿业等几个方面,研究的地理区域除了云南以外,还涉及广西、贵州、湖南、山西、河南、甘肃甚至西藏、新疆等其他边疆地区。其中,关于矿业政策的研究涉及政策的演变、争论,以及铁业、金银矿业等各个方面,特别是韦庆远、鲁素关于清代的讨论基本理清了这一时期矿业政策演变的轨迹。⑥ 关

---

① 钮仲勋:《魏晋南北朝矿业的分布与发展》,《历史地理》第二辑,上海人民出版社,1982年。
② 黄盛璋:《唐代矿冶分布与发展》,《历史地理》第七辑,上海人民出版社,1990年。
③ 田淑华、石砚枢:《从考古资料看承德地区的辽代矿冶业》,《文物春秋》1994年第1期。
④ 王菱菱:《宋代矿冶经营方式的变革和演进》,《中国经济史研究》1988年第1期;《论宋代各级地方机构的矿冶业管辖权上》《河北学刊》1993年第2期;《论宋代各级地方机构的矿冶业管辖权下》《河北学刊》1993年第4期;《论宋代边疆地区的矿冶禁采政策》,《宋史研究论丛》第三辑,河北大学出版社,1993年;《宋政府的矿产品收买措施及其效果》,《中国史研究》2000年第2期;薛国中:《宋代矿业中经营方式与产品所有权之变迁》,《湖北大学学报》1989年第1期。
⑤ 王颋:《元代矿冶业考略》,《历史地理研究》第一辑,复旦大学出版社,1986年;高树林:《元朝冶炼户计研究—元朝"诸色户计"研究之三》,《中国经济史研究》1993年第3期;高荣盛:《元代匠户散论》,《南京大学学报》1997年第1期。
⑥ 韦庆远、鲁素:《清代前期矿业政策的演变》(上、下),《中国社会经济史研究》1983年第3期、第4期;杨余练:《康雍时期矿业政策的演变》,《社会科学辑刊》1983年第2期;吴晓煜《试论清代的民办煤业政策》,《煤炭经济研究》1985年第9期;王开玺:《清前期矿务政策述评》,《安徽史学》1992年第2期。李绍强:《论明清时期的铁业政策》,《文史哲》1998年第4期;黄启臣:《万历年间矿业政策的论争》,《史学集刊》1988年第3期。

于明代矿税,有杨涛、周远廉、南炳文、赵连稳等的研究,主要围绕"矿税之祸"及其原因、影响进行讨论。① 关于矿业生产中"资本主义萌芽"问题的研究,以方行、韦庆远、鲁素、陈衍德等的论文为代表。②

关于明清云南矿业、尤其是清代云南铜矿研究是本期矿业史研究的一大热点,除了对矿业发展情况的介绍和分析、对矿业政策(具体到"放本收铜")进行讨论以外,生产性质、课税等问题的讨论也比较多。③ 此外,林则徐与云南矿业、矿业与民族经济开发、矿业与西南大通道的关系也受到学者注意。④

至于明清时期其他省份的矿业史研究,主要是关于矿业发展、开采利用技术及运输情况等一般性的介绍和分析。⑤ 也有少数从"阶级压迫"和"商品经济"角度的研究,前者有黄殿盈等对河南煤矿业中的"圈

---

① 杨涛:《明代万历年间矿税的原因初探》,《云南师范大学学报》1985年第6期;《明代万历中矿税监进奉内库考》,《云南师范大学学报》1986年第6期;《矿税大兴与明政权的解体》《云南师范大学学报》1988年第3期;周远廉:《万历后期的矿税之祸》,《历史论丛》1988年第3期;南炳文等:《关于万历年间的矿监税使》,《社会科学辑刊》1990年第3期;赵连稳:《明万历年间矿税监乱鲁述略》,《齐鲁学刊》1991年第4期。

② 方行:《清代北京地区采煤业中的资本主义萌芽》,《中国社会科学院经济研究所集刊》2,1981年;韦庆远、鲁素:《论清初商办矿业中资本主义萌芽未能茁壮成长的原因》,《中国史研究》1982年第4期;《清代前期的商办矿业和资本主义萌芽》,《清史论丛》第四辑,中华书局,1982年;陈衍德:《明中叶浙闽矿工农民起义与资本主义萌芽》,《中国社会经济史研究》1993年第3期。

③ 肇予:《云南明代矿冶初探》,《云南师范大学学报(哲学社会科学版)》1983年第4期;潘向明:《清代云南的矿冶业》,载马汝珩、马正大编:《清代边疆开发研究》,中国社会科学出版社,1990年。刘如仲:《明弘治救谕云南的银矿》,《中国社会经济史研究》1989年第3期;潘向明:《评清代云南官冶铜政》,《清史研究通讯》1988年第3期;常玲:《清代云南的"放本收铜"政策》,《思想战线》1988年第2期;杨毓才:《论清代云南铜、银政的发展》,《云南学术探索》1993年第2期;彭雨新:《清代前期云南铜矿业及其生产性质的探讨》,《武汉大学学报》1984年第5期;况浩林:《鸦片战争前云南铜矿生产性质再探》,《中央民族学院学报》1989年第4期;郭玉富:《清代滇银开采及课税初探》,《云南民族学院学报(哲学社会科学版)》1997年第4期。

④ 文思启:《林则徐与云南矿冶业》,《思想战线》1985年4月;陈庆德:《清代云南矿冶业与民族经济大开发》,《中国经济史研究》1994年第3期;黄夏基:《从清代档案所记的滇铜外运看西南大通道》,《广西民族学院学报(哲学社会科学版)》1998年第1期。

⑤ 李炳东:《清代前期广西的矿冶业》,《广西大学学报(哲学社会科学版)》1980年第1期;罗时法:《清代前、中期贵州矿业略考》,《贵州社会科学》1986年第4期;黄启臣:《明代山西冶铁业的发展》,《晋阳学刊》1987年第2期;王致中:《明清时期甘肃矿业考》,《社会科学(甘肃)》1985年第6期;王兴亚:《明清时期河南煤炭的开采与利用》,《殷都学刊》1996年第4期;张永海等:《清代川江铜铅运输简论》,《历史档案》1988年第1期。

11

窑"现象的研究,后者有李华对湖南农村采矿业的讨论。① 有关边疆地区的讨论包括西藏、新疆、内蒙古和外蒙古以及东北地区,总体数量也不少,讨论的内容除了发展情况的介绍之外,还涉及到矿业兴衰的原因、矿产资源开发和利用、清政府与俄国的合作与交涉、个别矿产或矿厂的开发等问题,此外,还有一些史料整理工作。②

关于近代矿业的论文数量也非常多,内容侧重于开滦等大型煤矿、矿权、钨矿、重要人物的作用等问题的研究,关注区域从云南、山西、湖南,扩展到江西、广西、台湾、湖北、四川等省以及东北、西北地区。对于开平或开滦等煤矿的研究与中外矿权之争、矿权的收回交织在一起。收回矿权运动是近代矿业研究的一个重要主题,讨论的内容有事件真相的考证、对重要人物如李鸿章在矿业中的作用的评价。也有少量论文对开滦煤炭运销进行了讨论。③唐凌还有多篇论文研究了近代广西的矿业,内容涉及"资本主义矿业"、专业市场、军阀与矿业、华侨投资、国民政府资源委员会的矿业经营活动以及矿业与边疆开发

---

① 黄殿盈等:《清代河南煤矿业中的"圈窑"——残酷压迫剥削矿工的人间地狱》,《中州煤炭》1995年第5期;李华:《清代湖南农村的采矿业》,《中国社会经济史研究》1990年第2期。

② 主要有房建昌:《清代西藏矿业史初探》,《中国藏学》1993年第3期;王致中:《清代新疆矿业述略》,《社会科学(兰州)》1986年第6期;路文彩、邓绍辉:《试论清代新疆矿业兴衰之因》,《新疆大学学报》1989年第4期;苗普生:《清代后期新疆矿产资源的开发和利用》,《新疆社会科学研究》1989年第4期;周雪舫:《清代新疆金矿的开采:清廷与俄国的交涉》,《辅仁学志——文学院之部》(台),23,1994年6月;吕一燃:《清俄合作开采外蒙古金矿初探》,《中国边疆史地研究》1992年第4期;马成浩:《阿拉善旗矿产概况》,《阿拉善盟史志资料选编》第1辑,1986年;王松龄等:《清代东北地区工矿业述略》,《松辽学刊》1990年3期;傅笑枫:《论清代东北矿业》,《北方文物》1989年第2期;吕一燃:《清朝末年瑷珲阿林别拉沟煤矿的发现和开采》,《黑河学刊》1986年第4期;吉林省档案馆、舒秀峰编选:《清末珲春天宝山银矿创办史料(下)》,《历史档案》1993年第2期;吉林省档案馆、舒秀峰编选:《清末珲春天宝山银矿创办史料(上)》,《历史档案》1993年第1期。

③ 代表性论文有姜铎:《开滦矿权被断送经过剖析》,蔡尚思:《论清末民初的中国社会》,复旦大学出版社,1983年;徐立志:《李鸿章与开滦煤矿(1878—1900)》,《河北师范学院学报》1987年第1期;丁长清:《中英开平矿务案始末》,《南开大学学报》1994年第4期;余明侠:《李鸿章在中国近代矿业史上的地位》,《社会科学战线》1990年第1期;乔志强:《辛亥革命前的收回矿权运动》,《近代史研究》1981年第3期;郑专清:《试论晚清的保矿策略》,《史学月刊》1989年第6期;丁长清:《开滦煤在旧中国市场上的运销初析》,《中国经济史研究》1988年第3期。

等问题。① 关于其他区域如湖北、湖南、四川、台湾、东北、西北地区矿业的论文除了对发展进程的介绍外,还涉及中外关系、地区开发等问题。②

有关抗战时期矿业的论文主要集中在对特种矿的运输和管制、国民政府资源委员会的作用以及台湾煤矿业的研究等方面,也有一些论文讨论了煤矿市场、日本对中国钨砂的劫掠等问题。③

八十年代以后,有关采矿技术与矿物史料的研究论文主要有李仲均、新雨、王根元、卢本珊等学者的研究。④

综观二十世纪八十年代到二十世纪末的中国矿业史研究,可以说,本期是一个全面发展、大发展的时期,也是走向成熟的时期,研究成果在数量上远远超过此前的半个多世纪。无论研究的对象、时间段还是关注的区域,都有很大扩展,几乎遍及全国产矿区域。从研究角度看,并不限于一般的描述分析和考证,关于矿政、明代矿税、清代云南矿业、生产性质("资本主义萌芽")、近代矿权、民国时期特种矿等重点话题

---

① 曾晓玲、唐凌:《近代广西资本主义矿业的产生》,《广西师范大学学报》1993 年第 4 期;唐凌:《广西近代矿产专业墟市难以形成的原因及其影响》,《广西师范大学学报(哲学社会科学版)》1995 年第 1 期;《论广西近代的"极点型"与"双极线型"矿产圩市》,《广西民族研究》1998 年第 4 期;《新桂系与广西矿业》,《广西师范大学学报(哲学社会科学版)》1989 年第 3 期;《华侨对近代广西矿业的投资》,《八桂侨史》1995 年第 1 期;《论国民政府资源委员会在广西的矿业经营活动》,《广西社会科学》1996 年第 5 期;《矿业在近代广西边疆开发中的作用》,《中国边疆史地研究》1999 年第 3 期。

② 苏云峰:《湖北近代工矿业之发展》,(台北)中央研究院近代史研究所集刊第九期,1980 年;吴秀明:《近代东北矿业兴起原因及条件浅析》,《北方论丛》1992 年第 3 期;李玉:《湖南矿务总公司与晚清中外交涉》,《求索》1999 年第 5 期;朱立芸:《近代西北金属矿业开发简论》,《开发研究》2000 年第 5 期;潘君祥:《论官办基隆煤矿的创办和经营》,《中国社会经济史研究》1988 年第 1 期。

③ 吴太昌:《国民党政府的易货偿债政策和资源委员会的矿产管制》,《近代史研究》1983 年第 3 期;《战时日本对东北煤业的统制》,《中华军史会刊》第 3 期(1997 年 12 月);《日据时期台湾煤矿业的发展》,《日据时期台湾史国际学术研讨会论文集》,台湾大学,1993 年;唐凌:《抗战时期的中国煤矿市场》,《近代史研究》1996 年第 5 期。

④ 李仲均:《中国古代采矿技术史略》;新雨:《中国古代对煤的认识和利用》,均收入《科技史文集》第 9 辑,上海科学技术出版社,1982 年。李仲均:《中国古代的采金》,《有色金属》1982 年第 1 期;卢本珊、王根元:《中国古代金矿的采选技术》,《自然科学史研究》1987 年第 3 期;王根元:《我国史前人类对矿物的认识和利用》,《矿物学报》1982 年第 3 期;李仲均:《中国古代用煤历史的几个问题考辨》,《地球科学》1987 年第 4 期;李仲均:《〈天工开物〉矿冶卷述评》,《农业考古》1987 年第 2 期。

13

讨论得比较深入,也有关于"商品经济"、民族经济开发的研究等,可以说,研究的角度不仅在原有的基础上深入,更隐隐出现新的萌芽。

稍显遗憾的是,相对如此数量众多的成果,学者们的研究力量显得有些分散,或者因为相互交流不多,难以形成研究主题上的聚焦,重复性工作也难免出现。

3. 二十一世纪以来矿业史研究的新动向

二十一世纪以来的十几年中,中国矿业史研究又取得很多成果,一些学者在前期研究基础上,先后出版相关论著。如王菱菱《宋代矿冶业研究》对宋代金、银、铜、铁、铅、锡六类金属矿冶业进行了全方位的探讨。内容包括矿产地分布、规模、技术、中央收入和社会需求、兴衰、矿冶户、管理机构、政策等方面。① 熊性美等《开滦煤矿矿权史料》是对近代矿业的一个个案研究,系统地揭示了清末至民国时期从开平煤矿到开滦煤矿,其采矿权和经营管理权沦入帝国主义资本家统治的历史真相,并讨论了不同利益集团和权势人物在矿权转移过程中错综复杂的关系。② 傅英《中国矿业法制史》则针对矿业政策法制等做了文献整理和分析研究。③ 唐立宗《坑冶竞争:明代矿政、矿盗与地方社会》是近年研究明代矿政的新成果,用丰富的史料梳理了明代的矿政脉络,主张结合地方社会的实际状况讨论矿盗问题,示范了矿业史研究的新动向。④ 王根元等学者的《中国古代矿物知识》将我国古代有关矿物、岩石知识的文献加以研究、整理,并结合现代田野考古和科技考古的最新研究成果,采取断代史方式,对我国古代人民对矿物岩石的认识加以论述,内容十分丰富。⑤ 张以诚和刘昭民合作的《中国近代矿业史纲要》,全面概略地介绍了中国近代矿业史,其中包括对中国台湾地区矿业开发的历史,也做了较为详细的介绍。⑥ 此外,有关科技史的大部头论著

---

① 王菱菱:《宋代矿冶业研究》,河北大学出版社,2005年。
② 熊性美、阎光华主编:《开滦煤矿矿权史料》,南开大学出版社,2004年。
③ 傅英:《中国矿业法制史》,中国大地出版社,2001年。
④ 唐立宗:《坑冶竞争:明代矿政、矿盗与地方社会》,(台北)政治大学历史系,2011年。
⑤ 王根元、刘昭民、王昶:《中国古代矿物知识》,化学工业出版社,2011年。
⑥ 张以诚、刘昭民:《中国近代矿业史纲要》,气象出版社,2012年。

绪　论

也没有忘记将矿业史纳入其中。①

　　近十几年来,不断有新的相关论文发表。首先,对历代矿业的研究仍侧重于矿业分布与变迁,如薛亚玲对铜、锡矿业的研究。② 其次,对不同时期的研究也有所偏向,明清、近代仍是重点研究时段,而其他时段的矿业史也没有被遗忘。此外,还有少量关于矿产史料的研究。③

　　具体来看,关于唐代的研究有矿业政策、矿冶业分布、矿业生产及其影响等方面,西南和岭南两个区域受到学者的关注。④ 关于辽代的研究出现了对矿产资源开发与利用的讨论。⑤ 王菱菱继续对宋代的矿业经营方式、矿业政策和管理进行了更深入广泛的研究,发表了一系列成果。⑥ 关于元代矿业,刘莉亚、胡小鹏等对矿产品的流通政策、管理、制度以及匠户的研究取得了较好的成果。⑦

　　明清矿业研究仍围绕明代矿税、明清矿政、清代云南矿业等问题讨论。相对而言,学者们关于明代矿税的相关问题有进一步的研究,但关注的内容没有大的拓展。⑧ 关于明清矿业政策,也有一些描述分析性

---

① 韩汝玢、柯俊主编:《中国科学技术史(矿冶卷)》,科学出版社,2007年。
② 薛亚玲:《中国历史上铜、锡矿业分布的变迁》,《中国经济史研究》2001年第4期。
③ 吴凤鸣:《我国早期矿产史料研究初探》,《北京化工大学学报(社会科学版)》2001年第2期;《我国早期矿产史料研究初探(续)》,《北京化工大学学报(社会科学版)》2001年第4期。
④ 刘玉峰:《唐代矿业政策初论》,《齐鲁学刊》2001年第2期;张保强:《唐代西南地区矿冶业分布初探》,《乐山师范学院学报》2004年第11期;王承文:《论唐代岭南地区的金银生产及其影响》,《中国史研究》2008年第3期。
⑤ 孟庆山:《辽代矿产资源的开发与利用》,《辽宁工程技术大学学报(社会科学版)》2005年第5期。
⑥ 王菱菱:《明代陆容〈菽园杂记〉所引〈龙泉县志〉的作者及时代——兼论宋代铜矿的开采冶炼技术》,《中国经济史研究》2001年第4期;《论宋代的胆铜生产》,《河北大学学报》2002年第3期;《宋代金银的开采冶炼技术》,《自然科学史研究》2004年第4期;
⑦ 刘莉亚:《论元代矿产品的流通政策》,《河北大学学报(哲学社会科学版)》2001年第3期;《元代国家各级机构的矿冶业管理权》,《中国经济史研究》2003年第3期;刘莉亚、陈鹏:《元代系官工匠的身份地位》,《内蒙古社会科学》2003年第3期;胡小鹏:《元代的系官匠户》,《西北师大学报》2003年第2期;胡小鹏、狄艳红:《略论元代的矿冶制度》,《西北师大学报(社会科学版)》2006年第6期。
⑧ 杨三寿:《万历矿税大兴对官员的残害及其影响》,《云南师范大学学报》2001年第5期;林枫:《万历矿监税使原因再探》,《中国社会经济史研究》2002年第1期。

研究。① 关于矿业投资政策、明代矿盗与矿政对策的研究则显示了对相关主题进行微观研究的新方向。②

关于清代云南矿业的研究仍然是热点,论文数量比较多。有关云南矿政、矿业的发展和衰落情况及其原因、对地方社会(包括经济开发、交通等)的影响,以及林则徐与云南矿业等问题的分析等继续受到关注,并在研究细节上向纵深拓展。陈征平对制度演化与"官冶铜政"的讨论,以及高宏关于矿业对交通的影响的讨论是主要代表。③ 铜矿运输,特别是铜矿京运路线等问题再次受到关注。从具体矿厂图出发的研究,以及从外省到云南采买铜矿运输路线的研究,特别是蓝勇的还研究把铜矿京运与西南资源东运工程结合起来讨论,使这一主题的研究更加深入。④ 杨煜达对矿业与环境变迁以及矿业分布变迁及驱动力分析的研究,在研究

---

① 刘利平:《略论明代的金银矿业政策》,《肇庆学院学报》2005 年第 3 期;谢乾丰:《明代银矿冶业政策及其生产经营方式简析》,《兰台世界》2009 年第 12 期;王凯旋:《清代矿政述论》,《辽宁大学学报(哲学社会科学版)》2000 年第 1 期;戴建兵、许可:《清代铜政略述》,《江苏钱币》2007 年第 3 期;许可、戴建兵:《清乾隆朝省局铜政略述》,《江苏钱币》2006 年第 3 期;李强:《论雍正时期的铜禁政策》,《学术界》2004 年第 1 期。
② 梁华:《清代矿业投资政策演变分析》,《西北师大学报(社会科学版)》2006 年第 6 期;刘利平:《明正统以降银矿盗采活动及政府对策》,《兰州学刊》2006 年第 11 期。
③ 王德泰:《简论清代云南"放本收铜"政策的实施》,《天水师范学院学报》2003 年第 3 期;陈征平:《清代云南铜矿开发的制度演化及"官冶铜政"的特征》,《思想战线》2003 年第 5 期;卫钰:《康熙年间云南铜矿开采政策试探》,《湖南科技学院学报》2008 年第 11 期;王德泰:《清代云南铜矿开采中"底本银"制度考》,《中国经济史研究》2011 年第 3 期;凌永忠:《论抗日战争时期的云南铜业》,《中国边疆史地研究》2012 年第 1 期;《论抗日战争时期云南铜业的贡献》,《思想战线》2012 年第 2 期;赵文红:《17 世纪后期至 19 世纪中期云南矿冶业获得长足发展的原因初探》,《思茅师范高等专科学校学报》2003 年第 1 期;刘朝辉:《嘉道时期滇铜供应问题探析——兼论嘉道时期云南铜矿之衰落》,《云南师范大学学报(哲学社会科学版)》2011 年第 4 期;侯峰、赵文红:《矿冶业在清代云南开发中的作用》,《思茅师范高等专科学校学报》2002 年第 1 期;赵文红:《17 世纪后期至 19 世纪中期云南矿冶业的社会影响》,《学术探索》2005 年第 2 期;高宏:《清代中前期云南铜矿的开发及对交通的影响》,《边疆经济与文化》2007 年第 8 期;王德泰、强文学:《清代云南铜矿的开采规模与西南地区社会经济开发》,《西北师大学报(社会科学版)》2011 年第 5 期;王娟、鲁戈:《林则徐在云南的矿务活动》,《河南理工大学学报(社会科学版)》2005 年 1 期。
④ 陈海连、高瑄:《从〈滇南矿厂图略〉看清代云南铸币铜矿的运输问题》,《内蒙古师范大学学报(自然科学汉文版)》2007 年第 6 期;蓝勇:《清代滇铜京运路线考释》,《历史研究》2006 年第 3 期;《清代滇京运对沿途的影响研究——兼论明清时期中国西南资源东运工程》,《清华大学学报(哲学社会科学版)》2006 年第 4 期;刘朝辉:《嘉庆道光年间滇铜京运问题探析》,《内蒙古师范大学学报(哲学社会科学版)》2012 年第 3 期;马琦:《清代各省采买滇铜的运输问题》,《学术探索》2010 年第 4 期。

绪 论

思路和方法上提供了新的借鉴。还有一些论文从微观上讨论了铜业畸形发展导致的帮派化和争斗问题,这些研究拓宽了清代云南矿业研究的内容。[①]

清代的湖南和贵州是继云南之后另一个受到重点关注的区域,林荣琴从空间差异与分布格局、矿业兴衰和矿产品的产销几个方面研究了清代湖南的矿业,并对湖南东南部的桂阳州和郴州的矿业做了重点讨论。[②]贺喜从社会史研究的角度剖析了湖南东南部矿政中的一些特殊现象——"寻租角逐",还讨论了该矿区的秩序与采矿者的身份。[③] 关于贵州的研究也不限于对采矿和矿业兴衰的介绍和分析,温春来、马琦、袁轶峰等对产量、运销、运输路线以及矿业开发与环境变迁等问题进行了探讨。[④] 另外,还有学者研究了粤东山区的矿业与环境变迁之间的关系。[⑤]这些研究中,预示了矿业史研究的新方向,具有启示和示范意义。

收回矿权运动是近代矿业研究的一个重要主题,讨论的内容有事件真相的考证、对重要人物如袁世凯在矿业中的作用的评价。[⑥] 钨砂

[①] 杨煜达:《清代中期(公元1726—1855年)滇东北的铜业开发与环境变迁》,《中国史研究》2004年第3期;《清代中期云南铜矿分布变迁与驱动力分析》,《地理学核心问题与主线——中国地理学会2011年学术年会暨中国科学院新疆生态与地理研究所建所五十年庆典论文摘要集》,2011年;吕昭义等:《清代云南矿厂的帮派组织剖析——以大理府云龙州白羊厂为例》,《云南民族大学党报(哲学社会科学版)》2003年第4期。

[②] 林荣琴:《清代区域矿产开发的空间差异与矿业盛衰》,《中国社会经济史研究》2003年第3期;《清代湖南矿业开发的分布与格局(1644—1874)》,《历史地理》第二十二辑,上海人民出版社,2007年;《清代湖南矿产品的产销——以铜、铅、锌、锡矿为中心》,《中国社会经济史研究》2007年第1期。《清代湖南矿业的兴衰(1644—1874)》,《中国经济史研究》2010年第4期;《坑冶"十害论"与清代郴州的矿业》,《明清长江下游地区人文地理专题学术研讨会论文集》,复旦大学历史地理研究中心,2010年10月。

[③] 贺喜:《乾隆时期矿政中的寻租角逐:以湘东南为例》,《清史研究》2010年第2期;《明末至清中期湘东南矿区的秩序与采矿者的身份》,《中国社会经济史研究》2012年第2期。

[④] 温春来:《清前期贵州大定府铅的产量与运销》,《清史研究》2007年第2期;马琦:《清代黔铅运输路线考》,《中国社会经济史研究》2010年第4期;《论清代黔铅兴起的原因和背景》,《贵州大学学报(社会科学版)》2010年3月;《清代黔铅的产量与销量——兼评以销量推算产量的方法》,《清史研究》2011年第1期。袁轶峰:《清前期黔西北的矿业开发与生态环境变迁》,《贵州大学学报(社会科学版)》2010年第3期;《清代黔西北矿业开发对毕节试验区建设的启示》,《毕节学院学报》2011年第6期。

[⑤] 衷海燕:《明清粤东山区的矿产开发与生态环境变迁》,《学术研究》2009年第10期。

[⑥] 代表性论文有李玉:《袁世凯与晚清直隶矿权交涉》,《贵州师范大学学报(社会科学版)》2001年第4期。

17

是近代中国矿产的新秀,在当时的中国乃至世界矿业中占有重要地位,对钨矿的研究以肖自力为代表,他的一系列论文除了重点研究赣南之外,对中央苏区、江西全省以及广东也有研究,内容包括钨业的发展、钨砂走私、开发与贸易、钨业风潮各方面。另外也有学者研究了近代钨和锑、锡业的发展简况。① 唐凌的论文研究了近代广西民营矿业公司股票问题。② 还有学者从资本主义产生以及矿业移民与社会变迁的角度研究了近代广西的矿业。③ 关于其他区域矿业史的论文还涉及地区开发和社会效应等问题。有关台湾的矿业研究还特别注意到煤矿开发中的风水问题。④ 以上区域研究中以范玉春、洪健业的论文为代表,已出现了从微观上对矿业开发与地方社会的讨论。还有一些论文讨论了矿章、国家资本主义、矿业中的政府约束因素以及中日煤炭贸易等问题。⑤

抗战时期矿业的论文主要集中在对特种矿的运输和管制、国民政府资源委员会的作用以及台湾煤矿业的研究等方面,也有一些论文讨论了煤矿市场、四川矿业以及日本对中国钨砂的劫掠。其中,陈慈玉对

---

① 肖自力:《论民国年间(1914—1949)赣南钨业之发展》,《中国社会经济史研究》2005年第3期;《民国时期钨砂走私现象探析》,《近代史研究》2005年第4期;《论中央苏区对江西钨矿的开发与钨砂贸易》,《中共党史资料》2006年第3期;《论抗战以前广东与赣南钨业的开发》,《江西社会科学》2006年第6期;《江西钨业风潮(1928—1931年)述论》,《历史教学》(高校版)2007年第3期;吴太昌:《近代中国钨、锑、锡业发展简史》,《开发研究》1993年第3期。
② 唐凌:《近代广西民营矿业公司股票研究》,《广西大学学报(哲学社会科学版)》2004年第4期。
③ 范玉春:《矿业移民与西南地区社会变迁的个案分析——以广西合山煤矿开发及移民为例》,《中国边疆史地研究》2005年第4期。
④ 李玉:《晚清中外合办矿务的"四川模式"》,《西南交通大学学报(社会科学版)》2003年第2期;朱立芸:《近代西北金属矿业开发简论》,《开发研究》2000年第5期;陈征平:《近代云南的矿业工业化与社会扩散效应》,《云南社会科学》2002年第2期;洪健业:《当"矿脉"遇上"龙脉"——清季台北鸡笼煤务史上的风水论述》上、下,《台湾风物》2000年第3、4期。
⑤ 李玉:《论晚清矿章关于办矿洋商的规定及其效果》,《南京大学学报(哲学·人文科学·社会科学)》2002年第4期;纪辛:《1927—1937年国家资本主义在矿业中的恢复——以煤矿业为例》,刘兰兮主编:《中国现代化过程中的企业发展》,福建人民出版社,2006年;梁华:《近代时期官办、官督商办煤矿的政府约束因素分析》,《中国经济史研究》2007年第3期;王力:《20世纪初期中日煤炭贸易的分析》,《中国经济史研究》2008年第3期。

绪 论

台湾煤矿的研究已注意到煤矿中的灾变。①

综观二十世纪初以来中国矿业史的研究,相关的论著和论文无论在数量抑或质量上都取得了丰硕的成果。研究者既有来自地质学界的专家,也有自然科学史专家,更多的历史学者参与了讨论,极大地丰富了矿业史研究的内容和方法,研究的领域也不断拓展。研究的时段和区域虽然有所偏重,但大部分时期和多数区域的矿业都受到了关注。不仅有对史实和问题的讨论,也有资料整理工作。所有这些努力,都为进一步研究建立了良好的平台。

相对于中国漫长的历史时期、广袤的国土和复杂的社会变迁过程,现有的研究仍然不足以详细、全面地反映中国历史上矿业开发各个方面的问题。不仅在时段和区域上仍有进一步研究的空间,可以继续深入讨论的问题还很多。从已有的成果看,对清代湖南矿业的研究很不够,甚至还有很多未被探索的领域。

三、研究对象、方法与资料的运用

(一) 研究对象的界定和相关名词的解释

本书考察的矿业主要是指采矿业,在对某些问题的讨论上也会涉及冶炼。矿产的种类包括金、银、铜、铁、锡、铅(包括铅、锌)、锑、锰、汞(包括朱砂、丹砂、水银)等金属矿和煤、硫磺、硝土、雄黄、砒、云母、矾、石碌(绿)、石青、瓷土和陶土等非金属矿,共20多种。锌矿在我国古代还没有使用现在的名称,清代时,人们对锌和铅已有区分,但还认为

---

① 李建国:《抗战时期中国特矿运输研究》,《南京社会科学》2006年第2期;张燕萍:《抗战时期资源委员会特种矿产统制述评》,《江苏社会科学》2004年第3期;肖自力:《国民政府钨砂统制的尝试与确立》,《历史研究》2008年第1期;陈慈玉:《战时经济统制下的台湾煤矿业》,《中国经济史研究》2001年第3期;《日治时期北台湾的煤矿灾变》,《台湾"国立"政治大学历史学报》第二十期,2003年;匡济才:《抗战时期四川矿业发展述论》,《文史杂志》2002年第2期;肖自力:《战时日本对中国钨砂的劫掠与国民政府的应对》,《抗日战争研究》2007年第1期。

19

二者是近似的矿物,文献中称锌矿为"白铅"或"倭铅",铅则称为"黑铅",二者统称为铅。因此铅、锌容易混淆,本文在研究中尽量将二者区分开来。煤炭,在清代文献中还称为"石炭"。

考察的区域为清代的湖南,也即现在的湖南省。考察的时段为整个清代时期(1644—1911年),书中将其划分为清初到同治年间(1644—1874年)、光绪年间到清末(1875—1911年)两个不同的时期来讨论。之所以这样划分,是基于以下考虑:

对于中国矿业史的分期,日本人芳贺雄在《支那矿业史》中曾指出,自清代中国与西欧接触到清末这段时期,是中国近代矿业的创始时代,在这之前的数千年,都是传统的矿业时代。[1] 张朋园对晚清湖南的研究认为,光绪二十一年(1895年)湖南巡抚陈宝箴在长沙设立矿务总局,总理全省矿山开采事宜,使湖南的矿业有了迅猛的发展。[2] 笔者在阅读资料的过程中,也发现1895年是清代湖南矿业发展的重大转折点,可以作为湖南新式矿业出现的标志。新式矿业出现以后,在生产、管理乃至社会影响的各个方面出现了新的变化,必须严格地分开讨论。但是,在具体的研究中,并不能完全以1895年断开,因为很多光绪年间开采的矿山并不能确定是在光绪二十一年之前或之后。光绪朝的前二十年中,湖南矿业也在发展,新式矿业的出现也应该有一个准备的阶段。因此,本文对湖南新式矿业的考察从光绪元年(1875年)开始,清初到同治年间的矿业,则作为传统的矿业时期来介绍。另外,以年号断开也比较符合中国历史研究的习惯。

本书讨论的"矿业开发"或"矿产开发",是指有意识的、为了获利并且达到一定的规模和影响的矿业生产及其相关活动,是一个抽象的、内涵丰富的概念。与"开发"接近的另一个名词是"开采",它的指向则比较具体。在行文中,将根据实际需要使用"开发"或"开采"一词。

根据资源学专家的观点,资源是动态的定义,它是由人而不是由自

---

[1] 《支那矿业史》,第6—8页。
[2] 张朋园:《湖南现代化的早期进展(1860—1916)》,第270—274页,岳麓书社,2002年。

绪 论

然来界定的,矿产资源定义的变动性更加明显。① 因此,古代的矿产资源所包含的内容跟今天应该不同。本书在讨论的过程中,将一直贯穿这个观点。

(二) 研究的方法与资料运用

本书主要运用历史地理学的方法进行研究,历史地理学研究方法强调反映动态的空间分布和差异,以及事物发展兴衰在空间上的表现,并用历史地图展示研究的过程和结果。这种方法的应用,对于区域矿业的研究,可以实现其他学科方法不能达到的目标。矿业作为一个产业,必然与社会经济有千丝万缕的联系,它又与矿物、矿产资源密切相关,所以,对湖南矿业的研究同时需要吸取地质矿产学、经济学等多学科的知识和方法。另外,对矿厂(点)的数量、规模的确定和对矿产量的讨论,必须以大量的数据统计和运算为基础,因此,计量学和统计学方法的运用也不可缺少。

由于对很多问题的讨论并没有先例,更没有现成的方法可以参考,作者在具体的讨论过程中总结摸索出一些实际可行的方法。例如,对传统矿业时期铜、铅、锌、锡矿开发分布的研究,首先通过爬梳对比大量的文献资料,整理出各个矿厂(点)的名称并对其地点进行考证,再依据各个矿厂(点)在采的时间对其等级进行确定,在这个基础上,进一步讨论矿业开发的空间分布和差异以及矿业的兴衰(见第二章第二节)。在讨论矿业兴衰的问题上,必须对整个研究时段进行细小的切分,以便讨论变化的总体趋势。对此,笔者也是通过对大量资料的对比,以铜、铅、锌、锡各个矿厂(点)的"开采"和"封禁"为标志,以各个时段的时间长度尽量接近为原则,找出变化发生频率高的年份,确定切分的时间点。随后的关于矿业发展与变迁的讨论,都是以此为基础(见第三章)。

---

① [英]朱迪·丽丝著,蔡运龙等译:《自然资源·分配、经济学与政策》,第 21—23 页,商务印书馆,2002 年。

在对铜、铅等矿的产量进行估算时，虽然有严中平对云南铜矿产量的估算在先，但是湖南与云南的情况并不相同，估算方法也不能简单地照搬。云南铜矿主要是由运送京局、本省鼓铸和供外省采买三个部分组成，湖南则铜矿不足，常由云南采买，然而矿砂出产旺盛时，又有供外省采买的特殊情况，笔者在讨论湖南铜矿产量时，必须将这些复杂的变化都考虑在内，重新修正严氏的估算方法。而铅、锌和锡矿产量的估算，并没有人做过，笔者探索的方法，是参照铜矿的估算原则，根据铸币原料配比及其变化，再结合鼓铸用铜量，从而粗略估算各矿的产量（见第四章第三节）。

本书的讨论，以文献资料为主。尽管《清代的矿业》已经对主要的矿业资料作了整理，但是该资料的编著，是以全国范围为对象的，对地方性资料不能详细地、全面地收集，仅仅利用这个资料是远远不够的。本书尽量利用该著提供的资料和线索，大量搜集清代地方志、档案、实录、奏折、调查资料、文集等文献中的矿业资料。由于需要介绍清代以前矿业的发展，本文的研究，也搜集了历代正史的《地理志》和《食货志》部分、各种地理总志，以及"通志"、"通考"、"通典"等文献中与矿业相关的记载。在这个过程中，《古矿录》的参考作用也不能忽略。所有整理出来的矿业资料编成附表置于书末，以便参考。

野外考察也是历史地理学研究的一个途径。虽然不能亲眼观察古代矿业生产的原貌，但是，一些历史上的旧矿在开采悠久的矿区还有遗迹可寻，某些生产的方法和劳动工具也部分地保存了下来。笔者的实地考察，选取湖南矿业最发达的郴州、桂阳，以宝山和黄沙坪两个矿区为重点。在考察的过程中获取的很多资料，可以作为文献资料的有力佐证。

四、研究的主要问题、目标及基本框架

讨论的主要问题包括矿产开发的空间分布与差异、矿业的兴衰变化、矿业生产中的经营管理与产销、矿产开发中的冲突与调适、矿产开

绪 论

发的影响以及晚清新式矿业等七个部分。旨在利用丰富的文献资料，复原清代湖南矿产开发的状况（包括数量、规模、结构、兴衰等），并用地图和图表展示这些要素；在此基础上讨论开发格局、地区差异和兴衰的原因，进而考察与矿业开发相关的各种制度和技术上的因素；探索清代湖南矿业在全国的地位以及矿业生产在湖南区域经济中的作用和地位；透视清代矿业开发中的各种社会、经济和文化上的问题，并且始终注意贯穿对矿业开发与区域社会互动的思考。希望通过对清代湖南的讨论，为区域矿业史研究增加新的内容，也为历史矿业地理研究提供一个新的范例。

根据作者对清代矿业的分期，本书的大量篇幅用于讨论传统时期（1644—1874年）的矿业。首先做背景的介绍，第二章到第六章讨论传统时期的矿业，最后以一章的内容讨论晚清新式矿业。各个章节排列的设计，是要逐渐引导读者从对清代湖南矿业的表面和本体认识进入不同的视角，接触到越来越深层次的问题。

第一章是全书讨论的基础。从物质基础、历史基础和社会经济条件几个方面介绍清代湖南矿业开发和再度兴起的背景。

第二章和第三章是对传统矿业的直接关注。第二章首先讨论矿产的出产状况，预备作为各种矿产开发结果的对比。接着分类考察传统矿业时期各种矿产开发的分布，讨论其分布格局和地区差异，并以地图和图表的形式展示以上讨论。由于各种矿产的开发模式不同，资料条件也有区别，文中以铜、铅、锌、锡矿——铸币原料矿为重点，统计在采矿厂（点）的数量并评估各个矿厂（点）的规模（分为四个等级），在此基础上讨论该类矿产开发的空间特征。对于金、银矿，仅用在采矿点的数量来分析。对于煤、铁等矿，则适于用县级地区为单元来讨论，同时考虑封禁事件对开发地区大小的影响。

第三章对传统矿业的发展兴衰进行复原和讨论。首先从铜、铅、锌、锡等矿在采矿厂（点）的数量变化说明矿业盛衰的总体趋势，然后以该类矿产的产量变化、省局铸钱炉座数量的变化补充和修正变化趋势，并配以地图和各种图表。在此基础上再详细介绍各个时期该类矿

23

产的发展情况以及空间分布。与上一章相同,对铜、铅、锌、锡等矿的讨论成为整个矿业开发的代表。对煤、铁矿的讨论以县级地区为单元,对金、银和其他矿业兴衰的讨论只能是相对简单的描述,作为对此前讨论的补充。

  第四章考察矿业生产中的经营管理与产销。经营管理对矿业开发的成败至关重要,本章通过对矿业的经营方式、矿业生产中的私采、偷漏与私贩、税收与管理各方面的讨论,将使读者更容易理解清代湖南矿业开发的过程与成果。在这个条件下继续讨论铜、铅等矿的产量和分配。

  第五章以三个案例剖析矿业开发的过程中地方社会发生的典型冲突与调适事件,并由此透视矿业开发中的各种问题及其与矿业生产的相互影响,将对矿业开发的思考引向深入。

  第六章综合讨论矿业开发对地方社会的影响,包括对地方经济的影响、对社会安定和社会风气的影响、对自然环境和后期开发的影响等。至此,对清代传统矿业时期的讨论形成一个比较完整的认识。

  晚清西方新式采矿技术引入以后,矿业开发的各个方面都发生了重要的变化,本书最后一章对晚清湖南矿业的考察,只注重厘清其发展的历程和开发的空间分布,以便于将其间的变化与传统矿业时期做一个比较。对晚清湖南新式矿业进行全面的考察则需要更专门的研究,本书限于篇幅和研究者的精力,不再展开。

第一章 背景分析

矿业开发离不开特定的自然和社会条件。首先,需要有一定的矿产资源储藏量,而资源条件还须与当时的技术条件相匹配,即矿藏的品位应达到当时的开采和冶炼要求。同时,还需要合适的社会政治经济环境,如政府的政策、社会需求状况、地方传统产业结构、开发历史等。本章主要从政区和自然地理概况、现代地质和矿产资源条件、历史上矿业开发的状况,以及矿业再度兴起的社会经济条件等方面分析清代湖南矿业开发的背景。

第一节 清代湖南政区和自然地理概况

一、政 区

"湖南"地名乃因地处洞庭湖之南而来。又因古代为湘州地、在湘水流域而简称为"湘"。先秦时期,湖北、湖南同为楚国地,所以湖南又有"楚南"或"南楚"之称。

湖南正式作为地方一级行政区的名称,最早见于唐代。唐"安史之乱"(755—763年)后,内地亦效仿边地之制,以节度使(或称防御使、经略使、团练使)辖区称为方镇。乾元元年(758年),罢开元二十一年(733年)所置之监督机构——十五道采访使,改在各镇置观察处置使,简称观察使。观察使辖区与节度使、经略使辖区同为实际上的高层政区。湖南观察使设于广德二年(764年),治潭州(今长沙),领衡州、郴州、永州、连州、道州、邵州,即今湖南的东南、南部一带,湘水、资水二流域,据有今湖南省的大部分。①

元、明两代,湖南与湖北同属湖广行省。经过历代的开发,湖南在经济上已逐渐具备作为一级行政区的条件,明万历二年(1574年),置偏沅巡抚治理苗疆,半年驻贵州偏桥镇,半年驻湖南沅州。清初湖南一带长期动荡不安,朝廷在行政改革上无所建树,仍沿用明制。康熙三年(1664年),分置湖南为湖广右布政使司,治长沙,同时移驻偏沅巡抚于长沙,湖南开始从湖广行省分置。六年,改湖广右司名"湖南"。雍正二年(1724年)又改偏沅巡抚称湖南巡抚,其辖区俗称湖南省,今湖南全境成为独立的一级政区,沿用至今。

随着社会的稳定和经济的发展,湖南的地方行政建置逐渐完善。经过清代前期的先后增置、析置和升置,到嘉庆二十五年(1820年),湖南省形成了17个二级行政区(府、直隶州、直隶厅)、61个三级行政区(县、散州、散厅)的建置格局。另外,清代在省和下属各府(州、直隶州、直隶厅)之间还设有省的派出机构——道,管辖相应的府、直隶州、直隶厅。湖南共设四个道:盐法道,领长沙、宝庆二府;岳常澧道,领岳州府、常德府和澧州直隶州;衡永郴(桂)道,②领衡州府、永州府、郴州直隶州和桂阳直隶州;辰沅(永)靖道,③领辰州府、沅州府、永顺府、靖州直隶州、乾州直隶厅、凤凰直隶厅、永绥直隶厅和晃州直隶厅。(见表1-1)

---

① 参见周振鹤:《地方行政制度志》,第106—110页,上海人民出版社,1998年。
② 雍正十年(1732年)前,桂阳州为郴州属州,本道称衡永郴道;十年,改桂州为直隶州,本道称衡永郴桂道。见赵泉澄:《清代地理沿革表》,第91—97页,中华书局,1955年。
③ 原称辰沅靖道,雍正七年设永顺府,遂改名。《清代地理沿革表》,第91—97页。

表1-1　清代湖南省行政区简表(嘉庆二十五年)

准一级政区	二级政区	三级政区
盐法道	长沙府	长沙县、善化县、湘阴县、益阳县、安化县、宁乡县、浏阳县、湘潭县、湘乡县、醴陵县、攸县、茶陵州
	宝庆府	邵阳县、新化县、武冈州、城步县、新宁县
岳常澧道	岳州府	巴陵县、临湘县、华容县、平江县
	常德府	武陵县、桃源县、龙阳县、沅江县
	澧州直隶州	澧州、安乡县、石门县、慈利县、安福县、永定县
衡永郴桂道	衡州府	衡阳县、清泉县、衡山县、耒阳县、常宁县、安仁县、酃县
	永州府	零陵县、祁阳县、东安县、新田县、宁远县、道州、永明县、江华县
	郴州直隶州	郴州、永兴县、兴宁县、桂东县、桂阳县、宜章县
	桂阳直隶州	桂阳州、嘉禾县、蓝山县、临武县
辰沅永靖道	辰州府	沅陵县、泸溪县、辰溪县、溆浦县
	沅州府	芷江县、麻阳县、黔阳县
	永顺府	永顺县、龙山县、保靖县、桑植县
	靖州直隶州	靖州、会同县、绥宁县、通道县
	乾州直隶厅	
	凤凰直隶厅	
	永绥直隶厅	
	晃州直隶厅	

说明：据谭其骧主编《中国历史地图集·第八册》编制。

道光朝(1821—1850年)以后，湖南又增加三个县级单位：古丈坪厅、南洲厅和株洲厅。并升置南洲厅为直隶厅。[①]

---

① 《清代地理沿革表》，第91—97页。

二、自然地理概况

（一）地形、地势、地貌特征

湖南省大致位于北纬24°39′—30°18′,东经108°47′—114°15′之间,全省面积21.18万平方公里。南以五岭山脉与珠江分界,东以湘赣界山与鄱阳湖流域分水,西以川黔丛山与乌江及清水江分界,北临长江。本省处于云贵高原向江南丘陵和南岭山地向江汉平原的过渡地带,地势变化较大,境内山势起伏、河网密布、地形崎岖,自然地理特征复杂多样。

省区东西南三面为高耸的山地环绕,中间为低缓的丘岗,北部为低平的平原湖泊,形似一个向北开的马蹄形盆地。武陵山和八面山斜列于北西部,海拔最高达2098米;雪峰山斜贯西部,北段海拔多在500—1000米,南段多在1000—1500米,最高2021米;幕阜山、连云山、武功山、罗霄山等斜列于东部,主峰海拔多在1000米以上,资兴八面山主峰海拔达2042.1米。山地中河溪发育,切割深,多峡谷、隘谷和嶂谷等,山坡陡峻,山间还常形成一些岭间盆地和谷地。雪峰山自西南向北东延伸,倾没于洞庭湖滨,将省区地势分为两大部分。雪峰山及其以西,属我国地势的第二阶梯,是云贵高原的东部边缘,其西北部为山原山地形态,西南部为中、低山谷地形态;雪峰山以东,地势为我国地势的第三级阶梯,地形多为丘岗形态,但东部及南部边境多分布有中、低山。由于本地域处于南岭山地向江汉平原过渡的斜面上,又形成了地势由南向北递降的格局;南部从南岭山地海拔1500米左右的山地逐渐向北至湘中一带降低为500米左右以下的丘岗,地形起伏和缓,向北至洞庭湖滨降低至50米左右以下的平原区,地势开阔平坦,显现烟波浩渺的"八百里洞庭"的平原—湖沼地貌景观,其中,临湘县江南镇海拔仅22米,为省内最低点。全省地貌形态可划分为山地(包括山原)、丘陵、岗地、平原四大类,所占面积比例分别为15.22%、15.04%、13.87%、

13.12%,另有6.39%的水面。

由于东、西、南三面高而中、北部低,其间山脉又多呈南北或东北—西南走向,形成四大水系——湘、资、沅、澧呈树枝状和扇状汇注于北部洞庭湖,再由长江注海的水网格局。现今河湖水系流域面积约占全省90%以上,洞庭湖是中国第二大淡水湖,但在明清时变化很大。明中叶以后,由于大量泥沙排入,而来水继续增长,湖面向四周扩展,夏秋水涨时,湖面方圆达八九百里。至清道光年间,洞庭湖扩展到了顶点,湖区跨四府一州九邑之境,估计面积为今湖面两倍以上。由于湖底抬高,湖水极浅,枯水季节,洞庭湖常分为两大湖区。到清代晚期,由于上游泥沙大量增加,洞庭湖发生剧烈演变,湖区面积急剧萎缩。[①]

湘、资、沅、澧四条水系由三面而北沿途穿过一系列的山间盆地、河谷阶地以及下游冲积平原,这些地方和洞庭湖的滨湖平原地势低平,且灌溉方便,在历史时期常成为农业发达和人口稠密的地区。

(二) 气候

湖南省属亚热带季风湿润气候,气候温和,降水充沛,四季分明。年平均气温在16—18℃之间,最冷月1月平均气温有4—7℃,夏季最热月平均气温可达26—30℃,热量充足。各地平均气温10℃以上的天数全年约有240天,无霜期约在270—300天,省境南北气温稍有差别。雨水多集中于夏季,4—6月份的降水量可占全年降水量的40%—50%,但冬季雨量也不过少,平均年降雨量在1500毫米以上。本省受季风气候影响明显,冬季多偏北风,盛夏多偏南风。全省气候总的特征是春季温暖多变,秋旱明显,严寒期短,暑热期长。[②]

[①] 邹逸麟:《中国历史地理概述》,福建人民出版社,1993年;张修桂:《中国历史地貌与古地图研究》,社会科学文献出版社,2006年。

[②] 本部分主要参考高冠民、窦秀英编著:《湖南自然地理》,湖南人民出版社,1981年;"湖南省地质矿产勘查开发局网":http://www.hndk.hunan.gov.cn/IMAGE/HNDZ.HTM,2003年11月。因自然地理诸因素自清代以来变化不剧,故参考现代自然地理的大部分因素说明清代的地理状况。

（三）交通

湖南省位居长江中游，界连鄂、川、黔、桂、粤、赣六省。北有长江沟通川、鄂、吴、越，进而联系全国各地。又有湘水、资水北注洞庭，南越五岭，联系粤、桂两省，沟通珠江水系达于广州，从而与海外贸易相接。湖南在全国交通中的区位优势，旧志多有记载，如中部长沙、湘潭一带，"南依五岭，洞庭阻其下游，行旅转运颇伤艰险，然岭表滇黔，必道湘沅，则西北瓷货往者亦就湘沅舟运以往"。太平天国战争期间，湘潭成为南北交通上的咽喉，"寇乱，江路绝，专恃湘潭通岭南"。① 再如南部郴州，地势险峻，为历来兵家必争之地，在商业交通上的地位同样关键，"郴地南通交广，北达湖湘，为往来经商拨运之所"。② 湘南门户宜章县，"为广东入南首站，俯韶广而蔽衡湘，实楚粤往来之孔道也"。③

作为陆上重要交通体系，驿站和递铺网络也非常发达。清代湖南驿道，自长沙北达湖北蒲圻，东南出插岭关达江西萍乡，南达广西全州，西达贵州玉屏，可谓四通八达。但本省东、西、南三面环山，仅山间谷地可为通往邻省孔道。省内大部分地区山势起伏，地形崎岖。近代火车、汽车出现以前，陆运只能靠人力肩挑背驮和驴、骡等畜力搬运，因此，陆路交通效率极低。

相比而言，水路交通比陆路更优越。湘、资、沅、澧四大水系及其支流伸及全省各县市，大部分通航条件良好。其平原水网地带，河网密布，河流水量大，冬天不结冰，水运条件较为优越，四水下游北出洞庭湖入长江畅行无阻。如长沙府，"帆路北达岳常，南达衡州，西达宝庆。浏、醴、乡、宁，并通小舟"。岳州府"帆路北通荆汉，南至长沙，西达常澧"。④ 醴陵县，"渌江及其支流，西至渌口，东至萍乡，东北至浏阳，南

---

① 光绪《湘潭县志》卷10"货殖"。
② 嘉庆《郴州总志》卷21"风俗·商贾"。
③ 光绪《宜章县乡土风俗志》不分卷。
④ 辜天佑编：《湖南乡土地理教科书》。

至攸县,皆可通航。在未有铁路之前,煤、柴、磁、米之运输,惟此是赖"。① 安乡县,"帆船,安邑湖乡河流周贯,北接荐举藕池口、沙市,东达汉口、岳州,西通津、澧、常德,南至长沙沅江,无往不利"。②

湘西、湘南山区的交通更要依赖水路交通,但山区水流湍急而浅,不利行船,水路与陆路同样艰难。如西南部的道州,"州境上通两广,下达衡湘,四无关隘。富商大贾,云集辐辏,多江浙邻境之人。滩高水急,难容大船,往来贩运止用三四舱、杷桿、小拨、倒划等船"。③ 山区有些县水陆两路均不便,如桂阳县(今汝城县)"本山邑,陆不可方轨,水不可航舟,交通阻绝"。④ 宜章县虽为楚粤往来孔道,然而"县据两省之脊,舟楫不能相通,其水路由广东来者抵县城南即须泊舟,不能再上水道"。⑤ 邵阳县,"邑中水路可通舟楫者惟资江,上至武岗,下达益阳。然泷高滩险,以故四方之富商巨贾不至,惟土人之习于水者得以往来其间,然撑驾者不过舟秋子船"。⑥ 又如江华县"千峰环抱,一线溪流,舟楫惟容三板。"⑦

传统舟运,主要利用人工,清末虽出现了使用燃料的轮船,数量毕竟很少,河流险滩处仍是传统小舟占优势。因此终清一代,湖南水运仍以人力船为主,特别是在各河流的上游险滩及各支流,小船更有优势。邵阳县居民还发明了一种煤与木材兼水运而最后一起出售的"毛板船","其舟有毛板、摇橹、撑驾诸船名,摇橹船与撑驾船较坚稳,毛板船用松木为之,制颇易,炭既售即在鄂汉变卖,俗以鸡鸭蛋壳比之,然运炭仍此舟最多也"。⑧ 此外还有诸种大小船只,如零陵县的茅篷、板篷等。⑨

长途的运输,常要水陆联运。如邵阳县,至省会长沙可水陆并行,

---

① 民国《醴陵县志》卷6"食货志·工商"。
② 民国《安乡县志》卷6"交通"。
③ 光绪《道州志》卷10"风俗"。
④ 民国《汝城县志》卷18"政典志"。
⑤ 光绪《宜章县乡土风俗志》不分卷。
⑥ 乾隆《邵阳县志》卷5"风土志"。
⑦ 同治《江华县志》卷10"风土"。
⑧ 光绪《邵阳县乡土志》卷4"地理·商务"。
⑨ 光绪《零陵县志》卷5"风俗·生计"。

但"陆路转运特艰",且明代以后,经过邵阳县入云南、贵州的一段驿路又改至他处,使本县陆路交通更受很大影响。水路由洞庭湖溯资水而上,其舟可直抵县城,"县内诸商运货上自武冈暨新宁暨广西合浦坪,下越洞庭达湖北汉口镇,水运较便"。但资水的邵阳、新化一段,河流极险,商运不易。[①] 这些交通条件中的不利因素,同样会影响矿产的开发、矿产品的转运和流通。

总之,清代湖南的水陆交通四通八达,具有一定的区位优势,为湖南与外省的矿产品流通、矿业发展以及省内各府县之间的矿产品流通提供了便利的条件和广阔的空间。但是道路设施和交通工具毕竟原始落后,交通效率较低,这又降低了本省交通的优势。

第二节 地质条件和矿产资源

地质条件应属自然地理的范畴,地质与矿产资源对于矿业尤其重要,故单独列为一节叙述。

矿产资源是建立在一定的地质条件之上的,地质条件在人类出现以前的漫长地质时期内已经形成,人类的历史相对于地质年代不过是很短的时期,因而地质条件在人类活动的历史时期内基本上是稳定不变的。由于"矿产资源"定义的动态性,现代的矿产资源与历史时期的矿产资源内容并不相同。本节对现代地质条件特征和矿产资源的分布状况作简要的介绍,冀有助于后文对历史时期矿产资源以及开发状况的说明。

一、地质条件

湖南省地质环境相当复杂,为矿产的生成创造了有利的条件。在地质条件诸因素中,生成条件和构造体系是影响矿产分布的主要因素。

---

① 光绪《邵阳县乡土志》卷4"地理·商务"。

湖南省在整个漫长的地质年代里，由于大地构造性质几经变化、海陆不断更替、海浸海退频繁，形成了不同地质时代的各种地层和侵入岩，不同构造体系的内生矿床和外生矿床。根据地洼学说的解释，湖南省位于华南地洼区的东部，它的地质发展经历了地槽、地台及地洼三个基本阶段，在不同的地质时代形成了相应的大地构造类型的矿床。如，前泥盆纪或前震旦纪时，本省处于地槽阶段，形成了地槽型的江口式铁矿以及金、锑、钨矿；古生代及中生代初，本省处于古地台阶段，形成了地台型沉积矿床（煤、铁、铅、磷等）；中生代中期以后，本省又经历了地洼区阶段，形成了地洼型沉积矿床（有煤、铝、盐类等）和地洼型内生矿床（丰富的有色金属矿和稀有金属元素矿床）。在新构造运动时期，还形成了分布广阔的砂矿床（金、金刚石、锡石、独居石等）。

据构造学说的分析，湖南省大地构造跨扬子准地台和华南褶皱系两个主要构造单元，处于东亚大陆新华夏系第二复式沉降带及第三复式隆起带南段、南岭纬向构造带之北。由于经历了武陵运动、雪峰运动、加里东运动、海西运动、印支运动、燕山运动、喜马拉雅运动等多次地壳运动，构造极为复杂。各次地壳运动均伴随有岩浆侵入与成矿作用。岩浆岩出露面积达 17544 平方公里，岩性有酸性岩、中性岩、基性岩、超基性岩，其中酸性花岗岩最发育。特别是燕山期，中—酸性侵入岩体对本省内生矿产的形成具有重要作用。

湖南省主要构造体系有东西向构造、南北向构造、新华夏系构造、弧形构造以及其他构造体系（见图 1-1）。由于本区处在秦岭和南岭两个巨大纬向构造带之间，东西向构造遍及全省，主要有湘南的九嶷山构造亚带、阳明山—塔山构造亚带、湘北的安化—永和东西向构造亚带、石门—临湘东西向构造亚带、湘中的白马山—龙山东西向构造带。本构造对钨、铜、铅、锌、汞矿的生成起着控制作用。南北走向的构造，在湘南地区相当明显，有酃县—汝城、耒阳—临武、宁远—江华、双牌—道县、新宁五个南北向构造带。此构造轴部常为火成岩侵入体，形成各种金属矿床，如临武香花岭钨矿等矿床。新华夏系构造的湘西构造带包括石门、安化、武岗以西的整个湘西地区，地貌特征很明显，雪峰山纵

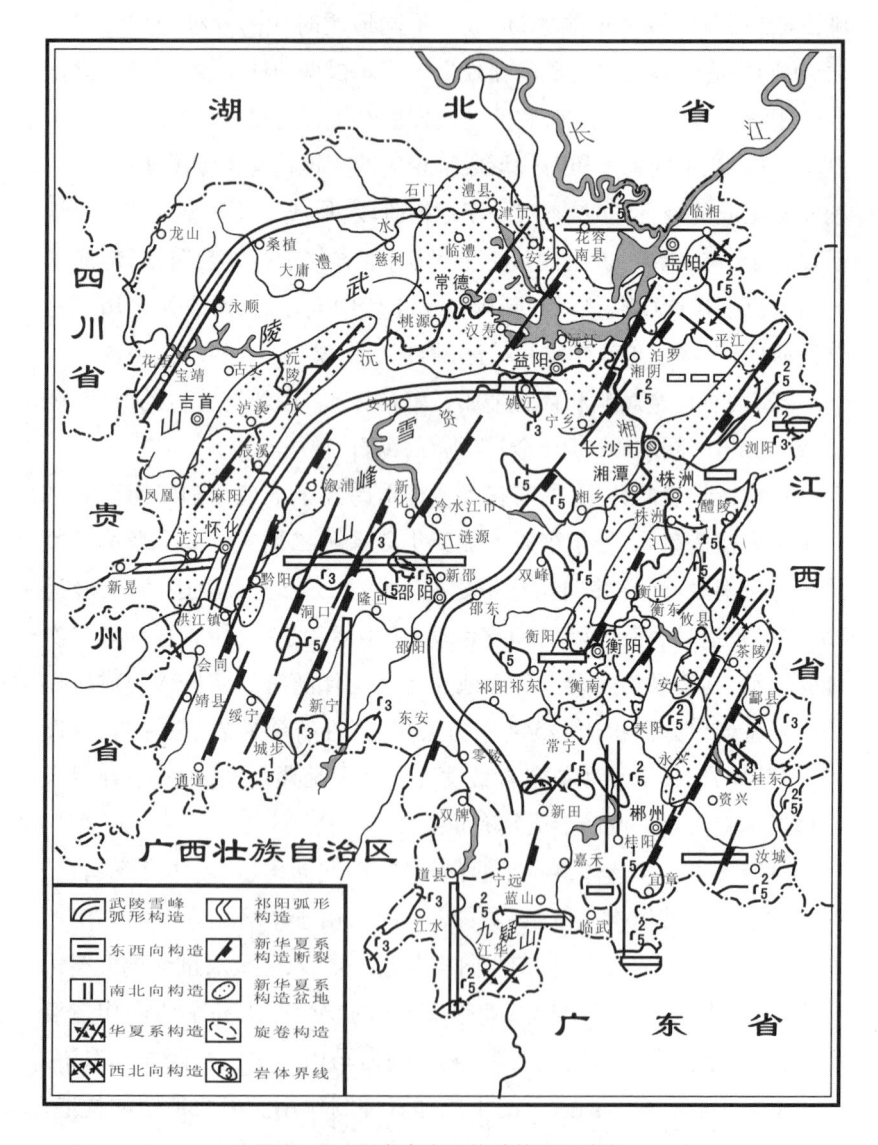

图 1-1　湖南省主要构造体系示意图

资料来源:高冠民、窦秀英:《湖南自然地理》,第 12 页,湖南人民出版社,1981 年。

贯南北,其北段与湘北东西向构造联合组成湘北弧形构造;其湘中构造带主要包括洞庭湖盆地及其以南地区出现的一些断裂构造;其湘东构造带大致包括汨罗—祁东—道县以东地区,具有隆起特点。此类构造带影响着铅、锌、钨、铜、煤等矿的形成。弧形构造有祁阳弧形构造、宜章狗牙洞弧形构造等,此外还有一些由不同构造组成的联合构造体系,如:由湘西华夏系、新华夏系构造与湘北的东西向构造在不同时期联合形成的雪峰—武陵弧形构造;位于醴陵、浏阳及江西铜鼓一带,由衡山—株洲华夏系构造带与安化—永和东西向构造亚带联合形成的湘东弧形构造。此类构造带的复合部位常控制着与岩浆活动有关的接触交代型矿床和裂隙充填型脉状矿床,钨、铜、铅、锌、锑、金、砷等矿均产于其中。

二、现代矿产资源

(一) 矿产资源概况

湖南省以"有色金属之乡"和"非金属之乡"著称。截至1997年止,全省共发现各类矿产141种,占全国已发现矿产(168种)的83.83%,其中已探明储量的矿产94种,占全国已探明储量矿种的61.43%,是全国矿产品种较多的省份之一。已发现各类矿床、矿点6000余处,探明矿产地1534处,其中大型矿床92处,中型矿床174处,小型矿床1268处。已探明储量的矿产资源潜价为12170.43亿元;地均潜在价值为574.62万元。在已探明储量的矿产中,以有色金属矿居多,非金属矿次之。

有色金属矿产分布广且相对集中是湖南矿产资源的主要特色。目前已探明储量的有色金属有37种,其中锑的储量居世界首位,钨、铋居全国榜首,并且有很好的找矿前景。锡、汞、铅、锌位居全国前列,也有很好的找矿前景。锡以砂矿为主,钼与铜、铝共(伴)生。有色金属矿产大多为共(伴)生,有利于综合利用和回收。

湖南非金属矿产资源丰富,其中磷、硫、重晶石、岩盐、芒硝、硼、砷、石墨、海泡石、金刚石等在全国占有重要地位。雄黄矿在国内外享有盛誉；重晶石矿床规模大、埋藏浅、矿石质量好；岩盐、芒硝、硼资源远景好，保证程度高，有开发潜力；磷矿资源量也十分丰富。煤炭储量在江南9省（区）中名列榜首。

湖南的贵金属也探明了一定储量。其中金矿主要有岩金、砂金、伴生金，而以伴生金居多，点多面广，规模不大。银矿几乎全为有色金属矿产铅、锌、铜等共（伴）生，随主金属综合回收。见图1-2。

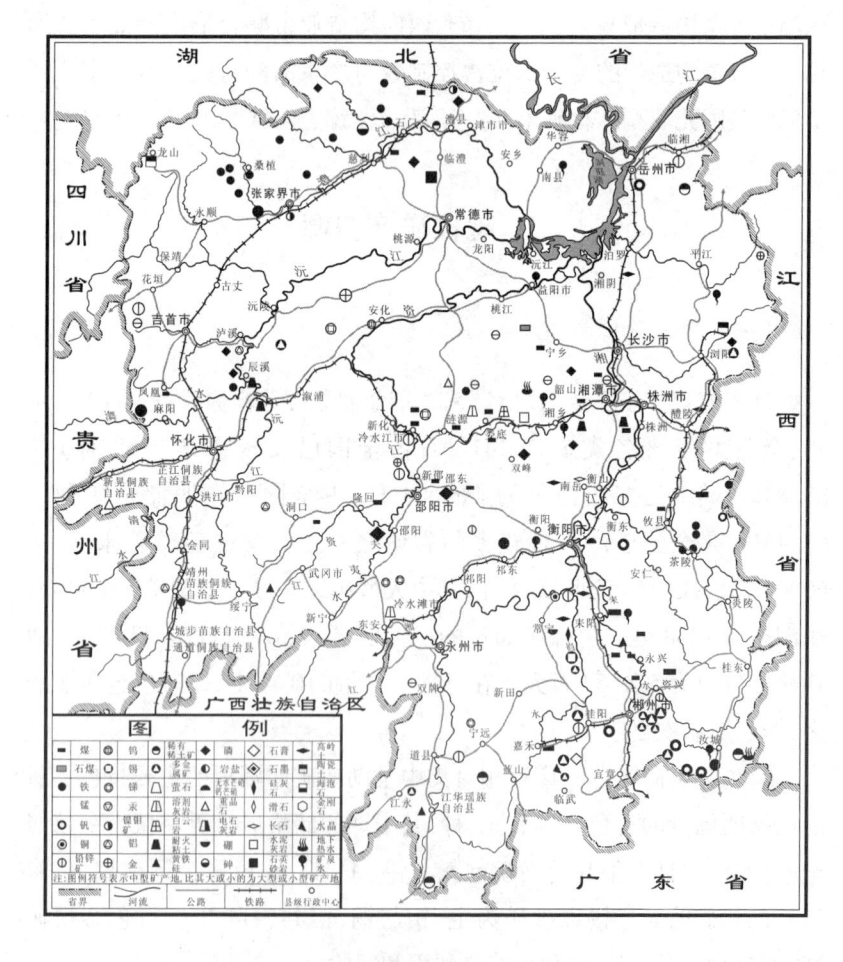

图1-2 湖南省现代矿产资源分布图

资料来源：《中国矿床发现史·湖南卷》，地质出版社，1996年。

（二）矿产资源及其分布特征

矿种比较齐全,单独矿产少,共(伴)生矿产多。有色金属在湖南十分发育,矿种和矿床类型多且以内生和层控矿床为主,这就决定了湖南的矿产资源共(伴)生多这一重要特征。重要的有色矿产基地宝山、柿竹园、东坡、大顺窿、黄沙坪、水口山、野鸡屋等,共(伴)生矿产达10种以上,其中柿竹园钨、铋、锡、钼矿共生有益组分高达15种。这对于现代以矿业为基础的工业来说,在目前的使用条件下配套程度较高。

矿产产地多,储量相对集中。有色金属矿产中,占矿床总数10%的大型矿床集中了50%以上的储量,如柿竹园多金属矿分别占全省钨、钼、铋、萤石总储量的46.19%、53.23%、89.83%、79.85%。这一特征,有利于矿产资源的统筹规划、重点开发和规模经营。

成矿时代多,空间分布广,时空分布具有明显的规律性。湖南大部分地层层序完整,沉积类型多,横向变化明显,为沉积和层控矿产的形成提供了良好的条件。不少矿产具有地层时代的成矿专属性。在地域上主要受三个成矿构造单元的控制:一是八面山褶皱区,地处湘西自治州和常德地区的西部,主要矿产有磷、铁、汞、铅、锌、锰、煤等;二是雪峰隆起地区,主要矿产有磷、岩盐、芒硝、石膏、萤石、金刚石砂矿、钨、锑、铅、锌、铜等;三是湘中、湘东南褶皱区,主要矿产有铅、锌、铜、钨、锡、钼、铋、锑、金、银、稀有、稀散元素、矿煤、石墨、高岭土、石膏、石灰石、硅灰石、岩盐、芒硝、耐火黏土以及工业用石灰岩等。这种分布决定了历史时期全省范围内大部分地区均有矿产开采的事实。

矿种多,分布不均衡。钨、锡、钼、铋、铅、锌、石墨主要集中在郴州、衡阳地区;锑矿主要集中在湘中地区;汞矿主要集中在湘西地区;金、银主要集中在衡阳、长沙、怀化、岳阳、郴州地区;铁矿主要集中在衡阳、株洲地区;锰矿主要集中在湘潭、湘西、怀化地区;盐矿主要集中在衡阳和常德地区;石膏主要集中在常德和邵阳地区;磷矿主要集中在常德、长沙和怀化地区;煤矿主要集中在娄底、郴州、衡阳、邵阳、长沙、湘潭等地区。这种分布的不平衡性,决定了历史时期湖南矿产出产的空间差异。

(三) 独具特色的矿种

钨、锌、锑、铋、金、铅锌、雄黄、菊花石、海泡石、石墨和锰是湖南独具特色的矿产资源。柿竹园矿区是世界罕见的特大型多金属钨矿床,号称"世界矿物博物馆";锡矿山被誉为"世界锑都";铋的储量约占全国储量的2/3,有很大的资源潜力;钨、锑、金、铅锌金相伴产生,独具工业价值的"沃溪式"伴生金矿床,是中国已知金矿床中独具远景的新类型;水口山及坪宝地区(今桂阳县黄沙坪和宝山)是国内外闻名的铅锌矿区;株洲冶炼厂是全国规模最大、技术最先进的铅锌冶炼厂;石门有世界著名的雄黄矿床,是中国药用雄黄的唯一产地;菊花石不论在中国还是在世界上均为湖南所独有的产品;海泡石黏土矿储量占全国总量的85%,居绝对优势地位,石墨的储量、产量均居全国之首。[①]

第三节　清代以前湖南的矿业开发

一、先秦至隋代湖南矿业的缓慢发展

关于湖南的矿产,最早的记载见于《禹贡》:"荆州厥贡……惟金三品。"此处的"金"指的是金、银、铜。《山海经》也称:"洞庭之山甚多黄金,其下多银铁。"可见,早在先秦时期,当地人对这些矿产已有所认识,并进行过简单原始的开采和冶炼。

两汉时期,矿业获得较大的发展,铁矿开采尤其广泛。西汉政府在全国设铁官四十余处,有一处便设在桂阳郡(治今郴州)。桂阳铁官,是当时长江以南唯一的管理矿业的机构,[②] 今湖南郴州一带的矿业在

[①] 本节未注明处主要参考《湖南省志》第二卷"地理志上",湖南人民出版社,1962年;《湖南自然地理》;湖南省人民政府网:http://www.hunan.gov.cn。
[②] 《中国古代矿业开发史》,第45页。

南方的地位已经凸显。东汉时,郴州北面耒阳县的铁矿也有大规模开采。《后汉书·循吏列传》记载,建武年间(25—56年),卫飒为桂阳太守,"耒阳县山[出]铁石,他郡民庶常依因聚会,私为冶铸,遂招徕亡命,多致奸盗。飒乃上起铁官,罢斥私铸。岁所增入五百余万。"长沙附近则出产铅和锡矿,但开采价值不大。《史记·货殖列传》载"长沙出链、锡,然堇堇物之所有,取之不足以更费"。链,就是铅矿。

三国、两晋、南北朝时期,湖南先后属于东吴、东晋和南朝政权的统治,矿业仍有所发展,开采的矿产品种有所增加。据《水经注》和《抱朴子》的记载及后世传说,人们已经认识的矿产及其产地为:

  锡 今江华县以产锡著称,被称为"锡方"。《水经注》:"萌渚之峤,其山多锡,亦谓之锡方"。萌渚,即今江华县地。

  云母 产湘水东之铜字山。《水经注》:"铜字山……山土紫色,内含云母,故亦谓之云母山也。"

  雄黄 产于今石门县。《水经注》:"零阳县巫山谿出雄黄,颇有神异采,常以冬月祭祀,凿石深数丈,方得佳黄。"零阳即今石门县。

  丹砂 "出武陵西川诸蛮夷中"(陶弘景说),时人饮之以为养生之道。

  银、铅 《明统志》:"晋岭山在桂阳州南八十里,相传此岭晋时出银、铅砂矿。"[1]

隋朝时间较短,史籍记载当时长沙有铜山、锡山,具体开采情况不得而知。[2]

据《旧唐书》记载,唐元和三年(808年),"李巽上言:得湖南院申,郴州平阳(今桂阳县治)、高亭(今永兴县西)两县界有平阳冶及马迹、

---

[1] 光绪《湖南通志》卷60、61。
[2] 《隋书·地理志》。

清代湖南的矿业：分布·变迁·地方社会

曲木等古铜坑八十余井。差官检覆,实有铜锡"。① 这条记载说明,唐代以前湖南南部的郴州一带(尤其是今桂阳县附近)可能已经大规模采铜,开采的具体时间不清。

二、唐代湖南矿业的大发展

唐代是中国历史上社会经济高度发展的一个时期,全国矿业生产出现了繁荣的局面。湖南的矿业也在此时得到很大的发展,主要的矿产有金、银、铜、铅、锡、铁、水银(汞矿)、丹砂、云母等,各矿产的产地见表1-2。

表1-2 唐代湖南境内的矿产及其分布

矿种	金	银	铜	铅	锡	铁	水银	丹砂	云母
产地	长沙、衡州(治今衡阳市)、叙州(治今洪江市)、锦州(今麻阳县西)、郴州(治今郴州市)	永明县(今永明县南)、邵州(治今邵阳县)、平阳县、义章县(今宜章县)	长沙县、义章县、平阳县、高亭县、郴州	义章县	长沙县、江华县(今江华县西北)、平阳县、高亭县	延唐县(今宁远县东)、永明县、巴陵县(今岳阳市)、石门县、衡州、永州(治今零陵县)	衡州、辰州(治今沅陵县)、锦州	辰州、锦州、溪州(治今永顺县东南)、叙州、麻阳县、卢阳县晃山(今新晃县)、郴州	长沙县云母山、华容县方台山

资料来源:《元和郡县志》;《新唐书·地理志》;《旧唐书·地理志》;《通典》;(清)黄本骥《湖南方物志》,冯天亮、李如龙点校,岳麓书社,1985年;光绪《湖南通志》卷60、61。

---

① 《旧唐书》卷48"食货上"。

40

表中所列或为贡物出产地,或为官府采矿处。当时,湖南是全国出产金矿地点(包括麸金、白金)最多的地区。① 郴州(治今郴州市,包括今桂阳县)一带更成为湖南矿业的重心,当地主要是采银和采铜铸钱。唐乾元元年(758年)以前,全国有铸钱炉座共九十九座,湖南有五座,全部在郴州。② 元和三年(808年),应李巽所奏,又增加铸钱炉两座于桂阳。

唐末战乱不断,矿业发展受阻,史书很少记载。惟相传长沙县北有一处叫铜官山的地方,曾为五代时楚的铸钱之处,此山也由此而得名。③

三、宋代湖南矿业的繁荣与曲折

宋初,政府放宽了对矿业的管制,允许民营与官营并存,矿业又进入一个繁荣的时期,矿业管理机构也相应增加。当时的矿业机构有监、务、场、坑、冶等。"监"是主监官的驻所,凡是铸钱的场所,都置有监;"务"是矿冶税务所或矿产收购站;"场"是采矿场;"坑"是矿坑,每个场可管辖若干个坑;"冶"是金属冶炼场。④

两宋时期,湖南境内各种矿产的产地及矿业机构分布情况见表1-3。产地遍布各州,品种达十余种。但水银(汞矿)、丹砂(又称辰砂、光明砂、朱砂)、云母、硝等多为贡物,有些可能是从别处采办的,并不能真正代表产地,而管理机构一般设置在产矿较多的地区。故而,结合监、务、场、坑、冶等矿业管理机构的分布来看,当时湖南地区的采银业特别发达,其次则有铅、锡等矿,铜矿业的重要性则相对下降。矿业中心在桂阳监(军)、郴州及与其相邻的衡州、永州部分地区。桂阳监是唐宋之际全国著名的两大银场之一,《太平寰宇记》记载:

---

① 夏湘蓉、李仲均、王根元编著:《中国古代矿业开发史》,第82页,地质出版社,1980年。
② 《通典》卷9。
③ 章鸿钊:《古矿录》卷3,第91页。
④ 《中国古代矿业开发史》,第89页。

表1-3 宋代湖南境内的矿业机构和矿产的分布

矿种	金	银	铜	铅	锡	铁	水银	丹砂	云母	硝	矾
产地	鼎州（治今常德市）、辰州、沅州、靖州、衡州、衡阳县、永州、益阳县、平江县、会同县	邵州、靖州、茶陵军、桂阳监（军）、郴州、永州、衡州、浏阳县、衡山县	衡州、浏阳县、桂阳县	靖州、衡州、桂阳监	郴州、宜章县、临武县、平阳县、常宁县、道州、江华县	衡州、道州、澧州、浏阳县、长沙县、常宁县、辰溪县、叙浦县	辰州、沅州、上溪州（今龙山县南）、衡州、邵州、道州	辰州、沅州、辰溪县、衡州、邵州、道州、永州、郴州	华容县、石门县、长沙县	朗州（治今常德县）	浏阳县
		桂阳监									
矿业机构	会同县旺溪金场、平江县土灶金场	江华县黄富银场、郴州新塘银场、浦溪银场、葛藤坪银场、桂阳县（今汝城县）延寿银场、浏阳县永兴银场、焦溪银场、衡山县黄鲜银场、常宁县芝源银场、宁远县上下槽银场			江华县黄富锡场	澧州务、道州务					浏阳县永兴场
						江华县黄富铁场					

42

第一章 背景分析

（续表）

矿种	金	银	铜	铅	锡	铁	水银	丹砂	云母	硝	矾
坑		平阳县大奏山、大板源、龙冈、毛寿、九鼎、白竹、水头、石筍、大富等九银坑，大宜坑、蓝岭、潭流岭等银坑	桂阳县延寿铜坑	桂阳监大凑冈（山）、白竹岗、九鼎、白竹	宜章县锡坑						
矿业机构	冶	郴州银冶、桂阳监银冶、衡州银冶			道州锡冶	澧州铁冶					

资料来源：《太平寰宇记》，《元丰九域志》，《宋史·地理志》，《宋史·食货志》，《宋会要辑稿·食货》，《文献通考》，（清）黄本骥《湖南方物志》，光绪《湖南通志》卷60，61。

说明：宋代的"坑"、"冶"等金属矿管理机构存在时间较短，兴废不定，尤其南宋初年，这种情况非常严重。《宋史·食货志》载："宋绍兴三十二年（1162年），湖南等处金冶二百六十七，废者一百四十二；湖南等处银冶一百七十四，废者八十四；湖南等处铅冶五十二，湖南等处锡冶四十五，废者四十；湖南等处铁冶一百一十四，废者一十二；湖南等处铅冶五十五，废者一十五。"但这些地点没有具体的记载。

铜冶一百九，废者四十五；湖南等处锡冶一百二十，废者四十；湖南等处铅冶一十二，废者一十五。应该是有代表性的部分，可以在一定程度上显示矿业的分布特点。本表统计的有明确记载的坑、冶点，应该是有代表性的部分，可以在一定程度上显示矿业的分布特点。

43

桂阳监在桂阳洞之南,历代以来,或为监,出银之务也。……古来贡铜、铅,今出银,管烹银冶处。太宜坑在监西南城内;石燕场在监北城门外二里;毛寿坑在监西北二十里;大龙、西塘、方仓、龙冈、武全等坑共一处,在监西南晋岭下八十里;大湊冈在监西,出银、铅矿砂;白竹冈在监西南八十里,出银、铅矿砂;九鼎冈在监北七十里,出银、铅矿砂,今废;蓝岭,在监西一百里,出银砂,今废;潭流岭,在监西北一百三十里,出银砂,今废。①

可见,太平兴国年间(976—984年),桂阳监有一场七坑产银,距监最远的银矿在一百三十里外,规模之大可见一斑。桂阳监各银坑在北宋初兴废不断,元丰年间(1078—1085年)还有银坑九处,银矿业相当兴盛。②"当其盛时,炉烟蓊然,上接云汉。烹丁纷错,商旅往来辐辏。"③大湊山即因此而得名。桂阳监的行政地位也因矿业的兴盛而提高,到南宋时,桂阳监改称为桂阳军,由专管矿业的机构逐渐演变为相当于府一级的地方行政机构。④

大约在景祐(1034—1038年)前后,桂阳监的银矿业达极盛,元丰年间(1078—1085年),桂阳监银矿年产量急剧下降,接近衰竭。⑤ 宋室南渡后,为了搜刮财富,政府极力开采南方各地的矿产,但是易采富矿区已基本采尽,各种矿产尤其是银矿的开采更趋衰落。由于产量下降,淳熙年间(1174—1189年),桂阳银矿贡额不得不下调。⑥ 一些银矿的开采也遭到地方官的反对。

宋代桂阳监的铜矿地位下降,但潭州浏阳永兴场铜矿的地位则大为提高。永兴场兼产银、铜、矾,原来以产银为主,北宋初,永兴场也采用"胆铜法"制铜,产量增加,元丰元年(1078年),产铜1708250斤,位

---

① 《太平寰宇记》古逸本卷117,转自《古矿录》,第89页。
② 《元丰九域志》卷6。
③ 见《明一统志》,转自《古矿录》,第91页。
④ 周振鹤《地方行政制度志》,第357页。
⑤ 《中国古代矿业开发史》,第108页。
⑥ 见华山《宋代的矿冶工业》,《山东大学学报·历史版》1959年第2期。

居全国第二位,到南宋绍兴三十二年(1162年),"祖额"年产量达1796000斤。[1]当时,长沙附近的铜矿业也小有发展,"乌山铜炉之所六十有四,麻潭、鹅羊山铜户数百余家"。[2]

此外,湘西尤其是靖州会同县及湘东浏阳县、益阳县的采金业也很发达,有些金矿本为民间私采,官府见有利可图,于是禁私采而设置金场。如旺溪金场的设置:"湖南漕司言益阳县近发金苗,赋榷入官,请修立私出禁地之制,从之。……崇宁四年(1105年)置旺溪金场。"[3]

四、元代湖南矿业的分布

元朝短祚,初期受政治、军事干扰,后期又逢农民起义,矿业的发展受到阻碍。元初,为了保护官办矿场和恢复铜冶税收,政府曾制定一些矿业措施。今湖南地区在采的矿产及分布如下:

金矿 岳州、澧州、沅州、靖州、辰州、潭州、武冈、宝庆。"元至元十九年(1282年),以蒙古人孛罗领辰、沅等州淘金事。"[4]"至元二十年,拨常德、澧、辰、沅、靖民万户,付金场转运司淘采焉。"

银 郴州。

锡矿 潭州。"至元八年(1271年),辰、沅、靖等处转运司印造锡引。"

铅矿 潭州。

铁矿 沅州、潭州、衡州、武冈、宝庆、永州、道州、常宁等。

朱砂 沅州、潭州。安化县"每年采办朱砂八十两"。沅州"五寨,萧雷发等每年包解朱砂一千五百两"。

水银 沅州、潭州。安化县"每年采办水银五十两"。沅州

---

[1] 转引自《中国古代矿业开发史》,第101页。
[2] 《宋史·食货志》卷180"钱币"。
[3] 光绪《湖南通志》卷61。
[4] 《元史·世祖纪》。

"罗管寨，每年包纳水银二千二百四十两"。

矾　潭州。"至元十八年，李日新自具工本于浏阳永兴礬场煎烹，每十二斤抽其二。"①

元代时，今湖南省境仍有十余州县产矿，但远不及宋代发达。

五、明代湖南矿业的继续发展

明代政府对于官府和民间经营矿业都采取谨慎的态度，终明一代，采取的是消极的矿业政策。"国初取用诸课，皆因各处土产。若金有常例，矾、铁、水银、铜、锡有常额。至于银矿、珠池，间或差官暂取，随即禁闭看守。"②明初对于铁、铜、锡、金、水银、矾等矿产大都继承前代，正常生产，对于银矿则禁止民间开采，官府也只是"间或差官暂取，随即禁闭看守"。对于小矿种如矾矿的开采亦如此，如宋元间著名的浏阳永兴场，在明初即由官府开采冶炼，不久即罢。③

随着经济发展的需要，朝廷对金、银课逐渐重视起来。永乐年间（1403—1424年），朝廷派遣官员至湖广等地采办金银课，又在澧州西南的铜山采铜冶炼。成化年间（1465—1487年），开湖广武陵等十二县金场共二十一场，但收获都不大，不久即停。④ 其后，各地矿山屡开屡禁。

明代湖南境内出产矿产的州县较宋代似未减少，但繁荣程度已不及宋代。尤其是明末"矿税之祸"，湖南各地的矿业遭到严重的摧残，给清代的正常开发带来了极大的负面影响，南部郴州、桂阳州一带的银矿业受害尤为严重。⑤ 各地矿产的出产情况，见表1-4。

---

① 《元史·食货志》。
② 王圻：《续文献通考》卷23"征榷·坑冶"。
③ 同治《浏阳县志》卷7。
④ 乾隆《岳州府志》卷12；光绪《湖南通志》卷60。
⑤ 嘉庆《郴州总志》卷19；民国《汝城县志》卷18。

表1-4　明代湖南省境内的矿产及其分布

矿种	金	银	铜	铅	锡	铁	水银	丹砂	云母	石青	石碌
产地	武陵县、沅陵县、溆浦县、辰溪县、黔阳县、沅州、宝庆府武冈州、全州（领会同、通道、绥宁三县）、常德府、靖州	辰州、宝庆府、桂阳州、郴州、桂阳县、宜章县	衡州、辰溪县、郴州、宜章县	桂阳州、醴陵县	衡州、耒阳县、常宁县、永州、江华县、郴州、宜章县	茶陵县、巴陵县、石门县、浏阳县、攸县、安化县、宁乡县、醴陵、衡阳县、耒阳县、常宁县、辰溪县、溆浦县、桂阳州、郴州、永兴县、宜章县、桂阳县、零陵县、祁阳县、江华县、永明县、宁远县	安化县、沅陵县、武冈州、卢溪县、麻阳、永顺司、保靖	安化县、沅陵县、卢溪县、麻阳县、永顺司、保靖司	华容县、长沙府	慈利县、沅陵县、辰溪县、麻阳县、祁阳县	慈利县、桃源县、衡阳县、宁乡县、沅陵县、卢溪县、辰溪县、麻阳县、祁阳县

资料来源：《明一统志》、《明史·食货志》、（清）黄本骥《湖南方物志》。

湖南亦是产煤之区，但是清代以前湖南煤矿开采的情况，文献记载很少。较早提到湖南产煤的文献是明代的《天工开物》："凡煤炭普天皆生……碎煤有两种，多生吴、楚（今长江中、下游）。"也只有寥寥数语的介绍。与国内其他地区尤其是北方相比，当时湖南煤矿开采是落在后面的。① 其中的原因，可能因为南方柴薪较为充足，对煤炭的需求并不急迫，煤炭的开采不受重视。《中国古代矿业开发史》认为，直到明代前期，在我国南方，人们对于煤的功用还是"识之者少"，大概到了李时珍生活的时代，煤炭才"大为民利"。② 湖南也属于这种情况，到了明末，个别地区煤炭的开采逐渐增多，但发展并不顺利。③

湖南历史上的矿产开采和使用情形，总的来说是随着当地经济的

---

① （明）宋应星：《天工开物·燔石第十一·煤炭》
② 《中国古代矿业开发史》第396页。
③ 光绪《湘潭县志》卷11载：湘潭县"石炭矿曰煤垅"，"数以致讼"。

开发和社会的发展而发展的，但也常常因为改朝换代、军事战争等政治因素的影响而受到阻碍，甚至停滞。大致来说，先秦时期，湖南的矿业已经萌芽并有所发展。到汉代时，矿业得到较大的发展，以铁矿开发为主。三国以后的分裂时期里，矿业生产有所沉寂，但并没有停止。唐代时，湖南矿业得到迅猛的发展，主要开采金、银、铜等和货币有关的矿产。到北宋时期，矿业达到了高度的繁荣，尤以采银为主。南宋以后，湖南的矿业逐渐衰落，直到明代又兴起，但未能恢复到唐宋时期的繁荣程度。经过历代的矿业开发，在湖南还形成了以郴州、桂阳州为代表的传统的矿业生产区域。清代湖南矿业的继续发展便是建立在这种历史基础上的。

第四节 矿业再度兴起的社会经济条件

公元1644年，清军入关，明王朝在北京的统治崩溃，明室皇族南避，农民起义军的余部也转战于西南一带。湖南及其周边的南方各省成为清军与南明以及农民军各种势力的战场，弄得疮痍满目，直到康熙初年，湖南一带的反清势力才基本肃清。康熙十七年（1678年）始，湖南又处于平"三藩"的战争中，康熙二十年，吴三桂兵败，湖南大部分地区开始进入和平发展时期。但雍正、乾隆年间湘西、湘西南的"改土归流"造成的动乱以及其后的苗变。再以后，则有咸丰时期的太平天国战争及匪乱。终清一代，湖南政局动荡时期较长，山区尤为剧烈。即便如此，康熙中期以后至道光年间，湖南大部分地区都处在一个较长的和平发展时期，这段时间里，人口增殖、耕地扩大、农业增产，商品经济也有了一定的发展，社会各阶层对发展各种副业的要求也日益增长，矿业便是其中之一。

一、农村经济的发展

（一）农业

经过清初一段时间的休养生息，康熙以后，湖南在战争中抛荒的土地逐步得到复垦，随后，湖滨洲渚的垸田也开发完毕。到乾隆年间，湘西、湘南山区的偏远山地也大量开垦。耕地面积增加的同时，灌溉设施和技术、水田和旱地复种指数都有所提高，粮食生产总量有了明显增加。

水稻是湖南种植最为普遍、出产最大的粮食作物，此外，杂粮种植遍及全省，品种有麦类、玉米、甘薯、马铃薯、花生、豆类、粟谷等。在山区，杂粮的种植尤其普遍而且重要，不但可以补充粮食生产的不足，另一方面也吸收了人口的流入，促进了山区的开发。在产稻米的地区，杂粮多和水稻复种，许多农民出售价值高的稻米、麦类，而留粗粮自用。因此杂粮的种植，也提高了精粮的商品率。[1] 明末清初时，谚语称"湖广熟，天下足"，两湖地区成为全国商品粮的输出中心。至清中叶，真正的输出中心已变为湖南一省，谚语称"湖南熟，天下足"。可见，到清代时，湖南的粮食生产在全国的地位举足轻重。[2]

湖南山多田少，在不便种植水稻的山区，农民则因地制宜，大量种植和利用经济作物，其中，木材、菜油、茶油、桐油、乌桕油、茶叶等最普

---

[1] 这方面的代表性研究，可参见张建民：《清代湘鄂西山区的经济开发及其影响》，《中国社会经济史研究》1987年第4期；李华：《清代湖南的稻谷生产及其商品化》，《中国历史博物馆馆刊》1989年第10期；张家炎：《清代江汉平原水稻生产评析》，《中国农史》1991年第2期；《清代中期江汉平原作物结构研究》，《古今农业》1991年第3期；龚胜生：《清代两湖农业地理》，华中师范大学出版社，1996年。
[2] 讨论"湖广熟、天下足"的论文，可参见张建民：《"湖广熟、天下足"述论》，《中国农史》1987年第4期；张国雄：《"湖广熟、天下足"的经济地理特征》，《湖北大学学报》1993年第2期；《明清时期两湖外运粮食之过程、结构、地位考察》，《中国农史》1993年第3期；《"湖广熟、天下足"的内外条件分析》，《中国农史》1994年第3期等。涉及到"湖南熟、天下足"研究，有龚永宁：《试论十八世纪湘米输出的可行性问题》，《中国社会经济史研究》1990年第3期；钟兴永：《清代湘米贸易论略》，《中国农史》2001年第1期。

遍,此外,还有烟草、棉、桑、麻、蓝靛以及野生的葛类等。

木材是湖南大部分山区外运的主要商品。清代初年,还有不少原始森林可以采伐,到乾隆年间,由于滥采滥伐,部分州县已出现林木采竭的情况。①一些山区农民就开始种植松、杉、竹等树木,不少山主和木材商因此而致富。在道州,"山中多种松杉,大小不一。客人斩伐之,移置溪岸,作巨筏,俟春水涨时,顺流而下。松木则锯断成板,多于秋初放之。二者获利无算"。②在祁阳县,杉木"客商编筏贩至汉镇,岁可得数万金。县境自归阳以上各乡杉木一望青葱,即问士庶之富者亦多数以此对"。③

茶油、桐油、菜油、乌桕油等油料作物,不仅为当地人提供油料,也是外销的主要商品。在道州,"茶油、桐油甚多,西南一带茶子树,连山弥亘,远望如蒸。……桐子亦然,但微少耳。此二种装运下河,其利最多。外有麻油、绵油、豆油、菜油"。④辰州府的桐油更是闻名,有"商贾竞趋其利,辰油遍天下"之说。⑤

湖南各地普遍出产茶叶,岳州府及其周围地区和长沙、宝庆、常德、辰州四府交界地区的茶叶还大量运销外省。烟草和蓝靛的种植在山区也很普遍,此外,一些平原地区也少量种植棉、麻、桑等经济作物。农民种植这些经济作物,一部分用来和境外交换粮食,一部分用来获取商业利润。如宁乡县"山农治山,……一岁种烟,再岁种薯荞粱粟,三岁种芝麻,通易粒食"。⑥经济作物的种植,既补充了粮食生产的不足,又活跃了地方经济。

(二)手工业和商业

湖南农村手工业主要有棉、丝纺织业,竹、木加工业,造纸业、榨油

---

① 乾隆《桂阳县志》卷4"风土"。
② 光绪《道州志》卷10"食货"。
③ 同治《祁阳县志》卷22"风俗"。
④ 光绪《道州志》卷10"食货"。
⑤ 乾隆《泸溪县志》卷7"物产"。
⑥ 嘉庆《宁乡县志》"风俗"。

业、茶叶加工业和矿业等。湖南的棉纺织和丝织业,相对于全国其他地区,并不发达,但相比前代也有较大进步。茶叶生产、加工以及榨油业、造纸业是湖南商品经济的主要部门,这些行业的发展,更推动了湖南以商品粮生产、运销(输出)和食盐运销(输入)为主的商品经济的发展。同时,湖南城市经济进一步繁荣,长沙、湘潭、衡阳等已发展成为省内著名大城市,并在全国商品贸易中占据重要地位。一批中小城镇也发展起来,形成不可分割的有机整体,并成为全国商业网络的一部分,在联系南北商品交流中发挥着重要的作用。李华的研究认为,清代的湖南农村的商品生产、商品流通的发展程度,仅次于长江三角洲和珠江三角洲,位居全国第三。①

二、人口的增长及其影响

清初,清军南下和农民军兵溃南下,湘北地区人口受损最为严重,湘潭屠城,湘中地区人口死亡过多。其他地区人口逃亡很多,"湖广填四川"之说便是指明清之际两湖人口的大量外流。经过康熙到乾隆时期社会经济的恢复和发展,各州县的人口迅速增加。据曹树基研究,乾隆后期到嘉庆前期的约半个世纪中,湖南省人口的年平均增长率大约保持在5‰左右,嘉庆二十五年,全省人口总数约为1898万,这种增长势头一直保持到太平天国战争(1851—1864年)之前。②

清代人口的增长是社会安定、经济发展的结果,一定的、适度的人口数量是经济发展的基础。湖滨垸田的开发,湘西、湘南山区的开发,湖南作为全国商品粮基地的形成,都是人口增长和经济发展的结果。但大量的人口所产生的对各种物资的消费,尤其是对粮食等基本生活物资的消费也相应增加。

---

① 李华:《清代湖南城乡商业的发达及其原因》;这方面的研究,还可参见方志远:《明清湘鄂赣地区的人口流动与城乡商品经济》。
② 曹树基:《中国人口史》第五卷"清时期"第二章,第30页;第四章,第136—155页;第十二章,第541—553页。复旦大学出版社,2001年。

清代中叶湖南在全国商品粮输出中占有重要的地位,原因之一是农民将精粮售卖,粗粮自用。另一个原因是清初期的一段时间内,人口还未发展起来,或者人口虽已增加,但人口与耕地不足的矛盾还没有表现出来。实际情况是耕地相对不足的现象愈来愈严重,湖南省作为产粮大省的名号很快就名不副实了。大致在乾隆时期,湖南省已有多个州县出现粮食不足的问题,主要是因人口增加而导致的。如益阳县,"近时农民力耕,勤垦山岭,植杉竹,滨湖筑堤垸,人满地僻"。① 武冈州的农民"以种稻为本,其余麻麦杂植各随地宜,不遗余利,生齿日繁,仅以自给"。② 连一向号称鱼米之乡的长沙府也出现了"生齿繁而物力尽"之叹。③ 乾隆《宁乡县志》称"吾宁为膏腴之壤,土无不毛矣。但自食指日繁,山童矣,泽竭矣,农鲜盖藏矣。……[旧产]竹木之属今皆濯濯矣"。④

大概到道光初年,在某些产粮的府县,粮食出产情况发生了很大的变化,甚至原来输出稻米的地方也出现粮价上涨的情况。如永州府,道光八年(1828年)前后,"通郡米粟之所入,昔时人少食寡,可以泛舟外济,近来户口繁庶,农不加多,而食之者日增。遇湘江下游歉岁,倾捆载往,本境粮价立致翔贵"。⑤ 同治年间(1862—1874年),祁阳县"素称产米之乡,询诸父老,二三十年前客商贩米至湘潭、汉镇者岁率十余万石……迨后户口滋繁,平岁米谷仅敷本境民食,即丰岁所余亦不过数万石,一遇歉岁反仰给于邻境"。⑥

在有些山区,平常年份时,杂粮已不足以补充粮食所需,荒歉年份中更不能保证基本的生活,大量野生的蕨类和葛类植物,成为饥民的主要食物来源。这种情况在盛世乾隆年间已出现,旧志记载,芷江县"各乡所产稻谷不足供一岁之食,则杂植蔬麦稷菽以佐之,然亦不多。……

---

① 乾隆《益阳县志》卷8"物产"。
② 乾隆《武冈州志》卷1"风俗"。
③ 乾隆《长沙府志》卷36"物产"。
④ 乾隆《宁乡县志》卷1"食货"。
⑤ 道光《永州府志》卷5上"风俗志"。
⑥ 同治《祁阳县志》卷22"风俗"。

每秋收后结伴入山,采取蕨根滤汁作粉以充食"。① 泸溪县,"地多山少平地,悬崖陡壁皆栽桐、榆,艺菽粟。……所产谷不足供一岁之食,必仰给旁邑,高坡侧壤广植荞麦、包谷、高粱、烊秤子诸杂粮。……山农……无田则佣工……惟岁歉□入山采蕨挖葛根滤粉充食"。② 永顺府,"四邑山多田少,农民刀耕火种,田畔种菽无隙地,自始耕至收成无片刻之暇……贫者庸工取给,岁稍歉则入山采蕨掘苗根滤粉以充食"。③

三、灾荒对社会经济的破坏

（一）水旱之灾

湖南的自然灾害,多为水患,尤以洞庭湖周围各府县水患最严重。洞庭湖吸纳湖南境内四大水系的来水、汇入长江,同时又调节长江水量,是长江的天然水库。由于长年吞吐江水,泥沙淤积,使湖底不断抬高而侵占四周田地。明中叶以后,洞庭湖湖面扩展至6000平方公里。当夏季雨水集中时,各水同时汇入洞庭湖,由于不能及时宣泄,常使湘、资、沅、澧四水下游水系紊乱,极易造成水灾。此外,清代时洞庭湖四周湖地垸田不断开发,洪水不能进入平时的洪泛区,不得不侵入他处,从而造成重大灾害。顺治元年(1644年)至光绪元年(1875年),洞庭湖四周经常遭受水灾的地区有华容、武陵、澧州、安乡、龙阳、沅江、岳州卫、巴陵、湘阴、临湘、益阳等十一州县,受灾最多的华容县有67次,最少的益阳县也有19次。④ 而这些易受水灾的州县,恰恰又是湖南盛产稻米的地区,水灾给湖南的粮食的稳定生产带来极大威胁。

水灾之余,湖南也常受旱灾的威胁。由于雨水大多集中在四月至

---

① 乾隆《芷江县志》卷5"风土志"。
② 乾隆《泸溪县志》卷7"物产"。
③ 乾隆《永顺府志》卷10"风俗"。
④ 张朋园:《中国现代化的区域研究·湖南省,1860—1916》第35页,"中央研究院"近代史研究所,1983年。

7月,暴雨过后,若水利设施不完善,便不能储存灌溉用水,当作物生长期间不能及时得到灌溉,就会影响到粮食生产。虽然湖南有湘、资、沅、澧四大水系,但山高水急,水利设施终究不能满足农业的需要,旱灾自然不免。

(二) 兵匪之灾

清代二百多年间,仅平定"三藩之乱"到太平天国战争之间的大约170年中,湖南基本处于安定的时期,其余大约100年的时间兵连祸结,匪乱不断。即使在相对安定的时期,"改土归流"政策的实施,在湖南也曾引起少数民族——主要是苗民与政府的冲突,甚至在乾隆年间,还暴发过大规模的苗民起义,此后又有西南一带的"教匪"之乱。张朋园根据光绪《湖南通志》中清代各朝蠲恤的统计认为,自康熙三十年至宣统二年(1691—1910年),湖南共发生水旱兵灾63次,每次波及的灾区,多者高达17州县,少者亦有3—5州县。[①] 水旱之灾和兵匪之灾,直接造成人口死亡、财产损失、破坏正常农业生产,还易引起灾后的饥馑或疫病,给湖南社会经济的发展带来负面影响。

从以上情况看来,清代湖南的经济与前代相比是上升而富足的,但是受人口增长的牵制、天灾人祸的破坏,清代湖南的经济、老百姓的生活并不令人乐观。

四、开发矿产的需要

(一) 生计需要的现实

由于历史上采矿业的发展,流传下来的志书多有记载,有一定文化知识的地方士绅、学者和官员对此都有或多或少的了解。当地居民在日常生产劳动中,对矿产也有一些切实的认识。人们的日常生活离不

---

① 《中国现代化的区域研究·湖南省,1860—1916》,第15—17页。

开这些矿产品,从事矿产的开采、运输、冶炼、贸易等工作也给不少人解决了现实的生计问题。因此,当农业生产不能满足生活所需时,从地方官到百姓都会想到开发矿产。

清初,经济凋残,百业待兴,在一些地方官眼中,开发矿产成为恢复和振兴湖南经济的希望。雍正初年,湖南衡永郴道王柔即极力主张开矿,他说:"厂利之宜亟兴也。湖南边徼地方,重山复岭,金银铜锡铅铁所产者,不一其处。郴州桂阳虽开采黑白二铅,而其余封闭者尚多。人迹罕到之区,率奸棍勾通蠹役强霸偷挖,微弱穷民反往滇厂佣工。……(开矿)虽未必处处有济,但得一二有成效者,则经费有济,数十万失业之民,得有营生之处矣。"①

在湘西、湘南山区,从事农业劳动非常艰辛,收获又少,丰收的年份还能勉强维持生计,稍有荒歉,则饥民遍处。清初郴州大儒喻国人认为:"在郴,民贫苦已极,田畴不足供赋税,乐岁难以糊家口。岂甘袖手乐贫,不思少沾微息?"②"微息"即指矿业的收获。"袖手乐贫"自然是不可能的。随着社会承平日久,户口繁衍,仅仅依靠粮食生产越来越不能满足衣食所需。当地的百姓没有经商的传统,其交通条件也不利于经商,其他借以谋生的副业、手工业又少。失之东隅,收之桑榆,恰恰这些地区矿产富饶,开矿便成为唯一的出路。乾隆初年,桂阳州还没有完全放开矿禁时,"贫民每拾浮砂(指黑铅)易米度日"。③ 铅矿试采不久即封,但是附近的居民,已经习惯了"当夫刨挖",官府虽然封禁了矿洞,而附近妇女老人,常偷采"水冲之砂及山皮浮砂"。为此,地方官也奏请开禁,"以天地自然之利养赡穷民"。④

在平原地区,煤炭是主要生活燃料,湘潭、湘乡、安化三县富产煤炭,但多夹有硫磺,虽然对硫磺的开采非常慎重,为了百姓生计,政府也不得不对采煤有所放松。因此,乾隆二年(1737年)到三十五年,这一

---

① 《清代的矿业》,第350页,王柔奏。
② 康熙《郴州总志》卷6"风土"。
③ 《清代的矿业》,第363页。
④ 《清代的矿业》,第225—226页,冯光裕奏。

55

带硫磺矿有时库存尚足,仍停而又采,主要是为了开采煤炭。①

在山区,林木茂盛,人们日常炊爨的燃料,以柴薪为主。因采煤常导致所谓"伤地脉"、"坏风水"的恶果,容易引起争端,大部分山区即使有煤,在清代初年也很少开采。随着人口增加,柴木砍伐过多,价格上涨,乾隆年间,湖南山区煤炭的开采也逐渐提上了日程。在祁阳县,"从前采薪者不过伐其柯干,迩来愚民多拔其根柢,萌蘖无从生发,柴木日尽"。② 在桂阳县,"明季屡遭盗寇,民人杀戮过半,山谷之间人迹罕到,名材大木蔽荫绵密。我朝(清朝)任民自取(林木),官无丝毫之利,牟利者结篷其中,或种蓝靛,或蓄蕈耳,崇冈绝壑,砍伐殆遍。今(乾隆时)四顾尽童山,溪峒成沃壤。贫民樵采资生穷日之方无所获。"为此,地方有识之士积极倡导开采煤矿以补柴薪不足。③

铁器作为生活所需的日用品(农具、炊具等),即使本地不许生产,也要从外省贩运。乾隆初年,兴宁县的铁矿还未获准开采,百姓生活中使用的铁器要从广东贩运,"跋涉维艰"。地方官也觉得劳民伤财,应该开放矿禁。④

晚清时,湖南巡抚陈宝箴对湖南开发矿产的客观需要概括得非常确切:"湖南山多田少,物产不丰,而山势层叠奥衍,多砂石之质类,不宜于树艺,惟五金之矿多出其中,煤铁所在多有。小民之无田可耕者每赖此以谋衣食。"⑤

(二) 从事矿业的相对高收益

矿业生产不仅可以弥补穷民生计,解决现实问题,若有幸遇上富矿或经营得当,则可获暴利。在桂阳州"铅矿最为大利,买山倾产者相继

---

① 《清代的矿业》,第464—467页。
② 乾隆《祁阳县志》卷4"风俗":"为今之计,惟宜变通烧煤。闻邑中产煤之山,不一而足。从前屡有建议开采者,辄为地方无识者阻挠,谓掘伤地脉,有碍近处坟宅风水。致坐失天地自然之美利。殊不知邻衡郴各郡邑多有开矿采煤者,不闻有掘伤地脉之说。今已广为晓谕,博访采煤之地令民开采。"
③ 乾隆《桂阳县志》卷4"风土"。
④ 《清代的矿业》,第499页。
⑤ 《光绪朝朱批奏折》第101辑"工业·矿务",1086,第1081页。

矣。铅为五金母,矿必有铅",而铅矿中常伴生有银矿。① 在矿业生产中,获益的对象上自朝廷、地方政府,下至承办商、周边居民和"矿徒"。地方官奏请开矿的奏折中常说,兴办矿业"实于国计民生两有裨益"。② 正因为如此,地方官、商人中常有请求开采者,皇帝为长远之计、安定大计,也不时有"有一利必有一害"、"不可图近利而忘远忧"等等教导。③ 尽管三令五申,商人、当地农民、"矿徒"偷采矿砂的事件仍不绝于书。

1. 官府的收益

对铜、铅矿,政府一般直接收取20%的高额实物税,并以低价收买税后的矿产品。其中的实物铜、铅、锡矿用以铸钱,官府可从铸钱事业中继续获利,然后用以搭放兵饷,或给官役发放薪水。④ 金银等矿税率更高,如果以官办形式开采,官府获利更多。

2. 承办商的收益

承办商有皇商、本地商人,甚至也有外府县商人。虽有20%的高税率,但商人总是有办法牟利,他们可出售其中的一部分以获利,或者在官督商办中钻空子,偷漏矿砂或矿税。如果幸运,无论皇商还是民间商人都可获得较高的回报。因此在矿业的上升期,偷采、呈请试采的商人很多,有时还得到地方官的支持。如桂阳州矿产丰富,乾隆初年在官府逐渐放开矿禁的情况下,地方商人见有利可图,便请示官府,愿意"自备工本"试采。像这种情况同时就有九起,可见采矿获利颇大,引起商人垂涎。⑤ 承办矿业,风险极大,需要有丰厚的本金,而一旦有收获,则回报更大。在易采富矿区,承办矿业致富的商人、地主不乏其人。在桂阳州,邓、曹、彭、何四大商人即因采矿致富。邓氏"雍正时采银大凑山,日千金,积数年,资累数十万"。曹氏在大凑山万景窝采矿,"致资产巨万"。何氏也在大凑山采银,"倚为生者数千人,家致十余万

---

① 同治《桂阳直隶州志》卷20"货殖传"。
② 《清代的矿业》,第231页,蒋溥奏。
③ 《清代的矿业》,第63页,雍正五年上谕;第231—232页,蒋溥奏。
④ 严中平:《清代云南铜政考》,第2—3页,中华书局,1948年。
⑤ 《清代的矿业》,第225—226页,冯光裕奏。

57

金",一时成为地方豪富。① 矿业中的大起大落,对商人极具挑战性和刺激性。

3. 周边居民和"矿徒"的收益

产矿地区的居民在农闲时到矿厂佣工,也不失为填补家用的一个手段,有时可能还会比农业有更多的收获。而又有一批"无业游民",既无田可耕,又无资金充当矿商,于是专门依附于矿业,哪里有矿开采,他们就到哪里去出卖苦力,甚至私自采挖。政府对这批人深为防范,称之为"矿徒"。矿徒如此依附矿业,正因为在矿山佣工所得,多于到地主田间佣工所得。

(三) 铸币及其他需求

明清时期,中国传统农业社会中已出现商品经济,部分地区由于商品经济的发达,对货币的需求日增,而兵饷、官员薪俸这一笔不小的财政开支,都需要货币支付。当时流通的货币,除银而外,就是官府发行的制钱(铜钱),而铸币所需的铜、铅、锡诸矿并不能满足需求。清初还常从日本进口洋铜,由于日本国内局势变化,进口铜价亦不断上涨,铸币成为政府的难题。②

铸币的需求,是清政府准许开发矿产的最大动力。康熙六年(1667年),湖南开始设局鼓铸。③ 当时所用铜矿,从云南采办,铅矿由贵州采办,有时由广西购买白铅(锌)。后来炉座时停时开,到乾隆时,湖南鼓铸需求日益增多,而采买的滇铜质量越来越低,从广西购买的白铅又数额不足,使湖南鼓铸大受影响。此时郴、桂二州铜铅矿出产渐盛,于是本省矿产成为湖南鼓铸的主要来源。④ 不但如此,邻省采办铅矿,也渐渐依赖湖南之出产。⑤

---

① 同治《桂阳直隶州志》卷20"货殖传"。
② 《清代云南铜政考》,第3—4页。
③ 《清通典》卷10"食货十·钱币"。
④ 光绪《湖南通志》卷57"钱法";《宫中档乾隆朝奏折17》,第592—593页,陈宏谋"奏覆湖南尚可停买粤铅缘由折"。
⑤ 《清代的矿业》,第232页,蒋溥奏,有福建巡抚差员至湖南采买白铅事。

第一章　背景分析

对于以上需求,雍正初年,先后任过衡永郴道和辰永靖道的王柔总结说:"倘各处(铜矿)俱获开采,则铜斤出产日盛。非惟贫民得获资生,楚省采办甚易,即江浙两省亦可就近买办而无须有出洋之险,其洋铜价格将亦自当减下。"①乾隆年间,湖广总督班第认为,对郴、桂二州丰富的铅矿不应禁采,"莫若准其铜铅并采,穷民得以在厂佣工,可免私挖之弊。且所获铜铅,均可以资鼓铸,而抽收课税,亦可以资本省公费,是国计民生两有攸赖"。巡抚蒋溥也持同样看法。② 可见,开发矿产,只要经营得当,确实可以同时收到以上功效,解决社会经济各种问题。

此外,开发矿产,也是社会经济发展的需要。以煤炭的开采为例,煤炭不仅是居民日常生活的燃料,也可作为矿业中冶炼部门的燃料,尤其是民间炼铁业的重要燃料,当柴薪燃料出现困难的时候,煤炭作为替代品,其开发自然提上日程。嘉庆《郴州总志》记载了兴宁县用树木烧铁,"木尽矿竭"的情况。③ 可见进一步开发矿产、发展经济,也必须加大开采燃料矿。

五、矿禁的放开及其在湖南的实施

鉴于明代的矿监之祸,清初,政府对矿山采取了严格的封禁政策。从康熙初到乾隆八年(1743年),开发矿业的条件逐渐成熟,矿政从严禁采矿逐渐走向全面放开矿禁。④

康熙十四年(1675年),朝廷初步定立"开采铜铅之例",准许愿意采矿的本地人向地方官(总督或巡抚)申请,获批准后官府派员"监管

---

① 《雍正朝朱批奏折汇编31》,第124—126页,"湖南辰永靖道王柔奏陈招民垦殖六里荒地开采永顺铜矿等事折"。
② 《清代的矿业》,第229—231页,班第奏、蒋溥奏。
③ 嘉庆《郴州总志》卷19"矿厂"。
④ 这方面的专门研究,参见韦庆远、鲁素:《清代前期矿业政策的演变》(上、下),《中国社会经济史研究》1983年第3、4期;杨余练:《康雍时期矿业政策和演变》,《社会科学辑刊》1983年第2期。

59

采取"，矿课"二八抽收"。① 到康熙十八年，对铜铅征税、开采者身份、开采原则及管理处罚等作了更详细的限制和规定：

> 十八年覆准，产铜铅厂，任民采取，征税银二分，按季造报，八分听民发卖。先尽地主报名开采，地主无力，许本州县民采取，雇募邻近州县匠役。如别州县越境采取及衙役搅扰，皆照例治罪。有坟墓处，不许采取。傥有不便，督抚题明停止。②

原则上，康熙十八年（1679年）时政府已准许开采铜铅矿。但是这时候，西南部省份还在进行平"三藩之乱"的战争，湖南的矿业开发并不在朝廷控制之中。康熙十九年，"三藩之乱"即将结束，局面安定下来，为了采铜铸钱，湖南个别州县的铜矿恢复开采。康熙朝后期，各省的矿业开发中出现了各种具体问题，康熙帝对于开发矿产的思路有所转变。四十三年，江西有人申请开矿，康熙帝谕旨："开矿事情甚无益于地方，嗣后有请开采者，俱不准行。"③五十二年，又对这一禁矿政策作了修正，除云南、湖广、山西以外，严格限制其他省份开采新的矿山，并重申康熙十八年对开矿的限制和处罚规定。④ 由于湖南没有受到这种限制，当年，郴、桂二州铜铅各厂广为开采。

康熙年间（1662—1722年），对湖南银矿的开采，采取了较为灵活的政策。如郴、桂二州铅矿中，大多伴生有银，对于这种伴生在铅矿中的银，政府采取了准其开采并抽税的政策。康熙五十二年即"题准郴州黑铅矿产有银母，除商人工本外抽税一半"。九架夹铅矿便是其中代表性的矿厂，此后，银税便随着黑铅矿中"银气"的旺衰而抽收或停止抽税。⑤

---

① 《清朝文献通考》卷30"征榷5考5129"。
② 光绪《大清会典事例》卷247"户部杂赋"。
③ （清）俞正燮：《癸巳存稿》卷9。
④ 《清朝文献通考》卷30"征榷5考5129"。
⑤ 光绪《湖南通志》卷58"矿厂"。

雍正年间(1723—1735年),矿业政策以禁为主,而铜矿的开采并没有受到禁止。郴、桂二州是重要的铜、铅矿区,而且大多是铜铅共生矿,故而受特许继续开采,但也是时采时禁。

煤炭和铁矿,为日常生活所需,不宜禁采。雍正朝以前,朝廷没有明令禁止开采煤矿,但大多数地方官担心开矿"聚众滋扰",禁止采煤。起初,北方还可以用秸秆等物作为薪柴,南方多林木,炊爨尚不困难。随着人口的增加,薪柴需求增多,加之秸秆等物的收获并不稳定,对于煤的需求越来越迫切。乾隆五年(1740年),朝廷正式准许民间自行开采煤炭,煤矿是否抽税依各省情况而定。当时湖南的情况是"听民试采,免其抽税"。①

清初,湖南铁矿严禁开采,但私采"难以杜绝"。雍正十三年(1735年),朝廷准许湖南一些州县开采铁矿。② 乾隆八年,经湖广总督孙嘉淦题准,"湖南铁矿,附近居民农隙刨挖,以供农器之用,如有余铁挑往邻邑售卖,免其科税"。③

同年,经九卿"廷议"决定:"凡各省有可开采之山场,除金银之矿封固不准开采外,其余俱听百姓于地方官给照开采;铅锡之类,听民自便。"除金银矿照旧封闭外,铜、铁、锡、铅等矿开放了矿禁。④ 开放矿禁,是指开放民营,大矿招商开采,小矿任民自取,官收税课。金银矿虽然仍旧封禁,不让民间开采,私采并不能禁止,朝廷有时也是睁一只眼闭一只眼。⑤ 这样,到乾隆初年,政府全面放开了矿禁。矿禁的放开,形成相对宽松的社会经济环境,给湖南矿产开发提供了广阔的空间。当然,所谓"全面开放"只是相对于此前的矿禁而言,一旦违反准许开矿的前提,便要遭到封禁。⑥ 此外,政府仍有各种理由随时封禁矿山。

---

① 《清代的矿业》,第8—9页。
② 道光《辰溪县志》卷21"矿厂";光绪《湖南通志》卷58"矿厂"。
③ 光绪《湖南通志》卷58"矿厂"。
④ 《清代的矿业》,第15页。
⑤ 《清高宗实录》卷923,乾隆三十七年,皇帝说"该处既有金矿发现,乃因此而荒弃其山,亦未免因噎废食。"
⑥ 赵尔巽:《清史稿》卷124"食货五·矿政",第3664页。"若有碍禁山风水、民田庐墓,及聚众扰民,或岁歉谷踊,则用封禁。"可作为开矿的前提。

硫磺和硝土矿,为军事所用,官府控制最严,产出均由官收,足额即封。湖南邻近苗疆,对于这两种矿产的开采更加小心。只是湘潭一带,因为硫磺与煤共生,乾隆朝政局安稳时,为了开采煤矿,不得不暂时准许民间开采硫磺。

     嘉庆朝,矿业政策又趋严格,有些矿山不但不允许开采,朝廷还对请求开采的官员治罪。① 湖南作为出产铸币原料矿的大省,朝廷仍鼓励其开采铜铅矿,对于乾隆年间定下的课额,一点也不肯放松,最后因为湖南铜铅矿衰落,才不得不减轻课额。②

     道光年间鸦片战争(1840—1842年)以后,矿业政策发生很大的转变。道光二十四年(1844年),朝廷下诏鼓励一些省份开采矿山。二十八年,又下诏各省督抚留心勘查矿山,"酌量开采,不准托词观望。至官办、民办、商办,应如何统辖弹压稽查之处,朝廷不为遥制"。一时矿禁大开。咸丰年间,又因筹措军饷,下诏各省大力开采各矿。③ 但此时,湖南正处在太平天国战乱之中,大力开矿的政策无法实施。至维新变法(1898年)时期,湖南成立矿务总局专门管理和开发矿业,湖南矿业得到新的发展。

     从康熙到同治年间,湖南省境内具体实施的矿业政策是:对金银贵金属矿不放弃管制,但时常是睁一只眼闭一只眼,对铜、铅、锌、锡等铸币原料矿加强开发,对军事用矿则因需要开采,其他小矿种只要不违反采矿总的原则,一般也不加干涉。道光以后,对矿业开发加大鼓励和支持,但也没有完全放手,政策更为具体细致。

---

① 《清史稿》卷124"食货五"。
② 《清代的矿业》,第248—249页、354—357页,高杞奏;嘉庆《郴州总志》卷19。
③ 《清史稿》卷124。

第二章 清代湖南矿业开发的空间分布(1644—1874年)

第一节 清代湖南矿产资源的种类及分布

矿产资源是一个动态的定义,对清代的矿产资源,应该以当时人们对矿产的认识和利用水平来衡量。因此,凡是文献中出现的有关清代湖南境内出产矿产的记载,不论矿产的利用程度如何,本书均将其作为当时的矿产资源状况进行介绍。对矿产资源的讨论时间上包括整个清时期(1644—1911年),讨论矿业开发时则仅以光绪朝以前为对象(1644—1874年)。由于资料的限制,这里不对储量状况进行讨论,只讨论各种矿产的分布及其特点。

一、矿产及其分布

根据附表 1 的统计,清代湖南出产的主要矿产包括金、银贵金属矿;铜、铅、锌、锡等铸币原料矿;煤、铁等生活日用矿;硫磺、硝土等军用矿;锑、锰等晚清新发现的矿种;以及雄黄、砒、云母、汞、矾、石碌(绿)、石青、瓷土和陶土等小矿种,共 20 多种。各种矿产的分布情况,见图 2-1、2-2。

金矿 多产于洞庭湖周围各河流下游的冲积平原和湘西山区河溪

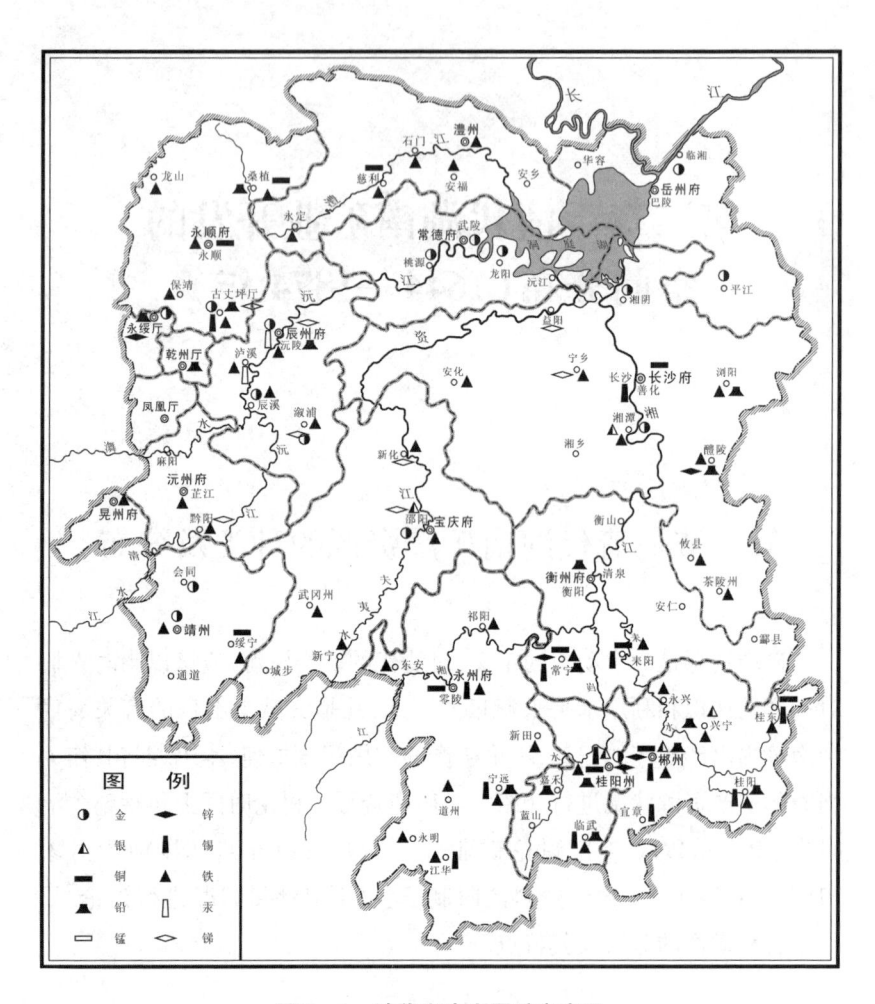

图 2-1 清代湖南金属矿出产图

中。出产的地区达 10 府(直隶州、厅)14 县(厅),具体包括辰州府沅陵县、辰溪县、溆浦县,永绥厅和永顺府古丈坪厅,靖州、会同县,岳州府巴陵县、平江县,常德府龙阳县、桃源县、武陵县,长沙府湘阴县。此外,长沙府湘潭县、宝庆府邵阳县、桂阳州和宜章县也有少量金矿出产。

银矿 主要在本省南部的桂阳州、郴州、兴宁县以及永州府的宁远县,宝庆府的邵阳县也有出产,但地点不明确。

铜矿 主要以湘南郴、桂二州为中心,包括周围的一些府县。具体

第二章　清代湖南矿业开发的空间分布(1644—1874年)

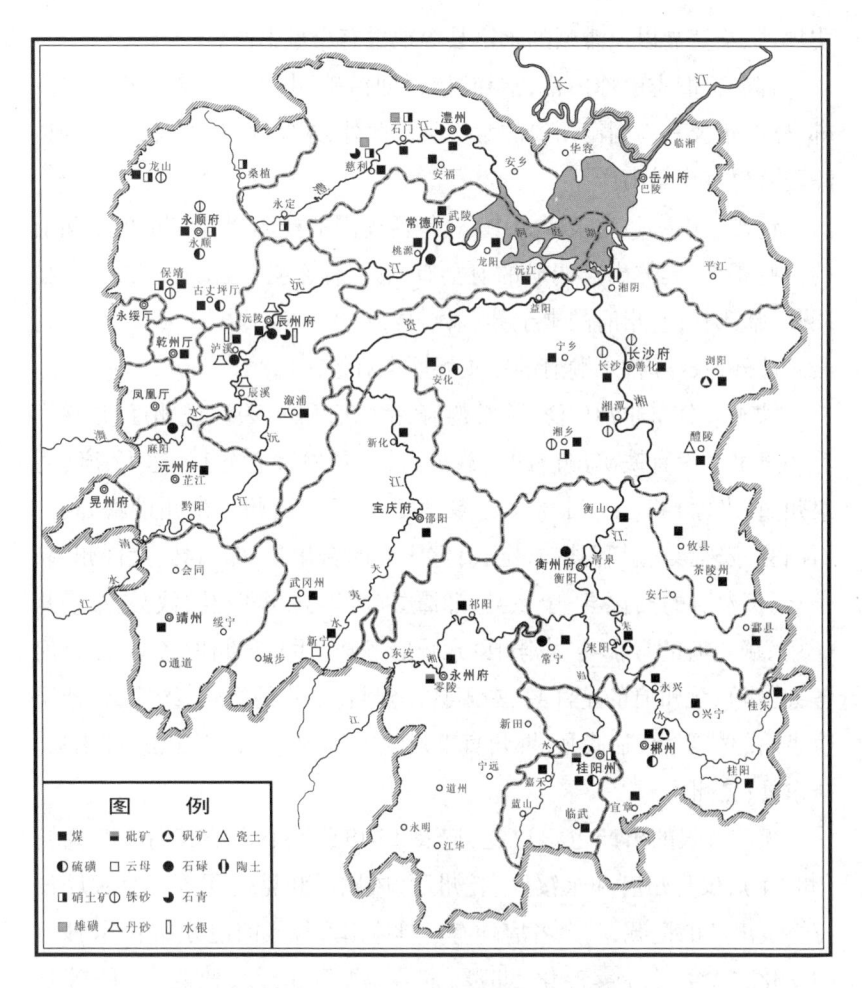

图2-2　清代湖南非金属矿出产图

出产的地区有桂阳州、郴州、兴宁县、桂东县，衡州府的常宁县、耒阳县，靖州的绥宁县。此外，长沙府，澧州直隶州的慈利县、永定县，永顺府的桑植县、永顺县，永州府的零陵县都有少量出产。

铅矿　主要产地也是以郴、桂二州为中心，包括其周围的一些府县。具体地区有郴州、桂阳、兴宁县、桂阳州、临武县、嘉禾县，衡州府的常宁县、衡山县，永州府的宁远县、祁阳县。另外，长沙府的浏阳县、湘乡县、临湘县、醴陵县，乾州厅，永绥厅，辰州府的沅陵县，永顺府的古丈坪厅、桑植县以及澧州的永定县等地也有少量出产。

锌矿 旧志中称白铅,常和黑铅(即铅矿)共生。主要出产地也在郴、桂二州及其周围衡州府的常宁县。此外,永绥厅、长沙府的临湘县、醴陵县也有少量出产。

锡矿 以郴州直隶州为中心,包括周围的桂阳州、衡州府、永州府的一些属县,具体出产锡矿的府县有郴州、桂东县、桂阳县、宜章县,桂阳州、临武县,衡州府的常宁县、耒阳县,永州府的江华县、零陵县、宁远县。此外,长沙府、永顺府的古丈坪厅也有锡矿出产。

铁矿 分布非常广泛,除常德府、岳州府和永绥厅、乾州厅、凤凰厅等小直隶厅没有铁矿出产的记载外,其余各府都有分布,达12府(直隶州、直隶厅)47县(州、厅)之多。具体如下:澧州直隶州的澧州县、石门县、安福县、慈利县、永定县;宝庆府的新化县、邵阳县、武冈州、新宁县;长沙府的安化县、宁乡县、湘潭县、浏阳县、醴陵县、攸县、茶陵州(县);衡州府的常宁县、耒阳县;永顺府各县(厅);辰州府各县;永州府各县(州);沅州府的芷江县、黔阳县;靖州直隶州的靖州、绥宁县;桂阳直隶州的桂阳州、临武县;郴州直隶州的郴州、永兴县、兴宁县、桂阳县、桂东县;晃州厅。

煤矿 煤的出产也很广泛,遍及13府(直隶州、直隶厅)40余县(州、厅),仅岳州府和永绥厅、乾州厅、凤凰厅和晃州厅等小直隶厅没有煤炭出产的记载,其余各府均有。具体出产煤炭的地方如下:长沙府的安化、宁乡、长沙、善化、湘潭、湘乡、浏阳、醴陵、攸县、茶陵等县(州);宝庆府的新化县、新宁县、邵阳县、武冈州;辰州府的沅陵县、泸溪县、溆浦县;沅州府的芷江县、黔阳县;桂阳直隶州的桂阳州、嘉禾县、临武县;郴州直隶州各县(州);澧州直隶州的澧州、安福县、石门县、慈利县;衡州府的常宁县、耒阳县、衡山县、酃县;永顺府的龙山县、永顺县、保靖县、古丈坪厅;永州府的祁阳、零陵二县;靖州、乾州直隶厅。常德府也有少量出产,但具体哪些县产煤未见记载。

锰、锑矿 这两种矿产在清光绪朝以后才被利用,因此有关记载较少。锰矿,仅湘潭县有发现。锑矿则发现出产的地点较多,益阳县、湘乡县、安化县、宁乡县、新化县、邵阳县、慈利县、古丈坪厅、芷江县、黔阳县、溆浦县、沅陵县、祁阳县、郴州等处均有出产。

硫磺　主要产地在长沙府的安化县和湘乡县，其次是郴州和桂阳州。另外，永顺府的永顺县和古丈坪厅、沅州府的芷江县也有出产。

硝土矿　永顺府的龙山县、桑植县、保靖县、永顺县，澧州府的慈利县、石门县、永定县等处出产最为丰富。长沙府湘乡县、桂阳州出产也不少。

雄黄　该矿的出产只在澧州直隶州的慈利县、石门县二县交界处，这两个县以产雄黄著名。

砒矿　产于郴州、桂阳州和永州府等处。

云母　仅宝庆府新宁县有出产。

汞矿　旧志中又称朱砂、丹砂或水银。主要产于辰州府一带，因此又名辰砂，其中沅陵县出产最为著名。此外，永顺府，宝庆府的武冈州，长沙府的长沙县、善化县、湘潭县以及湘西晃州厅、乾州厅等处都有出产。

矾矿　主要产在湘南郴州、桂阳州及其邻近的衡州府耒阳县一带，长沙府的浏阳县也有出产。

石碌(绿)　产于澧州，常德府的桃源县，辰州府的泸溪县、沅陵县，沅州府的麻阳县以及衡州府的常宁县、衡阳县。

石青　产于辰州的沅陵县、湘北澧州直隶州的澧州、慈利县。

瓷土　产于长沙府的醴陵县。

陶土　产于长沙府的湘阴县。

二、资源分布特点及其在利用上的优势

　　清代湖南境内已发现的矿产资源分布地区很广，遍及全省各府，尤其煤、铁等矿产的分布最为广泛。煤作为燃料和能源矿产，它的广泛分布不仅为本省居民日常生活提供了燃料保障，还给金属矿产如铁矿的开采冶炼提供了能源基础。

各种矿产的分布既有分散性又有相对的集中性,如金矿集中在洞庭湖周围各河流中下游水滨以及湘西一带的溪沟内;铜、铅、锌、锡、银和矾矿则集中于郴、桂二州及其邻近地区;硫磺、硝土和雄黄也都有集中的产地。

金属矿和非金属矿都有出产和利用。其出产已经有了较高程度的配套,如出产铁、铜、铅、锌、锡的矿区,需要冶炼的煤炭很容易获得,这种特点也为清代本省铸币原料矿产的开发提供了保障,开采冶炼都非常方便。

多金属矿共生矿床多,主要是在郴州和桂阳州。该地区是现代著名的多金属矿区,其中铜、铅、锌、锡等矿在清代已有大量的出产,而且很多矿区已经是铜、铅、锌或锡矿共同开采,具有较高的综合利用价值。

资源是开发的基础,反过来,对矿产资源状况的认识也是开发利用水平的反映。因此,清代湖南矿产的出产及其分布的这些特点除了受到矿产生成条件的影响之外,还受到当时的开采冶炼和利用技术水平的制约。如金矿,河流中下游冲积层的砂金相对易于开采,则易于发现,因此,金矿多见产于洞庭湖周围各河流中下游水滨一带。另外,河流溪沟水滨里的砂金也易于淘取,湘西沅江流域溪沟中经常出产水金就是这种原因。当时出产的金矿,都是独立金矿,在现代技术条件下,本省开发的矿产远大于这些地区,因为发现了一些伴生金矿。又如银矿,湖南的银矿至今仍没有发现独立的矿区,主要是和铅、锌、铜伴生,少量与其他金属矿伴生。因此,清代时银矿主要出产在郴州、桂阳州一带出产多金属矿的地方,这与现代银矿的出产特点是一致的。

总之,本书所统计的20余种矿产的分布,已经基本具备现代湖南矿产资源分布的特点,部分金属矿的分布地区与现代矿产分布地区已高度吻合(见第一章的分析)。这说明当时人们对湖南境内这些矿产的认识和利用已经达到很高的水平。

第二章　清代湖南矿业开发的空间分布(1644—1874年)

第二节　铜、铅、锌、锡矿开发的分布与地区差异

　　铜、铅、锌、锡是我国古代铸币的原料,清时期,政府对这些矿产的开发非常重视,在湖南形成了一批大规模的、在采时期较长而且生产较为稳定的矿厂或矿点。矿厂(点)的数量、规模和产量是衡量地区矿业开发规模的指标,本节即围绕这三个因素讨论铜、铅、锌、锡矿开发的空间特征。[①] 关于第一个指标—数量,从文献记载中能够找到较完整的数据。矿厂(点)的规模需要通过在采时间与出产量来衡量,由于具体的产量没有明确的文献记载留传,这里采用各矿厂(点)的在采时间作为划分矿厂(点)规模等级的标准,通过对全部矿厂(点)在采时间的排比,可将矿厂(点)划分为四个等级:A.40年以上;B.39—15年;C.14—5年;D.4年及4年以下。[②] 部分产量数据则作为补充,以说明地区矿业开发的规模。

一、铜、铅、锌、锡——铸币原料矿开发的空间分布

　　(一) 在采矿厂(点)的规模与分布特点

　　清初到同治时期的230年间,湖南省共开采铜、铅、锌、锡各矿矿厂(点)76处,其中,共生矿28处,约占总数的36%,分布在省内6府(直隶州)的14个(州)县。各州县在采矿厂(点)数量与等级见表2-1。

　　从规模(即等级)结构上看,大型矿厂,即A级矿厂共15处,约占矿厂(点)总数的20%;中型矿厂,即B级矿厂共14处, 约占总数的18%;

[①] 由于这几种矿产的特殊性,本书将其归为一类,称"铸币原料矿",下文的讨论中有时将以"铸币原料矿"代替这几种矿产的总称。
[②] 所有关于湖南矿业的资料,都统计在附表1中,根据附表1统计和估测的铜、铅、锌、锡各矿厂(点)的等级见附表2。本节的讨论,都建立在以上二表之上,文中不再专门作注。

表2-1 湖南各州县铜、铅、锌、锡矿厂(点)分布及开采数量、等级表

	铜	铅	锡	铜铅	铜锡	铅锌	铅锡	铜铅锌	铜铅锡	各州县总计
桑植县	2(D2)	1(D1)								3(D3)
永顺县	3(D3)									3(D3)
常宁县				2(B1,D1)						2(B1,D1)
耒阳县			1(D1)							1(D1)
绥宁县	1(D1)									1(D1)
零陵县	1(D1)									1(D1)
宁远县						1(D1)				1(D1)
江华县			1(D1)							1(D1)
桂阳州	4(A2,B2)		1(D1)	2(A2)	2(B2)	1(A1)		2(A2)		12(A7,B4,D1)
郴州	3(C3)	6(B3,D3)	5(A1,C2,D2)	9(B2,D7)	1(A1)	6(A6)	1(B1)		1(C1)	32(A8,B6,C6,D12)
兴宁县		2(D2)								2(D2)
桂东县	1(D1)		6(D6)							7(D7)
桂阳县		2(D2)	2(D2)							4(D4)
宜章县			6(B3,C1,D2)							6(B3,C1,D2)
各矿种总计	15(A2,B2,C3,D8)	11(B3,D8)	22(A1,B3,C3,D15)	13(A2,B3,D8)	3(A1,B2)	7(A7)	2(B1,D1)	2(A2)	1(C1)	76(A15,B14,C7,D40)

说明:据附表2编制,括号内再标明各等级矿厂(点)的数量,A、B、C、D 四个等级代表各矿厂(点)的在采时间:A.40年以上;B.39—15年;C.14—5年;D.4年及4年以下。表中郴州及桂阳州的矿厂(点)数不包括其属县的矿厂(点)。

中小型矿厂(点)仅7处,约点总数的9%;小型矿点则有40处,约占总数的53%。各等级占总数的多少依次是:D、A、B、C,如图2-3。

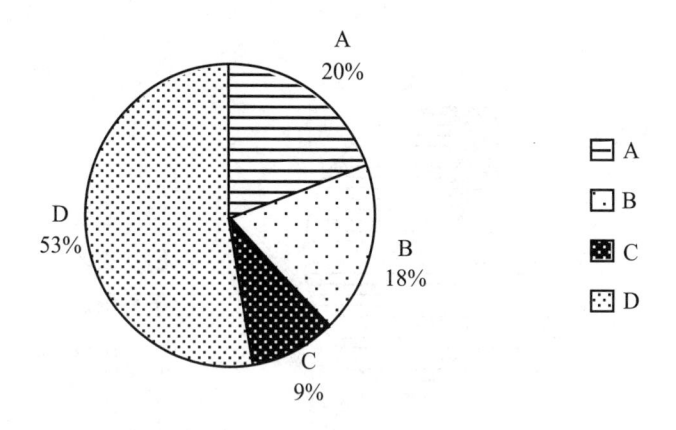

第二章　清代湖南矿业开发的空间分布(1644—1874年)

图 2-3　各等级矿厂(点)占总数比示意图(1644—1874年)

说明：据表 2-1 编制。

从分布地区看，以上矿产的开发地区分布极不平衡，主要集中在湘南郴州直隶州、桂阳州直隶州及衡州府、永州府与以上二州相邻的一些属县，湘西北永顺府的桑植县、永顺县、湘西南靖州属县绥宁县也有零星的开发。这些地区，在面积上只占全省很小的一部分，省内大部分地区都是铸币原料矿开发的真空。

具体地说，数量上，矿厂(点)最多的是郴州，共 32 处，其次是桂阳州，共 11 处。再次则是郴州属县桂东县、宜章县和桂阳县，分别为 7 处、6 处和 4 处。其他各县矿厂(点)仅 1、2 处。郴、桂二直隶州共有矿厂(点)63 处，约占总数的 83%。衡州府、永州府与郴、桂二州相邻的县共有矿厂(点)6 处，约占总数的 8%。90% 以上的矿厂(点)都在郴、桂二州及其相邻府县，占总数仅 9% 的矿厂(点)散布于湘西北、西南的个别县。

规模上，15 个 A 级矿厂(点)全部在郴州和桂阳州。14 个 B 级矿厂(点)中，有 13 个在郴、桂二州及其属县，仅一处在常宁县，即铜盆岭矿厂，而此处与郴州的绿紫坳矿厂邻近。7 个 C 级矿厂(点)全部在郴、桂二州及其属县。其余县属的矿厂(点)不但数量少，规模也很小。可见，郴、桂二州及其周边属县是湖南铜、铅、锌、锡矿开发的主要地区(见图 2-4)。

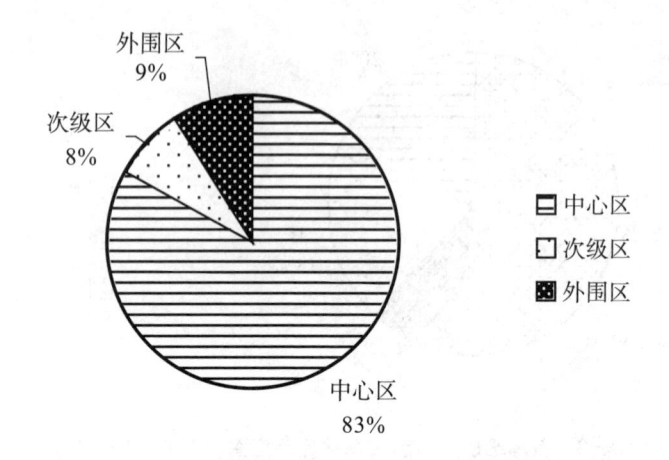

清代湖南的矿业：分布·变迁·地方社会

图2-4 矿厂（点）的地区分布格局（1644—1874年）

说明：据表2-1编制。

由此可见，湖南铜、铅、锌、锡诸矿的开发可分为三个区域，即：

Ⅰ　中心区——郴、桂二州；

Ⅱ　次级区——衡州府、永州府与郴、桂二州的邻近县；

Ⅲ　外围区——湘西北、西南及个别府县。

作为出产和开发铸币原料矿的主要地区，郴、桂二直隶州可以作为该类矿产开发的第一级区域，即中心区。本区域在采矿厂（点）数量多而且规模大，铜、铅、锌、锡及其共生矿都有开采。但在二州内部，矿厂（点）的数量和规模也有差异。

桂阳州共开采矿厂（点）12处，郴州及其属县共开采矿厂（点）51处。桂阳州开采的矿厂（点）虽然比郴州少，但大中型矿厂占很大比例，12处A、B级矿厂（点）中有11处在采20年以上。其中，大凑山银铜铅矿在清代的大部分时期均在开采，鹿子坳（绿紫坳）、马家岭、萧家岭、雷坡石、石壁下各矿约在采半个世纪。桂阳直隶州的小型矿点仅1处，即石眼里锡矿，该矿点是因为开采时间不明而被划为D级矿。郴州及其属县（即郴州直隶州）在采矿厂（点）总数远大于桂阳州，其中，

72

第二章　清代湖南矿业开发的空间分布(1644—1874年)

九架夹银铅矿在整个清代均有开采,另有石仙岭、白砂坳、东坑湖、金川塘、杉树坑、柿竹园、东冲等矿在采时间约半个世纪。但是郴州直隶州开采时间较短的矿厂(点)相对也多一些。C、D级矿厂(点)共34处,约占同级矿厂(点)总数的80%。除10处因采、禁时间不明而划为D级外,D级矿点中,开采约5年以下、甚至开采不久即封禁的矿点共17处,远大于桂阳州及其属县。就二州内部而言,矿厂(点)数量、规模、种类的分布也不平衡,桂阳直隶州的矿厂(点)绝大部分在郴州直属地,其属县临武县仅1处,还是C级矿点。郴州直隶州的矿厂(点)绝大部分也在直隶州直属地,而且集中了本直隶州的大中型矿厂。

郴、桂二州矿厂(点)分布不仅有数量、规模的差异,种类上也有差异。桂阳直隶州以采铜为主。15处单采铜的矿厂(点)中,4个A、B等级矿都在桂阳州,如鹿子坳(绿紫坳)铜厂、萧家岭铜矿、大有坳和停沙坳铜厂。本州12处矿厂(点)中,9处为铜或含铜共生矿。规模较大的铅、锌、锡矿多与铜矿共生,如万景窝、东边坳铜锡矿。独立的铅和锡矿厂(点)数量少,等级低。大型的铅锌矿仅黄沙坪1处,锡矿矿厂(点)只有石眼里1处,是D级矿。

郴州直隶州以采铅锌为主,其次是锡。其铅矿厂(点)远多于桂阳州,且A级铅和铅锌矿有6处,如九架夹、石仙岭、白砂坳、东坑湖、金川塘、杉树坑等处铅矿,均在采约半个世纪。较大的铜矿也是与铅或锡共生的,如桃花坳、甑下坳、铜坑冲、柿竹园等处,与桂阳州恰相反。郴州属县宜章、桂东二县也是著名的锡矿开发地区。其中,宜章县专采锡,数量多于郴州,规模与郴州相当。桂东县除采锡外,还有1处小型的铜矿,其锡矿点数量不亚于宜章县,但规模都很小。

与郴、桂二州相邻的衡州府、永州府一些属县,即常宁、耒阳、零陵、宁远、江华五县是本省铸币原料矿开发的次级区域。在这个区域,有一个大中型的矿厂,即常宁县铜盆岭铜铅矿厂,该厂在清代湖南矿业中非常著名,占有较高的地位,另有5处全是小型的D级矿点。本区域铜、铅、锡矿都有开采,没有开采锌矿。

其余分散的矿点共6处,分布于湘西北、西南的永顺府、靖州直隶州,是本省矿业开发的外围区域。本区域全部是小型的 D 级矿点,以铜矿开发为主,其中,绥宁县耙冲岭铜矿虽属 D 级矿厂,但资源未必不丰,早在雍正七年至九年(1729—1731 年)巡抚赵弘恩任内,该处已经试采。乾隆四年(1739 年),再次试采铜铅矿并小有成效,只因引起汉苗纠纷,朝廷将其封禁。此后地方官多次呈请试采,皆因朝廷担心苗变而未得实行。① 因此,耙冲岭铜矿开发的规模虽然小,它在清代湖南铜矿开发史中的地位和影响并不小。

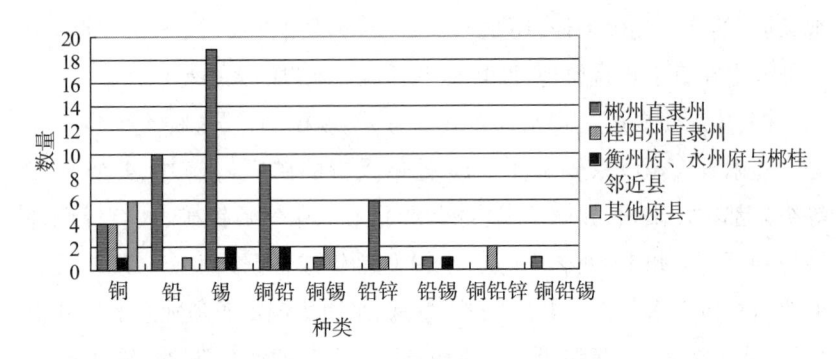

图 2-5 铜、铅、锌、锡矿厂(点)在采数量和种类的地区差异(1644—1874 年)

说明:据表 2-1 编制。

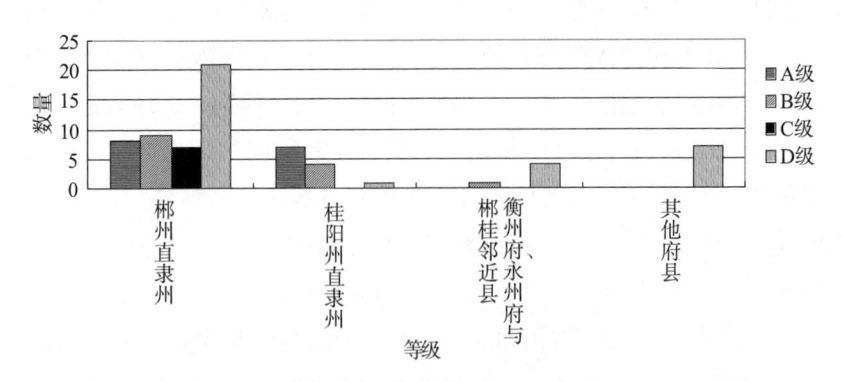

图 2-6 铜、铅、锌、锡矿厂(点)各等级的地区差异(1644—1874 年)

说明:据表 2-1 编制。

---

① 《清代的矿业》,第 226—230 页,冯光裕奏、班第奏;第 237—240 页鄂昌奏、杨锡绂奏。

第二章　清代湖南矿业开发的空间分布(1644—1874年)

(二) 铜、铅、锌、锡矿开发的规模差异

从矿种上看,各矿种的开发既有数量差异也有规模(等级)差异。

锡矿开采的地点最多,全省锡矿及其共生矿矿厂(点)达28处,其中单纯性采锡矿的矿厂(点)有22处,大约分别占铜、铅、锌、锡矿厂(点)总数的36%、28%。从规模上看,锡矿开发的规模较小,一半以上是开采仅5年左右,或者开采不久即封禁的小型矿点。A、B级大中型矿厂(点)6处,数量较少,约占锡矿及其共生矿矿厂(点)总数的21%,且其中有2处是与铜或铅矿共生,一起开采的。

铜矿及其共生矿矿厂(点)共34处,其中单纯性采铜矿的矿厂(点)有15处,大约分别占铜、铅、锌、锡矿厂(点)总数的44%、19%。A、B级大中型矿厂有12处,约占铜矿及其共生矿矿厂(点)总数的40%。

铅及其共生矿矿厂(点)共29处,单纯性采铅矿的矿厂(点)有11处,分别占铜、铅、锌、锡矿厂(点)总数的38%以上、14%。A、B级大中型矿厂有18处,约占铅及其共生矿矿厂(点)总数的62%,其中有15处是与铜或锌共生的,尤其是A级著名大矿厂,全是共生矿,有11处之多,单纯性采铅的铅矿厂(点)数量不少,但规模不大。

此时开采的锌矿全是与铅或铜共生的,有9处,占铜、铅、锌、锡矿厂(点)总数的11%。其中7处是铅锌矿,2处是含铜铅锌矿。(铜)铅

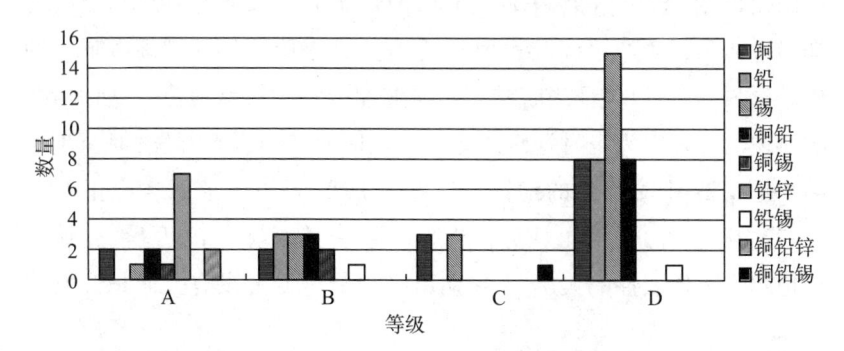

图2-7　铜、铅、锌、锡矿厂(点)各矿种的数量与等级差异(1644—1874年)

说明:本图据表2-1编制。

锌矿是大型矿厂比例最多的种类,9处矿厂全是著名的A级大型矿厂,即郴州的九架夹、石仙岭、白砂坨、杉树坑、东坑湖、金川(船)塘,桂阳州的黄沙坪、大凑山、马家岭。这些矿厂在清代的在采时间都有半个世纪,是湖南的超级矿厂。

总的来看,大型的矿厂都是含铜或铅锌的共生矿,印证了本省多金属矿资源丰富的特点。从诸矿厂(点)数量和等级的差异看,湖南铸币原料矿的开发,以铜、铅、锌矿为重点,又以铅、锌矿的开发规模最大,成效也大,锡矿的开发点多面广,但成效远不及前三者。

(三)部分产量数据所反映的矿业开发分布的特点

上述诸矿的产量在湖南境内同样有地区差异和种类的差异,下文就以各矿种之间的这些差异补充讨论本省矿产开发的特点。

1. 部分产量数据与地区矿业开发

产量数据或直接来自文献记载,或间接由税课量、定额估算。[①] 但是各类矿产的产量和税课量都没有系统的数据记载,仅郴州、桂阳州及靖州绥宁县、衡州府常宁县有部分的数据,这种数据的地区分布恰与上文分析的上述矿产的开发中心区一致。

康熙、雍正两朝,湖南的铸币原料矿开发还限于局部地区,没有在全省展开。据光绪《湖南通志》卷57记载,康熙五十八年(1719年),桂阳州税铅(含黑白铅,下同。)12.3311万斤,按20%的税率计算,可知当时桂阳州年产铅锌矿约61万余斤。这是康熙年间湖南省唯一的矿产量数据,可以佐证当时桂阳州矿业在全省的特殊地位。这种情况的出现也许是因为当时省内还有不少地区的矿山没有开发,但至少桂阳州是少数开发矿山的地区中有明显成效的一个地区。雍正五年(1727年)正月,郴州九架夹采铅锌炼银,一月内获1.19万斤。[②] 该矿厂是郴州有代表性的大矿厂,在铜铅(锌)锡等矿还没有大面积开发的

---

① 据光绪《湖南通志》卷58"矿厂",湖南铜铅(锌)锡诸矿的税率常制是"二八抽收",即收20%的矿税,如果查得税课的数量,其5倍即为产量。
② 《清代的矿业》,第351页,布兰泰奏。

第二章　清代湖南矿业开发的空间分布(1644—1874年)

情况下,该矿厂的产量可以作为当时郴州的总产量。这样,当时郴州铅锌矿的年产量大约在14—15万斤左右。雍正十一年,郴、桂二州每年约抽铅税5—6万斤,估计二州铅锌矿年产量在25—30万斤左右。

从清初的矿产量记载看,当时铜、铅、锌、锡矿开发的地区有限,只在郴、桂两州的个别矿山开采,成效不明显。从矿种看,主要是采铅、锌炼银,故铅矿有较明确的产量和税课量数据,且产量较大。也有为采办铸币原料矿而进行的开采活动,康熙五十四年(1715年),部议定各省采办京局铜矿数量,当时湖南每年须采办京铜55万余斤,湖南主要从云南采办铜矿,但如果本省能开采到则更好。从当时的产量记载看,本省似乎没有采到铜矿,或者产量微不足道。①

大约乾隆三年至八年间(1738—1743年),为了采铜铸钱,湖南在全省范围内试采铜铅矿,当时对于开发地区上还没有严格而复杂的限制。这期间,有三条产量记载的资料：

（一）乾隆五年,绥宁县耙冲试采铜矿,挖得矿砂400—500斤解省。②

（二）乾隆五年,据湖广总督班第估计,桂阳州可年产铜10余万斤,郴州可年产铜4万—5万斤。二州铜矿年产量约共14万—15万斤。③

（三）乾隆七年,湖广总督孙嘉淦奏,乾隆五年至七年间,商人邓茂益在常宁县龙旺山开采铜铅矿,未烧炼、隐报未抽税的矿砂约160—170万斤。④

从以上资料看,这期间全省的矿业开发,稍有成效的仅绥宁县、常宁县、郴州、桂阳州四个州县,也与铸币原料的出产重心地区一致。在

---

① 光绪《湖南通志》卷57"钱法"。
② 《清代的矿业》,第226—227页,冯光裕奏。
③ 同上书,第230页,班第奏。
④ 同上书,第230—231页,孙嘉淦奏。

这四个州县中,绥宁县耙冲岭铜矿不久即因苗变封禁,其后本矿点的开采,不过偶有之,并不长久。① 常宁县龙旺山矿厂在乾隆七年题准刨挖后,出产不多,仅开采一年即封禁。② 如此,仅郴、桂二州成为湖南全省铸币原料矿的出产地。乾隆八年以后,文献记载所见的湖南省铜、铅、锌、锡诸矿的产量,也都在郴、桂二州。

2. 郴、桂二州矿产量的差异

作为湖南省铸币原料矿开发的中心区,郴州与桂阳州的矿产量也有差异。乾隆五十年(1785年)铜、铅、锌、锡各矿的产量显示:桂阳州以产铜为主,且产量远多于郴州;郴州以产铅锌、锡为主;宜章县以产锡为主。这与上文分析在采数量和时间得出的开发特点相一致,即开采多,产出也多。与上文所得结论不一致之处是:乾隆五十年左右,郴州的铅锌矿产量远远不及桂阳州。此外,各矿种之间的产量同样有差异,即铅锌矿产量最多,铜、锡次之(见表2-2)。

表2-2 乾隆五十年郴、桂二州矿产量(单位:万斤)

州县	白铅(锌)	黑铅(铅)	锡	铜
桂阳州	11	27—28	0.8	36—37
郴州	1.8	14	10.7—10.8	0.06—0.07
宜章县			4.8—4.9	
二州总计	12.8	41—42	16.4—16.5	约37

资料来源:光绪《湖南通志》卷58。

郴、桂二州铅锌矿产量在其他年份的差异,仅找到以下零散的数据(见表2-3)。这些数据虽不具严格意义上的可比性,但它们是笔者可见的全部资料,具有抽查的随机性。此外,这些都是政府掌握的矿产量的数据,在同一个数据系统中。因此,表2-3可以大致反映乾隆五十年以前,郴州铅锌矿的产量也不及桂阳州。

---

① 《清代的矿业》,第226—230页,冯光裕奏、班第奏;第237—240页,鄂昌奏、杨锡绂奏。
② 光绪《湖南通志》卷58"矿厂"。

第二章 清代湖南矿业开发的空间分布(1644—1874年)

表2-3 郴、桂二州铅锌矿年产量比较表(单位:万斤)

时间	桂阳州产量	郴州产量
康熙五十八年(1719年)	约61	
雍正五年(1727年)		(黑铅)约14—15
乾隆十一年(1746年)	约125①	
乾隆二十七年(1762年)		48②
乾隆中期(1755—1770年)		约16③

资料来源:光绪《湖南通志》卷57"钱法";《清代的矿业》第351页,布兰泰奏;第235页,海望会奏;乾隆《郴州总志》卷12"物产"。

说明:以上产量据税铅量和20%的税率算得,雍正五年的黑铅产量是据九架夹税黑铅量算得,九架夹是当时郴州唯一在采的大矿,故可大致代表全州产量。乾隆《郴州总志》刊于乾隆三十五年(1770年),故其记载的大约为乾隆中期的数据。

郴州各铅锌矿在乾隆四十七年(1782年)后即出现衰落的迹象,嘉庆九年(1804年),大部分矿厂先后封禁。④ 此后郴州可能会有小规模的私采,但没有政府控制的在采铅锌矿厂(点)。桂阳州铅锌矿到乾隆末年也开始衰落,乾隆五十九年,桂阳州停采解京黑铅,嘉庆七年经勘,定每年额办黑铅25万斤,这是强制性的任务,不一定能完成。⑤ 但是嘉庆八年,桂阳州白铅(即锌)年产量还有4万—5万斤,黑铅年产量有3万余斤。⑥ 可见,郴州铅锌矿的衰落早于桂阳州,乾隆五十年后,郴州铅矿的产量同样少于桂阳州。

---

① 《清代的矿业》,第235页,海望会奏,称乾隆十一年,桂阳州垅口较旺,每年可得税铅(含黑白铅)25万余斤,而白铅抽税,桂阳州每年约有8万斤。据20%的税率算得年产铅锌矿125万余斤,其中铅矿(即黑铅)约为85万余斤,锌矿(即白铅)约为40万斤。
② 《宫中档乾隆朝奏折20》,第31—33页,乾隆二十八年十二月,巡抚乔光烈"奏为请禁已竭之矿厂京铅拨半归办运折"称:乾隆二十七年时,郴州税黑铅65800余斤,税白铅30500余斤。据20%的税率算得共产铅锌矿48万余斤,其中铅矿约33万斤,锌矿约15万余斤。
③ 乾隆《郴州总志》卷12称郴州每年税铅(黑白铅)33352斤,据20%的税率算得共产铅锌矿约16万余斤。
④ 嘉庆《郴州总志》卷19"矿厂"。
⑤ 同治《桂阳直隶州志》卷20"货殖"。
⑥ 《清代的矿业》,第356页,高杞奏。

从铜铅矿的产出看,清代桂阳州的铜铅矿都比郴州发达。二州承担采办京局铜铅矿的定额也不同,以铅矿而言,乾隆二十八年(1763年),巡抚乔光烈称湖南每年额办京局黑铅(即铅)70571斤,于桂阳州矿厂交三分之二,郴州矿厂交三分之一。[①] 这仍然说明桂阳州不仅铜矿业比郴州发达,铅锌矿业也比郴州发达。

结合对在采矿厂(点)数量、等级分布和矿产量地区差异以及种类差异的分析,可见湖南铸币原料矿开发的地区分布很不平衡,形成了以郴、桂二州为中心的铸币原料矿主要产地。而郴州与桂阳州之间的开发规模与成效也有差异,桂阳州的开发比郴州更成功,所以,清代湖南"十万矿税之利"的美名在桂阳州而不在郴州。[②] 同时,各矿种之间的空间分布和出产量也不平衡,如桂阳州多铜铅锌、郴州多铅锡、宜章县多锡,铅锌矿、铜矿、锡矿的产量则呈梯级递减(图2-8)。

二、影响铜、铅、锌、锡矿开发分布与差异的因素

(一)矿产资源分布的影响与制约

资源的内涵是随着人类对矿产开采、利用技术的进步而不断变化的,因此这里"资源分布"指的是当时技术水平下的分布状况。无论是现代湖南矿产资源分布还是清代本省矿产出产的分布,都体现了湘南是多金属矿主要产地的特点。因此,资源分布的特点主导着湖南铜、铅、锌、锡诸矿开发的分布特征,即以湘南郴、桂二州及其邻近地区为主,湘西北、西南稍有发展的局面,这也是影响湘南铸币原料矿开发格局的主要因素。

在郴、桂二州矿业开发的地区差异中,资源分布的差异仍然是最基本的因素。郴、桂二州的矿产资源分布是不平衡的,比如铜矿,清代的

[①] 《宫中档乾隆朝奏折20》,第31—33页,乔光烈"奏为请禁已竭之矿厂京铅拨半归黔办运折"。
[②] 同治《桂阳直隶州志》卷20"货殖"。

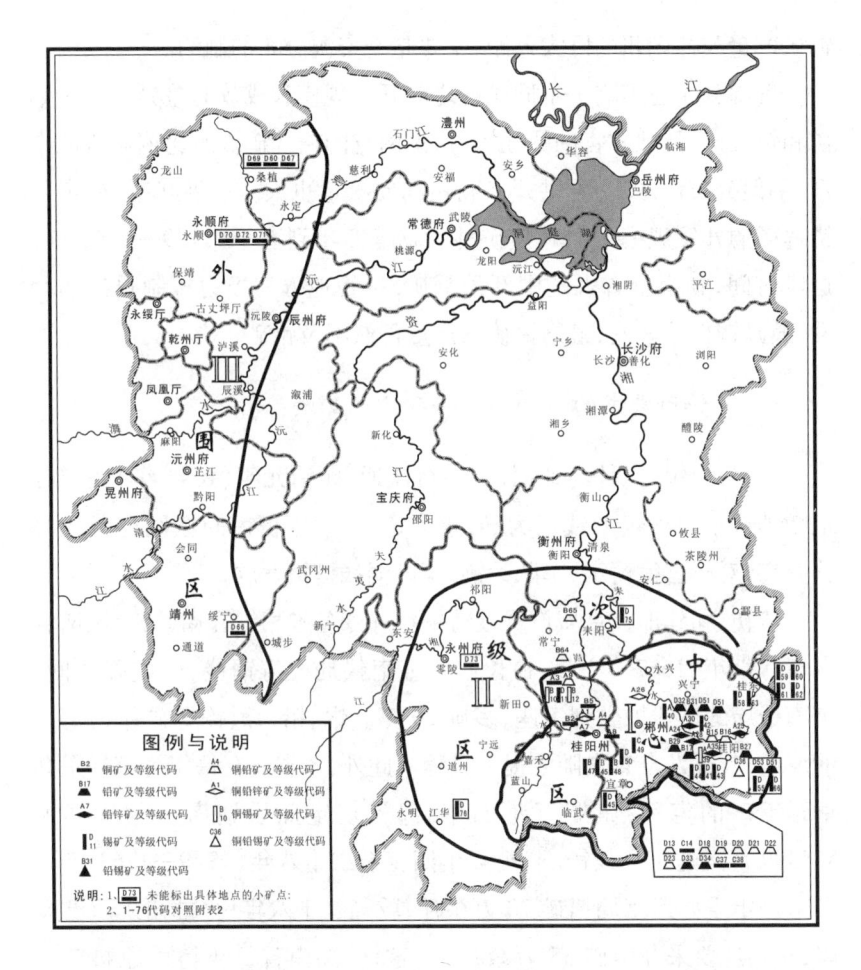

第二章 清代湖南矿业开发的空间分布(1644—1874年)

图2-8 清代湖南在采铜、铅、锌、锡矿厂(点)的分布与开发格局(1644—1874年)

地方志和地方官的上奏中多处记载郴州并无铜砂,当地出产的铜实际是由黑铅渣内炼出,即主要是与铅矿共生的铜,产量很少。① 乾隆四十四年(1779年)湖南巡抚李湖奏:"查得郴州本系铅矿,出铜无多,每年由铅渣内及下铜砂炼出之铜不过一二千斤。"② 可见,乾隆五十年郴州

---

① 乾隆《郴州总志》卷12"物产";《清代的矿业》,第225页,海望会奏。
② 《宫中档乾隆朝奏折46》,第540—541页,李湖"奏请本省厂铜不敷额铸请旨酌减炉座事"。

81

铜矿产量与桂阳州的巨大差距,主要是受资源分布的制约。

资源分布还影响了不同矿种之间开发规模和成效的差异。对于铜矿和铅锌矿,从地方官的描述来看,湖南省的铅锌矿资源比铜矿资源丰富,不但分布地区广,可供开采利用的储藏量也大。这种状况,决定了铅锌矿的开发规模大于其他矿种。乾隆四年到五年(1739—1740年)这段时间,湖南全省大范围开采铜矿,尽管地方官极力压制铅矿的开发,鼓励铜矿的开发,最终铜矿的产量仍然不及铅矿。[1]

(二)铸币需求的拉动与原料配比的影响

清代,白银与制钱(即铜钱)并行流通,顺治元年(1644年)规定各地缴纳钱粮,"以银七钱三为准,永为定例"。不但民间缴纳课税要银钱并交,对于官役薪水、军队兵饷,也以铜钱搭银发放。

清初,朝廷即在京城设局鼓铸铜钱并令各省相继开局鼓铸,湖南省自康熙六年(1667年)起,在长沙设宝南钱局鼓铸铜钱。[2] 乾隆年间,宝南钱局的铸钱炉少则5座,多则20座。铜、铅、锌、锡等矿作为铸币的原料,其开发自然也随之提上日程。此外,各省还有每年为京局采办铜铅等矿的定额,康熙五十四年,部议规定此后湖南每年采办铜554399斤运送京局鼓铸。[3] 乾隆十四年至二十八年(1749—1763年),湖南每年需办运京局铅矿70万余斤,乾隆二十八年后,郴州矿厂已衰竭,每年还要采办铅矿35万余斤。[4] 这样,湖南省每年铸币原料矿的需要量,确实是一笔不小的数字。如此大量的需求,不能全靠从云南、贵州二省采买,云南省也有本省鼓铸、运送京局和其他省采买的沉重负担,而且云南以产铜为重,铅矿出产不比湘黔二省丰富。[5] 再者,滇黔

---

[1] 《清代的矿业》,第225—226页,冯光裕奏。
[2] 《清朝通典》卷10"钱币"。
[3] 光绪《湖南通志》卷57"钱法"。
[4] 《宫中档乾隆朝奏折20》,第31—33页,乔光烈"奏为请禁已竭之矿厂京铅拨半归黔办运折"。
[5] 见严中平:《清代云南铜政考》,第10—24页。

第二章　清代湖南矿业开发的空间分布(1644—1874年)

二省铜铅矿资源也有衰竭的时候。①

铸币的需要，自然会拉动对原料矿开发的需求，这一强烈的需求结合本省矿产资源的地理分布特征，更加促进了原料矿主要产地全面开发的局面。可见，郴、桂二州铜、铅、锌、锡诸矿开发中心区的形成还受到清代铸币需求的影响。

铜、铅、锌、锡作为原料，在铸币事业中的地位不同。康熙二十三年(1684年)，定下配铸制钱之法："铜六铅四"，即60%的铜配以40%的铅熔铸。具体到各省，则根据当地出产的情况，配比比例还有适当的调整，如康熙二十二年，云南因铅矿未开，铜贱铅贵，铜钱以铜八铅二配铸。② 雍正、乾隆年间，湖南铸币的配比是"每铸铜铅锡一百斤，用滇铜五十斤、白铅(锌)四十一斤八两、黑铅(铅)六斤八两，点锡二斤，又外加炉耗铜铅锡九斤配搭试铸"。其中的滇铜后来渐渐由本省郴桂铜代替，比例未变。虽然湖南铸币原料配比中，铜矿远未达到60%，但50%的需要量仍要求重点开发铜矿。③ 湖南铸币，还配以点锡，这与本省富有锡矿资源有一定的关系。另一方面，铸币原料矿的配比中，锡的需要量最少。因此，政府对于开采锡矿不像对采铜和铅矿那样重视，很多锡矿点开采不久即被官府强制封禁。以上情况又造成了这种局面：在采锡矿厂(点)数量比铜铅矿厂(点)多，但是开发的规模很小，在采时间长的锡矿厂(点)很少，产量又远少于铜铅。但是，铸币配比比例的影响毕竟是有限的，如鼓铸铜钱对铜矿的需要多于铅矿，但受资源的限制，湖南铜矿产量少于铅矿，铜矿50%的配比数量仍很难完成。

(三) 交通条件、地区开发状况及产业结构的影响

交通条件、地区开发状况及产业结构等因素的影响在郴州与桂阳州两个地区矿业开发的差异中表现得最为明显。郴、桂二州均处在南岭崇山峻岭之中，境内山高水险，交通不便，但二州又有明显的不同。

---

① 光绪《湖南通志》卷57"钱法"。
② 《清朝通典》卷10"钱币"。
③ 光绪《湖南通志》卷57"食货·钱法"。

相比而言，郴州的地理位置更加优越，境内郴水、耒水北接湘江，可入长江航道，骑田岭南越两广，可达广州市舶海外，是传统的南北商道之一。由于联系黔粤湘赣四省，郴州也是历代兵家必争之地，其交通地位和军事意义皆比桂阳州重要，所以郴州的经济发展常常要受到政治军事变化的干扰。① 加上土地贫瘠，山多田少，"田畴不足供赋税，乐岁难以糊家口"。单靠农业生产很难维持生存，而矿产资源丰富，经过历代的开发，采矿以及与采矿冶炼有关的各种行业已成为当地的传统产业。

历史上，郴州开矿很容易引起贫民群聚，如果官府控制不严，甚至会引起周围四省穷民蜂拥而来，而实际情况是，采矿业不能吸收那么多的人口。郴州蕞尔之地，既不能提供足够的粮食，又无法从外地转运，于是又导致粮价上涨，无以为生的流民转而劫掠当地人。这种情况在宋代已初露端倪，当时开采的葛藤坪矿点由知州王楙向朝廷申请封禁。乱世中，情况则更严重，明末的"砂贼之乱"、清初"三藩之乱"期间（1674—1681年），郴州矿山遍受蹂躏，当地人民也深受其害。"三藩之乱"平定后，郴州一批矿点首先开采，但滥采的情况仍然很严重，"各处流棍，或称商或称宦或称弁，假冒土著。今日请开此地，明日请开彼坑，倏来倏往，如鬼如蜮，甚至不由上命，招集奸党，竟自开挖"。不久知州陈邦器将这些矿点一一封禁。这种滥采、采禁不定、采而又弃的现象无疑会破坏郴州的矿产资源，给清代郴州矿业的开发带来困难，影响到铅矿的产量，并使郴州的矿业开发后劲不足。

郴州前代开矿的教训还会影响到当地文人士绅的观念，进而影响到地方官对开矿政策的取向。康熙初年，郴州举人喻国人提出的坑冶"十害论"即是反对开矿的代表思想。他的思想在郴州士绅阶层影响很大，地方官对此地采矿也是小心谨慎。康熙二十三年（1684年）前后，郴州率先开采的一批矿点全部封禁。这之后，郴州各代州县方志都将"十害论"录入其中，对郴州的矿产开发产生了很大影响，这一点将在后文详述。

---

① 康熙《郴州总志》卷1"形胜"。

桂阳州则比较幸运,由于偏离主商道,军事上的地理位置也相对次要,前代采矿还没有出现外来流民骚扰的情况,或者没有郴州严重。相反,明末倒是有临(武)蓝(山)嘉(禾)桂(阳)"坑徒"劫掠郴州等地的情况。① 桂阳州的矿产资源在前代没有受到较大破坏,清政府对此地矿产的开采也不像对郴州那样急迫,直到康熙五十二年(1713年)才正式、稳步地开始,开发状况一直很稳定。地方志对于桂阳州人民从事矿业生产,有"其中兴衰各半,故矿厂一务,虽为桂民生业之数,亦为桂民生业之累"的感叹,②但没有出现像郴州那样强烈的"十害论"。故而清代此地开采的矿厂(点)虽少,但在采时间都很长,产量也大,规模都比较大,矿业生产相对稳定。

从产业结构看,同样是偏僻的山区,桂阳州的百姓早就有了精耕细作的农业生产习惯。桂阳州号称"十万矿税之利",既因矿盛而兴,又因矿竭而衰,矿业在桂阳州的经济中占有很重要的地位。但是桂阳州的人民并不单靠矿业生存,矿业而外,林、牧、副、渔各业都有发展,这些产业对矿产开发提供了生活资料的保障,促进了该地矿业的发达。③

总之,在影响矿业开发分布的空间差异、矿种差异的各种因素中,资源分布是最基本的主导因素,同时社会经济条件的影响也不容忽视。铸币需求的拉动、铸币原料配比的影响以及地区交通条件、开发状况、产业结构等因素的差异,同样制约和影响着本省铸币原料矿中心区的形成以及郴、桂二州之间矿业开发的差异。在这些因素的综合作用下,形成了湖南省铜、铅、锌、锡矿开发的空间分布格局。

第三节 煤矿、铁矿开发的分布

除了金银贵金属矿和铸币原料矿,大规模开发的矿产还有煤、铁等

---

① 康熙《郴州总志》卷12"志余"。
② 乾隆《直隶桂阳州志》卷27"风土志·风俗"。
③ 见傅衣凌:《王闿运〈桂阳直隶州志货殖传〉读后》,《中国古代史论丛》1981年第一辑。

日用矿产品。因为各类矿产在国民经济生活中的地位和作用不同,政府对其开发的政策也不相同,其开发的状态也随之不同。对于煤矿和铁矿的开采,政府控制不严,一般情况下民间可自由开采。正因为如此,不能像对铜铅等矿那样统计其矿厂(点)。本节主要以县级政区为单元考察清代湖南煤矿和铁矿开发的分布,注意讨论开发中的非常状态——即封禁的分布与特点、封禁的现象、原因及其对开发分布的影响。

一、煤矿的开采与封禁

在古代,煤炭又称石炭,开采煤炭获利不如其他金属矿大,如桂阳州,"石炭,山中往往有之,采煤一夫日千斤,利不过千钱"。[①] 采煤利小,民间日用又不能缺少,故官府也不与民争利,普遍采用任民开采的政策。煤炭在当时的主要用途是用作燃料,是柴薪之外的第二大炊爨燃料,在林木茂盛的山区,它对日常生活的作用和影响可能不是太明显,在平原,煤炭的作用和地位则非常重要。煤炭的另一个用途是使用于矿冶业中,特别是广泛分布于民间的小规模冶铁业对煤炭的需求较大,它的发展明显地受到煤炭产量变化的影响。[②]

(一)煤炭开发的分布与开发中心区

清代湖南省煤炭的出产地区广泛,几乎遍及全省,仅湘北和湘西的五个府和直隶厅没有煤炭出产的记载,具体出产煤炭的地区达13府(直隶州、直隶厅)40余县(州、厅)之多。其中,在光绪朝以前已经发

---

① 同治《桂阳直隶州志》卷20"货殖传"。
② 嘉庆《永定县志》卷6"物产":"永定县自准开采后,铁厂颇多,然皆在茅冈司界内。今据茅冈世袭千总覃朝辅呈明茅冈四十八厂迩来大炉已久停止,惟官塔、竹马溪、青岩山三处尚作小炉,资本半出客商,亦无余铁售卖。其所以然,总由山木砍伐过多,而山炭所出不足供作大炉也。"嘉庆《郴州总志》卷19"矿厂":"邑山多田少,铁矿间有,然矿所出无多,稍采辄尽,于是树木长成之处,则商人就而烧铁,及木尽矿竭,则又徙徙他邑为之,故不能长久。"

第二章 清代湖南矿业开发的空间分布(1644—1874年)

现煤炭出产的地区有：长沙府属安化、宁乡、长沙、善化、湘潭、湘乡、浏阳、醴陵、攸县、茶陵等县；宝庆府所属新化、新宁、邵阳、武冈等县(州)；沅州府芷江县；辰州府属沅陵、泸溪、溆浦等县；郴州直隶州所属各县(州)，以及澧州直隶州所属安福、石门二县；衡州府属常宁县、耒阳县、衡山县、酃县；永顺府所属龙山县、永顺县、保靖县；永州府属祁阳县；桂阳直隶州所属桂阳州、嘉禾县、临武县；乾州厅及常德府某些地方，共12府(直隶州、直隶厅)约38县(州、厅)。(见附表1)

从乾隆五年(1728年)起，在湖南境内正式任民开采煤矿，不抽课税。因此，只要有出产，一般都会有开发。只有在特殊的情况下，才会有出产却封禁的现象，而这种特殊的现象往往载诸史籍。对全省煤炭开采的统计显示，只有祁阳县一县煤矿封禁不采的时间较长，其他县煤矿的封禁，只是局部的、暂时性的(见表2-4)。

省内各府县的煤矿开发也是不平衡的，大体上，中、东部长沙府、衡州府及南部桂阳州的煤矿开发最重要，也最兴盛，形成本省煤矿开发的中心区。具体包括湘潭县、湘乡县、安化县、耒阳县、衡山县、桂阳州、宜章县等州县，其中湘乡、安化二县的煤矿开发尤其兴盛。这些州县出产的煤炭不仅供本地居民日用，还远销省内其他府县和外省，甚至长江下游江南各地铸造铁器也从湖南这些地区购买煤炭作燃料。其开采、封停对于本省及周边一带的煤炭价格、柴薪价格乃至经济生活都有举足轻重的影响。①

（二）柴薪、风水与硫磺——煤矿开发中的封禁事件

本省煤矿的开发，还有一些封禁的现象，这是煤矿开发中的特殊情况。据文献资料记载，有封禁事例的县仅7处，占开采煤炭的全部县数的比例约18%。从时间上看，以上地区煤矿的封禁很多只是暂时性的、不代表整个时期、整个地区的情况。煤矿封禁的现象比例虽少，但很有代表性。各个时期封禁的矿点及原因见表2-4。

---

① 《清代的矿业》，第464—467页，高其倬奏；乾隆《宜章县志》卷4"风土志"。

表 2-4　湖南封禁的煤矿（1644—1874 年）

地　　点	所在县	封禁时间	封禁原因
板山、放水、老坡一带及许家湾	醴陵县	雍正、乾隆年间有禁。	乡民惑于风水。
花山嶅、斋饭山、天螺荡诸处	宁乡县	乾隆、嘉庆、咸丰年间有封禁。	鉴于明末矿税之害，又乡民盛言风水，认为采煤伤县龙脉。
	安化县	乾隆年间屡采屡禁。	夹产硫磺，为禁硫磺而禁煤。
	湘乡县	乾隆年间屡采屡禁。	夹产硫磺，为禁硫磺而禁煤。
梓门桥	湘乡县	咸同间，大半禁采。	［估计也是因为禁硫磺］
黄家山、朱家山各处	湘潭县	乾隆八年、十年有禁。	游民纷至，有碍田庐屋舍。
	祁阳县	乾隆、同治时有禁采。	为地方无识者阻挠，谓掘伤地脉，有碍坟宅风水。
黄家埠、铁山等处	新宁县	道光年间有封禁。	伤县［脉风水］

说明：据附表 1 编制。

从雍正到同治时期，煤矿的封禁与开采并存，往往开采最盛的时期也是封禁最频繁的时期，开采最盛的地区就是开发中问题最多、最复杂，采、禁变化最多的地区。煤矿产而不开，或开而又禁，不外乎两个原因：一是所谓妨碍风水龙脉、田园坟宅；一是与硫磺共生，为了禁硫磺而不得不禁煤矿。典型的代表，前一类型有宁乡县、祁阳县，后一类型有湘乡县、安化县。

据民国《宁乡县志》记载，该县乡民风水思想甚重，加以明末"矿税之害"造成的恶果，严重限制了煤炭的开发。自乾隆至咸丰年间，宁乡县煤矿封禁的事件不绝于书。如三都嶂山，咸丰年间，"邑绅刘克道、贺懋橿、边枨、杨光寿、萧镇湘、镇汉、谢荣等禀请禁采石烧灰，周令鉴、耿令维中均断永远封禁，申详存案"。斋饭山，"乾隆四十三年（1778年）冯令鼎高封。四十五年巡抚刘墉委员封。嘉庆十五年（1810年）巡

第二章 清代湖南矿业开发的空间分布（1644—1874年）

抚广厚又饬张令秀芝封。十六年张令仲埧封禁该山，附近之苍坑山、画匠山均禁开掘"。花山墺，"县龙正脉，其左右护脉过峡之谷塘坡、石头窝、芋头坡、黄土坡、银朱塘及兔子山、陡壁、苍吊、钟形山、含哺坳等处，均禁开采煤石。"龙洞坡，"在县西八十里，县治来脉。咸丰辛酉，邑绅请禁开采煤石。"四都癞子山，"在县南八十里，嘉庆中，韩三等强开煤矿，县绅丁公路、丁元甫控封。巡抚景安奏准该处山及毗连山地永禁开采。"七都桎木山，"在县西南五十里，横田山产煤，咸丰中，邑绅请示封禁。""邑绅"、"县绅"是该县开采煤矿的主要反对力量。这样，富矿区遭到封禁，贫矿区的开采又因"资匮而辍"，致使宁乡县的煤矿资源一直未得到有效开发，直至光绪中期，湖南兴办新式矿业，该县的煤矿业才兴盛起来。

在祁阳县，风水思想是导致煤矿封禁的重要因素，乾隆年间，人口增加过多，该县乡民日用的燃料出现不足。据当时的方志记载：

> 历来柴薪最贱，近由户口滋繁，供爨日多，柴价视从前为贵。缘从前采薪者不过伐其柯干，迩来愚民多拔其根柢，萌蘖无从生发，柴木日尽。……为今之计，惟宜变通烧煤。闻邑中产煤之山所在多有。从前屡有建议开采者，辄为地方无识者阻挠，谓掘伤地脉，有碍近处坟宅风水。致坐失天地自然之美利。殊不知邻近衡郴各郡邑多有开矿采煤者，不闻有掘伤地脉之说。今已广为晓谕，博访采煤之地令民开采。①

为了解决柴薪的需求，风水思想已有向煤矿开发让步的倾向。但是这一斗争是非常艰难的，直到同治年间，该县方志编修者，还在呼吁摆脱风水思想的束缚，解决柴薪不足，开发煤矿。②

湘乡、安化二县是清代湖南出产煤炭最多的两个县，但二县煤矿中

---

① 乾隆《祁阳县志》卷4"风俗"。
② 同治《祁阳县志》卷22"风俗"。

多夹产硫磺,采煤者往往将硫磺矿"私煎转卖"以图利。为了禁硫磺的私采私卖,乾隆朝以前,二县的煤矿一直在封禁中。至乾隆初,封禁煤矿的弊端就已显示出来了。据巡抚高其倬奏,二县煤矿封禁后,周边产煤的耒阳县、衡山县、桂阳州等地的煤炭离二县运距较远,煤炭输入不便,即使远程运输而来,又运费多,煤炭价格自然昂贵。由原来的一担卖制钱(铜钱)三四十文,上升为七八十文。而本地原本草木不盛,微丛稀草数年即采伐殆尽,使柴薪价格腾贵,而且采伐越来越艰难。民间开采煤炭的呼声日高,巡抚力请开采二县煤矿,并就如何管理开采煤矿中伴生的硫磺提出了合理的建议。于是,乾隆二年(1737年),二县煤矿经准许开采,伴生的硫磺矿由官府查收管理。但因硫磺矿的需要量有限,乾隆六年,当采得硫磺矿积存过多时,又将产硫磺的煤矿封禁。其后,根据煤炭和硫磺的需求,于十二年复采煤矿,十六年又封禁。二十四年开采,三十五年又封禁。①

在这两类封禁事例中,存在着"人—柴薪—煤炭—风水"及"人—柴薪—煤炭—硫磺"两个类型的煤矿开发链。其中诸因素之间"制约—需求"的关系,如图2-9。

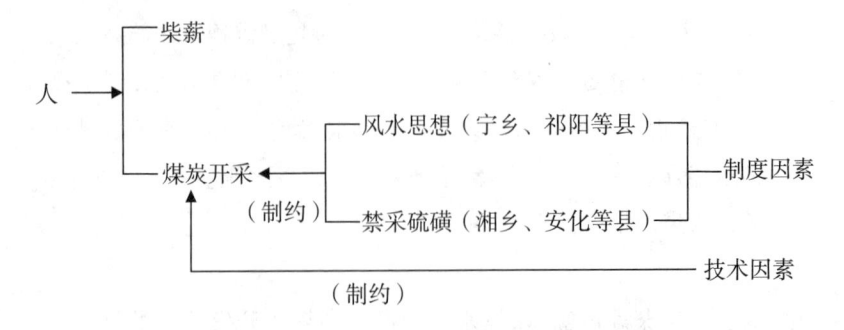

图2-9 煤矿开发与封禁中的"制约—需求"模式

在煤矿开发与封禁中的"制约—需求"模式中,当"制约"的一方超过"需求"的一方时,便会导致煤矿的封禁。柴薪和煤炭作为居民日常

---

① 《清的矿业》,第464—467页。

第二章　清代湖南矿业开发的空间分布(1644—1874年)

生活用品,当人口增加时,对二者的需求相应增加,而柴薪虽然是可再生的资源,但其循环需要一定的时间,故而,柴薪资源不能满足因人口增加而增加的需求时,煤矿的作用就显得更为重要,开发煤矿便提上日程。煤矿的开发,除了受技术因素的制约,还受到制度因素的制约,风水思想和禁采硫磺便是主要的制约因素。在风水思想严重的地区,风水思想和开采煤炭是一对矛盾,在燃料需求不是太强烈(如宁乡县)时,风水思想与煤矿开发的斗争中,前者占上风。但当人口增加而形成对燃料的需求压力时(如祁阳县),风水思想则对开发煤矿稍有让步。在煤矿中夹产硫磺的地区,禁采硫磺与煤矿开发是一对矛盾,如果禁采硫磺就不能开发煤矿,当由于人口增加而形成对燃料的需求压力时,禁采硫磺就要作适当的让步。社会和政府对硫磺也是有一定的需求的,但煤炭与硫磺的用途不同,受国家重视的程度不同,故而二者的开发很难在政策上统一、在时间上达到同步,因此就会出现湘乡、安化二县煤矿采禁不定的现象。

二、铁矿的开采与封禁

铁矿主要用于制作农具和炊爨用具等,与煤炭同样是居民日常生活的必需用品。历代以来,政府对铁矿的开发禁令较少,但控制也未放松过。进入清代后,政府对铁矿的开发采取了较为宽松的政策。湖南省在康熙、雍正年间曾严格地控制铁矿的开采和流通,乾隆八年(1743年)以后,全面放开了矿禁,准许民间自由开采铁矿并在一定限度内自由流通,这样,铁矿的开采也非常普遍。

(一)铁矿开发的地区分布

清代湖南省铁矿分布非常广泛,除湘北常德府、岳州府和湘西永绥厅、乾州厅、凤凰厅等小直隶厅外,其余各府都有分布,达12府(直隶州、直隶厅)47县(州、厅)之多。其中,光绪朝以前,已有43县(州)发现铁矿出产,仅古丈坪厅、零陵县、靖州和永兴县铁矿是光绪朝以后发现的(见附表1)。

由于清代绝大部分时期内铁矿任民间自由开采,不纳课税,一般来说,已发现铁矿资源的地区都有开发,但某些地区仍然有封禁的现象。从理论上讲,出产地区、开发地区和封禁地区之间的数量关系可用下列公式表达:

$$开发地区 = 出产地区 - 封禁地区$$

封禁是开发过程中出现的特殊现象,就一定的地区而言,封禁也是短时期的、局部的。因此,上述表达并不准确,它只能代表一定时间点上的情况。实际上,一定时间段内的情况应是:

$$开发地区 > 出产地区 - 封禁地区$$

也就是说,光绪朝以前,铁矿的开发地区与已发现出产的地区也有较大的一致性,与煤矿的开发基本相同。

铁矿开发地区分布较为分散,开发的中心区,即最兴盛的地区不明显。大致上,铁矿开发较为集中的地区在西部、北部辰溪县、沅陵县、永定县、安化县、南部兴宁县。其中永定县地名茅冈的地方,清初铁矿业极发达,旧志载:"由仙界河达县城为厂四十有八,贸贩者皆江南巨商,故邑有小南京之号。国初称极盛,乾隆末始渐微。"[1]中部湘潭县和宝庆府的冶铁业最为发达,乾隆年间,湘潭人黄聚泰往芜湖学得炼钢法,传回当地,遂使湘潭发展成为西部重要的冶铁业中心。[2]

(二)苗疆、奸民与风水——铁矿开发中的封禁事件

封禁铁矿属于开发过程中出现的特殊现象,文献记载较为详细,也

---

[1] 同治《续修永定县志》卷6"物产"。
[2] 光绪《湘潭县志》卷10"货殖":"冶铁取刚必于芜湖,乾隆中黄聚泰身往佣于芜,三年,结良工八人,要与归,起炉听刚,岁坐致千金。至今刚坊称'聚泰',南北推其良,西商不复往芜湖矣。"

第二章　清代湖南矿业开发的空间分布(1644—1874年)

不至于遗漏。根据附表1资料统计,清初到同治朝的230年中,出现封禁事例的县共14个、16次,占出产铁矿的县总数约32%。除去这14个县不算,还有30个县的铁矿在开采。实际上,这14个县的铁矿也曾获得开发,封禁只是短时期的。

铁矿封禁的原因,与煤矿有相同也有不同。主要的原因除了技术上的因素,也有风水思想的制约,此外还有事关少数民族(苗疆、溪洞)事务而封禁的矿山以及政府害怕引起"奸民"作乱而封禁的矿山。

因政府担心引起少数民族动乱而封禁其邻近的铁矿,还与当时平定西部苗疆、"改土归流"的事件有关。湖南省境内的少数民族较多,有苗、瑶、侗、僚等,主要居住在湘西、湘南的偏远山区中,这里又多是矿藏丰富的地方,自雍正朝以后,清政府对当地的少数民族逐渐实行流官管理的方法,乾隆朝以后,更严厉推行"改土归流"的措施,收到较大的成效,但民族之间的冲突、少数民族与清政府之间的冲突仍很激烈,政府对有关少数民族的工程非常重视,故而对邻近"苗疆"(当时云、贵、湘一带的苗族地区的泛称)地区的铁矿开采分外谨慎小心,都采取禁而不采的政策。故而雍正、乾隆时期,以事关苗疆而封禁的事件较多,且都在湘西永顺府各县以及湘南桂阳县。

害怕开采矿山引起"奸民"作乱,这是古代社会统治者的一般心理状态。清政府虽然对湖南铁矿采取任民开采的政策,但放任是有一定的限度的,也是有一定的时期的。最开明的时期在乾隆朝,在此前后对铁矿开发也有限制,由于这种因素而封禁的铁矿主要在康熙朝、雍正朝、嘉庆朝。嘉庆、道光时期的封禁主要是防止百姓(奸民)作乱,与盛世已衰有关。嘉庆朝,总的矿政已趋严厉,对民间的防范更为谨慎。

风水思想对铁矿开发的影响要小一些,但在那些风水思想浓重的地区仍然起相当大的作用,宁乡县不但铁矿因士绅反对而封禁,上文分析的煤矿封禁也是如此,这使得该县的矿业直至光绪朝才得以全面开发。

技术上的因素在铁矿封禁的事件中也有一定的影响,同治年间,桂东县铁矿的封禁,旧志称"所产已尽",应该就是在技术水平没有提高的情况下,原来开采的矿山已经采尽了。嘉庆年间醴陵县、同治年间绥宁县铁矿的封禁等都没有其他的原因,估计也是由于技术停滞(见表2-5)。

表2-5 湖南封禁的铁矿(1644—1874年)

地 点	所属县	封禁时间	封禁原因
红鹅岭	东安县	康熙三十三年	
流溪、大敢岭、长乐乡、屋岭等处	桂阳县	雍正年间	聚众数月,费资数千而无获,民间物用亦因以腾贵,又地近溪洞,采矿易致"亡命之徒"四集,进而作乱。
摇兰坑等处	桂阳县	乾隆二十八年	不清(可能也是因为事关少数民族)
银坑等处	攸县	乾隆二十八年	不便开采,查明封禁。
蜡洞、大河溪等处	保靖县	乾隆年间	以苗疆故,俱封禁。
苋岩坪、牛栏溪、茅坪、洗沙溪、茄沙、述必、猛峒等处	龙山县	乾隆年间	以苗疆故,俱封禁。
普口车、苋岩塘、细沙坪、牛栏溪、大茅坪、茄坪、述必、猛峒	龙山县	嘉庆年间	因地属苗疆,奉文封禁,不准开掘。
合虎溪、亚车溪,甪加	永顺县	乾隆、同治年间	以苗疆故,俱封禁。
黄连溪、破石、腰脐峒、牛㘭岩、黄沙塔、冈居峪、大泉溪、宝溪等处	桑植县	乾隆年间	以苗疆故,俱封禁。
油溪、瓦滩、满竹、辇溪、富山、三江口、周家溪、石矾头、金家溪各处	新化县	嘉庆、道光年间	民间取之以铸农器,为利无多,然开厂之处,奸民混杂,恐有疏虞。
东南乡	醴陵县	嘉庆年间	不清
	郴州	嘉庆二十四年	工本甚多,获益有限。虽无税抽而滋挠更繁。

94

第二章 清代湖南矿业开发的空间分布(1644—1874年)

（续表）

地　点	所属县	封禁时间	封禁原因
烟竹坪、黄泥坳	兴宁县	嘉庆十八、二十二至二十四年	私挖、偷挖矿砂，又招来郴桂两境匪民。
五都铁杭岺、十都莲花峰及峰后竹鸡坡、茶圆坡等处	宁乡县	咸丰年间	形家云产煤之地在县治来脉最贵重处，采煤则损伤县脉。
	桂东县	同治年间	所产已尽，近皆封禁。
夏二里、青坡等里	绥宁县	同治年间	奉文禁止，不许私开。

说明：据附表1编制。

在某些地区的铁矿封禁事件中，是一种因素单独起作用，在某些地区则多种因素综合起作用。嘉庆年间郴州铁厂封禁，可谓集中了有关原因。嘉庆二十四年(1819年)，署知州常庆"封禁铁厂示"说得非常明白：

> 访得六乡习俗，良顽不一，惟铁厂为害最著。缘厂徒率系他乡无赖，呼朋引类，多或数十人至数百人不等，倚众滋事，鸡犬不宁，阖乡无不痛恨。若贫民挖矿卖钱，不顾他人坟墓，并有将自己祖山穿地得矿，称以救贫为要务，族人畏其凶横，大都隐气吞声，罔敢禁阻。至烧炉必须木炭，附近二三十里之内，昔有深林密菁，均被厂徒买树烧炭，林菁一空。以致居民日用柴炭价昂十倍，且山内有坟，借树保护，其在殷实人户，断不忍擅卖坟树，贫而昧良者，暗地盗卖，或逞强压卖，甚至放火烧延。种种作恶，皆铁厂一开，山木得利，所以贫民垂涎，伤坟坏山，流弊不可究诘。

所以，郴州铁矿开采的实际情况是"工本甚多，获益有限。虽无税抽而滋挠更繁"。[①]

---

① 嘉庆《郴州总志》卷19。

以上各县铁矿的封禁大部分是短时期的，但永顺府各县的封禁时间都较长，这样长时间的封禁矿山，自然会影响到特定时期内开发的地区分布，使开发与出产地区形成差距。

第四节 金、银、硫磺、硝土和其他矿产开发的分布

一、金矿开发的分布

金有山金、砂金两种，山金多产于石英脉中，现代矿物学又称为脉金。含金岩石风化后，金由于比重大，不易风化，经常富集于河沙中，俗称砂金。古代砂金的开采常于水沙中淘取，故又称为"水金"，旧志中又称为"沙金"。古代所称的"山金"，与现代所称的山金还有区别，除了指脉金之外，有时还指残积、坡积砂金矿床和古砂金矿床，这类金矿因多在山中开采，即称"山金"，湖南的旧志中又称为"峒金"。对于残积和坡积砂金矿床，古人常用"平地掘井"法开采。[①] 由于砂金是含金岩石风化的产物，这种类型的矿床，尤其是河流水滨里的砂金和脉金是有关联的，往往顺着产砂金的河溪逆流寻找，即可得到脉金。光绪六年（1880年），今湖南省最大的岩金矿床——湘西（沃溪）金矿的发现即是沅陵县农民开荒种地时，在沃溪溪沟中发现了砂金，沿溪淘取、追索发现了脉金。[②]

山金和砂金，清代时在湖南都有开采。但开采的地区相对较小，仅6府（直隶州）10县，以湘西沅陵县、湘西南会同县、湘北龙阳县、平江县和巴陵县为主。具体开采的矿点如表2－6。

主要开采地区有两大地带，一是湘北洞庭湖湖滨及周围龙阳江、沅

---

① 《中国古代矿业开发史》，第302—303页。
② 《中国矿床发现史·湖南卷》，第164—166页，地质出版社，1996年。

第二章 清代湖南矿业开发的空间分布(1644—1874年)

表2-6 湖南开采的金矿矿点(1644—1874年)

矿　点	所属州县(厅)	类　型	开采时间
花窑寨山等处	会同县		雍正
墓坪山	会同县	脉金	雍正
各县田地山场	岳州府	砂金	雍正
东乡郭镇市诸山	巴陵县	砂金	乾隆或以前(具体不明)
东乡杏水滩、西乡甕江诸山	平江县	砂金	乾隆或以前(具体不明)
？	宜章县		乾隆初年
金龙山	会同县		乾隆
湘江中下游	湘潭县	砂金	嘉庆
金霞山、塔山	武陵县		嘉庆
龙阳江南溪涧内	桃源县、武陵县	砂金	嘉庆、道光
沅溪四台山(西台山？)	桃源县	砂金	嘉庆、道光
大油溪一带	沅陵县	砂金或脉金	嘉庆、道光
新市江中	湘阴县	砂金或脉金	道光
金牛山及山下溪涧内	龙阳县	砂金或脉金	道光

说明：本表据附表1编制。

江、湘江、汨罗江(汨水)各河流下游冲积河床,以及湘江中游部分河床边,主要是沉积矿砂。一般是附近居民用淘洗的方法于水中采取,获利不多,仅可弥补农业收入的不足,在荒歉年岁较常见。或者用"平地掘井法","深入地穴"开采,这种方法极费人工,收获也很少,往往产不敷本。二是湘西沅江及其支流溪涧中的砂金及西南会同县一带的脉金。对于砂金也是用淘洗的方法采取,对于脉金则用火烧法凿取,更费人力。这两个地带集中了本省清代所有的金矿开采点,虽然在其他的地区——如桂阳州记载有金矿的出产,但均未见到具体开采矿点的记载。

湖南境内的金矿,从单个矿点上看,开采时间较短,也不稳定。尤其是河床和溪涧中的砂金出产不多,一般只有在灾荒年间,穷民无以为生时,才蜂涌于产金的河边淘洗,实际所得很少,故而只要农业有较好的收成,农民宁可去种田。另一种出产较大的金矿,如会同县墓坪山等处的脉金矿床,受资金的限制,一般人又无法开采。即使有人能筹集到资金开采,但稍有成效,官府又要收为官办,或者借口关系苗疆安定而封闭矿点,而官办的金矿也往往亏本,开采不过一两年就停止。严格地说,这个时期,湖南金矿的开采,很多时候只是附近居民为了解决生计不足的一种选择,是自发的还不是自觉的,偶尔获利便有官府插手干涉。

总体上,金矿开发的地区很小,即便是在有限的采矿地区中,开采的规模小而分散,成效甚微。

二、银矿开发的分布

从文献记载看,银矿实际开发的区域很小,见于记载的在采矿点全部在郴州直隶州和桂阳州,共5处,见表2-7。表中5处银矿的开采主要在雍正和乾隆时期,其中郴州九架夹和桂阳州的大凑山、黄沙坪三

表2-7 湖南开采的银矿矿点(1644—1874年)

矿　　点	所属州县	开发状况	开采时间
九架夹	郴州	雍正四年覆准所出矿砂黑白夹杂,准其黑白兼采。十三年停采。	雍正
山谷垅大脚岭	兴宁县	嘉庆二十四年,本邑监生何某控告黄某等招来郴桂匪民私挖银矿,奏批严行封禁。道光四年,有陈某请开采,饬封禁。咸丰三年,又有人私挖,构成巨案而封禁,四年、八年先后有人偷挖,俱封禁。同治元年、二年又有人请开采,引起当地居民的反对,经官府勘查,认为不便开采,严行封禁。	嘉庆、道光、咸丰、同治
大凑山	桂阳州	雍正时,有邓希全采银致富。乾隆时,有曹祖礼、何植苔采银致富。	雍正、乾隆
黄沙坪		乾隆年间,该地采铅锌炼银,规模很大。	乾隆

资料来源:光绪《湖南通志》卷58"矿厂";光绪《郴州直隶州乡土志》"矿物";同治《桂阳直隶州志》卷20"货殖传";《中国矿床发现史·湖南卷》,第138页。

第二章　清代湖南矿业开发的空间分布(1644—1874年)

处是清代湖南最著名的铅锌矿厂。与金矿多偷采和封禁的情况相比，银矿的开发中，官府参与得较多。因为银与铅锌或者铜伴生，政府为了采铅锌，也不能封闭银矿，故而对民间的开采较为放松。清初，政府就对这些伴生在铅锌矿中的银，采取了灵活的政策，允许铅户炼银，随"银气"衰旺，官府收取课税，也是不小的收入。例如，康熙、雍正年间，湖南铜铅矿中"银气旺盛，是以报抽税银"。乾隆八年(1743年)，黑铅内出银无多，炉户不再炼银，停止抽银税。十八年，银气复旺，又开始抽银税。三十二年，矿产渐衰，又停止抽银税。① 从这方面看，银矿开发的分布和衰旺都依附于铅锌矿的开发，与铸币原料矿的开发息息相关。

兴宁县的两处银矿，应该也是伴生矿，但此地铜、铅、锌等矿未见开发，政府对这两处银矿的开采也不重视。从嘉庆到同治年间，两处银矿私采不断，遭到当地民间的强烈反对，又没有得到官府的支持，故开采未能成功。

除了以上见于记载的银矿点之外，应该还有其他的银矿得到开采，因为铜铅(锌)矿开采中抽银税的政策在康熙年间就有了，只是具体采银的矿点不能确定。如吴三桂叛乱时期在郴州开采的刘家塘等处，可能也是采铅锌炼银，因为郴州一带多铅锌矿，而乱世更需要财富，采铅锌炼银是郴州最获利的事业，不论成效如何，既然没有朝廷的管制，自然要采银矿的。②

从分布和规模看，清代湖南银矿的开发已无法与其历史上的盛况相比，尤其不及宋代繁荣(参见第一章第三节)。由于湖南银矿主要伴生在金属矿中，历史上湖南的采银主要是采铅锌炼银，所以清代湖南银矿的开发，除了记载中有名可查的矿点之外，其他在采的银矿主要与铅锌矿的开发有关，其次是和铜矿、锡矿开发有关。这样，银矿的开发格局应该附属于铸币原料矿的开发格局，与其基本一致，但是开发的规模和密度则不能相提并论。

---

① 光绪《湖南通志》卷58"矿厂"。
② 康熙《郴州总志》卷6。

三、硫磺和硝土矿开发的分布

硫磺和硝土矿主要用于制作火器，民间还将硝土用于制作焰火，硫磺也可用作煎银炼药的添加剂。[①] 这类矿产对于军事关系最大，因此政府严格禁止民间私采私贩。湖南地近苗疆，为防止少数民族获取硫磺和硝土矿制造火药，政府对于这两种矿产的开采更加小心谨慎。主要根据官方的需求量开采，产出均由官收，足额即封。因此，这一类矿产开发的分布，受封禁事件的影响很大。

（一）硫磺矿的开采和封禁

光绪朝以前，已发现出产硫磺矿的地区有长沙府属安化县和湘乡县、桂阳州。另外，永顺府属永顺县、沅州府属芷江县也有出产。产硫磺的地区中，永顺县硫磺因技术条件不足，产而未开，芷江县因地近苗疆，硫磺矿虽产而禁开。[②] 实际开采地区主要在湖南省中部的长沙府及南部桂阳州，各个开发硫磺矿的矿点，实际开采时间很短，采禁变化频繁（见表2-8）。

由于硫磺矿是军事上用的矿产，其开发首先与军事战争有关。道光朝以后，湖南境内兵事频仍，火药需求紧张，硫磺矿的开采地点明显增多。硫磺矿的开采还与煤矿的开发有关，如上文分析的湘乡县、安化县等地煤矿与硫磺矿开采的微妙平衡关系，硫磺的开采，有时也不得不向日常生活的需要让步。一般的矿业开发中的风水思想、保护民田的原则在硫磺矿的封禁中也有出现。

湘乡、安化二县的硫磺矿最著名，但二县之间的出产和开发也有差异。清代湘乡较安化适于开采的硫磺更多。乾隆五十二年（1787年），湖南库存硫磺又不足用，巡抚浦霖奏请复采二县硫磺，据勘查湘乡县硫磺

[①] 《石渠馀记》卷5"纪硝磺"。
[②] 同治《永顺县志》卷6"风土志"；乾隆《芷江县志》卷1"封域志"。

表2-8 硫磺矿的采、禁(1644—1874年)

地点	所属县	采、禁时间	采、禁原因
	安化县	乾隆二年开采、六年封禁，十二年开采、十六年封禁，二十四年开采、三十五年封禁，五十二年开采旋又禁。	为采煤炭而同时开采硫磺；当积磺已多时，常暂行封禁。
	湘乡县	乾隆二年开采、六年封禁，十二年开采、十六年封禁，二十四年开采、三十五年封禁，四十年又禁。	为采煤炭而同时开采硫磺；当积磺已多时，常暂行封禁。
燕子岩等地	湘乡县	嘉庆八年开采、九年封禁，十年开采、十三年封禁，道光二年开采、三年封禁，十七年开采、十八年封禁。	省局存磺无几，复开；存磺已多，暂行封禁。
燕子山、陈界冲	湘乡县	道光二十七年经勘查，永远封禁。	砂不旺，并有开挖已封旧迹，山下田墓环列，即使砂旺亦未便开采。
陈家山	湘乡县	咸丰八年开采、九年封禁。	产磺不旺并有害民田。
峰洞坳、松树背、九家湖、界址岭等处	桂阳州	道光二十六年开采、二十七年封禁。	开采过多，暂行封闭。

说明：据附表1编制。

矿"原属旺盛，可以复采。惟安化县旧日产磺本不旺，现在煤竭矿衰，难以复采"，最后只开采湘乡县煤矿，"煤则听民买用，磺则官为收买"。安化县硫磺则仍严禁开采。①

（二）硝土矿的开采和封禁

光绪朝以前，湖南省已发现出产硝土矿的有九个（州）县，即湘西永顺府属龙山县、桑植县、保靖县、永顺县，湘北澧州府属慈利县、石门县、永定县，湘中长沙府湘乡县、湘南桂阳州。其中仅永定县没有开采

---
① 《宫中档乾隆朝奏折66》，第341页，湖南巡抚浦霖"奏陈复开磺矿以裕军需事"。

的记载,其余八县的硝土矿都有开采,但封禁事件也很频繁。

表2-9显示,开采最频繁的地区在桑植、龙山、永顺三县,其次则是保靖县、石门县、桂阳州和湘乡县。各地硝土矿开采的原因是官府有炼制火药的需求,封禁的原因除了已满足需求外,另外还有两个主要原因:一是技术上,即岩石过多,难以开采,工本高于河南,官方可从河南调剂,不必再在本省开采。二是乾隆年间的"苗变"影响。

表2-9　硝土矿的采、禁(1644—1874年)

地　点	所属县	采、禁时间	采、禁原因
	慈利县	乾隆四十六年开采。	奏准产硝,复行开采。
肖家硐	桑植县	乾隆四十一年	因禁硝的一个案件。
出泉峪峒、泽岩峒、者果寨、保宝峒、前窟峒、袤家寨、岩窝口、喇扒峒	桑植县	乾隆四十六年开采,后禁。	奏准产硝,复行开采。峒内多石,土尽则止,工本所费贵于豫硝,今皆禁止私振。
	桑植县	嘉庆十年开采,二十年封。	咨部复采。因各硝洞刨挖净尽,题请封闭。
	石门县	乾隆四十六年开采。	奏准产硝,复行开采。
山羊峒、手八峒	保靖县	乾隆四十六年开采,后禁。	因苗变封禁。峒内多石,土尽则止,工本所费贵于豫硝,今皆禁止私振。
汝池峒、黄连峒、新峒、老虎峒、大劄峒、五眼峒、千溪峒、里耶峒、自生桥	龙山县	乾隆四十六年开采,后禁。	因苗变封禁。峒内多石,土尽则止,工本所费贵于豫硝,今皆禁止私振。
	龙山县	嘉庆十年开采,二十年封。	咨部复采。因各硝洞刨挖净尽,题请封闭。
耶里、苦竹河、温塘、麻阳坪等处	永顺县	雍正七年,封禁私采私贩。	
麻阳坪、木榔溪、陈柴峒、大明溪、川峒、滴水峒、小白羊峒、龙峒	永顺县	乾隆四十六年开采,后禁。	因苗变封禁。峒内多石,土尽则止,工本所费贵于豫硝,今皆禁止私振。

(续表)

地　点	所属县	采、禁时间	采、禁原因
麻阳坪,木榔溪,陈紫洞,大明溪穿洞,滴水洞,小白洞,龙洞	永顺县	嘉庆十年开采,二十年封。	咨部复采。因各硝洞刨挖净尽,题请封闭。
	桂阳州	道光年间在采。	
	湘乡县	同治年间在采。	

说明：据附表1编制。

四、其他矿产的开采

其他的矿产还有雄黄、砒、云母、汞（朱砂、丹砂、水银）、矾、石碌（绿）、石青、瓷土和陶土等十几个矿种,这些矿产在当时的用途还很有限,如雄黄矿,除用作入药外,大部分是用于祭祀、"染纸葬坟";[1]砒矿,由于其毒性较大,当时已在农业生产中使用作农药;[2]云母,传说中的药物以及用作屏风等装饰物;[3]瓷土和陶土是制造瓷器、陶器的原料;其余矿产或作药物,或作颜料、装饰物等。由于用途有限或出产较少,这些矿产的开发不受地方居民和政府的重视,在当时已经发现出产的地区很少,多则四五县,少则仅一二县,开发的规模也小。文献中关于这些矿产开发的具体记载较少,目前还无法研究其开发的空间规律,只能判定其开发地区与出产地区是一致的。此处仅以雄黄、砒矿、瓷土作简要介绍。

雄黄矿是上述矿产中获利最大的矿种之一,但出产的地区有限。

---

[1] 乾隆《湖南通志》卷50"物产";民国《慈利县志》卷6"实业"。
[2] 同治《桂阳直隶州志》卷20"货殖传"称："岭南用粪田",鉴于砒霜的毒性,在现代也是用于制作农药的重要原料,故判断当时岭南用"粪田"不是作为肥料,而是作农药。
[3] 光绪《湖南通志》卷60"物产"。

发现有出产并已开采的雄黄矿只在慈利、石门二县,是当地的特产。具体地说,雄黄矿的开采在二县交界的地方,石门县的雄黄矿在黄石山黄水两岸界牌峪一带,慈利县的雄黄矿在县北黄石山、石黄溪侧。二县中,慈利县雄黄矿的开发更为发达,其开采自嘉庆以来,极为旺盛。正由于获利大、又在二县交界处,争讼事件也多,官府为了省事,多次封禁雄黄矿。直至咸丰年间,由于知府黄文琛的请求,雄黄矿又得到全面开采。雄黄矿是慈利县最获利的矿业部门,该矿的开发也使得慈利、石门二县成为省内著名的雄黄产地。①

砒矿,未炼之时也称"信石",矿则称"灰砂"。当时岭南一带已普遍使用砒矿作农田里的杀虫剂,邻近消费市场的这种区位优势对湘南地区砒矿的开发应当有一定的刺激作用。从出产地看,主要有郴、桂二州和永州府,而郴、桂二州从交通地理位置上更接近市场地,所以这一带的砒矿开发更兴盛。尤其是桂阳州,"岁卖之,亦致数千金",砒矿开发也成为促进当地多种经济发展的一个因素。②

瓷土作为制瓷的原料,只有醴陵县出产并有开采。该县最早发现瓷土原料的地点在县北三十里的沩山一带,雍正年间,自广东迁入的移民廖氏发现了这一带的瓷土矿,于是约来同乡技工二十余人共同设厂,招当地人传习制瓷技术。此后,沩山逐渐发展成为瓷业中心,并将技术传播到周围地区。③

小结:全省矿业开发的综合地理格局

通过本章的讨论发现,各种矿产的开发在地区分布上既有不平衡性又有相对的集中性,铜、铅、锌、锡等铸币原料矿及银矿的开发,主要在湘南郴、桂二州及其周边邻近的府县,基本形成了以郴、桂二州为中

---

① 光绪《石门县志》卷6"物产";光绪《慈利县志》卷6"物产";民国《慈利县志》卷6"实业"。
② 同治《桂阳直隶州志》卷20"货殖传"。
③ 民国《醴陵县志》卷5"工商"。

第二章 清代湖南矿业开发的空间分布(1644—1874年)

心的三个地区层级的开发格局。煤矿和铁矿的开发地区广泛,几乎遍及全省。铁矿开发相对集中在湘西一带,煤矿开发最兴盛的地区在湘中的安化、湘乡二县。二县同时也是硫磺矿的开发中心,硫磺矿的开发除了这两个县之外,稍为重要的还有湘南的郴州和桂阳州,再其次的还有湘西的个别县。硝土矿的开发大部分在湘西,湘乡县和桂阳州也有少量开发。金矿的开发,在湘北洞庭湖周围及各河流下游、湘西沅江流域的小河溪中和会同县少数地区。其他小矿种的开发,也都有特定的地区。

综合上述各种矿产开发的地区分布及其特征,清代湖南的矿业开发形成下列几个各有特点的矿业生产区域,它们构成了全省矿业开发的综合地理格局(见图2-10):

Ⅰ区:湘北金、雄黄矿的开发中心区
Ⅱ区:湘中铁、煤、硫磺矿的开发中心区
Ⅲ区:湘东煤、瓷土矿开发中心区
Ⅳ区:湘西金、铁、硝土、汞(朱砂、丹砂、水银)的开发中心区
Ⅴ区:湘南多金属矿——铜、铅、锌、锡、银、铁的开发中心区

以上各区域开发的矿产种类并不是绝对的,这五个区域作为各自典型矿产的开发中心,也少量地开采其他的矿产。比如湘中地区也开采铁矿、朱砂、矾矿等,尤其是湘南多金属矿开发中心区同时也开采煤、金、砒、矾等类矿产。各区域之内还有集中的开发地区。由于各种矿产开发的程度不同,以上五个区域的开发程度也不相同,比如铜、铅、锌、锡诸矿作为铸币原料矿,其开发的程度远高于硫磺、硝土等矿,也比金矿规模大。因此,当时湖南矿业最发达的地区还是湘南以郴、桂二州为中心的多金属矿开发区,湘西和湘中位居其次,再次是湘北,矿业开发最弱的是湘东地区。对照清代湖南矿业开发总格局与当今本省矿业开发的分布特点,可以看到极大的相似性。我们在批判清代矿业开发中的种种不足之处时,不得不惊叹当时人们对矿产的认识和利用,已经达

清代湖南的矿业：分布·变迁·地方社会

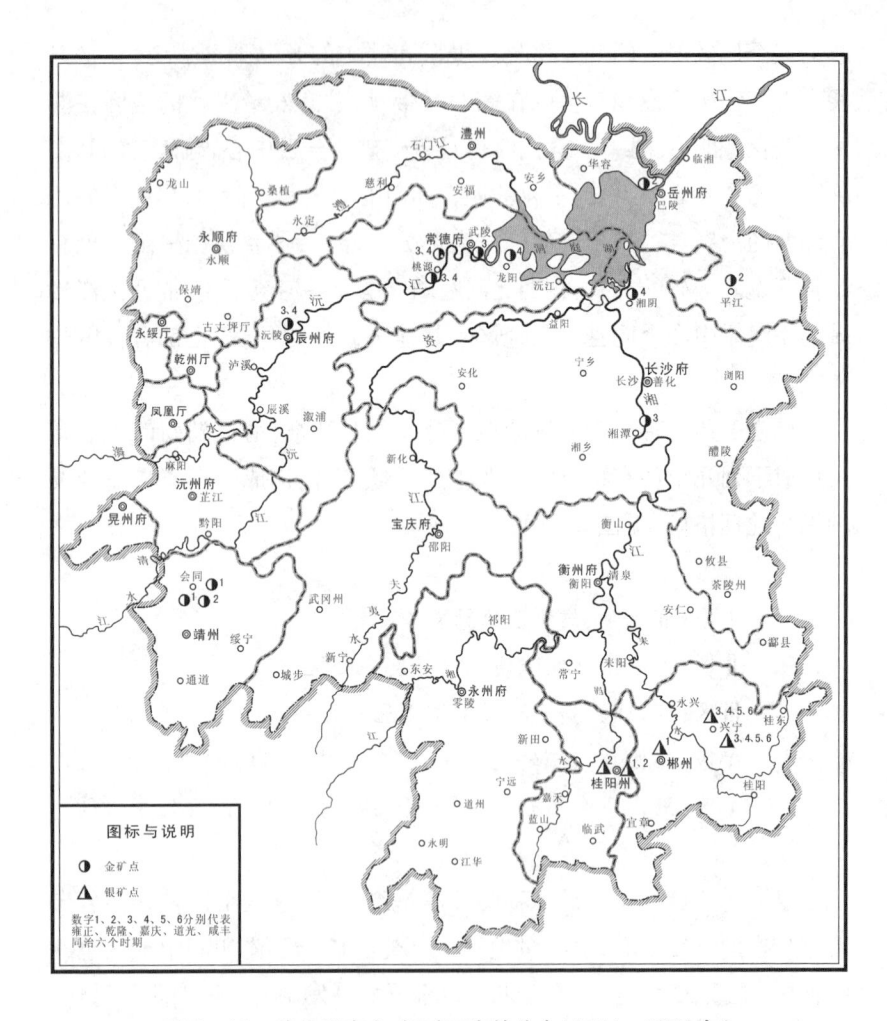

图 2-10　清代湖南金、银矿开发的分布(1644—1874 年)

到了很高的水平。①

　　湖南矿业开发综合地理格局的形成,首先受到资源分布的影响。

---

① 对于现代湖南矿业开发的总体格局,还没有见到专门从经济地理学角度进行的研究,所以也没有现成的研究成果可以参照。但是局部的参照还是有的,《湖南省志》第九卷"煤炭工业"、"冶金工业"附有现代"湖南省煤矿分布图"、"湖南省煤炭资源分布图"、"湖南省黑色金属矿产分布图"、"湖南省黑色金属企业分布图"、"湖南省有色金属矿产分布图"、"湖南省有色金属企业分布图",这些地图可以作为权威的参考。湖南出版社,1998 年。

第二章 清代湖南矿业开发的空间分布(1644—1874年)

因为矿业开发是从自然界直接获取能源、矿产,所以有明显的资源地指向性特征。由于成矿条件具有较强的地理分异性,不同地区具有不同的矿藏禀赋,使矿产资源在空间分布上表现为集中性,导致矿业的开发也具有集中性。各地区的原料资源、能源资源的种类、数量、质量、分布及组合、埋藏状况等,在很大程度上影响着地区矿业的规模、劳动生产率、生产成本和经济效益,最终会影响到矿业开发的地理格局。在湖南矿业开发的综合地理格局的形成中,资源分布的状况及其特点起着主导的作用。

其次,各种社会因素和技术上的因素及其变化乃至相互间的平衡,也制约和影响着矿业开发的分布格局。

社会因素的影响表现在风水思想、需求、军事战争和民族事务等方面。风水龙脉等传统或落后的思想一直是干扰矿业开发的因素之一,在某些地区,如宁乡县、祁阳县等地,因为士绅和乡民过于迷信风水之说,使煤和铁矿在很长时期内得不到正常的开发,这样自然会影响到该类矿产开发地区的大小,也使开发的程度降低。煤矿、铁矿、硫磺和硝土矿的开发过程中频繁出现的封禁事件,在一定时期内、一定程度上限制了开发地区的扩大,同时削弱了矿业开发的深度。另一方面,因人口增长而引起的对燃料的需求增加,在特定的时期也会抵制风水思想等消极的因素,使开发的地区扩大并且加深开发的程度。

采矿技术的落后,使得不少地方即使已发现了矿产,也不能得到开采。在永顺县的猛峒河,硫磺矿早被居民发现,但是限于矿床紧靠河边,"滨河水涨即没,不可开"。直至同治年间,这一处硫磺矿也未能开采。[①] 这种情况也造就了湘中硫磺矿开发中心区的地位。再以金矿为例,当时本省金矿资源已被认知,但开发的程度仍然受到限制。开采地点仅在北部和西部有限的几个地方,而各个矿点蜻蜓点水般的开采,都与采矿技术落后有很大的关系。雍正五年(1727年)时,巡抚布兰泰得

---

① 同治《永顺县志》卷6"风土志"。

知会同县墓坪山(或称磨坪山、漠滨等)有私采金矿一事,派员勘查,得知此处金矿历经开采,后因"矿枯封闭,目今金砂复出,土人私自偷挖。……验看得洞口有二十余处,山场宽二三十里,皆系金山。目前所开之洞甚狭,取砂之人用木船,长一尺五六寸、宽五六寸,将砂石盛内拴固,用小绳系船,由洞内一泓浅水拖出。每船约砂三四十斤,打金可得三四五六分不等,难以既定其数。每人一日可取砂四五船。又火烧洞之石出金较各洞稍多,惟石甚坚,必用炭火先行煅烧,候其石冷酥松始

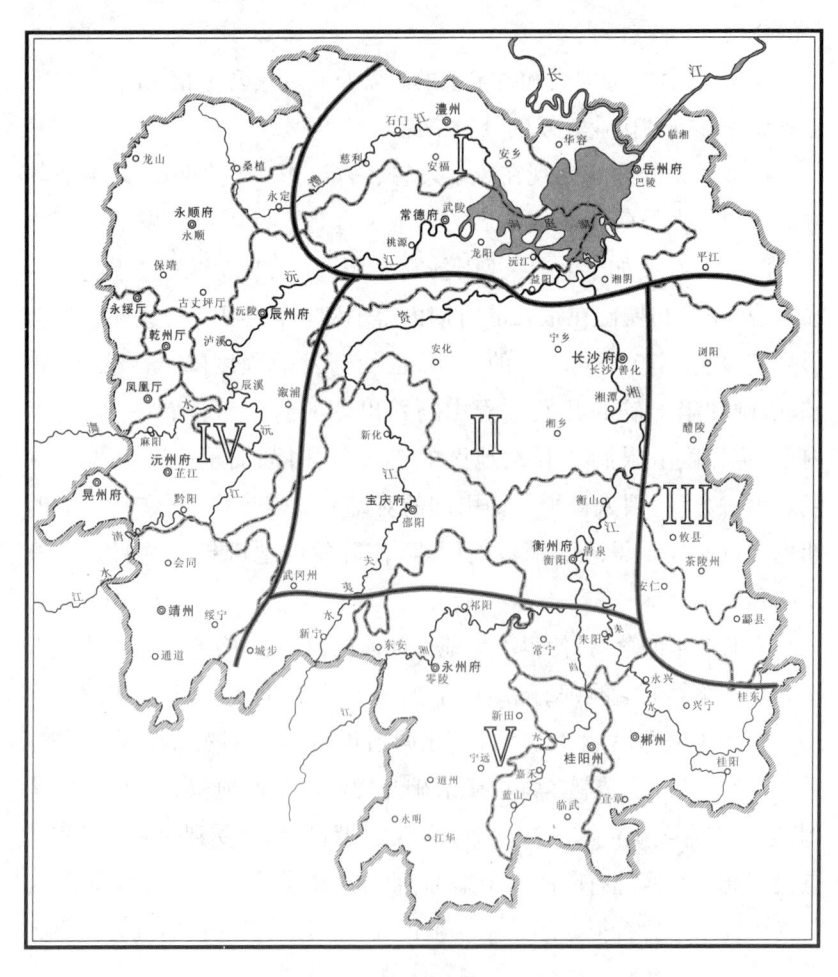

图2-11 清代湖南矿业开发的地理格局(1644—1874年)

能凿取"。① 在这种技术条件下,官既不能采,也不让百姓获利,更不愿百姓因争利而得祸,等待矿点的结局就是封禁。这样也会使开采的地区不能扩大、规模不能增大。

在许多个时间点上,矿业实际的开发地区小于资源地,而在开发矿产的地区中,又形成不同的开发中心。最后的开发格局,是各种因素斗争的结果。

---

① 《雍正朝汉文朱批汇编10》,第291页"湖南巡抚布兰泰奏报郴州铅矿开采事宜及委员验看会同县金砂情形折"。

第三章　清代湖南矿业的发展与兴衰(1644—1874年)

铜、铅、锌、锡诸矿作为清代湖南开采的主要矿产,其发展兴衰最有代表性。由于这类矿产是铸币原料,政府对其开采非常重视,留传下来的相关资料记载也最为详细,因此,对于这类矿产开发的盛衰变迁可以作深入的研究。本章以铜、铅、锌、锡诸矿的开发为主,专门讨论清代传统时期湖南矿业的发展与兴衰,寻求其发展变迁的规律和原因。对于金、银、煤、铁和其他矿产开发的兴衰,也根据资料条件,作相应的讨论。

第一节　铸币原料矿——铜、铅、锌、锡矿开发的盛衰

根据资料条件,该类矿产开发的盛衰变化可以从三个方面反映,一是在采矿厂(点)数量的变化;二是各种矿产量的变化;三是湖南省铸钱局(宝南钱局)铸炉数量的变化。三个系列的数据综合起来,可以全面地考察清代湖南铸币原料矿开发盛衰和总体趋势。

一、各时期在采矿厂(点)的数量变化与矿业盛衰

(一)资料与方法

据文献统计,本时期湖南省开采的铜、铅、锌、锡矿厂(点)共76处

(见附表2)。这些矿厂(点)的在采时间差距极大,有的大矿厂时采时停,但大部分时期都在开采,有的则仅开采一二年即停止。因此,不同时期,在采矿厂(点)的数量和规模都有很大差距。康熙、雍正年间,在采矿厂(点)不多,且各矿厂(点)在采的时间比较集中,便于做分期的考察;道光朝以后,在采矿厂(点)数量极少,也易于进行分期考察;但乾隆至嘉庆朝在采矿厂(点)多而且变化复杂,难以作简单的统计。

根据附表2中诸矿厂(点)"开采"(或"复采")和"封禁"时间出现的频率进行综合统计发现:乾隆至嘉庆年间,大、中型矿厂"开采"(或"复采")的时间有"乾隆八年"15次、"乾隆十六年"1次、"乾隆十七年"2次、"乾隆二十一年"1次、"乾隆二十二年"1次、"乾隆二十六年"1次、"乾隆三十年"(光绪《湖南通志》称"乾隆三十一年")5次、"乾隆三十四年"1次、"乾隆三十九年"4次;"封禁"的时间有"乾隆二十八年"10次、"乾隆二十九年"5次、"乾隆四十二年"1次、"乾隆四十三年"3次、"乾隆四十四年"1次、"乾隆五十五年"1次、"乾隆六十年"2次、"嘉庆九年"3次。据此,可将乾隆至嘉庆年间铜、铅、锌、锡矿的开采以乾隆八年、十六年、二十三年、三十年、三十九年、四十四年、六十年、嘉庆九年、嘉庆十七年为断点,分为十个相对稳定的阶段,各阶段时间为6—10年,在采时间不明的小矿点平均到各个阶段统计。

康熙、雍正年间铜、铅、锌、锡矿的开采可按各矿厂(点)在采的主要时期分为四个阶段,在采时间不明的小矿点也采用前面的方法统计,没有明确开采矿产记载的时期则忽略。道光、咸丰、同治年间因在采矿点少且具体时间不清,只能各作为一个阶段考察。按照这个方法,从康熙到同治年间,湖南省矿业的开发可分为17个阶段,各阶段在采的铜、铅、锌、锡矿厂(点)的情况整理如表3-1。

(二) 总的变化趋势

在采矿厂(点)数量总的变化趋势及A、B级大、中型矿厂数量变化趋势如图3-1,C、D级矿厂(点)因开采时间的记载大多不确切,无法作曲线显示。

表 3-1 各阶段在采铜、铅、锌、锡矿厂（点）数量与等级表（1644—1874 年）

阶段	时间	铜及含铜矿	铅锌及含铅锌矿	锡及含锡矿	总计①
1	康熙十七年(1678年)	3(B1,D2)	1(D1)	2(B1,D1)	4(B1,D3)
2	康熙十九至二十三年(1680—1684年)	7(A1,B1,C4,D1)	1(C1)	4(A1,B1,C1,D1)	7(A1,B1,C4,D2)
3	康熙五十二年至末年(1713—1721年)	4(A1,B1,D2)	3(A3)	2(B1,D1)	7(A3,B1,D3)
4	雍正三至十二年(1725—1734年)	3(A1,B1,D1)	5(A2,B1,D2)	5(D5)	12(A2,B1,D9)
5	乾隆初年至七年(1736—1742年)	12(A4,B1,D7)	8(A3,B1,D4)	7(C2,D5)	21(A5,B2,C2,D12)
6	乾隆八年至十五年(1743—1750年)	14(A8,B2,D4)	15(A10,B3,D2)	10(A1,C2,D7)	29(A13,B3,C2,D11)
7	乾隆十六至二十二年(1751—1757年)	17(A8,B5,D4)	16(A10,B4,D2)	11(A2,B1,C2,D6)	32(A14,B7,C2,D9)
8	乾隆二十三至二十九年(1758—1764年)	23(A8,B6,D9)	22(A10,B4,D8)	12(A1,B1,C3,D6)	39(A14,B8,C2,D15)
9	乾隆三十至三十八年(1765—1773年)	15(A7,B5,D3)	17(A11,B4,D2)	11(A2,B2,C2,D5)	33(A15,B8,C2,D8)
10	乾隆三十九至四十四年(1774—1779年)	16(A7,B4,D5)	17(A11,B4,D2)	15(A2,B5,C3,D5)	39(A15,B11,C3,D10)
11	乾隆四十五至六十年(1780—1795年)	12(A7,B2,D3)	16(A11,B3,D2)	16(A2,B4,C2,D8)	32(A15,B7,C2,D11)
12	嘉庆元年至九年(1797—1804年)	9(A7,B2)	13(A9,B3,D1)	8(A2,B1,C2,D3)	25(A13,B7,C2,D3)
13	嘉庆十年至十七年(1805—1812年)	1(B1)	0	6(B1,C2,D3)	5(B1,C2,D2)
14	嘉庆十八年至末年(1813—1820年)	1(B1)	2(D2)	6(B1,C2,D3)	7(B1,C2,D4)
15	道光年间(1821—1850年)	1(B1)	0	0	1(B1)
16	咸丰年间(1851—1861年)	0	0	1(B1)	1(B1)
17	同治年间(1862—1874年)	1(B1)	1(D1)	3(B1,D2)	3(B1,D3)

说明：据附表2编制，括号内再标明各等级矿厂（点）的数量，A、B、C、D 代表各矿厂（点）在整个清代的在采时间：A. 40年以上；B. 39—15年；C. 14—5年；D. 4年及4年以下。

① 因为其中有共生矿，故"总计"的矿厂（点）数量并不是前两项的简单相加。

112

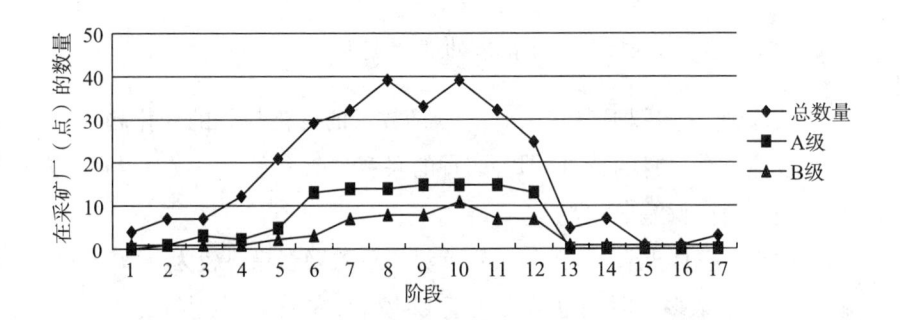

图 3-1 在采铜、铅、锌、锡矿厂（点）的数量变化（1644—1874 年）

说明：据表 3-1 编制。

据图 3-1 显示，康熙至同治年间，在采铜、铅、锌、锡矿厂（点）的数量变化呈现峰形的上升和下降趋势。总体上看，矿厂（点）在采数量最多的时期是第 6 至 12 阶段，即乾隆八年至嘉庆九年这个时期，矿厂（点）总数量在 25—40 之间，A 级大型矿厂数量在 13—15 之间，B 级矿厂数量基本在 5—10 之间。在第 10 阶段，即乾隆三十九年至四十四年间，在采矿厂（点）总数和 B 级矿厂数同时出现最高值。第 1 至 6 阶段，即康熙十七年左右至乾隆十五年间，在采矿厂（点）的数量曲折上升。第 12 至 13 阶段，即嘉庆元年至十七年，是矿厂（点）数量猛烈下降的时期，第 13 阶段，即嘉庆十年以后，矿厂（点）的数量降中有升。

在这 13 个阶段中，在采矿厂（点）数量的变化，从一个侧面显示了康熙至同治年间湖南省铸币原料矿开发盛衰变化的轨迹。康熙、雍正二朝，湖南省铸币原料矿开发处在开始和徘徊时期，矿业的开发不连续，各等级的矿厂（点）都有开采，但数量不多，在采的大、中型矿厂很少。乾隆年间，湖南省铸币原料矿的开发迅速发展并进入繁荣时期，繁荣时期为乾隆十六年到嘉庆九年的 54 年间，大约乾隆三十九年到四十四年这个阶段，是铸币原料矿开发的最高潮。此后，铸币原料矿开发逐渐衰落，但繁荣的局面一直维持到嘉庆九年。嘉庆十年以后，本省铸币原料矿的开发急遽衰退，至道光、咸丰年间进入最低谷，到同治年间才稍有恢复的趋势。此外，在兴盛期与衰落期，铸币原料矿的开发规模差距较大。

113

(三) 各种类矿厂(点)开采的变化趋势

具体到各个矿种,其在采矿厂(点)数量的变化与总的变化趋势既有一致性也有自身的特点,即各矿种的兴衰时期不完全一致,且与总的兴衰趋势稍有偏差。

铜矿 总体上看,铜矿的兴衰趋势与总的兴衰趋势较为一致,在采矿厂(点)数最多的时期也是第6至12阶段,在采矿厂(点)的总数在14—16之间,A级矿厂的数量在4—7之间,浮动很小,B级矿厂的数量在2—6之间。综合在采矿厂(点)总数和A、B级矿厂的数量变化,最高值出现在第7—8阶段,即乾隆十六年至二十九年这个时期。第1至第5阶段,即康熙十七年左右至乾隆七年,铜矿开采的总数量很不稳定,变化剧烈。而同期的大中型矿厂的数量较为稳定,但数量少。第12至13阶段,即嘉庆元年至十七年,在采矿厂(点)总数和A、B级矿厂的数量剧跌,这以后,在采矿厂(点)仅1处。

在采矿厂(点)数量变化所反映的铜矿兴衰变迁是:康熙至乾隆初年,铜矿的开采不稳定,大型矿厂开采相对不足。相对兴盛且稳定的时期在乾隆八年至嘉庆九年的62年间,最兴盛的时期在乾隆十六年至二十九年这14年间。乾隆二十九年以后,小型铜矿点的开发经过小幅回升后迅速下降,而大、中型矿厂的兴盛期一直保持到嘉庆九年。嘉庆十年以后,铜矿的开采几乎停止(见图3-2)。

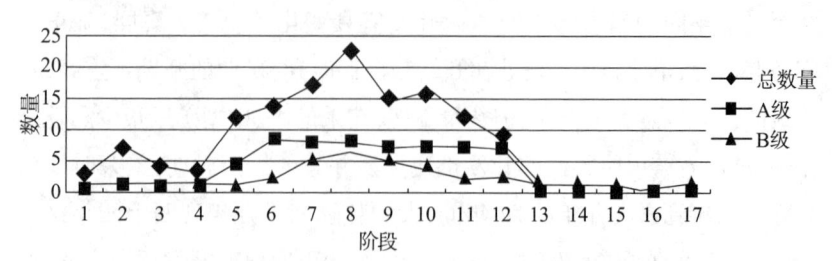

图3-2 在采铜及含铜矿厂(点)的数量变化(1644—1874年)

说明:据表3-1编制。

铅锌矿 无论从在采铅锌矿厂(点)的总数量还是从A、B级大矿厂的数量变化看,其最高值均在第6—12阶段,且数值浮动很小。第1—5阶段,总数量在上升,而A级矿厂数量有曲折变化。在采矿厂(点)的总数量在第8阶段长升到最高点,主要是小型的矿点多,A、B级矿厂还没有发展到顶峰。第12—13阶段,矿厂(点)数量降至0,此后仅一二处小矿点时采时停。可见,铅锌矿的开发的兴盛时期也在乾隆八年至嘉庆九年这个时期(见图3-3)。

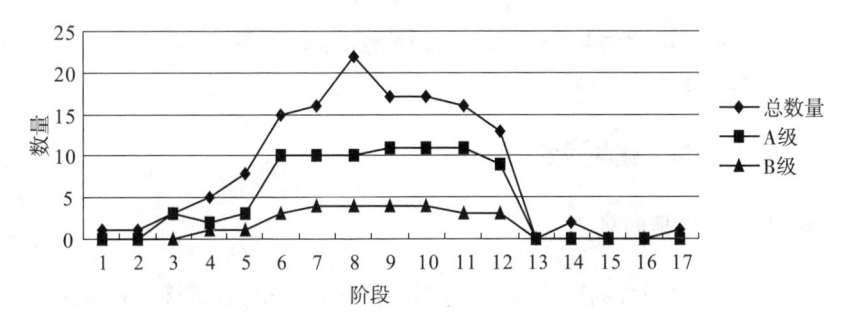

图3-3 在采铅锌及含铅锌矿厂(点)的数量变化(1644—1874年)
说明:据表3-1编制。

锡矿 锡矿厂(点)的数量,在第1—11阶段,即康熙十七年左右至乾隆六十年间,处在曲折上升时期。第10—11阶段,即乾隆三十九年至六十年间,在采矿厂(点)总数和B级矿厂数量同时出现最高值,即16和4。第12阶段后,矿厂(点)的数量迅速下降,至第15阶段,即道光年间达最低值,然后稍有回升。可见,锡矿的兴衰变化较为复杂,最兴盛的时期在乾隆三十九年至六十年这个时期(见图3-4)。

二、产量的变化与矿业盛衰

仅仅考察矿厂(点)的数量和规模变化还不足以说明矿业盛衰变化的规律,有关各矿种的产量资料可以对此作进一步的补充或修正。由于文献资料的限制,不能求出铜、铅、锌、锡矿总的产量,但可以探求

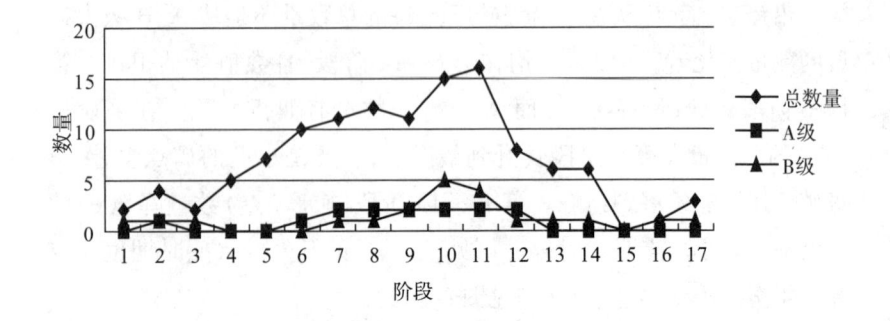

图 3-4　在采锡及含锡矿厂（点）的数量变化（1644—1874 年）

说明：据表 3-1 编制。

各个矿种产量变化的线索。

（一）数据的来源

诸矿产量的数据可从每年的定额、税课量算得，或直接来自有关产量的记载。可惜以上各类数据并没有较为系统或全面的文献记载，仅产矿重点地区如郴州、桂阳州及靖州绥宁县、衡州府常宁县有部分的产量或税课量的数据。由于郴、桂二州是这几种矿产的主要产地，因此可以根据这二州的矿产量来说明铜、铅、锌、锡矿开发的兴衰。

清代的矿产税率，一般是 20%。这样，如果查得税课的数量，税课量的 5 倍即是产量。

定额数量的制定，首先是根据政府的需要，因此，定额数量不能完全反映产量。但是定额数量的制定又必须参照当地实际出产情况，能在一定程度上反映实际产量的变化。因为如果定额数量远超过当地实际产量，地方全力以赴也不能完成，即使到外省采买也不能完成时，则会有地方官奏请减额，这样定额数量最终与实际产量不会偏离太远。清时期，湖南省的铜、铅、锌矿都有定额，锡矿则没有定额，而是根据实际产量上交官库。铜、铅、锌矿的定额包括两个部分，一是运送京局的数量，一是供本省鼓铸的数量。

第三章　清代湖南矿业的发展与兴衰(1644—1874年)

(二)铜矿产量的变化

康熙五十四年(1715年),朝廷规定,从五十五年起,湖南每年采办铜554399斤运送京局鼓铸,当时此项铜矿定额不完全是本省出产的数量,还包括从云南采买的铜矿数量。① 可惜此后运送京局的铜矿定额是否有所变化,没有找到文献依据,因此,据运送京局的铜矿定额无法判定产量的变化。②

乾隆年间,单就湖南本省鼓铸所需铜矿而言,产量变化的线索有迹可寻。据乾隆四十四年(1779年)湖南巡抚李湖奏称,乾隆九年至十三年这段时间,湖南鼓铸,宝南钱局每年需铜98100斤,而本省矿厂产铜不够,需从云南买铜备用。十三年至十八年期间,本省产铜已够本省铸钱。至乾隆二十二年添炉至二十座,每年需铜392400斤,并不需要从外省采买,本省出产已经足够。乾隆四十年代初虽每年册报产铜有40万斤,查系前后牵算,并非每年都是此数。四十三年,宝南钱局铸币缺卯严重,当时郴州年出铜不过1000—2000斤,桂阳州绿紫坳及大有垅月出铜共24000—25000余斤,二州每年获铜28万—29万斤,已不能满足铸钱局每年392000余斤的需要。③ 这条资料说明:铜矿出产的兴盛期至少起自乾隆十三年,约三十年代末达顶峰期,四十年代初已在衰退之中。

再以桂阳州主要产铜大矿厂绿紫坳、石壁下、大有垅铜厂为例,以上三处矿厂在乾隆二十六年(1761年)至三十六年的11年间出产最旺,每年获铜40万—50万斤,乾隆三十六、三十七年后获铜递减,至乾隆五十八年,仅获铜25万余斤,不能完成本省鼓铸及运送京局的定额。乾隆五十九年,定额减少,仅以宝南钱局岁需鼓铸铜294 300斤为定额,但当年就未能完成。嘉庆元年(1796年)至七年,每年缺额税铜量

---

① 当时湖南鼓铸暂停,故没有供本省的定额。
② 光绪《湖南通志》卷57"钱法"。
③ 《宫中档乾隆朝奏折46》,第540—541页,湖南巡抚李湖"奏请本省厂铜不敷额铸请旨酌减炉座事"。

117

不断增加，但最终还能勉强凑到20余万斤的铜。① 而嘉庆二十五年时，桂阳州各厂每年一共只能产铜4万斤。② 该条资料佐证：铜矿开发最兴盛的时期在乾隆三十年代，从乾隆三十六、七年开始，衰落的趋势无法挽回。

（三）铅、锌矿产量的变化

据乾隆二十八年（1763年）湖南巡抚乔光烈奏称，原来贵州办运京局黑铅（即铅矿）700571斤，乾隆十年因湖南鼓铸准湖南代黔办运京局黑铅20万斤，白铅10万斤。乾隆十一年停办白铅（即锌矿），全办黑铅30万斤。乾隆十四年，因贵州黑铅缺少，部议准原由贵州省办运京局的700571斤黑铅全由湖南代办。于桂阳州矿厂交三分之二，郴州矿厂交三分之一，解交户部和工部。至二十八年乔光烈任湖南巡抚时，郴州矿厂已竭，经派员勘查郴、桂二厂情况，遂提议于二十八年底将郴州所开各垅口全部封闭，铅矿定额由湖南、贵州各办一半。即湖南每年只需办运京黑铅350285斤8两，全由桂阳州矿厂办交，其时桂厂办交也有些吃力了。除这解交户、工二部的黑铅外，每年尚有17669斤的解部颜料黑铅，本来是由郴、桂二州轮流办运的，二十八年后也全由桂阳州矿厂办运。③ 此黑铅定额数一直维持到乾隆五十九年停止，其间不仅有36万多斤的定额，为了确保到京铅矿的数量，还要预先准备沿途磕折等损失，每年也有14000—16000斤不等。嘉庆二年（1797年）以后，湖南铅矿又在开采，但定额愈加不能完成了。④ 可见，仅据运送京局的定额而言，乾隆二十八年以前，湖南铅矿年产量至少在73万斤以上，乾隆二十八年以后，年产量至少在38万斤以上。乾隆二十八年，是铅矿

---

① 《清代的矿业》，第248页，高杞奏。
② 光绪《湖南通志》卷57"食货三·钱法"。
③ 《宫中档乾隆朝奏折20》，第31—33页，湖南巡抚乔光烈"奏为请禁已竭之矿厂京铅拨半归黔办运折"。
④ 《宫中档乾隆朝奏折35》，第48—49页，觉罗敦福"奏报运京铅斤出境事"；《宫中档乾隆朝奏折46》，第853—854页，护理湖南印务布政使李用敷"奏报本省运京铅斤及滇省运京铜斤出境事"；《宫中档乾隆朝奏折51》，第8—9页，署理湖南巡抚李世杰"奏报湖南等省运京铅斤过境事"；嘉庆《湖南直隶桂阳州志》卷26"矿厂"。

第三章 清代湖南矿业的发展与兴衰(1644—1874年)

出产量明显的分水岭。

乾隆十年(1745年)替贵州代办京局的10万斤白铅(即锌矿)的定额,至第二年即停止。湖南所产的白铅矿只供本省鼓铸,不足的白铅,主要从广西采买。乾隆二十八年前的一段时期,湖南有铸炉二十座,又因加卯增铸,岁需白铅651000余斤,当时每年要从广西购买白铅20万斤,说明这段时期湖南白铅的产量约在45万余斤。然而广西铜厂出铅渐少,也不能满足湖南的需求。乾隆二十八年,湖南停止加铸后,每年仍需白铅325600余斤。当时郴、桂二州白铅矿砂也渐衰竭,每年改从贵州购买白铅15万斤,仍不能满足铸币的需求。说明当时湖南郴、桂二州白铅产量,也即湖南全省产量约在16万斤以下。使得巡抚陈宏谋令衡永道孔传祖于嘉禾县试采铅矿。① 可见,乾隆二十八年左右,也是湖南锌矿出产量的转折点。

再据税课量和直接的产量数据来看,康熙五十八年(1719年),仅桂阳州的黑白铅矿(即铅锌矿),年产量约61万余斤;雍正五年(1727年),郴州黑铅年产量约14万—15万斤;雍正十一年二州黑白铅年产量约25万—30万斤;②乾隆十一年(1746年),仅桂阳州黑白铅年产量共约125万斤,其中黑铅约85万斤,白铅约40万斤;乾隆中期,郴州铅年产量约16万余斤。以上产量均是据税铅量估算,如果考虑私采的情况,实际年产量应还要多。到嘉庆五年(1800年),二州黑铅年产量4万—5万斤;嘉庆六年,二州黑铅年产量3.4万余斤;嘉庆八年,桂阳州白铅年产量4万—5万斤,黑铅年产量3万余斤。嘉庆年间的这些数据是知州查明的,应更接近实际年产量。③ 道光元年(1821年),湖南鼓铸用桂阳州白铅5.8万余斤。道光初,二州年产量大约也在此数。④可见,康熙末年,湖南铅锌矿的出产较多,雍正年间,稍有下降的趋势。

---

① 《宫中档乾隆朝奏折17》,第592—593页,陈宏谋"奏覆湖南尚可停买粤铅缘由折"。
② 光绪《湖南通志》卷57载:"雍正十一年,郴州桂阳铅矿每年约抽税铅5—6万斤",再由20%税率算得年产量。
③ 光绪《湖南通志》,卷58"食货四·矿厂"。
④ 光绪《湖南通志》卷57"食货三·钱法"。

约在乾隆二十年代,是湖南铅锌矿出产的最盛时期。由此看来,乾隆二十八年郴、桂二州铜铅矿的全面封禁可能就是因为二州矿业已衰退,出产减少。乾隆三十年(三十一年)的复采可能只是因为铸币的需要而在全省展开全面的开发,很多老矿厂重新开采,使得这一时期矿厂的总数以及大中型矿厂数量增加,而实际的产量并不如以前。

(四) 锡矿的产量

锡矿的产量数据不多,乾隆十二年(1747年),郴州锡矿年产量约10万—12万斤,但不稳定。① 乾隆十六年以后,二州锡矿年产量约1万余斤,乾隆五十年左右,二州锡年产量约16.4万—16.5万斤。其中郴州年产量10.7万—10.8万斤,宜章县年产4.8万—4.9万斤(见表2-4)。嘉庆时,郴州锡年产量约2000多斤。② 同期,宜章县"每年册报税锡七百余斤,所抽税锡不过十得一二。近年刨挖尽空,此项税锡地方官惟于别县采办以供解缴"。③ 可见乾隆后期,大约乾隆五十年左右,是锡矿开采的盛期,与图3-4所示变化曲线相合。

三、宝南钱局铸炉数量的变化与矿业盛衰

湖南铸钱局称宝南钱局,本省最早的鼓铸,见于康熙六年(1667年),当年增设铸钱局于长沙,九年因官钱过多,停止鼓铸。④ 康熙二十二年,复开湖南鼓铸。后因所铸钱质低劣,三十九年停止。这期间的炉座数量没有记载。雍正八年(1730年)复开铸钱局,时有炉座五座。此后至道光年间,宝南钱局炉座数量经历了由渐增至渐减的过程。从康熙六年至道光十八年(1838年)的171年中,宝南钱局至少运转了119

---

① 《清代的矿业》,第622页,杨锡绂奏:郴州流源、双坑试采,年税锡约2万—3万斤,但一年后即封禁。
② 嘉庆《郴州总志》卷19载:郴州"每年约抽税锡四五百斤不等。"
③ 嘉庆《郴州总志》卷19"矿厂"。
④ 《清通典》卷10"食货十·钱币"。

年,绝大部分年份都在生产,生产最稳定的时期是从乾隆八年到嘉庆二十五年的 78 年间,基本上没有停开。乾隆二十一(1756 年)至四十三年的 23 年间,是宝南钱局最兴旺的时期(见表 3-2)。

表 3-2 清代宝南钱局铸炉数量的变化

开、停与增、减铸炉时间	炉座数量	维持时间	开铸、停铸或增减原因
康熙六至九年(1667—1670)	?	4 年	湖南分省之后,增铸钱局;后因官钱过多,停止鼓铸。
康熙二十二至三十九年(1683—1700)	?	18 年	因所铸钱质低劣,停止鼓铸。
雍正八至九年(1730—1731)	5	2 年	因前几年收买之铜已多,复开铸;后因郴、桂二州出产铜铅无几,而买办之滇铜质低,加开铸以来,库存钱已足,停止鼓铸。
乾隆八至十八年(1743—1753)	5	11 年	因楚省钱价高昂,又重新鼓铸。
乾隆十九至二十年(1754—1755)	10	2 年	乾隆十三年以后,郴、桂二州产铜渐旺,铜色渐高,乃于十九年添炉五座。
乾隆二十一至四十三年(1756—1778)	20	23 年	因郴、桂矿厂旺盛,又添炉十座。
乾隆四十四至五十九年(1779—1794)	15	16 年	因郴、桂矿厂矿质渐低,产矿数量也不足供鼓铸,减炉五座。后又因民间钱价过贱,暂停鼓铸。
嘉庆元年至二十五年(1796—1820)	15	25 年	湖南矿产尤其是桂阳州铜矿出产日益减少,勉强维持十五座铸炉。
道光元年至十八年(1821—1838)	10	18 年	湖南矿产出产减少,滇铜黔铅买运维艰,减炉五座。后因本省钱价过贱,各营士兵不愿用钱搭放兵饷,暂停鼓铸。
咸丰三年以后(1853—)	?		咸丰三年后,全国推行改铸大钱,湖南也开始试铸大钱。
总计		119 年	

资料来源:《清通典》卷 10"食货十·钱币";光绪《湖南通志》卷 57"钱法"。

影响铸钱局炉座数量的变化的因素很多,最主要的有两个方面,一是与本省钱币需求即市场钱币供求有关,二是受本省铜铅矿产量的限制,并与实际产量的增减息息相关。矿产出产旺时常增加炉座,出产衰减时则减少炉座。因此,铸炉数量的增减是铸钱事业兴衰的标志,铸炉数量的变化也可以从一个侧面反映铸币原料矿——尤其是铜铅矿开发的兴衰变迁,即:康熙、雍正两朝,湖南铸币原料矿的开发处在徘徊预备时期,出产数量少,质量低劣。乾隆八年(1743年)开始,处在上升阶段。大约乾隆二十和三十年代,是铸币原料矿开发最旺盛的时期。四十年代以后,渐渐走下坡路,此后朝廷虽极力维持,但铸币原料矿业——主要是铜铅锌矿衰落的趋势已不可逆转。从炉座的数量看,铸币兴盛的时期还维持到了嘉庆二十年代,时间上比矿厂(点)的数量以及产量的减少稍为滞后,这是由于炉座的数量一般是因矿产量的减少而相应减少,故而滞后。

综合以上各方面的分析,清代湖南铸币原料矿的开发经历了康熙、雍正两朝的预备和徘徊时期,从乾隆八年(1743年)进入上升时期,并迅速繁荣。铸币原料矿开发的繁荣局面一直保持到乾隆末年,在嘉庆初年还能勉强维持繁荣的表面,大约嘉庆十年(1805年)后,铸币原料矿的开发迅速衰落,直至同治年间才稍有回升的趋势。具体到铜、铅、锌、锡各个矿种,其变化的轨迹相似,但兴盛的时期稍有偏差。铜矿开发最兴盛的时期约在乾隆十五年到四十年的20多年间;铅、锌矿开发最兴盛的时期约在乾隆二十年代;锡矿开发最兴盛的时期约在乾隆五十年代。

第二节 各时期铜、铅、锌、锡矿业的发展与空间分布

通过上一节的分析,康熙至同治年间铜铅等矿开发的阶段性已非常明了,现将其分为康熙雍正预备徘徊期、乾隆至嘉庆初繁荣期、嘉庆

十年(1805年)以后衰落期三个时期详细介绍铜铅矿业的发展进程。

一、康熙、雍正预备徘徊期

(一) 铜、铅矿开采的情况

康熙朝湖南铸币原料矿的开发时断时续,分为三个阶段。第一个阶段,也就是清代湖南境内最早的矿山开采,是在吴三桂政治势力控制的时期。"三藩之乱"期间,吴三桂政权为征敛军需,曾在湖南向民间勒索"铜、铁、硝、磺"等矿。[1]据康熙《郴州总志》卷19记载:"圣朝(清)定鼎,严行封禁(矿山),民赖以安。及吴逆(吴三桂)叛乱,招集砂贼,开挖刘家塘等处。"刘家塘一带当时聚集人数达万余,规模很大。清军收复郴州后,为了社会安定,将军穆恢封禁了刘家塘一带的矿山。

第二个阶段在康熙十九年(1680年)至二十三年。此时,"三藩之乱"结束,湖南局势已在朝廷控制之下,郴州的各处矿山便立即恢复开采。当时开挖矿点有五处:葛藤坪、黄泥凹、柿竹园、白水垅、水浪石。其后,铅锡等矿也逐渐开采。但当时朝廷开发矿业,主要是为了采铜矿铸钱,而以上郴州各处矿山大多是铅锌矿,开采所得铜矿很少。而且大乱初定,还有不少不安定的因素和隐患存在,这引起了一些士绅和地方官的担心。康熙二十三年,郴州驱逐了外来矿徒,封停了无名小坑。二十四年,停止抽税,只准附近居民开采小矿,这一阶段的矿业开发便告一段落。[2]

第三个阶段在康熙五十二年(1713年)以后。康熙朝中期,由于矿政摇摆不定,湖南的矿业开发有所停滞,直到康熙五十二年,才重新修正矿政,准许云南、湖广、山西等省开采新矿,湖南的矿业开发又进入一

---

[1] 光绪《湖南通志》卷88"武备十一·兵事"。
[2] 康熙《郴州总志》卷6"风土志·坑冶(附)";光绪《湖南通志》卷58"食货四·矿厂"。

个发展的阶段。桂阳州的大凑山和黄沙坪两处矿厂就是在此时开采并兴盛起来。① 郴州九架夹黑铅厂于当年设立,但第二年又停止。② 另外,在桑植县水獭铺,也有居民私采铜矿出卖。

雍正年间,矿政以禁为主,雍正初年矿禁尤其严厉,郴、桂二州是特许继续开采铜、铅的地区,当时,仅康熙年间开采过的大凑山矿厂继续在采。雍正三年(1725年)重新开采郴州九架夹铅锌矿,主要用来炼银。但是湖南经济凋残,老百姓的基本生活问题亟待解决,地方官不断奏请开矿,雍正皇帝对于湖南的铜铅矿开发也开始犹豫。

为解决经济问题,雍正五年(1727年),湖南巡抚布兰泰奏请开采郴州九架夹铅矿(该矿山主要是采铅锌炼银),皇帝在对他的上谕中,明确地阐发了开矿危害的理论:"开采一事目前不无小利,人聚众多为害甚巨。从严矿徒率皆五方匪类,乌合于深山穷谷之中,逐此末利,今聚之甚易,将来散之甚难也。"这些话成为此后各级官员要求禁矿的权威理论依据。③ 这年,朝廷还封禁了著名的桂阳州大凑山铅矿厂。

雍正六年(1728年),皇帝的态度似乎有所转变,这年正月,衡永郴道王柔奏请朝廷令湖南督抚勘查境内矿产,主张开矿。④ 雍正帝对他"有面谕之旨",并没有教训他。王柔又进一步奏呈具体的开矿措施,没有得到批准。⑤ 雍正六年,恢复开采大凑山旧垅附近"逢雨冲出白砂线"。⑥

雍正七年(1729年),巡抚赵宏恩任内,曾奏准桂东等十二州县试采矿砂,其中仅铜盆岭、石壁下、耙冲岭三处率先试采。⑦ 雍正九年,经湖广总督迈柱奏请,以上各处矿山又遭封禁。桂阳州除大凑山以外的

---

① 同治《桂阳直隶州志》卷20"货殖"。
② 光绪《湖南通志》卷58"食货四·矿厂"。
③ 《清代的矿业》第351页。
④ 《雍正朝汉文朱批奏折汇编31》,第24—27页,湖南衡永郴道王柔"奏陈六里地方宜归保靖同知管辖及矿产开采等事管见折"。原文中无上奏时间,笔者据"汇编"第27页,第二七条奏折得出此次上奏时间为雍正六年正月。
⑤ 《雍正朝朱批奏折汇编31》,第124页"湖南辰永靖道王柔奏陈招民垦殖六里荒地开采永顺铜矿等事折"。
⑥ 同治《桂阳直隶州志》卷20。
⑦ 《清代的矿业》,第226—227页,湖南巡抚冯光裕奏。

第三章 清代湖南矿业的发展与兴衰(1644—1874年)

其他在采矿点,也于雍正九年封禁。[①] 雍正十二年封禁了大湊山矿厂,铜铅矿的开发基本停止。[②]

康熙年间,湖南有确切开采时间记载的铜、铅、锌、锡矿厂(点)共10处,第一个阶段,仅1处小型矿点在采。第二个阶段,有5处矿厂(点)在采,其中一处大型矿厂——郴州柿竹园已在此时开始开采。第三个阶段,有4处矿厂(点)在采,其中有3处后来发展为著名的大矿厂,即桂阳州的大湊山、黄沙坪和郴州的九架夹。康熙年间,还有桂阳州万景窝、永顺县雷公嘴和江华县上五堡3处矿厂(点)在采时间不明。康熙年间总计开采矿厂(点)13处,A级矿厂4处,B级矿厂1处。从雍正三年(1725年)至末年的十年间,在采矿厂(点)也是12处,但A级大型矿厂仅2处,即大湊山、九架夹,这二处矿厂在本时期采采停停,总的在采时间较长。有1处中型矿厂——常宁县铜盆岭铜铅矿此时已开始试采,其余9处全是小型的矿点,在采时间不过一二年。

总之,康熙、雍正两朝,湖南的铸币原料矿开发规模很小,还处在采采停停,犹豫不决的状态中。本期开发铸币原料有两个目的,一是官府采铜矿铸钱,当时湖南省的鼓铸还不稳定,也没有达到一定的规模,采铜矿主要为了运送京局,铅锌等矿的开发不受官府的重视,常遭封禁。另一个目的是采铅锌矿炼银,当时,铅锌矿在铸币中的作用还未体现,但其炼银的作用人们是自古皆知的,故铅锌矿的开发虽不受政府的欢迎,却更受百姓和地方官的重视,九架夹大型铅厂的开采即是典型的例子,可惜未能长久。因此,本期铜、铅锌两种矿产的开发均未获得成果。

(二)在采矿厂(点)的分布与开发格局的形成

康熙年间,湖南在采的13处铜、铅、锌、锡矿厂(点),分布在湘南的桂阳州、郴州、永州府的江华县和湘西北永顺府的桑植县、永顺县等五个州县。这些矿厂(点)中,除了桂阳州,其余矿厂的开采很不稳定,

---

[①] 《雍正朝汉文朱批奏折汇编20》,第864页,湖广总督迈柱等"奏覆封禁桂阳等处商民开采矿产折"。

[②] 同治《桂阳直隶州志》卷20。

在康熙朝即全部封停,大部分以后没有再开采,说明当时采挖的那些矿山很多不具有开发的价值。郴州是最先开采矿山的地区,但滥采滥挖的现象也最严重,郴、桂二州以外地区的三处矿点都是小规模的私采。

雍正年间,本省在采的 12 处铜、铅、锌、锡矿厂(点),分布在湘南的桂阳州、郴州及其属县宜章、桂阳、桂东、衡州府属常宁县、耒阳县,湘西北永顺县,西南绥宁县九个州县。地区分布上,仍是湘南、西北、西南三片,在湘南更深入,湘西北有缩小,湘西南则是新增加的,开采矿产的州县则比康熙朝稍有增加。本期的矿厂(点)大部分是新开采的。总体上可以归为三类:第一类是继承康熙朝开采的矿厂,如桂阳州的大凑山、黄沙坪,郴州的九架夹,永顺县的雷公嘴;第二类是此时试采、在后朝取得成效的矿厂,只有一处,即常宁县的铜盆岭铜铅矿,该处是郴、桂二州以外规模最大的矿厂;第三类是新开采又封停,个别矿厂因政治原因封禁,如绥宁县的耙冲岭铜矿,大部分矿厂则因为出产不旺而封停。

表3-3 康熙朝湖南在采铜、铅、锌、锡矿厂(点)及其分布

代 码	矿厂或矿点	矿 种	所在州县	等 级
1	大凑山	铜铅锌	桂阳州	A
7	黄沙坪(长富坪)	铅锌	桂阳州	A
10	万景窝[大顺窿]	铜锡	桂阳州	B
13	刘家塘	铜铅	郴州	D
14	黄泥凹	铜	郴州	C
35	九架夹	铅锌	郴州	A
36	葛藤坪	铜铅锡	郴州	C
37	白水垅	铜	郴州	C
38	水浪石	铜	郴州	C
39	柿竹园	铜锡	郴州	A
69	水獭铺	铜	桑植县	D
70	雷公嘴	铜	永顺县	D
76	上五堡	锡	江华县	D

说明:据附表2编制。

第三章　清代湖南矿业的发展与兴衰(1644—1874年)

表3-4　雍正朝湖南在采铜、铅、锌、锡矿厂(点)及其分布

代　码	矿厂或矿点	矿　种	所在州县	等　级
1	大凑山	铜铅锌	桂阳州	A
35	九架夹	铅锌	郴州	A
50	早禾坑	锡	宜章县	D
53	长宁乡	铅	桂阳县	D
54	银岭	铅	桂阳县	D
55	龙虎洞	锡	桂阳县	D
56	延寿峒	锡	桂阳县	D
60	袈裟岭	锡	桂东县	D
64	铜盆(坪)岭	铜铅	常宁县	B
66	耙冲岭	铜	绥宁县	D
70	雷公嘴	铜	永顺县	D
75	上堡市	锡	耒阳县	D

说明：据附表2编制。

总之,康熙、雍正两朝采矿地区不广,主要在郴、桂二州及其邻近的衡州府属常宁县、湘西北、西南的少数地区,但铸币原料矿开发的空间特征和三个层级的格局已初步显示出来。本期开发最有成效的地区是桂阳州,其次是郴州,但郴州不合理的开发很严重,二州以外地区的矿业开发还没有正式展开(见图3-5)。

二、乾隆至嘉庆初繁荣期

(一) 乾隆八年以前的大范围试采

乾隆皇帝刚即位的前两年,继续推行雍正末年的禁矿政策,湖南的矿产也未见开发。大约从乾隆三年(1738年)开始,湖南出现了全省范围试采铜铅矿的高潮,至乾隆五年才告一段落。由于政策宽松、官府提

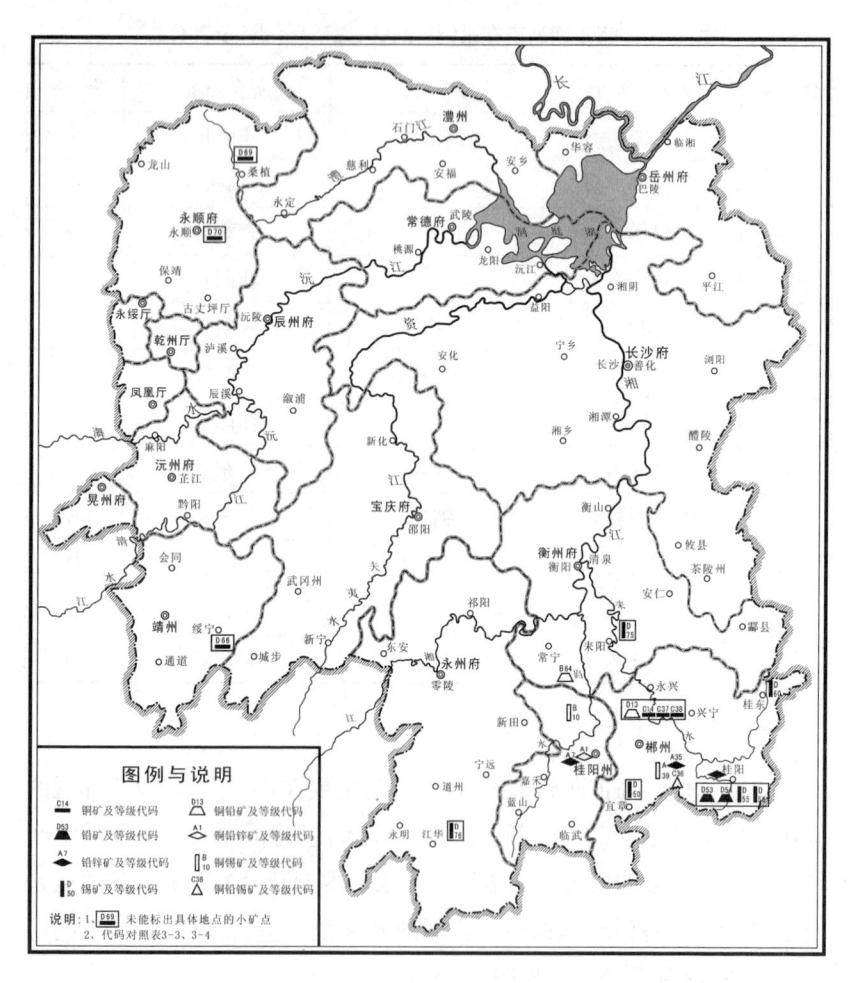

图 3-5　康熙、雍正年间在采铜、铅、锌、锡矿厂（点）的分布

倡，这几年开采铜铅矿的地方多而滥，矿厂（点）遍及全省大部分府县，但有名的大矿厂（点）不多。试采地区包括辰溪、桑植、临武、永顺、常宁、沅陵、兴宁、永兴、桂东、慈利、安化、靖州、石门、桃源、道州、醴陵、通道、善化、会同、祁阳、绥宁等二十余县。

试采的目的与康熙朝相同，"鼓铸便民，首重在铜"。乾隆四年（1739年），有商人呈请在桂阳州马家岭等处开采铜矿，获得准许。当时湖南巡抚冯光裕只许采铜，不许采铅，对铅矿开采持保守态度。他的

第三章 清代湖南矿业的发展与兴衰(1644—1874年)

上奏中说：

> 今湖南铅多铜少，开铅颇易而采铜较难。若一准并开，则小民群趋多而易者，必致尽赴采铅，而开铜无人。臣(冯光裕)现在饬行，凡开铜之人，如开得非铜，或系黑白铅矿，即行封闭，不得借采铜名色，希开得铅矿，托辞已费工本，请俟填补为由，违者拿究。如果已费工本不甘自弃，许其另踩有铜引苗，报采成厂，以补所费。俟采铜如果旺盛成厂，或不能成厂，其黑白铅矿，可否准采，再为定议。

当时开采有成效并在后来发展为大型矿厂的有桂阳州的马家岭、萧家岭、雷破石、石壁下，郴州的铜坑冲、桃花垅、甑下垅等7处，其余皆是无名小坑。① 开采铅矿不是政府的目的，但民间因开采铅锌矿可以炼银获利，因此仍然借采铜的机会采铅。

经过一段时间的大范围内的试采，开发矿产中的各种矛盾和弊端逐渐暴露，如绥宁县耙冲岭铜矿开采，因邻近苗疆，引起苗汉纠纷。其他州县中，有的"虽无苗民滋扰，但铅多铜少，究属无益"。有的试采无效，有名无实，而奸商等又借机诓骗资本。如此种种，令地方官深感治理不便，并开始冷静思考如何进行规范的矿业生产。乾隆五年(1740年)，湖广总督班第建议封禁一些效益不良或不便开采的矿山，停止生产，仅在出产既丰又不影响安定的郴州和桂阳州开矿。又因为湖南——尤其是郴、桂二州矿产资源的特点是"铅多铜少"，采铅易而采铜难，实行只采铜而禁采铅的政策毕竟不现实，班第同时奏请在郴、桂二州铜铅并采：

> 缘该二州山多田少，穷民惟持刨挖矿砂为业，即未试开之前，往往入山偷挖，地方官朝驱暮聚，终难尽除。莫若准其铜铅并采，

---

① 《清代的矿业》，第225—226页，冯光裕奏。

129

穷民得以在厂佣工,可免私挖之弊。且所获铜铅,均可以资鼓铸,而抽收课税,亦可以资本省公费,是国计民生两有攸赖。

这一建议得到了朝廷的许可并逐渐付诸实施。① 郴、桂二州作为铸币原料矿开发主要地区的地位也首次得到认可。

但在其他州县,仍有一些矿商或民夫在地方官的庇护下偷采冶炼、或者与地方官勾结隐报矿砂数量。乾隆七年(1742年),常宁县龙旺山商人邓茂益开峒设炉采矿冶炼,并未上报官府,当时聚集人夫达2万余,"开峒八百余口,设炉一百余座",规模很大,并采得铜铅矿砂约160万—170万斤。此事被总督孙嘉淦查知,参奏前任总督那苏图一本。②

乾隆八年(1743年),全面开放矿禁的矿政确立,全国范围内兴办矿业的时代来临。有了前几年开采的经验,当时湖南并没有盲目地到处开采矿山。当年,湖广总督孙嘉淦上疏,提出与前任总督班第相同的观点,他认为湖南"产矿之地甚多,而开有成效之处甚少,若不悉心筹画、因地制宜,滥请开采,适滋扰累"。某些州县的铜铅等矿"或属苗疆,或有防田园庐墓,或产砂微细并无成效,无人承采",建议封禁,但郴、桂二州的铜铅矿则不存在以上封禁的理由,建议"听其开采",由官府抽税并收买砂铜。③ 郴、桂二州铸币原料矿主要开发地区的地位完全得到确认。

这样,经过前几年的盲目试采,湖南铸币原料矿的开发从区域上缩小并稳定到郴、桂二州,而且由原来只重采铜不准采铅的偏狭矿政转变到铜铅并采的较为合理的矿政上。湖南的铸币原料矿业开发自此逐渐走上明智、理性的道路,同时也开始进入上升和迅速发展时期。

(二) 乾隆八年至二十八年间的上升与发展

综合在采矿厂(点)的数量、产量及炉座数量的变化各方面的分

---

① 《清代的矿业》,第229—230页,班第奏。
② 《清代的矿业》,第230—231页,孙嘉淦奏。
③ 《清朝文献通考》卷30"征榷五",第5131页。

析,铸币原料矿开发从乾隆八年开始的上升时期可以延续到乾隆二十八年。

乾隆八年(1743年),郴、桂二州作为湖南铸币原料矿开发区的地位确立后,一时间,复采和新开采的铜、铅矿点近20处。其中,桂阳州大凑山、绿紫坳、石壁下、马家岭、雷破石,郴州桃花垅、甑下垅、铜坑冲(东坑湖)、枫山岭、石仙岭、白砂坳、杉树坑、金川塘(金船塘)等一大批A、B级大、中型矿厂都在这一年复采或新开采,再加上九架夹铅厂,共14处大、中型矿厂在采。可见,乾隆八年至十五年这个阶段,湖南著名的大矿厂几乎全部在采。连争议最大的绥宁县耙冲岭铜矿,也不断有人申请开采。

大约乾隆十六、七年,是个小转折点。从十六年(1751年)开始,又有几处矿厂(点)或者已经开采的大矿厂的子厂先后开采或复采,包括桂阳州的东边垅、停沙垅、大有垅,郴州的东冲、柿竹园等处,都是规模较大的矿厂。随着矿业的发展,郴、桂二州的区域限制也渐渐被打破,乾隆二十二年,衡州府常宁县的铜盆岭铜铅矿厂获准开采,并发展成为B级大中型矿厂,成为郴、桂二州以外湖南省最著名矿厂。此外,各处小矿点不断增加,实际开发区域都超过了郴、桂二州。

这个时期,不但在采的铸币原料矿厂(点)数量在增加,其产量也一直处在上升时期,宝南钱局的铸炉数量也增加至20座。大约乾隆二十八年(1763年),铅锌矿首先出现资源衰竭和开发后劲不足的现象,湖南巡抚乔光烈称:"近年硐老山空,铅铜减少。……至二十八年各垅水深砂竭,不但底砂全无,即垅边垅顶余砂亦经搭台采刮将尽。"

乔光烈令下属衡永郴道刘秉勘查:

……去后据该道覆称于本年九月内率同该州遍历各垅,查得该厂奏销垅口虽有桃花垅、甑下垅、铜坑冲等处名目,其实原垅久已无砂,历年俱就各垅附近相度矿苗试采子垅,旋开旋竭,不一其名。现在止有小地名枫仙岭、九家湖、三家湖、焦塘板、槽碓垅、新峡上、白水塘等共七处垅口。按垅查勘,悉皆砂尽水淹,砂丁星散,无可调剂。别处采踏亦无可采之矿。①

当年郴州大批铅厂被封禁,由桂阳一州承办所有铅矿定额,而当时桂阳州同样也出现了资源枯竭的趋势。至此,湖南铸币原料矿开发达到顶峰。

(三) 乾隆三十年以后的曲折与挣扎

乾隆二十八、九两年间,一大批矿厂封禁后,宝南钱局的铸炉数量并没有相应减少,仍然是 20 座炉照常运转,运送京局的定额也未见减少,矿业生产的压力很大。封停不到一二年,郴、桂二州一大批矿厂又先后复采。乾隆三十年(1765 年)以后,铜、铅锌和锡矿表现了不同的变化倾向,有的还在上升,有的则开始下滑乃至衰落。总体上,到嘉庆九年(1804 年)时全部衰落。

乾隆三十年(1765 年),郴、桂二州铅厂复采后,虽然在采矿厂(点)的数量还很多,各大矿厂还新开了一批子厂,但铅锌矿的实际产量反而减少了,铅锌矿开发再也没能恢复到乾隆二十八年以前的规模。

乾隆二十八、二十九两年封禁的主要是郴州的铅矿厂,铜矿尤其是桂阳州的铜矿开发仍在继续,但个别矿厂早就出现衰竭的趋势。如乾隆十三年(1748 年),桂阳州著名的马家岭铜矿已出现产砂不旺、"精华将竭"的情况,当即又在不远处的绿紫坳另开垅口试采,绿紫坳铜矿继起且兴盛,填补了因马家岭衰落而形成的空缺。② 总体上,铜矿开发在乾隆三十年以后继续发展,其出产的高峰期大约坚持到乾隆三十年代末,其后也开始下滑。文献记载的宝南钱局 20 座铸钱炉的数量延续到乾隆四十三年,那是官府极力督采的结果,有一部分铜矿实际上是前几年库存下来的。乾隆四十四年,铜矿出产不断减少,铜质也不断降低,

---

① 《宫中档乾隆朝奏折 20》,第 31—33 页,乔光烈"奏为请禁已竭之矿厂京铅拨半归黔办运折"。
② 《清代的矿业》,第 244—245 页,杨锡绂奏。

宝南钱局再也无法坚持 20 座铸钱炉的运转而减炉五座。至此,铜矿开发衰落的趋势已不可挽回了。

乾隆二十八年(1763 年)的大规模封停矿厂涉及锡矿的较少,锡矿开发本身要晚于铜和铅锌矿,在乾隆三十九年以后还有旱窝岭、猫儿坑、羊牯泡、岭脚坪等大中型和中小型矿厂(点)复采,使得锡矿开发的高峰期出现较晚,大约在乾隆五十年左右。乾隆六十年,铸币原料配比改为铜六铅四,不再配锡。[①] 这一政策的改变一方面说明此时锡矿开发已趋衰落,另一方面又更加降低了锡矿的地位,加速了锡矿开发的衰落。正因为锡矿在乾隆三十九年以后的矿厂(点)数量增加,而同期铜和锌矿厂虽衰落而未封停,使得总的在采矿厂(点)的数量在乾隆三十九到四十四年间达到最高点——39 处。

嘉庆元年(1796 年)到九年是湖南铸币原料矿迅速衰落的时期。乾隆五十九年(1794 年),宝南钱局暂停鼓铸,但嘉庆元年开始,又重新鼓铸,并仍保持 15 座炉座不减。湖南的铸币原料矿业为了铸钱事业而苦苦支撑,虽然官府极力督采,但铜铅矿产量仍然逐年下降。到嘉庆九年时,所有的 A 级矿厂都采尽封停,只余 1 处 B 级矿厂——万景窝(大顺窿)铜锡矿断断续续地开采。

总之,从乾隆八年(1743 年)到嘉庆九年(1804 年),湖南在采的铜、铅、锌、锡矿厂(点)总数达 50 多处,矿业开发空前繁荣。铸币原料矿业经历了一个由上升发展到下降衰落的循环、大起大落的变化过程。但是经历了这个循环之后,该省的铜、铅、锌、锡各矿在当时的技术条件下几乎开发完毕,资源基本耗竭,在后来的发展中,再也不能重复这一时期的循环规模了。

(四)在采矿厂(点)的分布

乾隆至嘉庆九年(1804 年),在采的铜、铅、锌、锡矿厂(点)总数达 56 处之多,矿厂(点)的分布地区也有所增加。

---

① 光绪《湖南通志》卷 58 "矿厂"。

根据前文的分析,乾隆三年(1748年)至乾隆五年,全省范围内的大规模试采地区遍及全省二十余县,但仍是湘南、湘西的州县居多,试采的大部分地区都没有成效或因各种原因而封停。乾隆五年以后,铸币原料矿的开发逐渐稳定到郴、桂二州,但二州以外的私采现象并不能禁止。大约乾隆二十年代,铸币原料矿的开发正式突破了郴、桂二州的界限,在其他州县进行了小规模的开发,而常宁县铜盆岭铜矿的开发也逐渐上了规模,与郴、桂二州的大矿厂不相上下。

实际上乾隆二十年(1755年)以后在采矿厂(点)的地区分布对郴、桂二州的突破并不大。据前文考察,乾隆八年以前试采的州县大部分没有成效,若将这一批州县不计算在内,乾隆至嘉庆九年(1804年)这个时期在采矿厂(点)分布在桂阳州、郴州、宜章县、桂东县、兴宁县、常宁县、零陵县、宁远县、桑植县、永顺县、绥宁县等十一个州县,只比前一时期稍有增加。可见,开发矿产的地区较前期并没有明显的扩展,仍是以桂阳州、郴州及其周边府县为中心,再加上湘西北、西南的个别县。本时期各地区在采矿厂(点)数量都在原来的基础上有大幅增加,由于这个时期较长,不能和康熙、雍正年间的矿厂(点)数量和分布直接进行纵向的比较。但是大、中型矿厂在乾隆八年至十五年这个阶段基本都已经开采,大多又延续至乾隆末、嘉庆初,因此,大、中型矿厂的开发几乎占据了整个时期,可以用大、中型矿厂数量及分布与前一时期进行比较。这样看来,本期郴、桂二州的大、中型矿厂有显著增加并很稳定。也就是说,在原来的开发格局上,开发的深度和密度加大。

由于这一时期时间较长,在采矿厂(点)的总数和总的地区扩展不能说明其变化的剧烈程度,相反证明了本期铸币原料矿的开发在地区分布上没有较大的扩展,而郴、桂二州作为铸币原料矿中心区的地位进一步得到巩固,三个层级的开发格局也更为凸显(见图3-6)。

第三章　清代湖南矿业的发展与兴衰(1644—1874年)

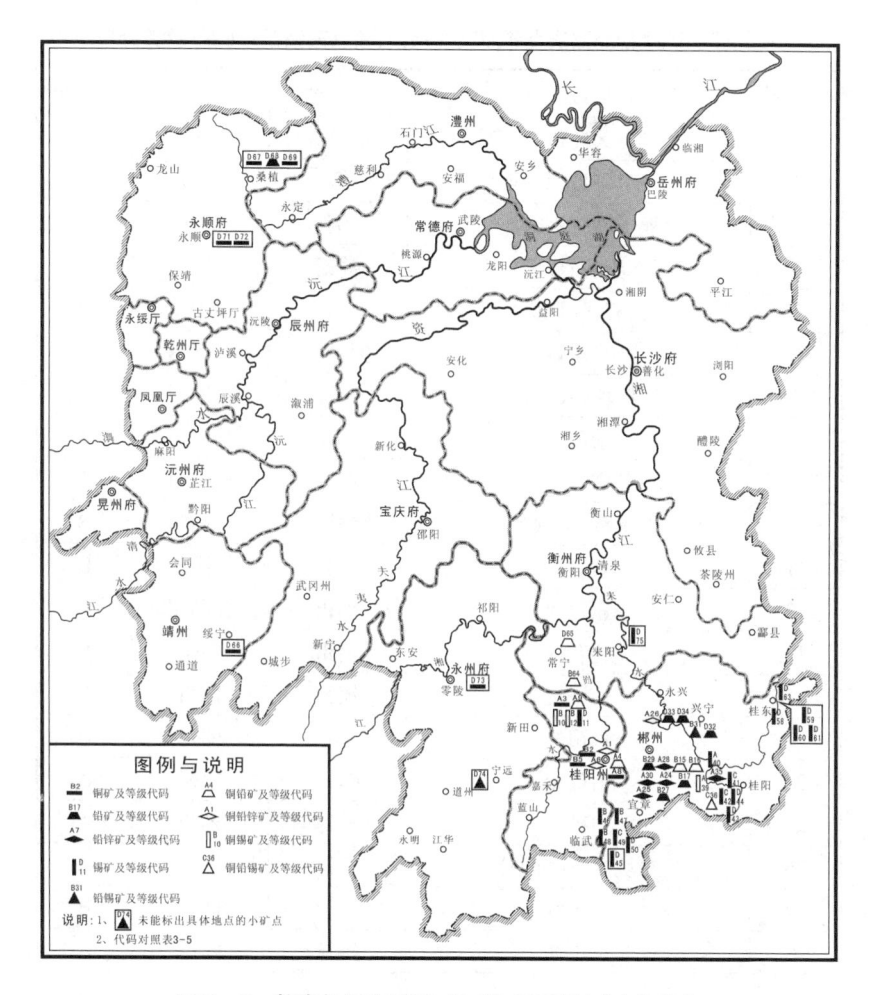

图3-6　乾隆年间在采铜、铅、锌、锡矿厂(点)的分布

三、嘉庆十年以后衰落期

(一)发展情况

嘉庆十年(1805年)至末年,虽然宝南钱局还在极力维持15座铸炉的运转,但湖南铸币原料矿的衰落已无法挽回。宝南钱局坚持到道

清代湖南的矿业:分布・变迁・地方社会

表3-5 乾隆初至嘉庆九年湖南在采铜、铅、锌、锡矿厂(点)及其分布

代 码	矿厂或矿点	矿 种	所在州县	等 级
1	大凑山	铜铅锌	桂阳州	A
2	停沙坳	铜	桂阳州	B
3	鹿子坳(绿紫坳)	铜	桂阳州	A
4	石壁(石壁下)	铜铅	桂阳州	A
5	大有坳(风坳)	铜	桂阳州	B
6	马家岭	铜铅锌	桂阳州	A
7	黄沙坪(长富坪)	铅锌	桂阳州	A
8	萧家岭	铜	桂阳州	A
9	雷坡石	铜铅	桂阳州	A
10	万景窝(大顺窿)	铜锡	桂阳州	B
11	石眼里	锡	桂阳州	D
12	东边坳	铜锡	桂阳州	B
15	桃花坳	铜铅	郴州	B
16	甑下坳	铜铅	郴州	B
17	枫山岭	铅	郴州	B
24	石仙岭	铅锌	郴州	A
25	白砂坳	铅锌	郴州	A
26	东坑湖(铜坑冲)	铅锌	郴州	A
27	椿树坳	铅	郴州	B
28	金川塘	铅锌	郴州	A
29	三元冲	铅	郴州	B
30	杉树坑	铅锌	郴州	A
31	五马坳	铅锡	郴州	B
32	龙头山	铅	郴州	D
33	干柴窝	铅	郴州	D
34	显冲头	铅	郴州	D
35	九架夹	铅锌	郴州	A
36	葛藤坪	铜铅锡	郴州	C
39	柿竹园	铜锡	郴州	A

136

第三章 清代湖南矿业的发展与兴衰(1644—1874年)

(续表)

代码	矿厂或矿点	矿种	所在州县	等级
40	东冲	锡	郴州	A
41	中兴	锡	郴州	C
42	野鸡窝	锡	郴州	C
43	马王庙	锡	郴州	D
44	蛇形	锡	郴州	D
45	大湖坑	锡	宜章县	D
46	旱窝岭	锡	宜章县	B
47	猫儿坑	锡	宜章县	B
48	羊牯泡	锡	宜章县	B
49	岭脚坪	锡	宜章县	C
50	早禾坑	锡	宜章县	D
57	东芒江	铜	桂东县	D
58	流源	锡	桂东县	D
59	双坑	锡	桂东县	D
61	檀树漏	锡	桂东县	D
62	白竹	锡	桂东县	D
63	寒口	锡	桂东县	D
64	铜盆(坪)岭	铜铅	常宁县	B
65	龙旺山	铜铅	常宁县	D
66	耙冲岭	铜	绥宁县	D
67	黄垱峪	铜	桑植县	D
68	厉山	铅	桑植县	D
69	水獭铺	铜	桑植县	D
71	鱼涎口	铜	永顺县	D
72	石米溪	铜	永顺县	D
73	稍公堨	铜	零陵县	D
74	九嶷山	铅锡	宁远县	D

说明:据附表2编制。

137

光十八年(1838年)后,也停止生产,改铸大钱并逐渐发行纸币。这样,铜、铅、锌、锡矿作为铸币原料矿的作用已经失去,该类矿业的开发也失去了铸钱的压力。加之嘉庆年间矿政趋严,也使原本不景气的矿业雪上加霜。

鸦片战争和太平天国战争以后,政府的矿业政策再次放开,为了军事和经济的需要,朝廷不断鼓励各省兴办矿业。但此时,湖南大部分地区正处在太平天国战乱之中,道光和咸丰两朝湖南全省在采的矿厂仅有桂阳州大顺窿1处,在采时间也很短,又时而采铜,时而采锡,开发极不稳定。

同治年间,社会逐渐安定下来,湖南在采的矿厂(点)稍有增加,宁远县九嶷山铅锡矿、江华县的上五堡锡矿都有小规模的开采。同治七年(1868年)大顺窿铜锡矿又恢复开采,但未见成效。[①]

从嘉庆十年(1805年)到同治末,值得称道的只有大顺窿铜锡矿断断续续地在开采,其余试采不久即封停的无名小矿也不过五六处而已。直至同治年间,在采矿厂(点)的数量才稍有增加的趋势,铜、铅、锌、锡诸矿的开发似乎出现了死灰复燃的曙光。

(二) 在采矿厂(点)的分布

嘉庆十年(1805年)到同治末年,在采的8处矿厂(点)分布在郴、桂二州及其邻近的永州府属县。当时仅桂阳州万景窝(大顺窿)的规模稍大,但也是时而开采,时而停采,其他都是小型的或私采的矿点。这个时期,矿业萧条,少量的开采地点仅局限于铸币原料矿出产和开发的中心地区和次级区,三个层级的开发格局已经不存在了(图3-7)。

总的看来,康熙至同治年间在采铜、铅、锌、锡矿厂(点)空间分布的变迁,显示了矿业开发的空间发展特征以及清代湖南铸币原料矿开发空间格局的形成过程。总体上,康熙雍正时期,郴、桂二州作为铸币

---

① 湖南省地方志编纂委员会编:《湖南省志》第九卷"冶金工业",第58、136、160页,湖南出版社,1993年。

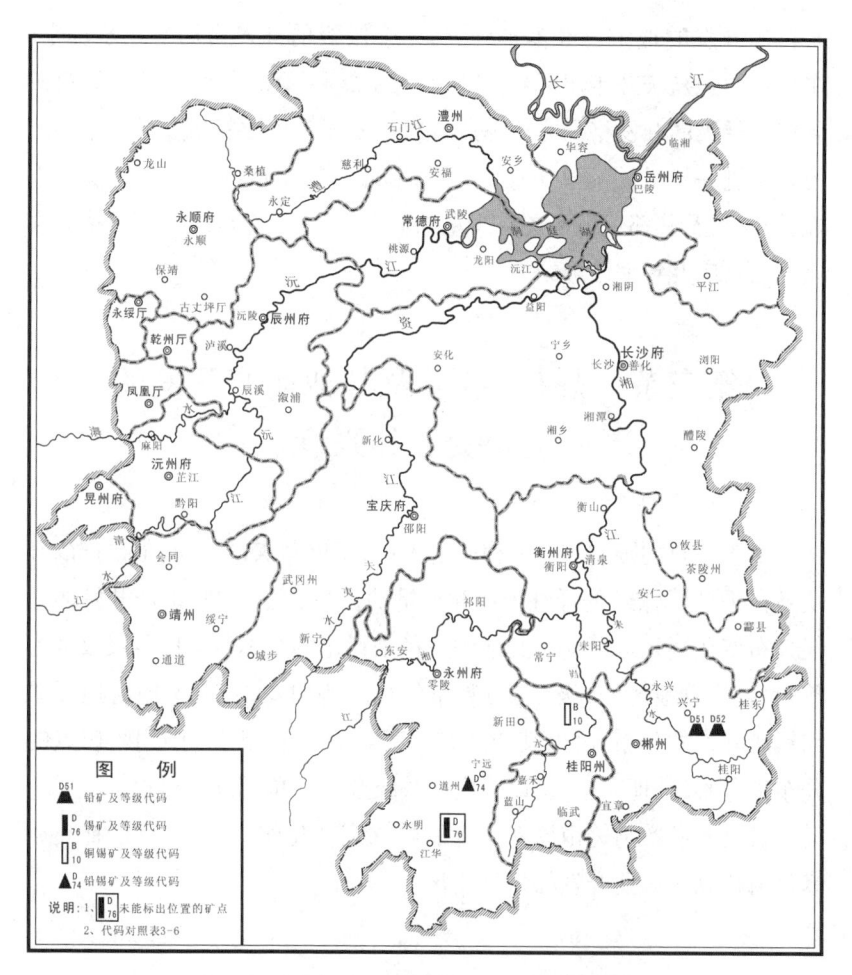

第三章 清代湖南矿业的发展与兴衰(1644—1874年)

图3-7 嘉庆十年以后在采铜、铅、锌、锡矿厂(点)的分布

表3-6 嘉庆十年以后在采矿厂(点)及其分布

代码	矿厂或矿点	矿种	所在州县	主要开发时期	等级
51	黄泥坳	铅	兴宁县	嘉庆	D
52	烟竹坪	铅	兴宁县	嘉庆	D
10	万景窝(大顺窿)	铜锡	桂阳州	嘉庆、道光、咸丰、同治	B
74	九嶷山	铅锡	宁远县	同治	D
76	上五堡	锡	江华县	同治	D

说明:据附表2编制。

原料矿开发的地位已经基本确立,三个层级的开发格局也初步奠定。在乾隆初到嘉庆九年(1804年)矿业大发展和繁荣时期里,铸币原料矿业三个层级的开发格局完全形成,郴、桂二州铸币原料矿业开发中心区的地位进一步巩固。嘉庆九年以后,随着矿业的衰落,湖南省仅剩下郴、桂二州及其邻近地区还有少量的矿业开发,三个层级的开发格局实际上在嘉庆九年就已经结束。

第三节　煤矿、铁矿及其他矿产开发的空间变迁和兴衰

由于资料的限制和开发模式的不同,不能对煤、铁等其他矿产的开发做在采矿厂(点)的详细统计和产量的比较,但是这些矿产开发的地区分布变化还是可以通过其他途径来讨论的。本节仍以县级政区为单元、以开发地区(县级政区)数量的变化为对象,考察不同时期煤矿和铁矿开发的分布,讨论其变迁和兴衰。对于金、银矿,则用采矿点的分布来考察;其他矿产,也以开发的县级政区为单元进行讨论。

将这些矿产与铸币原料矿开发的兴衰变化作对比,也可以补充或修正清代湖南矿业开发的兴衰变化。

一、煤矿开发地区的扩展与萎缩

根据第二章第三节的讨论,康熙到同治年间,开采煤矿的地区共12府(直隶州、直隶厅)38县(州、厅)。康熙年间开采煤矿的地区有:长沙府、宝庆府、桂阳直隶州属桂阳州和临武县,其中长沙府和宝庆府当时开采煤矿的是哪些县,文献记载不明确,假定二府出产煤矿的县都有开采,根据图2-2,则康熙年间共有16个县级地区开采煤矿。

雍正年间,煤矿开发几乎停顿,仅醴陵县今石门口煤田一带继承了康熙朝的开采。据民国《醴陵县志》卷5"矿产"记载,清代"雍正、乾隆

第三章 清代湖南矿业的发展与兴衰(1644—1874年)

年间,有楚益隆者,在板山、放水、老坡一带开井取煤,又在许家湾开井三口,获利甚丰。旋因乡民惑于风水,遂禁止之"。可见,醴陵县的煤炭开采也未能长久。

乾隆年间,恢复了康熙朝长沙府煤矿的开发,宝庆府开采煤矿的地区缩小到新化和新宁二县,开采煤炭的地区还扩大到辰州府沅陵、泸溪、溆浦等县,沅州府芷江县,郴州直隶州所属各县,衡州府衡山县和耒阳县,桂阳直隶州的桂阳州和嘉禾县。共7个府(直隶州)的21个县级地区在开发煤矿,省西部、中部、南部都有。① 南部和中部一些县煤炭生产的重要性也在此时体现。

嘉庆年间开采煤炭的地区稍有减少,还有常德府约2个县、②永顺府的龙山县、长沙府的宁乡县、善化县、湘潭县、醴陵县、宝庆府的新化县、郴州直隶州的宜章县共5个府(直隶州)的9个县级地区。

道光年间开采煤炭的地区仅剩3个府的4个县,即长沙府的湘乡县、宝庆府的新化县和新宁县、衡州府的耒阳县。

咸丰年间开采煤炭的地区有醴陵县、宁乡县、攸县、湘乡县、郴州、桂阳州,共3个府(直隶州)的6个县级地区。从地区上看比道光朝增加,但此时郴、桂一带很多矿工参加了太平军,正常的煤矿生产未必能继续,而湘乡县当时的煤矿还"大半禁采"。

同治年间开采煤炭的地区又增多,具体有安福县、石门县、永顺县、保靖县、溆浦县、沅陵县、乾州厅、安化县、浏阳县、湘乡县、醴陵县、攸县、茶陵县、新化县、衡阳县、常宁县、耒阳县、鄢县、桂阳州、临武县、桂阳县,共9个府(直隶州、直隶厅)的21个县级地区。数量与乾隆时期相同,但地区上有所变化,不仅前朝开采的重点产煤州县,如长沙府、郴、桂二州等地继续得到开采,湘北澧州、湘西永顺府和湘南桂阳州、衡州府的不少县此时首次得到开发(见图3-8)。可见当时大乱之后开

---

① 辰州府、长沙府和沅州府的府志也记载该府开发煤矿,但未指出具体开采的县,这里也用前文计算康熙朝县数的方法,假定有出产的县都在开采。
② 该府未记载具体出产煤的县有几个,现只能取县数最小值和最大值的平均数,确定为2个县,并假定出产煤矿的县都有开采。

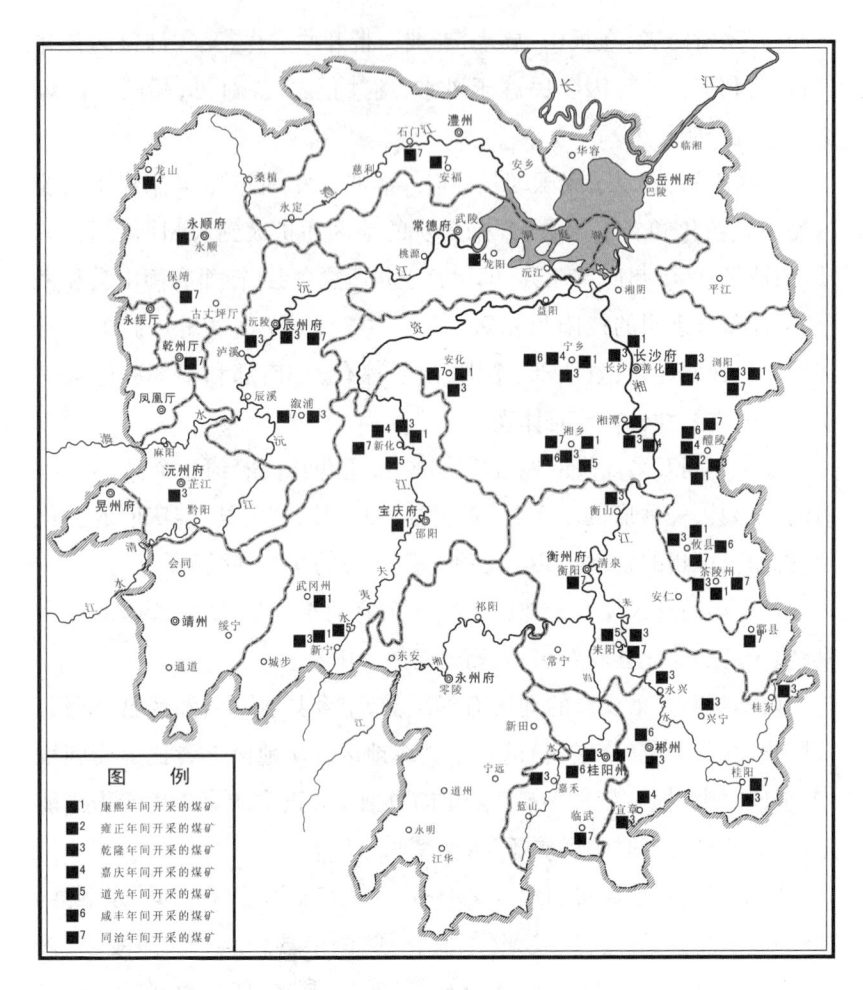

清代湖南的矿业：分布·变迁·地方社会

图 3-8　清代湖南煤矿开发的分布与变迁（1644—1874 年）

发煤矿的高潮已经来临，不只是在面上扩大，在点上也加深。但是煤矿开发所受的阻力依然存在，如湘乡县的煤矿还在禁采之中，祁阳县的煤矿似乎也未得到开采，地方志的编修者还在呼吁开采煤矿，以解决柴薪不足的问题。

各时期开采煤矿的地区数量变化见图 3-9。从康熙到同治年间，本省开发煤矿的地区数量变化呈近似"W"的曲线，形成了康熙、乾隆、同治三个高峰阶段和雍正、道光至咸丰朝两个低谷阶段。州县数量的

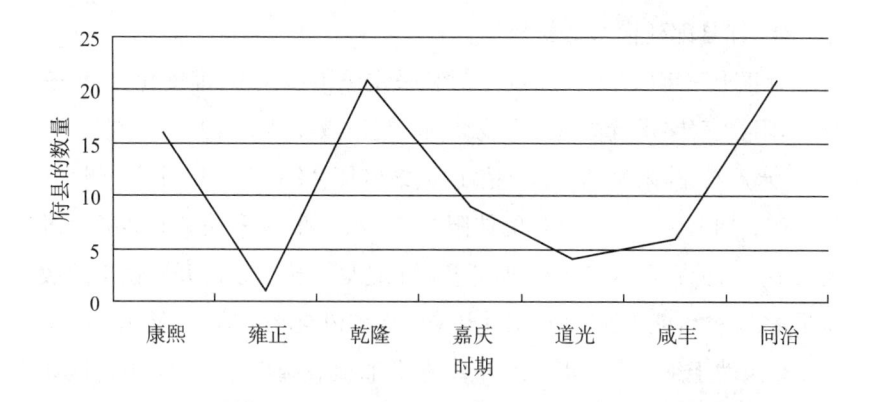

第三章 清代湖南矿业的发展与兴衰(1644—1874年)

图 3-9 煤矿在采地区的数量变化(1644—1874年)

说明：据附表1编制。

增减大致可以代表开发地区的扩大与缩小，也从一个侧面反映了煤矿开发的兴盛与衰落的变化，这一兴衰的变化趋势与铸币原料矿业兴衰的变化基本一致，但起伏更为剧烈。

二、铁矿开发地区的扩展变迁与兴衰

湖南原来有一些因铁矿而兴旺的市镇，经过明清之际的社会动荡，大部分都衰落了，铁矿的开发也中断。[1] 清初，禁止民间自由开采铁矿，尤其严禁私自贩卖，但湖南私采铁矿的现象禁而不能止。康熙十九年(1680年)，对衡州、永州二府铁矿与铸币原料矿的开采统一实行特殊的政策，准二府"产铜铁锡铅处招民开采输税"。[2] 假定二府所属出产铁矿的县级地区全部开采了煤矿，根据图2-1，康熙年间开采煤矿的县级地区共有10个，都在本省南部地区。但当时开采铁矿的政策不稳定，就在二府之内的铁矿开发也不能顺利进行，如永州府属东安县红鹅岭"有铁矿一处，从前五姓于农隙之后自行控煽，以资农器。康熙三

---

[1] 雍正《耒阳县志》卷1"方舆"记载：耒阳县的□头市和肥江市都曾是前代因铁矿开发或贸易而兴旺的市镇，在康熙和雍正年间非常萧条。
[2] 光绪《湖南通志》卷58"矿厂"。

143

十三年,知县郎廷模奉文封禁"。①

雍正十三年(1735年),朝廷对私采铁矿稍作让步,准安化县、东安县、邵阳县、武岗州、新宁县、沅陵县、辰溪县、溆浦县、石门县、慈利县、安福县、永定县、桂阳州、临武县、芷江县、桑植县、兴宁县等17个县(州)开采铁矿。加上后来开采铁矿的桂阳县,雍正一朝,在采铁矿的县级地区也有18个,分布在本省南部、西部及西北地区。雍正以前开发铁矿的数量虽多,深度可能不够,如桂阳县开采的铁矿很快就封禁。② 又比如兴宁县铁矿虽然于雍正十三年获准开采,但是直到乾隆四年(1739年),该县铁矿似乎并没有得到开采,当年商人沈万昌请求开采铁矿说:"兴宁全资铁耕而取之粤省,肩运殊苦。请于滁口、江口地方采取铁矿,并无碍于田园庐墓。"后得到孙嘉淦的支持。乾隆七年,孙嘉淦还在上疏中称:"兴宁县民需用铁斤,须自粤东贩运,跋涉维艰。"③

乾隆八年(1743年)起,准湖南全境民间自由开采铁矿,乾隆年间开发铁矿的州县有:长沙府的安化县、宁乡县、湘潭县、浏阳县、醴陵县、攸县、茶陵州(县),辰州府各县,衡州府的常宁县、耒阳县,宝庆府的邵阳县、武冈州、新宁县、新化县,郴州的桂东县、兴宁县,桂阳州,靖州的绥宁县,澧州的永定县,沅州府的芷江县,共有23个县级地区。④ 其中有封禁事件的地区有攸县、桂阳县、保靖县、龙山县、永顺县、桑植县等6个县(见表2-5)。东部和中部的大部分地区铁矿首次得到开发,前期已开发的南部、西部和西北部地区更加深入。

嘉庆年间,开发铁矿的地区有邵阳县、武冈州、新化县、新宁县、安化县、湘潭县、攸县、茶陵县、芷江县、永州府各县(零陵、祁阳、东安、新田、宁远、永明、江华)、桑植县、绥宁县,共18个县级地区,都是在乾隆年间开采的基础上缩小了,没有新增加的地区。而龙山县、新化县、醴

---

① 乾隆《东安县志》卷4"政治志"。
② 乾隆《桂阳县志》卷4"风土志"。
③ 嘉庆《郴州总志》卷19"矿厂";《清代的矿业》,第499页引《高宗实录》卷166。
④ 长沙府、辰州府和衡州府各府志也记载该府开采铁矿,但未指出具体开采的县,这里也认定三府出产地区在本期都有开采。

陵县、郴州、兴宁县等县(州)的铁矿大多处在封禁中,只有小规模的开采(见表2-5)。

道光年间铁矿的开采,仅4个县级地区:新化县、辰溪县、耒阳县和晃州厅,地区上比嘉庆年间急剧缩小。开采的规模也不大,其中新化县的开采,还多次封禁,晃州厅因出产不多,只偶尔开采。

咸丰年间,铁矿基本上没有开采,仅宁乡县可能有小规模的、短暂的开采,主要的矿点如五都铁杭苍、十都莲花峰后竹鸡坡、茶圆坡等处都因所谓开矿影响该县县治的风水而封禁了,另外一些小矿点"或未具于文字,或开采不久,以资匪而辍",并无成效。①

同治年间开采铁矿的地区有武冈州、新化县、安化县、茶陵县、浏阳县、溆浦县、桂阳州、临武县、兴宁县、常宁县、安福县、慈利县、石门县、永定县、江华县、黔阳县等16个县级地区,其中桂东县、绥宁县、永顺县有封禁事件。从地区的数量上看逐渐恢复到仅次于乾隆朝的规模,而16个县级地区中,仅黔阳县1处有可能是新开采之外,其他都是前朝已经开采过的(见图3-10)。

根据第三章第四节关于封禁对开采地区影响的讨论,在康熙到同治这个长时段内铁矿的封禁对开采地区的统计基本上不影响,但是在短时期内,会影响到开发地区的大小,因为不能确定各时期中(以年号为准)封禁的现象是否占整个时期,统计中只能假定所有出现封禁事件的地区整个时期都未开采。图3-11展示了两条变化曲线,系列1代表不考虑封禁状况的开发地区数量变化,系列2代表将所有出现封禁事件的县(州)都不计入的开发地区数量变化。结果是无论封禁事件对开采地区统计的影响有多大,整个变化仍然显示了乾隆朝铁矿开发的兴盛和道光、咸丰朝铁矿开发的衰落,其变化没有煤矿开发剧烈。乾隆朝铁矿开发的兴盛期长而稳定,康熙、雍正时期铁矿开发似乎早于煤矿和铸币原料矿,与嘉庆朝相当。总体上,铁矿开发的兴衰变化比煤矿和铸币原料矿和缓,但基本的盛衰大趋势还是相同的。

---

① 民国《宁乡县志》"故事编第三·财用录·矿业"。

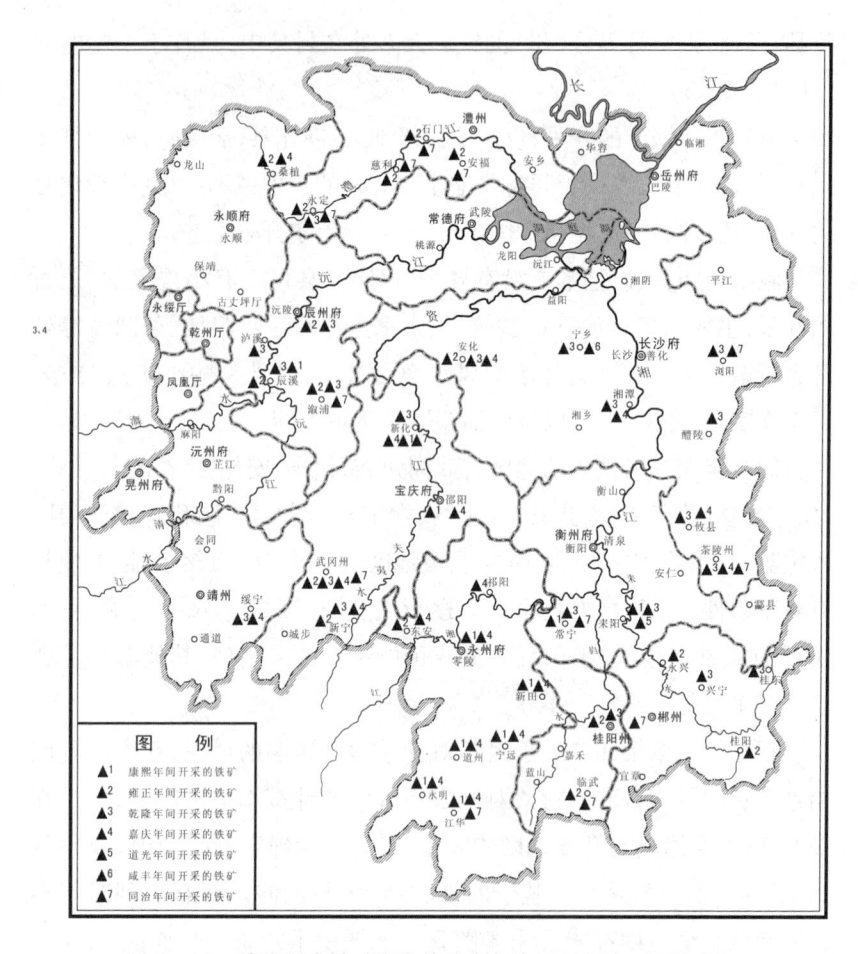

清代湖南的矿业：分布·变迁·地方社会

图 3-10　清代湖南铁矿开发的分布与变迁(1644—1874 年)

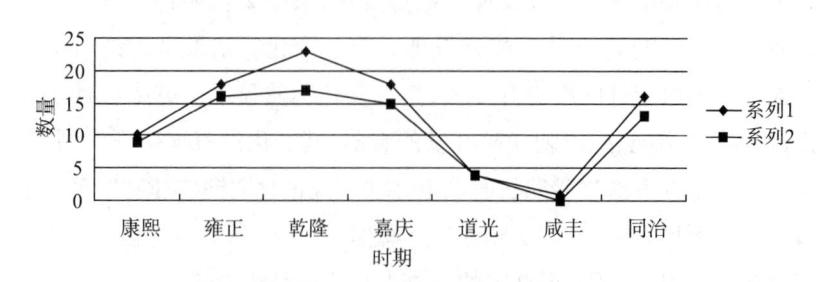

图 3-11　铁矿在采地区的数量变化(1644—1874 年)

说明：据附表 1 编制。

三、金、银矿开发的空间变迁

(一) 各时期金矿的开采与封禁

据第二章表2-6,从时间上看,清初顺治、康熙两朝湖南的金矿还没有开采。雍正年间,洞庭湖东北岳州府属各县曾兴起淘金的热潮,人们于农隙之时在自己田地山场的砂土中淘取土金,以易米度日,或者出售,满山遍野开挖,孔窟非常多,尤以平江县为烈。虽然淘金仅限于当地人民,且是在自家的田地中小规模采挖,但当时署理湖南巡抚钟保担心引起"奸民"混杂,"滋生事端",奏请填平孔窟,禁止采挖。乾隆时,巴陵、平江二县仍有偷采,均遭封禁。雍正、乾隆时会同县也进行了少量的开发,其中偷采并遭封禁的矿点有会同县花窑寨山,也有朝廷许可、官方组织的开采,如会同县墓坪山和金龙山金矿,但在采的时间不过一年。停采的原因是"开挖甚艰,获砂有限,不敷工本,题准封禁"。乾隆初年试采矿山时,宜章县的金矿也有试采,最终因各种原因而封停。

嘉庆时,沅江下游、洞庭湖西面湖滨的桃源、武陵二县不时有人于溪涧内淘采砂金,因采金所获不多,从事淘采的人也不多。湘潭县境内的湘江沿江也有居民淘金。对这些小规模的采金活动,官府的态度是默许的。嘉庆十六年(1811年),地处湘西的沅陵县大油溪一带和大晏溪一带多处发现金矿,居民私自开采,规模较大,引起了官府的注意。因湘西关系苗族地区的稳定,地方政府对于在此地聚集众多的百姓深感不安,封禁了这些矿点,并派兵驻防巡缉,不准再采。

道光时金矿的开采地区扩大,除了沅江下游、洞庭湖西面湖滨的桃源县、武陵县和湘西沅陵三县仍在开采外,沅江下游的龙阳县、洞庭湖东面汨罗江流域的湘阴县境内也有开采。与以前的开采相比,本时期开采的矿点增加、人数增多、规模增大。如龙阳县"逐利之民千百为群,坎地至数十丈,潭山谷田窅窀盈路"。湘阴县"淘金户常万余人",淘采数年。道光年间的这种变化,与己酉大饥(即道光二十九年,1849

年)有很大关系,沅陵县,"道光二十九年,岁大歉,饥民复相聚私挖,知府钟音鸿因民情,申请试采"。武陵县"己酉大饥,村民掘田淘沙"。即便如此,采金的收获仍然不大,各矿点开采均因获利太少不久停止,不肯停止的龙阳县金牛山一带的矿点也由官府强制封禁。

咸丰、同治两朝,湖南金矿开采停止。

总之,湖南金矿的开采集中在雍正、乾隆、嘉庆、道光四朝。从雍正到道光年间,金矿开采的地区不断扩大,矿点也在增加,但是扩大和增加的幅度都不大。雍正至道光时期,金矿的私采是受到禁止的,小规模的私采或许能得到官方的默许,大规模的私采则绝不可能。道光朝由于"巳酉大饥",出现了反常的大规模采金活动。

(二) 银矿的开采

清代时,湖南银矿开发主要是提炼伴生在铅锌矿中的银,少量是提炼铜矿中的银,采铅锌炼银是矿业中最获利的部门。因此,从康熙到同治年间,本省银矿的开采断断续续,并没有停止过。从文献记载可见的几处矿点来看,只有雍正年间郴州的九架夹,雍正、乾隆年间桂阳州的大凑山、黄沙坪因采铅锌炼银,获得合法开采,时间较长,嘉庆至同治年间开采的兴宁县的小矿点实际上没有正式进行(见表2－7)。可见,银矿的开采只在雍正、乾隆时期稍有成效。

四、其他矿产开发的空间变迁

硫磺和硝土矿何时开采,主要依据官府的军事需要而定,有时也受煤炭开采的影响。雍正年间,湖南和河南同为全国重要的硝土矿供应地,但硫磺的开发似乎没有开始。乾隆二十一年(1756年),朝廷开始下令各省开采硫磺矿,并准许民间开采,对于开采硫磺矿的政策稍微松弛。① 湖南的硫磺矿开采其实在乾隆二年即已进行,当年到咸丰九年

---

① 《石渠馀记》卷5"纪硝磺"。

(1859年),硫磺矿的开采断断续续,其中乾隆年间安化、湘乡二县大约各有20年的时间在开采硫磺矿;嘉庆年间,湘乡县约4年在开采硫磺矿;道光年间,湘乡县约2年、桂阳州约1年在开采硫磺矿;咸丰年间,湘乡县约1年在采硫磺矿(见表2-8)。开采硫磺的高峰期仍然是在乾隆朝,但道光、咸丰两朝湖南处在太平天国战乱中时,硫磺作为军事上用的矿产,其重要性也显现出来了。

湖南开采硝土矿的时间要早于硫磺矿,雍正年间就有私采的事件,地点在永顺县耶里、苦竹河、温塘及麻阳坪等处,但很快封禁。乾隆四十一年(1776年),慈利县、桑植县、石门县、保靖县、龙山县、永顺县6县都获准合法开采硝土矿,但保靖县、龙山县、永顺县各县开采时间不长就封禁了。嘉庆十年(1805年)至二十年期间,桑植、龙山、永顺3县获准合法开采,终因各硝洞刨挖净尽而封闭。道光时还有桂阳州在开采。咸丰时,没有开采的记载,也可能是停止了,即使有开发,规模一定很小,不值一书(见表2-9)。同治时湖南的硝土矿由民间承办开采,但开采地区不广,只有湘乡县在开采,"每年额硝二千五百斤,应领价银一百四十九两三钱,由藩库给发,均系硝户承办煎熬,给文自解自领"。[①] 这样看来,硝土矿开采地区最大的时期大约也是在乾隆年间,其次是嘉庆年间,具体地说,是在乾隆四十六年和嘉庆十年至二十年。

第四节 影响矿业开发兴衰的因素

一、学界对于中国古代矿业不发达的探讨

对于中国古代矿业是否发达,学者们存在争议。少数学者认为我国古代矿业非常发达,夏湘蓉《中国古代矿业开发史》通过对中国古代

---

① 同治《湘乡县志》卷5"兵防"。

矿业技术和矿业开发的考察,指出:"我国古代的矿业,是一种素称发达的手工业。就铁、铜、锡、铅、锌、银、金、汞等八种金属矿来说,在我国古代都先后经过大量的开发和利用……对于矿苗的认识、找矿和开采。以至于选矿加工和冶炼铸造等技术,在当时世界范围内的同样社会条件下,都是遥遥领先的……"①

关于我国古代矿业不发达的说法则相对多一些,持这种看法的学者还分析了"不发达"的原因。二十世纪初,王宠佑在《中国矿业历史》一文中,最早指出中国矿业起源非常早,但是到清末矿业仍不发达的总原因有五点:立国黄河流域,土地肥沃,因此不以矿业为务;孔孟之学不言利;民间以矿业为末业,不加尊重;帝王以农为本,不重商;用途单一(只为铸钱),故不思振兴,反而时有封禁和苛征。②

东亚同文书院的《中国经济全书》中,对中国古代矿业不发达的原因作了政治、经济、知识和技术三个方面的分析。该书认为,造成古代矿业不发达的理由政治上包括专制及封建主义、行政法规不完备、征税过酷等因素。由于封建的专制思想认为凡天下财产都是帝王所有,又由于统治者担心采矿会聚集人众,危害国家秩序,所以历代对于民间的采矿严加限制。即使有官府组织的开采,或者许可民间开采,也是对矿工使用威吓强制的手段,官吏贪污贿赂横行,对采矿的管理手续也极为复杂严峻。同时,官府征税极重,使从事开采的组织获利不多,警察制度不完备,对矿山的保护不够,这些都使矿业开发不能顺利进行。经济上的理由包括融资困难、交通不便、人民生活水平低等因素。矿山的开采、矿物的冶炼都是耗资巨大的事业,但古代由于缺少金融机构,经济(融资)也不可能有较大的进步。交通状况差,使用人力或畜力将货物运离原产地仅二百里,价格就翻数倍。而一般百姓的生活水平极低,对日用品、手工艺品的需求不足,更不用说对矿产的需求了。从人们对矿物的知识看,古代关于矿业技术的著述虽多但大多湮灭不传,人们对矿

---

① 夏湘蓉:《中国古代矿业开发史》,第3页。
② 王宠佑:《中国矿业历史》,载《东方杂志》第16卷第5期,1919年5月。

第三章 清代湖南矿业的发展与兴衰(1644—1874年)

山的知识极为浅薄,只知开采出露地表或埋藏极浅部分碎砂,加上机械知识的缺乏,不知利用机械,故而采掘中一遇到困难就弃而移至他处开采。还有一个重要的妨碍因素是风水迷信思想,如认为地下水中有蛟龙,采掘矿山容易掘断龙的脚,给人们带来灾祸,而深掘地底也会破坏人们非常重视的祖先坟墓,所以采矿常遭到反对,使丰富的矿脉不能得到开采。[1]

张朋园的《湖南现代化的早期进展(1860—1916)》关于湖南早期现代化的工矿业背景的讨论中,谈到中国古代矿业不发达的原因,特别提到以下两点:一是需求不足,使技术得不到提高,如铁矿仅用于农具,需求量不大,而铸币的金属矿、军事用的硝土、硫磺矿等又只是间歇性的生产。二是民间士绅与政府因知识缺乏、观念保守而对采矿业产生疑惧,进而反对开发矿业,比如"十害论"就是反对发展矿业的观点。[2]

笔者认为,评判中国古代矿业是否发达,应将其置于当时的社会发展状况中,也要与当时世界其他地区进行客观的比较。这样,对于中国古代矿业,既不会自傲,也不会苛求。用这个态度分析,工业革命以前,中国古代的矿业与其他国家相比,确实在技术上有领先的地方,但是工业革命以后,这个优势就逐渐丧失了。正如学者们所言,清末时中国的矿业确实落后了。

同文书院调查时,西方国家已经进入大机器生产的时代,在煤、铁等矿产的开发和利用方面已经将中国人抛在了后面,所以《中国经济全书》当时是将落后的中国传统矿业与西方的近代矿业比较,因而认为中国古代矿业是不发达的,而不知中国传统的矿业开发手段早就成熟,只是没有再进步才形成了差距。张朋园对湖南的研究注重的是整个现代化的进程,将传统矿业开发的状况与现代化发展的要求相比,前者自然就不尽人意了。学者们提出的那些造成不发达的原因,的确限制和阻碍过中国古代矿业的发展,很多因素在清代湖南矿业开发的进

---

[1] 在上海东亚同文书院调查:《中国经济全书》第十辑,第368—370页,东亚同文会发行,(台北)南天书局有限公司出版,1989年。
[2] 张朋园:《湖南现代化的早期进展(1860—1916)》,第50—52页,岳麓社,2002年。

程和兴衰中仍然起着重要的作用。

二、制约清代湖南矿业发展的因素

前文分析清代湖南矿业开发的背景时，已经谈到矿业开发的各种有利因素，比如经济的恢复和发展、社会的稳定、人口增长等因素引起了对开发矿业的需求，也给矿业开发提供了相对的保障，矿政的放开则更进一步打开了开发的大门。尽管如此，限制矿业开发的各种因素依然存在，下文就主要的几个方面进行讨论。

（一）思想文化上的原因

高层统治者对政治安全和经济发展这一对矛盾的衡量始终贯穿于清代的矿业开发。几千年来的封建专制、以农为本的思想，历代帝王都将政治安全放在第一位，矿业政策的制定总是考虑以安定、没有社会冲突为首要政治目标，清代统治者也不例外。雍正、乾隆两朝"改土归流"政策的实施，在湖南境内也曾引起少数民族主要是苗民与政府的冲突，甚至在乾隆年间，还暴发过大规模的苗民起义。这些冲突更增加了统治者的恐惧和担心，清政府对于关系到"苗疆"的事务尤其谨慎小心。而苗民生活的湘西等山区偏远之地，恰恰又是矿产丰富的地方，这给湖南的矿产开发带来了很大的不利。当经济发展与政治安全发生哪怕是最小可能性的冲突，统治者都会选择后者，这就是康熙、雍正朝许多矿点禁止开采的原因。直到乾隆初年，在全省的矿业试采过程中，最后还是选择了封禁大部分矿山，在绝对安全的少数州县开采。湘乡、安化二县硫磺矿的时采时停更是典型的例子。

清代湖南地方官中支持矿业开发的人较多，但也不乏强烈反对的人。一些地方官对矿业开发的态度用乾隆皇帝的话说，是"因噎废食"。他们考虑的不仅是政治安全，还有自己乌纱帽的安全，于是就产生宁愿少一事不愿多一事的心理和对民众聚集的恐惧、对少数民族问题的回避。如对待湘西沅陵县金矿开采的处理，直到嘉庆年间，巡抚景

第三章　清代湖南矿业的发展与兴衰(1644—1874年)

安还在以事关苗疆的理由而封闭矿山、拆毁厂棚,甚至将矿洞"一律用土石填到底,使之不能自行开挖",然后再驻兵设卡巡查,以求"永远杜绝"。①

从上层到民间的风水龙脉思想是影响传统矿业发展的重要因素之一,所以有时即便解决了其他妨碍矿业开发的问题,往往过不了民间信仰这一关,矿产仍然不能得到开发。在当时地方官的奏折中常见因为这种原因而使"天地自然之美利"不能得到开发,"货弃于地"等等诸如此类的叹息。这种阻碍在某些地区非常顽固,长期影响着湖南矿业的发展。如煤矿的开采,本来不受政府的干涉,却常常因为"有碍风水"而遭禁,因为此类问题引起的民间反对力量很强大,例子不胜枚举。同样的情况在各种金属矿的开发中都有所表现。

由于在开采矿产的过程中,侵害居民利益的事件屡有发生,这些实际利益的受损和传统的风水思想结合,常使地方士绅和乡民反对开矿,有时反对的声势非常大,远远超过私采的力量。②

上至高层统治者、中到地方官员、下至平民关于政治安全、仕途保障、风水龙脉等方面的思想与经济发展形成矛盾斗争的双方,现实中的矿业开发,往往就是后者在特定地区特定时期占上风的结果。

(二)制度上的原因

制度上的原因首先表现在矿政上。清代没有长期稳定的、具有延续性的矿业开发政策,矿政常常因为皇帝的更换而改变。从康熙到乾隆初年,矿政从犹豫不决逐渐走向全面放开。一般认为,乾隆年间,矿政开明,但是"全面放开"仍然是有限度的。以与民生最相关的铁矿而言,即使是在乾隆年间,关于采铁和售铁的管理和限制都很严。嘉庆时,政府对于矿业的管理又趋严厉,不断地强调前朝的矿业法规,关于采铁和售铁的管理和限制愈来愈严密,禁铁矿的事件也不时发生。可

---

① 《清代的矿业》,第569—570页,景安奏。
② 这方面的事件,在第五章有专门的讨论。

见,矿政既不是完全的开明,也没有稳定性和连贯性,这对矿业的开发自然不利。官府作为强权的代表,还常常"与民争利",在金矿的开发中,小规模的开采一般可得到政府的默许。大规模的开采,则要受到干涉,如工本不多而有利可图时政府又会将其收官,实行官办。

其次是官府定价。乾隆年间,任署理湖南巡抚的范时绶认为,欲使开矿为"裕国课而便商民"的"有益之举",必须具备以下条件:"但需矿砂旺盛,人力易施,管理得人,稽查周密,而又欲使商人无退缩观望之弊。"即成功的采矿业必须具有一定的矿产储量;易于开采;管理防范措施得当;开采承办商人有足够的信心。前两条是客观条件,后两条是主观条件。而要做到这些条件齐备,并不是件容易的事。若使商人踊跃采矿,必须使其有利可图。私采偷卖的情况暂且不论,合法的采矿冶炼业,无论是官督商(民)采还是招商承办,如铜等金属矿都定有官价,官府定价必欲使价格低,承办矿商必欲使价格高,价格低时商人只能得微利甚至无利可图,必然踌躇观望,无心扩大投资再开采,甚至半途而废。商人无利则为其充劳工的砂夫、脚夫各项人等更无法以此谋生,矿业的发展自不必论了。故而仅此一条,大可影响矿业的发展。再看当时湖南官价,以铜矿为例,郴桂各铜厂之铜抽取20%的实物税后,其余80%全为官府收买,乾隆八年(1743年)后的一段时间,官价定为每百斤十二两,但乾隆十六年前已下降。十六年,巡抚杨锡绂奏请增价至十一两二钱八分,没有得到许可,致使商人犹豫不前。十七年范时绶再次申请增加铜价。当时广西铜矿是收税20%后一半官买,一半任商人自卖,其矿商获利自比湖南矿商高。而当时汉口铜价则在十八九两至二十一两不等,相殊何其巨也! 因此,以这种价格给矿商,即使其他条件俱备,也不能保证矿业正常发展,其结果或者是商人阳奉阴违,以各种手段偷漏,或者是使矿藏不得开发,"货弃于地",也影响到政府收入、兵饷发放等等相关诸事。这个问题,有见识的地方官已经注意到了,杨锡绂、范时绶等人多次提议在官价上做些让步,但结果并不如人意。①

---

① 《宫中档乾隆朝奏折3》,第555页,署理湖南巡抚范时绶"奏为矿厂宜派员专管铜价折"。

第三章 清代湖南矿业的发展与兴衰(1644—1874年)

其他还有管理上的问题、国家的经济计划(在当时也就是政府铸币数量的限制,而这一因素又受制于整个社会的商品经济发展水平)、矿产所在地区经济地理方面的因素(矿产出产地多在深山老林,荒僻之地,交通运输极为不便)都制约着矿业的发展。有时铸币配比的小小改动,也会影响到个别矿种的开发,如乾隆六十年(1795年),铸币原料配比改为铜六铅四,不再配锡,使锡矿的开采更加不重要,加剧了乾隆末和嘉庆初年湖南锡矿开发的衰落。

此外,军事战争对矿产——军用矿产的需求、军事战争造成的对军饷的需求增加虽然能促进矿业的开发,但也在很大程度上干扰矿业开发的进程。战争时代,总的社会环境不安定,经济生产也处在无序的状态中,矿业生产没有安全保障,即使有开采,成效一般都不大。

(三)资金和技术上的原因

资金不足的现象,始终是限制矿业进一步发展的重要原因。如乾隆初年,湖南地方政府因"公项不足",官办矿业无法生存,在不少地区实行招商试采的政策。乾隆九年(1744年),桂东县锡矿有商人试采,因"工本不继"而停止采挖,其后居民偷挖,不能禁止。不少矿山也因此而放弃集资开采,任民间滥采滥挖,造成对资源的破坏。[①] 又如宁乡县煤、铁矿素称丰富,一部分主要矿山因拘泥于风水之说没有得到开采,另一部分矿山则是"或开采不久,以资匮而辍",这两种因素共同作用,使得该县的矿产在同治之前一直没能得到有效的开发。[②]

既然资金受到限制,技术改良的机会也小。湖南由于矿藏丰富,当时还有不少露天矿,所以早期的开发,只要发现埋藏条件、土壤和岩石条件都易于开采和矿石品位达到提炼要求的矿山,就可以用简陋的工具和原始的技术开采。但是矿产资源在短期内是不可再生的,也不是取之不尽的,如果技术不再改良,随着易采矿区开采的深入,开采的主

---

① 《清代的矿业》,第621—622页,杨锡绂奏。
② 民国《宁乡县志》"故事编第三·财用录·矿业"。

动条件就会逐渐丧失。从青铜时代到唐宋再到明代、清代,矿山开采技术虽然一直在改进,但到清代时,仍然是非常原始的。以铜矿开采为例,当时采矿使用的工具,主要是木制柄的铁制凿子、钻子、槌子等,靠人工开挖矿洞。矿洞里挖出的矿砂和土石需人夫用麻袋背出,效率很低,需要的人工也多。洞里还要使用油灯照明,耗费尤多,如果矿洞深远,开采商人就要亏本。为防止矿洞坍塌,里面用木料"架镶",既费人工,又不安全。此外,采矿还要解决排水问题,遇到能自然排水的矿洞还算省力,若需人工排水,则用木桶提,如果矿洞过深,同样产不敷本。① 这种原始的采矿技术在同治朝以前,并没有得到改良的迹象,极大地限制了矿业生产的发展。

以金矿为例,金矿是贵金属,理论上讲,政府对金矿的开采不会听之任之,但湘西等地的金矿,常有民间私采,政府对此睁一只眼闭一只眼,有时也会因为怕引起游民聚集才派兵驱散,但很少有官采的情况。此中原由,还是因为金矿开采工本多而回报少。开采砂金,仅淘洗就可以,但产量极少,所以连附近居民也只是偶尔开采,并不将淘金作为主业。山金则极难开采,例如会同县墓坪山金矿,发现和开采极早,一直少有成效。乾隆二十二年(1757年),该处又有私采,湖广总督硕色查明因积水已多,加之岩石坚硬,难以开采,不得不封停。② 可见,由于技术上没有突破,连政府也不愿冒险开采金矿。但是清末采用机械工业和现代的采矿技术后,墓坪山的金矿开采获得了显著的成效,成为湖南著名的金矿床。

根据对康熙到同治年间在采的76处铜、铅、锌、锡矿厂(点)的统计,由于制度上的因素而被迫封禁的事件占极少数。绝大部分矿厂(点)的封禁都是由于技术上的因素,或者说是因为资源的枯竭。也许这些矿厂(点)大多处在人烟稀少、偏僻的深山老林,确实与风水、民田、庐墓等不相干,或者说随着政府统治的强大和稳固,政治安全和社

---

① 参见严中平:《清代云南铜政考》,第57—60页,"采矿技术"。
② 《清代的矿业》,第567—569页,硕色奏。

第三章 清代湖南矿业的发展与兴衰(1644—1874年)

会安定完全可以由统治者掌握。但一个不容忽视的因素是:铜、铅、锌、锡诸矿,作为铸币原料矿,事关国家经济命脉,最受朝廷的重视,所以矿产资源和开发利用技术的不匹配才是导致各矿厂封禁的最重要的因素。

另外,配套设施和条件不能满足要求,也限制了矿业的发展。湖南的铁矿开发中,某些地区还存在着燃料的问题。当时作为炼铁的燃料,有木炭和煤炭两种。在铁矿不太丰富的郴州,铁矿的开发受到资源和燃料(木炭)的双重限制。旧志载本邑"铁矿间有,然矿所出无多,稍采辄尽,于是树木长成之处,则商人就而烧铁,及木尽矿竭,则又迁徙他邑为之,故不能长久"。① 在铁矿较为发达的永定县,随着铁矿开发的深入,木炭和煤炭不足的问题严重阻碍了铁矿业的进一步发展,使得一些因铁矿而兴盛的市镇在乾隆末年渐渐衰落。② 直到光绪年间,古丈坪多处发现优质铁矿,但限于煤炭不足,仍然不能开采。③

三、各种因素在清代湖南矿业开发兴衰中的作用

上述各种制约矿业开发的因素在清代湖南矿业开发过程中始终存在,它们在不同的时期、不同的外部环境条件下的不同组合、各因素的重要程度及其与矿业生产需求之间的斗争,促成了各个时期矿业开发的兴衰变迁。

发展经济是任何想有所作为的帝王和地方官的追求,即使单纯从政府收入和铸钱事业的需求考虑,矿业生产对经济发展的重要性也不言而喻。因此,帝王大臣虽然有各种担心,但也有发展矿业的愿望,只

---

① 嘉庆《郴州总志》卷19"矿厂"。
② 嘉庆《永定县志》卷6"物产":"永定县自准开采后,铁厂颇多,然皆在茅冈司界内。今据茅冈世袭千总覃朝辅呈明茅冈四十八厂迩来大炉已久停止,惟官塔、竹马溪、青岩山三处尚作小炉,资本半出客商,亦无余铁售卖。其所以然,总由山木砍伐过多,而山炭所出不足供作大炉也。"同治《续修永定县志》卷6"物产":"县茅冈旧产鉎矿,由仙界河达县城为厂四十有八,贸贩者皆江南巨商,故邑有小南京之号。国初称极盛,乾隆末始渐微。土人皆言有红无黑故也,红谓矿,黑谓炭也。"
③ 光绪《古丈坪厅志》卷11"物产"。

要条件许可，矿业生产就能顺利进行，其基本条件就是政治稳定。政治稳定了，发展经济有了保障，统治者也才能放胆发展矿业，这个时候，所谓政治安全已经不成问题，有时连风水龙脉之说也被定性为不合时宜。可见，帝王和大臣的思想也会因为形势的变化而改变，这个时候，制约的因素反过来变成推动的因素。

康熙初年，社会大乱初定，尤其是湖南境内还有"三藩之乱"的干扰，开发矿业的条件还没有完全成熟，因此，以政治开明著称的康熙帝对于是否发展矿业、如何发展矿业举棋不定，湖南的地方官也不敢极力主张开采，这就使得当时湖南的矿山时采时禁。但康熙末年时，终于顺应时势，在铜、铅、锡矿的主要产地郴、桂二州大力开采矿山。康熙五十二年（1703年）的上谕中说："有矿地方，初开时即行禁止乃可。若久经开采，贫民勉办资本，争趋觅利，借为衣食之计，而忽然禁止，则已聚之民毫无所得，恐生事端。总之，天地间自然之利，当与民共之，不当以无用弃之，要在地方官处置得宜，不致生事耳。"①湖南当时就属于后一种情况。

雍正时期，经济继续发展，但湖南矿业反而有停滞的现象，这与雍正王朝太短有很大的关系。皇帝刚刚登基，政权并不稳固，对于容易引起纠纷和麻烦的矿业不感兴趣而更关注政局的稳定，将主要的精力放到其他事务的处理。所以雍正帝即位不久，就改变了其父定下的矿业政策，雍正二年（1724年），他先后谕旨申明禁矿。因为雍正帝在位时间较短，可能还没有来得及转向大力采矿，故雍正时期，湖南的矿业开发不及康熙时期有成效。

乾隆皇帝对矿业的态度对矿业的发展和繁荣起了重要的作用。经过前两代人的经营，到他执政时，不但政治稳定，经济上也是一片欣欣向荣的气象。乾隆帝顺应形势的变化，及时调整了矿业政策。在湖南，经过前几年的摸索，已经得出了一个即安全又有效的发展矿业的策略，那就是以郴、桂二州的铸币原料矿为主，同时开采其他矿产。此时，不

---

① 《清朝文献通考》卷30"征榷5 考5129"。

第三章　清代湖南矿业的发展与兴衰(1644—1874年)

但发展矿业的各方面的条件能够得到满足,而且,乾隆帝在位时间长,也保证了矿政的相对延续性。可以说,乾隆时期湖南矿业的繁荣景象也是他和前几代人共同努力的结果。

乾隆后期到嘉庆初年时,湖南矿业渐渐走下坡路及至全面衰退,当时既没有出现重大的政治变动,经济上的衰落也不明显。其主要原因是矿产资源的枯竭和采矿技术的停滞。

乾隆二十八年(1763年)时,郴州大部分铅矿已出现衰竭的趋势。大约乾隆四十七年以后,铅矿厂出现了"峒老山空","垅坍砂尽"或者"砂装已竭"的情况,地下水的问题也无法解决。可是为了鼓铸定额,地方官不敢懈怠,极力督采,不断地在老矿厂周围试采新矿。但老矿厂积水难排的情况不能解决,砂质也大不如前,试采的新矿点都没有成果。所以铅矿的产出还是一年不如一年。由于采矿所得太少,亏本的情况越来越多,不但商人不愿冒险承办,连采矿的砂夫都难以招募。据砂夫称"实因开采年久,峒老山空,断难采办"。这样勉强坚持到嘉庆初年,知州应先烈无奈之下奏请封闭了郴州矿厂,湖南铅矿的开发至此基本停止。①

桂阳州铜矿虽然丰富,但二十多年的大规模开采,到乾隆四十年代,铜矿开发也走到尽头。如著名的绿紫坳铜矿,"乾隆九年开采,迄今(指乾隆四十四年)三十余载,正装俱尽,仅止零星砂线尚有二十余处,但砂石夹杂,必须选择拣用"。而另一处著名的铜矿——常宁县铜盆铜矿更是早已衰落,真实的情况是"砂线全无,人夫星散"。② 嘉庆初年,桂阳州铜矿"自定额以来,多方设法竭力攻采,非惟不能足额,抑且递年短少,总缘地利不能常舒,实非人力所能勉强"。③

乾隆四十年代时,宜章县的锡矿易采区即将采尽,而积水问题又不能解决,产砂越来越少,文献记载:

---

① 嘉庆《郴州总志》卷19。
② 《宫中档乾隆朝奏折46》,第540—541页,湖南巡抚李湖"奏请本省厂铜不敷额铸请旨酌减炉座事"。
③ 《清代的矿业》,第247—248页,高杞奏。

（旱窝岭）自四十二年冬产砂渐衰，加以岭脚坪一厂，砂落水底，难以淘挖取砂，该厂人夫星散，夫长萧华山亏折工本，于上年九月内禀退，经前县另募夫长黄青云承充接办。备本招夫，修垅采挖，尚未得砂，以致产锡短少。再子垅岭脚坪一垅，洼居洞中，自开采以来，愈挖愈深，现在积水较深，随车随溢，砂落水底，实难取砂，以致较之上年减少锡斤。[①]

可见，由于在开发的进程中，技术停滞，桂阳州铜矿、宜章县锡矿的命运也与郴州铅矿相同。

嘉庆年间，铁矿和煤矿开发都有衰退的现象，很大一部分也是因为技术停滞。经过乾隆一朝几乎半个多世纪的开采，运用传统采矿技术的矿产开发已经走到了末路。各个矿厂的封闭，实在是无可奈何花落去。

道光以后，湖南受到太平天国战争的严重影响，正常的经济发展进程受到破坏，矿业开发也进入低谷。但是军事用的硫磺矿却更多地获得开采，不但湘乡县的硫磺矿重新开采，而且桂阳州的硫磺矿也在道光二十六年（1846年）首次由官府组织开采，咸丰十一年（1861年），又在原地开采硫磺矿。[②] 战争环境对矿业开发的阻碍以及对个别军用矿产开发的促进在这个时期体现得最为明显。

同治年间，各方面的破坏都在恢复，国内国际的形势都要求统治者尽快发展经济，政府对于发展矿业更显得急功近利，所以这个时候，湖南各种矿产的开采点都迅速增加，几乎恢复到乾隆朝的数量。这样蓬勃发展的势头是否表示矿业能再达到乾隆时期的繁荣，最终要看各方面的制约因素和有利条件斗争的结果，可能要到下一个时期才能真正体现出来。

清人王闿运曾总结历代矿业开发兴衰的规律，认为大体上"世治

---

① 彭泽益编：《中国近代手工业史资料》，第366页，乾隆四十四年九月。
② 光绪《湖南通志》卷58"矿厂"。

第三章 清代湖南矿业的发展与兴衰(1644—1874年)

则冶盛,衰则耗竭"。[1]清代湖南矿业的兴衰变化,再次验证了这个朴素而睿智的结论。

小　　结

总体上看,清代传统时期(1644—1874年)湖南矿业的发展总体上呈现为一个从徘徊、准备到迅速上升,然后又急剧下降、再徘徊并略有上升的过程。

具体到各种不同的矿产,其兴衰变化有一些差别。铸币原料矿的兴衰轨迹最为清楚,可以分为康熙雍正预备徘徊期、乾隆至嘉庆初繁荣期、嘉庆十年(1805年)以后衰落期三个阶段。该类矿业兴盛的时期大约保持了半个多世纪,即乾隆八年(1743年)到嘉庆十年。在矿业繁荣兴盛的这几十年里,各种矿产的开发都经历了一个大起大落的循环。无论是从在采矿厂(点)的数量和规模,还是从产量来看,铜矿开发最兴盛的时期在乾隆二十和三十年代;铅锌矿开发的最盛期在乾隆二十年代末;锡矿开发的最盛期则在乾隆五十年左右。这一类矿产在嘉庆初年衰落后,没有再恢复的迹象。伴随着铸币原料矿的兴衰,该类矿产开发的空间格局也逐渐形成、定型、继而模糊。在实际的生产过程中,政府总结摸索出来的以郴、桂二州为铸币原料矿主要开发地区的政策,是符合现实生产需要的政策,它实际上人为地为该类矿产的开发规划了空间模式,但是这一种模式的命运最终还是要服从矿业本身的自然发展规律。

煤矿和铁矿的发展,基本的变化轨迹与铸币原料矿相似,其间剧烈、和缓的程度有一定的差别,而最大的差别在于,煤矿和铁矿的发展在同治朝显示了恢复并再次兴起的希望。金、银矿以及其他矿产,也都有各自的集中开采时期,各种矿产在乾隆朝开采最频繁,但是这些矿产

---

[1] 同治《桂阳直隶州志》卷20"货殖传"。

的开发规模太小,变迁的规律不及前几类矿产清晰。

形成传统时期湖南矿业兴衰变化的这种局面,是开发矿产的各种需求因素与制约因素在不同时期、不同的外部环境下组合、斗争的结果。主要的制约因素包括思想文化和制度上的障碍、资金、技术以及配套设施或条件的落后,在所有这些制约因素中,技术因素是嘉庆朝以后铸币原料矿开发一蹶不振的决定力量。而思想文化、制度因素在微观的矿业开发中的表现,并不完全是负面的,这方面的讨论,将在第五章中展开。

第四章 矿业生产中的经营管理和产销

第一节 矿业生产的经营方式

一、经营方式

清代矿业生产的经营方式较复杂,据《清朝文献通考》记载:

> 康熙十四年定开采铜铅之例,户部议准凡各省产铜及黑白铅处,如有本地人民具呈愿采,该督抚即委官监管采取。至十八年复定各省采得铜铅,以十分内二分纳官,八分听民发卖,监管官准按斤数议叙,上官诛求逼勒者从重议处,如有越境采取及衙役扰民,俱治其罪。……嗣后各厂之开闭视山矿之旺衰……今则湖南、云、贵、川、广等处并饶矿产而滇之红铜、黔楚之铅、粤东之点锡上供京局者也。大抵官税其十分之二,其四分则发价官收,其四分则听其流通贩运;或以一成抽课,其余尽数官买;或以三成抽课,其余听商自卖;或有官发工本,招商承办;又有竟归官办者。额有增减,价有重轻,要皆随时以为损益云。①

---

① 《清朝文献通考》卷30"征榷5 考5129"。

由这条资料可见,清代全国铜铅矿生产的情形,大致有民(商)办、招商承办、官办三种方式,具体的经营方式,各省又有不同,前后也有变化。其中民办的矿业是由承办矿业者(规定由本地人充当,一般是有经济实力的商人或地主)申报开采,其采炼所得矿产品由官府收取部分实物,其余矿产品的处理则因时因地而异。一般地,官府先收取20%的实物,40%归官府定价收买,另外40%由矿主自行出卖;也有官府收取10%的实物,其余90%由官府定价收买的;也有官府收取30%的实物,其余70%全由矿主自行出卖的。

招商承办是由官府指定矿山,招民开采冶炼,一般还发给工本,承办人领取工本采炼,采炼所得矿产品的10%—20%由官府无偿收取,其余部分或全部由官府定价收买,仅有少量矿产品允许民间自由流通甚至不许私自买卖。康熙二十一年(1682年)时,云南省"当时的办法是:指定矿山,招民煎采,官厅只委人监收百分之二十的矿税,其余百分之八十的出产听民自由买卖"。这时实行的还是民办矿业。康熙四十四年,云贵总督贝和诺题定一个新办法:由官府发给工本,官府征税20%后,其余仍由官府定价全部收买,称"官铜"。不领工本的也要按此办理,不准私自买卖,否则是"私铜",要查没治罪。[①] 招商承办与民办的区别是:后一种方式中,矿主的自主权大,所得矿产品自行处理的权力也大;前一种方式中,依赖于官府的资金,其采炼所得矿产品受官府的控制较严。韦庆远和鲁素的研究认为:"招商承办"是清代普遍推行的矿政,这个政策康熙二十一年首先在云南提出并实施,其后各省仿效。在执行过程中有局部的补充和变动,但交由商办这一总的政策始终未变。[②] 这一种划分实际上是将本书所指的民办和招商承办统称为"招商承办"。不管如何划分,这两种经营方式在清代矿业生产中占主要的地位。

官办是从开采到冶炼的全部生产过程都由官府承担和经管,所得

---

① 《清代云南铜政考》,第6页。
② 韦庆远、鲁素:《清代前期的商办矿业和资本主义萌芽》,《清史论丛》第四辑,中华书局,1982年。

第四章　矿业生产中的经营管理和产销

矿产品全部归官府所有,这种官办的方式在清代矿业生产中只占少数。

上述三种经营方式在湖南都有,湖南最初实行的是民办矿业,康熙十九年(1680年)时,准湖南衡州、永州等府产铜铁锡铅处"招民开采输税"。① 当时该省矿业开发只是初步进行,民办矿业并未得到发展,或者行之不久即停。

康熙五十二年(1713年)时,云南矿业生产已改为官发工本的招商承办方式,而湖南则仍由皇商(内务府商人)王纲明雇募当地居民采矿,②这种商办实际上是继续康熙三十八年的政策。当时因为中央铸钱局缺铜严重,所以拨芜湖、浒墅等六关采办的铜矿数额归内务府商人采购,与招商承办还是有区别的。康熙五十五年,废商办铜矿,改交江苏、浙江、安徽、江西、湖南、湖北、福建、广东八省督抚委派官员办解。③湖南的铜矿业完全转入官办。雍正五年(1727年)时,郴州九架夹银铅矿由京商邱道正开采。④ 这个时期,湖南的矿业开发还没有全面展开,皇商承办的矿山只在局部地区开采,真正由民间商人承办的情况还很少。

乾隆初年,湖南全省试采铜铅矿的高潮来临,桂阳州丰富的矿产也被发现。地方商人见有利可图,纷纷向官府申请,愿意"自备工本"试采。像这种情况同时就有九起,可见民办矿业在这一时期已兴起。⑤乾隆八年(1743年),郴、桂二州各铜铅矿厂复采,正式实行招商承办的方式,炼得铜铅矿除抽税外,所有余铜由官府收买用以铸币,铅矿除抽税外由官府酌量收买,目的也是供铸币用,多余的铅砂矿主可以自行贩卖。之后,招商承办的方式逐渐盛行,但也有曲折。乾隆十一年,大矿商易经世在桂阳州马家岭开采铜铅矿,因偷漏、隐报数额巨大,并与辰州府同知勾结贪污,酿成巨案,湖广总督鄂弥达和湖南巡抚杨锡绂会奏

---

① 光绪《湖南通志》卷58"矿厂"。
② 《清朝文献通考》卷30"征榷5考5129"。
③ 《清朝文献通志》卷15"钱币考3"。
④ 《清代的矿业》,第351页,布兰泰奏。
⑤ 《清代的矿业》,第225—226页,冯光裕奏。

仿照广西，由官方经营矿务。① 上级官员讨论后认为郴州矿厂和桂阳州石壁下矿厂当时实行的是商办方式，如果仅马家岭归官办，"事不划一，驳令另议"。因此仍然全部继续实行商办。乾隆十三年，因为马家岭铜砂出产逐渐减少，而商办比较方便灵活，"或有料理不善，仍可随时更易"。杨锡绂本人也改变态度，主张仍旧实行商办，由地方政府督察。② 乾隆十九年，桂阳州"桂厂革去商人，统归官办"。③ 但乾隆二十年以后，官发工本，商民领本开采的招商承办方式很盛行，同时，其他有资金实力的居民（或者商人）见采矿利大，也有人请求"自出工本试采"。④ 乾隆五十年前后，湖南部分地区的铜铅矿业生产改为官办，如桂阳州绿紫坳、马家岭等处铜矿都由该州官府募夫采炼，不招商。当时郴州东坑湖等处矿山仍由商人采办，抽税之外余铅由官府定价收买。嘉庆元年（1796年）起，全部实行官办。

由湖南主要矿产铜铅矿的生产来看，民办、招商承办的方式在矿业生产中占主导地位，是湖南矿业兴盛时期的主要经营方式，官办的方式只是其间小小的插曲。以民间商人承办为主的矿业经营方式对湖南矿业的繁荣有很大的贡献。乾隆末年以后官办矿业的地位上升，逐渐代替了商办的地位，而矿业衰落的形势也未能扭转。

、湖南锡矿的生产最初也是实行民办，乾隆十六年（1751年），湖南锡厂归官府管理。官府组织将采获的锡矿砂卖与炉户，炉户炼出的锡砂除抽税外全部由官府定价收买，不许民间流通。后来渐渐也允许民间流通，乾隆五十年开始，郴、桂二州炼出的锡矿除抽税外，余锡"听客贩售卖归本"。可见，锡矿生产中的这种官办只负责采矿的部分，与铜铅矿的官办还有不同。⑤

由于铜铅等铸币原料矿的开发在湖南占主导地位，其经营方式具

---

① 《清代的矿业》，第234—237页，海望等奏；第240—244页，阿克敦等题。
② 《清代的矿业》，第244—245页，杨锡绂奏。
③ 光绪《湖南通志》卷58"矿厂"。
④ 《宫中档乾隆朝奏折15》，第799页，湖南巡抚陈宏谋"奏报试采矿厂缘由折"。
⑤ 光绪《湖南通志》卷58"矿厂"。

有代表性,其他矿产经营不超出这三种方式,但各有侧重。金、银矿的开采,理论上都是实行官办,但在湖南,由于金矿开采艰难,获利不大,因此官办的金开采点很少,官府很多时候对于民间的开采是默许的,可以算作小规模的民办性质。湖南银矿多与铜、铅、锌矿共生,故而其经营方式与铜、铅、矿基本相同。煤、铁矿基本上是任民间自由开采,所以其经营方式以民办为主。硫磺、硝土作为军用矿,受控最为严格,几乎全为官办,但也有官发工本、民办官收的形式渗透其中。如湘乡县的硝土矿生产,其资金"由藩库给发,全由硝户承办煎熬,给文自解自领"。① 其他各种小矿种在整个矿业部门中的地位不重要,只是零星生产,以民办为主。

二、私采、偷漏与私贩

(一) 私采

官府严格控制矿山的所有权,历代私采矿山甚至盗矿的现象不绝于书,尤其在明代非常严重,盗矿的规模壮大,酿成了明末的变乱。② 清代时,湖南私采矿山的情况也时有发生。

康熙初年,当矿业政策还没有在湖南推行时,郴州等地铜铅矿的开采点就很多。康熙末年和雍正年间,桂东县的锡矿私采、桂阳县的铅和锡矿私采都造成过一定的影响。③ 即使在矿业繁荣的乾隆年间,也有私采矿山的情况发生,如乾隆四、五两年郴、桂二州试采铜矿时,由于政府当时只准采铜,不准开采铅矿,但当地居民"即未试开之前,往往入山偷挖,地方官朝驱暮聚,终难尽除"。使地方官员不得不考虑调整政

---

① 同治《湘乡县志》卷5"兵防"。
② 刘利平:《明代盗矿问题研究》,对于明代的盗矿有详细的研究,2002年江西师大硕士论文。关于明代矿工暴动对明王朝的灭亡的影响,《中国经济全书》和秦佩珩的《明代的矿业及其他》一文中都有指出。
③ 乾隆《桂东县志》卷2"物产";乾隆《桂阳县志》卷4"风土志"。

167

策,改为"铜铅并采"。① 嘉庆初年,某些铜铅矿厂衰落以后,官府填塞了矿口,禁止民间再开采,但私采仍不时发生。总体上,铜、铅、锌、锡等矿的私采现象并不严重,因为如果私采的规模稍大,就会引起政府的注意而受到干涉,或者封禁,或者收为官有。

在金、银矿的开发中,私采的现象也存在,湘北洞庭湖一带和湘西沅江流域的小规模淘金就属于私采的性质。硫磺、硝土矿作为军事用矿,受控制很严,民间私采仍然存在,雍正七年(1729 年)时,永顺县与四川邻近的耶里等处的硝土矿,清初湘乡、安化二县煤矿中夹产之硫磺矿,都有私采煎炼的情况。② 煤、铁矿是政府允许民间自由开采冶炼的矿产,但当涉及风水、苗疆和军用矿——硫磺的开采时,这两种矿产的开发也常遭到官府的封禁,在此情况下,私采也不免发生。这些矿产的私采或者因规模小、影响甚微而得到政府的默许,或者被官府及时封禁压制,或者迫使官府对矿政进行局部的调整以适应民间的要求。

(二) 偷漏与私贩

清政府不仅严格限制私采矿山,也严格禁止民间私贩某些矿产品。在铜、铅、锡等矿的生产中,偷漏与私贩的现象最为严重。以铜矿为例,官府常常将税余的矿产品全部以官价强制收买,由于官价大大低于市场价格,炼铜炉户常常多方设法偷卖所炼之铜矿成品。"炼铜各炉户类,因铜尽官收,所得官价,无多余利,均不踊跃。其奸猾者则又百计走漏,虽设卡稽查,究竟满山遍野,晓伏夜行,迂和远道,不必经由卡路,恐仍不一而足。闻汉时价,每铜百斤,卖二十余两不等,视十二两之官价,获利几倍,故不肯甘心安分尽数交官……"

偷漏及私贩名目繁多,花样百出,防不胜防。以至"[陆路]千途万径,此繁彼疏,且奸徒夹带之巧,如……上粪下铅之例……竟有出人意想之外者。""夫长带头,奸良不一……有砂夫于埌内挖出好砂,彼此串

---

① 《清代的矿业》,第 230 页,班第奏。
② 《雍正朝汉文朱批奏折汇编 17》,第 647 页,"湖广总督迈柱奏遵旨严禁私贩焰硝情形折";《清代的矿业》,第 464—466 页,高其倬奏。

通,反言炉户不买,堆贮垅口,不挑入围,希图私卖漏税。""桂阳厂铜斤……各厂设下派役,防范之法,已属周密,其犹有走漏者。因卡役止巡守卡路,其路之外,崇山峻岭,旷野偏僻之处甚多。刁顽炉户以及在厂贸易之人,收有铜斤,或于夜间,或于下雨起雾之时,乘人之所不能见,将铜藏于腰间,或裹于包内,攀山扒岭而出,聚有成数,私运出境。"①

由于国内从锌矿中提炼银矿的技术不如日本先进,清时湖南的锌矿砂还销往日本,在日本提炼出银并冶炼出锌后返销国内。据吴方震《岭南杂记》载:"白铅(锌)出楚中,贩者由乐昌入楚,每担价三两,至粤中市于海舶,每担六两。海舶买至日本,每担百斤炼取银十六两,其余即成乌铅,俗称倭铅,实不产倭,炼出银后仍载入内地,每倭铅百斤,价亦六两。"②这里的"贩者"应该是私贩矿砂的商人。

雍正九年(1731年)以后,严禁铁矿贩卖出洋,对废铁也不例外。③但政府准许湖南民间自由开采贩卖铁矿,因而境内铁矿的流通是合法的。明清时期,中国境内的铁矿大量由广东贩运海外,形成了一种传统。湖南邻近广东,少量铁矿私贩海外的情况也许存在,但笔者没有发现有关的文献记载,说明湖南铁矿私贩海外的情况并不多。

对于硫磺矿和硝土矿,官府更严厉禁止民间私贩,但仍然有违禁的现象。雍正年间,地处川、鄂、湘交界的永顺县耶里一带焰硝私贩极为普遍,当地"土人以煎熬为业,外省小贩多以布盐杂物向煎熬之家零星易换,运至梅树地方分发。而私贩者即于此处雇船装载,分往各处发卖……"此事引起了皇帝的注意,雍正七年(1729年)十二月下谕旨严饬禁私贩焰硝。④但是当地土人以采硝贩硝为业,若强行禁止,将会使这些人失去生活来源。辰沅靖道王柔查得实情后,奏请调整政策,准许

---

① 转自引[日]里井彦七郎:《清代铜铅矿业的发展》,《桃山学院大学经济学论集》2集,1961年3月。
② 《清代的矿业》,第364页。
③ 《清朝文献通考》卷30"征榷5考5130"。
④ 《雍正朝汉文朱批奏折汇编17》,第674页,"湖广总督迈柱奏遵旨严禁私贩焰硝情形折"。

土人采硝,然后由官府定价收买,通过这种方法杜绝私贩。① 有时外省派官员到湖南收买硝土,硝户也乘机私售,为杜绝这个弊端,又规定产硝的地方由官府"于出硝时即收买贮局,以备邻省赴买之用"。硫磺矿也有同样的情形,湘乡、安化二县的硫磺,清初即实行封禁的政策,但是硫磺多与煤伴生中,禁硫磺即禁煤,不但民间用煤的需要不能得到满足,反而引起私煎和私贩硫磺的事情。迫于民间"私刨偷漏"的压力,乾隆二十五年(1760年)以后,政府也调整了政策,改为煤矿任民间开采,同时采获的硫磺矿由官府收买,足额再封禁。②

总之,在政府开放的矿政和严厉的控制之下,清代湖南虽然存在私采矿山、偷漏与私贩矿产品的现象,但规模不大,在整个矿业生产活动中的地位不重要,对社会经济的影响也有限。私采、偷漏与私贩是相对于政府禁止民间开采和贩卖某些矿产品的政策的,既然有禁令,就有违禁的事件,这种违禁的现象,在一定程度上促进了矿业政策的局部调整和管理措施的强化。

第二节　矿业生产的税收与管理

一、税　　收

(一) 税率

对于民办和招商承办的矿厂(或采矿点),清政府按不同矿种实行有差别的税收政策。金矿在理论上是实行官办的,但是湖南金矿业并不发达,官矿也没有成效,个别出产较集中的矿点曾实行民间开采、官

---

① 《雍正朝汉文朱批奏折汇编31》,第81页,"湖南辰沅靖道王柔奏陈酉阳土司所产焰硝应悉行交官验照常给价严禁私贩折"。
② 《石渠馀记》卷5"纪硝磺"。

收矿税的方式。雍正六年(1728年),准许靖州会同县墓坪山金矿由其山主开采,采得金矿"每两抽课四钱,又抽五分为官役养廉工食等费"。① 可见,湖南金矿税率极重,为 45%,高于国内一般的税率。② 约一年后,该矿点即被封禁。此后,湖南金矿的开采,只是在官方的默许之下零星的小规模采挖,没有矿税。

康熙末年及雍正初,郴州采铅矿炼银,银税为 50%。乾隆八年(1743年)后,因为铅矿中产银太少,停抽银税。十八年又重新抽银税,三十二年又停。可见,银矿的抽税视有无银矿出产而定,税率仍然高。

乾隆八年(1743年)规定湖南郴、桂二州铜铅锌矿税,先抽砂税 20%,炼出铜铅锌矿再抽税 20%,其中康熙、雍正时,因为铅中含银较高,于铅矿中炼银,故而先只抽银矿税,不抽铅砂税,后来因为铅矿中银少,乾隆七年,改银税为铅砂税。后来根据"银气"是否旺盛而决定加抽或停止银税,铅砂税不减。③ 砂税以银钱的方式抽取,"黑白铅砂,每卖砂价银一两,抽税银二钱",铜铅矿则抽取实物,余铜由政府定价收买。税余铅则酌量收买,供铸币之用,铸币有余之铅也准许商民"自行贩卖"。以上铜铅锌矿税是指矿商自己采矿自己冶炼的情况,至于矿商或矿夫采得矿砂卖与炉户或商人冶炼,定价每砂价一两以五钱为采挖工本,其余五钱官税二钱五分,给商二钱五分。④

锡矿的开采多实行官办,不抽砂税。所得矿砂卖与炉户煎炼,炉户"每炼上锡百斤,抽税二十斤,撒散四斤"。税率约为 24%。税余锡矿也由官府收买,一同解交省局供铸币之用,有时余锡也"听客贩售卖归本"。

硫磺矿也由官府开采,有时交由民间煎炼,炼得磺矿抽税 20%,所余部分全部由官府收买,给运脚银。硝土矿由官府开采包办,给工本费

---

① 光绪《湖南通志》卷58"矿厂"。
② 韦庆远、鲁素:《清代前期的商办矿业和资本主义萌芽》中称金矿抽课一般为 30%。
③ 《清朝文献通考》卷30"征榷5考5131"。
④ 《清代的矿业》,第234—237页,海望等奏。

和运脚银,因而不征税。①

铁矿准许民间自行开采冶炼、并在一定地域内售卖,不收税。煤矿也不征税。其他矿产因资料记载不详,税收有无或多寡不得而知,但可估测其税收一定不多,否则一定会受到重视而记载于文字。

(二) 官价

从康熙五十五年(1716年)起,湖南每年由督抚采办铜铅运送京局鼓铸,当时官府定价:铜每斤银一钱二分五厘,铅每斤银六分二厘五毫,外各加水脚银三分。即铜每百斤十五两五钱,铅每百斤九两二钱五分。② 这个官价,主要是给湖南采办外省(云南、贵州、广西等省)铜铅矿的定价,相对于后来对本省铜铅矿的定价,这个定价是很高的,并没有实行多久。

乾隆八年(1743年)实行招商承办时,税余铜铅全部或部分由官府定价收买,当时定铜每百斤给银十二两(后文又记载为十三两),乾隆十六年时,税后余铜官价已降为九两六钱。税余铜矿的官价过低,已经妨碍了承办商人生产的积极性,而且加剧了偷漏和私贩的现象。为了改变这种情况,乾隆十六年至十八年时,巡抚杨锡绂、范时绶先后奏请将铜价增加到十一两二钱八分,经上级官员讨论后,只同意提高到每百斤十两四钱。③

雍正时,湖南采办的铅矿每百斤以二两八钱三厘报销,价格极低。乾隆十年(1745年)以后,原来由贵州采买运送京局的铅矿数额逐渐改由湖南采办运送,此时仍以雍正年间的定价发给工本,商人实际无利可图,严重影响了商人采矿的积极性。乾隆十六年由巡抚杨锡绂奏请改为每百斤给脚价银四两六钱,这是税余铅矿全部由官府收买时所定的

---

① 光绪《湖南通志》卷58"矿厂";嘉庆《郴州总志》卷19"矿厂"。
② 光绪《湖南通志》卷57"钱法"。
③ 《宫中档乾隆朝奏折3》,第555—557页,范时绶"奏为矿厂宜派员专管铜价折";《清朝文献通考》卷30"征榷5考5132"。

官价。① 乾隆八年时,税余铅锌矿部分官收,部分准民间贩卖,这个情况下税余铅锌矿的官价就更低了,每百斤只有三两三钱三分。②

硫磺矿官办,只给"脚价银",乾隆初年,湘乡县硫磺每百斤脚价银四两三钱一分七厘五毫。硝土矿生产,由官府发给工本,民间领取工本采炼,当时湘乡县"额硝,每年2500斤,领价银一百四十九两三钱"。③据此可知硝土矿每百斤给工本银五两九钱七分二厘。乾隆三十年代至四十年代,湖北从湖南采买硝土矿和硫磺矿,硝土每百斤六两七钱;硫磺(安化县)每百斤四两十钱九分多,只略高于成本价。④

从收税的矿产品看,当时湖南的矿税的确很重,不收税的煤、铁及小部分金矿的开采实际上民间得利并不多,而税后官府收买铜铅矿的定价和给工本采炼的硫磺、硝土等矿的价格过低,又削弱了商民采矿的积极性。总之,沉重的矿税和过低的官价不但阻碍了矿业的发展,也是造成私采、偷漏和私贩的一个重要原因。但反过来说,即使在这种矿税政策下,乾隆时期,湖南的矿业还是达到了半个多世纪的繁荣,可见湖南矿业的强大生命力。

二、管　　理

虽然民办和招商承办在清代湖南的矿业生产中占有重要的地位,但这两种方式仍不能脱离官府的控制和管理,政府的管理触及从生产到流通的各个环节,严格地说,矿业生产中最自由的方式实际上也是官督民采。政府对矿业生产的管理,主要有以下措施:

(一) 设卡稽查私采、偷漏及私贩

铜铅等矿,如果私卖盛行,官府就不能获利,而且当铜砂不足时,私

---

① 《清朝文献通考》卷30"征榷5考5132"。
② 光绪《湖南通志》卷58"矿厂"。
③ 同治《湘乡县志》卷5"兵防"。
④ 《宫中档乾隆朝奏折38》,第61—63页,陈辉祖"奏报查明硝磺各峒分别留采停封事"。

运外地,则不能保证本省铸钱的需要,所以铜矿私贩外地的禁令格外严厉。再者,官府为了独享矿业的厚利以及出于对人民的防范,对大多数矿产品在民间的流通也严加禁止。采用的方法是在产矿重点地区或交通要隘设立专门的关卡稽查私贩,其中著名的关卡有常宁县焦源河口、白沙堡和宜章县南门外三处,其他知名的还有耒阳县上堡市和湘乡县城东门外河下二处。

地点一:常宁县焦源河口。在湘江上游舂水(今春陵水)由桂阳州入常宁县不远处,是桂阳州偷运铜铅必经的水路要隘。乾隆十一年(1746年),巡抚蒋溥、杨锡绂等人曾先后建议在河口附近的白沙堡设立关卡稽查偷运矿砂,乾隆十八年,户部议准在焦源河口设立关卡,此处便成为检查偷运矿砂的重要关卡。设立之初,即慎选卡丁,防止商人插手卡丁人选,以杜绝丁商串通、结私舞弊,其人员有:"佐杂一员,专司巡缉稽查,月给薪米银五两;书办一名,月给工食纸张银一两五钱;巡栏二名,每名月给工食银一两。"其银两均来源于砂税银。同时制定对卡丁的奖惩制度:"有卖放者查出治罪,能盘获者即以盘获铜斤变价为充赏之费。"[1]后来有人建议移驻独石,以便水旱两路巡缉,但没有结果。[2]

地点二:常宁县白沙堡。在舂水上游从桂阳州入常宁县不远处,此处为桂阳州外运铜铅的水旱两路要隘。

地点三:宜章县南门外。[3] 宜章县城在骑田岭下,是旱路南岭到两广的必经之处,因此成为郴州私贩铜铅等矿的旱路要隘。乾隆二十六年(1761年),经衡永郴桂道孔传祖建议在此设卡。"议郴州宜章县为郴、桂两厂偷漏铜铅锡要隘,于县南门外设立官卡一所。委佐杂一员驻扎在彼巡缉,月给薪米银五两。卡役四名,每名月给薪工食银一两。于郴、桂、常宁三厂厂费通融拨给。"[4]

---

[1] 《清代的矿业》,第232—237页,蒋溥、海望等奏;光绪《湖南通志》卷58"矿厂"。
[2] 转引自[日]里井彦七郎:《清代铜铅矿业的发展》。
[3] 《清代的矿业》,第233页称在东门外。
[4] 光绪《湖南通志》卷58"矿厂"。

地点四:耒阳县上堡市。位于湘江上游的另一条支流——耒水的中游,其上游及曲塘江、郴江各支流流经桂阳州、郴州及郴州各属县,各支流在永兴县境汇合入于耒阳县。上堡市正位于上述各河流汇合后入于耒阳县不远处。因此,该处成为郴、桂二州运铜的溪河要隘,尤其是郴州铜铅矿外运的主要通道。乾隆十年(1745年),经巡抚蒋溥上奏建议,在此处设卡稽查私贩,具体地点在上堡市上游之旧河滩地方。①

地点五:湘乡县城东门外河下。本处设卡为稽查磺矿私挖偷漏等事。乾隆、嘉庆年间设立,嘉庆十三年(1808年)裁撤。②

以上关卡的设立,紧紧卡住铸币原料矿的重要产地——郴、桂二州与外界来往的交通要道,北边主要是通过湘江及其支流的水路,南边是通往两广的陆路,水旱两路并重。

(二) 厂务管理

清政府对于矿业的管理,实行与地方行政管理制度相结合的办法,开采矿产的地区,地方各级官员均有直接、间接管理矿业的权力与职责。③

乾隆三年(1738年),桂阳州等地试采铜矿,当时"无论旧垅新苗,有愿自备工本刨试者,许呈地方官具呈报明,委员勘确,并无干碍民间田园庐墓及非新定苗疆滋扰地方者,即准采试。……并饬取入山日期,及每日用人工若干,出矿砂若干担,每担砂可煎净铜若干斤,除抵刨挖煎炼人工、器具、食米油费等若干外,余铜若干。果系气聚砂旺,可以开采不匮成得矿厂者,再行酌立抽课、收买数目,并设立官役课长、汛防兵卡各项事宜"。④ 管理程序很复杂细致。

湘南郴、桂一带的重点矿区的官办矿厂,均有专门的厂务管理措

---

① 《清代的矿业》,第232—237页,蒋溥、海望等奏。
② 同治《湘乡县志》卷5"兵防"。
③ 参见《清代云南铜政考》,第25—30页。
④ 《清代的矿业》,第225—226页,冯光裕奏。

施。视矿厂距治所远近而实行由地方官"专管"或"兼管"并派专员管理的方式,比较灵活。如乾隆十八年(1753年),郴、桂二厂设专员管理,"二州互相查察,及州同、州判更替"。并在郴州铜坑冲、桂阳州绿紫坳两个矿厂建立厂署,管理厂务。二十二年起,桂阳州的黑白铅厂,一般都由知州就近专管。而绿紫坳铜厂因"远在深山"而要派人员常驻,并兼管附近新开的停沙垅铜矿,常宁县铜盆岭亦归其管理。后来铜盆岭铜厂封禁,绿紫坳铜厂产铜也渐少,不值得派专员管理。嘉庆以后,又改为知州管理,与铅厂一样了。郴州铅矿主要产地离州治不远,因而一直由知州专管,不再专门派人员驻厂。锡矿各厂由州判或知州、知县管理。各厂总体由衡永郴桂道负责管理其专职之员。①

此外,对于政府严格控制、民间不得私采的矿种,还要造册上报和取具印结。如湘乡县的硫磺矿,地方政府对采得的矿产量、使用银两等,每年造册,层层上报。同时,每年年底"取具并无私挖偷漏印结,赍府加结申司"。②

(三) 对流通秩序的管理

主要是对铁矿流通的管理,一方面要防止铁矿贩卖出洋,另一方面又要防止各地胥吏借禁铁出洋一事而肆行设卡、勒索、刁难贩铁商人或小民,从而保障铁矿的正常流通。

湖南铁矿自乾隆八年(1743年)全面准许民间开采贩卖。此前仍实行有限制的铁矿开发政策,由于产铁矿的地域极广,偷采私炼的现象不断出现,雍正时,湖南的部分地区已经有条件地准许民间开采和贩卖。但是政府对于国内铁矿贩卖出洋一向忌讳,甚至"严禁废铁出洋",而湖南铁矿大量经汉口贩运至长江下游一带,极易出洋,更引起政府的担心。雍正十三年(1735年)时,政府决定对于铁矿的流通采取一种非常严密的"给印甘结"的方法,具体为"本省汉民商贩收买转运

---

① 光绪《湖南通志》卷58"矿厂"。
② 同治《湘乡县志》卷5"兵防"。

第四章 矿业生产中的经营管理和产销

者,将收铁斤数与贩卖地方,逐一呈明该地方官查验,给与印照,并饬取商牙船行不致出洋甘结存案,仍移明发卖地方官员,验明铁照相符,移送给照地方"。①

乾隆十七年(1752年)至嘉庆二十四年(1819年),关于售铁的管理和限制愈来愈严密。"嘉庆五年四月,知州蒋奉上宪札钦奉 谕旨销售铁斤,经由江海贩运者,均应结与印照,采买运回缴销,无照不准采买,或照外多买运回,不将印照缴销,即行查究。嘉庆五年十一月,知州重奉上宪札,南省如遇煤炭桐油等商私买铁斤,夹带出境,严密查报。嘉庆二十二年,知州朱奉上宪札,嗣后商民贩运铁斤至江浙等省销售者,请给司照,其在内河腹地销售者,勿论多寡,听其流通。"②这种严格的管理制度,对湖南铁矿私贩海外起了有效的制约作用。

使用印照需要上报专管机构,效率极低,施行久了,各种弊端也出现,而且有些内地胥吏也乘机在不该设卡之处设卡,敲诈勒索过境商民。嘉庆朝以后,对近海省份仍采取给照贩运的形式,内地(包括湖南)则不必给照了。既简化了管理的方法,也规范了铁矿流通的社会环境和秩序。③

在铜铅锌矿的官运过程中,也实行登记、注名的方法,"至郴、桂二州解运官铜官铅赴省,及客贩贸易黑白铅斤,饬令郴、桂二州,将铜铅刊凿斧记解役、客人、船户各名姓,装运斤数、条块,登载油票,给发解役、客商。经过卡员,查点放行,倘有夹带,解州讯究"。④

乾隆十一年(1746年),经蒋溥建议,对本省鼓铸有余的铅矿实行官卖,当时决定选取郴、桂二州通衢,设立牙行,任外省采买,并杜绝商人抬价。乾隆十二年,查得衡州府城,为"二州往来舟楫必由之道,实为总会处所",于是定于衡州府城设立牙行,并制定相关管理和处罚措施:"颁给印烙官秤,凡赴买者,该牙务依先后次序发货,如采买官与客

---

① 道光《辰溪县志》卷21"矿厂"。
② 嘉庆《郴州总志》卷19"矿厂"。
③ 嘉庆《湖南直隶桂阳州志》卷26"矿厂"。
④ 《清代的矿业》,第234—237页,海望等奏。

贩并至，先尽采买，后尽客贩。交易之时，应令买卖人等当面议价，该牙止在旁眼同兑交银两。货物，以免竞争，倘有从中把持欺压并哄诱代买、亏欠客本等事，事发即行革究勒追，另募顶充。"①

硝土矿严禁私贩，但也准许民间有资格的富人开官硝店，申请办法同官盐店，管理的手续也极其复杂。"贫民零卖硝斤，听照时价收买，并设印簿逐日登填，月底送州县查核。……遇采办官硝及本地匠铺需用，需验明印批，始行发卖。并严禁胥役，毋得需索。岁底将各店户收发价值及硝斤数目，逐一开明，出具并无偷漏甘结详报。"②

（四）对从业人员的管理

清代鉴于前朝矿祸，吸取了宋朝和明朝的经验教训，对矿业从业人员的管理和控制更为严密。关于这方面的法规，自康熙朝初期逐步准许民间从事矿业直至晚清新式矿业出现前，从未放松过。

康熙十四年（1675年），初步实行开采铜铅的政策时，便只准各省本地人民开采矿山。③ 十八年正式规定了采铜铅矿厂从业人员的身份，"先尽地方报名开采，地主无力，许本州县民采取，雇募邻近州县匠役。如别州县越境采取……皆照例治罪"。④ 康熙十九年，准许湖南民间自行开采铜矿，即依此原则实行。⑤

雍正十三年（1735年），朝廷准许了湖南省不少府县开采铁矿，但是"一切采砂、锤炼人等，责令山主雇觅土著良民，不许招集外来人等，致生事端"。⑥ 对从业人员身份限制非常严。

乾隆八年（1743年），湖南民间铁矿开采全面放开，在貌似自由的环境下，官府对于从业人员仍有严格限制，在郴州，"乾隆十七年，州尊方奉宪批设炉之时，令山主只许雇觅本地人夫，毋得招集外来人民，勿

---

① 《清代的矿业》，第234—237页，海望等奏。
② 《清会典事例》卷894"工部·军火"。
③ 《清朝文献通考》卷30"征榷5考5129"。
④ 光绪《大清会典事例》卷247"户部杂赋"。
⑤ 康熙《郴州总志》卷6"风土·坑冶附"。
⑥ 光绪《湖南通志》卷58"矿厂"。

使商贩渐生事端。并将采砂锤炼人夫实在数目填明姓名、年貌与经管执事协同保甲邻右户首出具甘结,会同营中加具印结,详送存案。准其开采。乃令文武员弁暨捕巡各官不时巡查,厂内人夫如有更换增减之处,当即登注报明"。① 采用如此复杂的管理方法,其目的还是为了控制矿业生产、保证统治稳固和社会安定。

三、封禁矿山——特殊的管理政策

封禁矿山实际上是政府对矿业实施管理和控制的一种极端的方式,从政府的角度说,为了维护正常的矿业生产秩序、社会安定和国家的政治安全,常常需要采取封禁矿山的政策。《清史稿》总结清代开矿时说,"若有碍禁山风水、民田庐墓,及聚众扰民,或岁歉谷踊,则用封禁"。② 这既是清政府施行于全国的准许开矿的前提,也包含了封禁矿山的原则。在湖南的实际矿业生产过程中,矿山的封禁还有其他的原则,综合分析,主要有以下几方面:

（一）砂不旺,产矿之值少于工本所费

有些矿山一开始试采就存在这种情况,有些是经过多年的开采,到后来出现了这种情况,如乾隆年间永顺府的铜、铅、硝等矿的开采。③

本条实际上也是因技术条件不足而引起,如乾隆八年（1743年）之前,常宁龙旺山矿厂"先曾刨试,系黑铅粗砂,且不敷工本,随经封停"。④ 龙旺山即后代所称之水口山,水口山铅锌矿在晚清成为湖南最著名的矿山,是湖南近代工矿业成功的表率。足以说明乾隆时期该处矿厂因产砂不敷工本而封禁,实际上是技术条件不足。

---

① 嘉庆《郴州总志》卷19"矿厂"。
② 赵尔巽:《清史稿》卷124"食货五·矿政",第3664页。
③ 乾隆《永顺府志》卷10"物产"。
④ 《清朝文献通考》卷30"征榷5考5132"。

(二) 矿砂采尽或洞坍水深

乾隆末年及嘉庆初年郴州各矿厂或采矿点的先后封禁都是依据这个原则,当矿山开采到一定的程度时,技术上的不足越来越明显,封禁是必然现象,对此前文已有详细分析。

以上两条是受客观因素制约、正常的封禁,不受或较少受到人为因素的影响。

(三) 流民聚集

以这个原则封禁矿山的事件在康熙、雍正两朝较多出现。主要是因为大乱之后,很多社会问题没有得到解决,如流民安置、粮食不足、动乱的残余势力等。因为清初社会不安的潜在因素还存在,统治者对于自己的统治地位信心不足,故而对各种容易引起不安定的隐患都极为敏感和恐惧。矿业开发是一个易聚集大量人口的部门,众多人口聚集不但会引起治安问题,还会因粮食不足引起恐慌。康熙二十年代,桂阳州的矿业开采曾大力推广,很快又全部封禁即是一例。雍正初,郴州桂东、桂阳、宜章的一些矿产获准试采,但引起了周边广东、江西"矿徒"以及江西一些州县的农民流入郴州桂东、桂阳等地。虽然此次试采矿砂并未引起事端,当时湖广总督迈柱仍然对此忧心忡忡,既担心流民滋事,又惧怕苗民难以治理,于是奏请暂缓采矿。[1] 雍正九年(1731年),皇帝下谕旨禁止郴州矿业开发并令外省流民回籍。他在谕旨中说道:"此辈无赖之徒蚁聚一方,将来衣食缺乏,必至流散各处偷窃为匪。"虽有些言过其实,但流散为匪的事例在康熙年间就有,这样的担心并不是多余的。

(四) 地近苗疆

明清时期,当时人将南方少数民族泛称为苗,其居住地就称为苗

---

[1] 《清代的矿业》,第63页,迈柱奏;《雍正朝汉文朱批奏折汇编20》,第517—518页,"江西巡抚谢旻奏严饬南赣吉安等地防察广东矿徒赴楚采矿并勒令回籍折"。

疆。广义的苗疆泛指今云、贵、川、湖南、广西等省区各少数民族居住的地区，狭义的"苗疆"主要是指苗族聚居区。① 清代湘西"苗疆"是一个多民族聚居区，民族关系复杂，民族冲突不断。因此，控制和统治"苗疆"，镇压和防范他们的反抗成了统治者一项长期而棘手的难题。②

清政府对事关"苗疆"的矿产开采非常谨慎，即使是离"苗疆"较远的地方，采矿也受到限制。雍正九年（1731年），桂东一带试采铜铅矿砂，开始并未引发冲突，但当时湖广总督迈柱非常担心，他上奏说："目今黔省稿坪凶苗不法，准到云贵督臣鄂尔泰咨会，派兵协剿。又黔省古州苗寨尚在用兵。臣愚以为湖南接壤贵州，开矿似宜暂停，俟黔苗抚剿宁帖之后，始行刨试，庶几有益无患。"此奏得到准许。③ 桂东等县的矿山随即封禁，外省流民也很快被遣送回籍。④ 乾隆初年，绥宁县耙冲岭铜矿因试采引起冲突，很快就封禁，在矿业开发最兴盛的时期也没有得到开采。究其原因，仍与"地近苗疆"有关。⑤

即使是受控不严的铁矿开采，如果与"苗疆"有一点关系，也常遭封禁。如乾隆年间曾准许永顺府开采铁矿，"嗣因苗变封禁"。⑥ 在该府所属龙山县，"普口车、茨岩塘、细沙坪、牛栏溪、大茅坪、茄坪、述必、猛峒，以上八处产铁，因地属苗疆，奉文封禁，不准开掘。"⑦

金矿的开采中，因为"地近苗疆"而遭封禁的事件也有发生。"嘉庆十六年，大油溪内之观音山、大茶圆、神仙庄、喦湾子、水秧池、来屋潭等处产有金沙，居民私行开挖，巡抚景安以该处逼近苗疆，奏明封禁。是年大晏溪内之何家滩、杉树剞、溪下之梅子溪，及葡萄溪内之仙人山，

---

① 参见杨胜勇博士学位论文：《清朝经营贵州苗疆研究》，中央民族大学，2003年。
② 明跃玲：《湘西苗疆边墙与白帝天王崇拜文化》，《怀化学院学报》2008年第3期。
③ 《清代的矿业》，第63页，迈柱奏。
④ 《雍正朝汉文朱批奏折汇编20》，第517—518页，"江西巡抚谢旻奏严饬南赣吉安等地防察广东矿徒赴楚采矿并勒令回籍折"。
⑤ 《清代的矿业》，第225—229页，冯光裕奏、班第奏；第237—240页，鄂昌奏；乾隆帝谕旨；杨锡绂奏。
⑥ 同治《永顺府志》卷10"物产"。
⑦ 嘉庆《龙山县志》卷9"物产"。

丁家溪缆子湾内之简家溪、闵家山、椒树面、牯牛背等处亦私开金矿,同知映蛟、王显文等会同知府顾振勘明详报,一体封禁。并将辰州营原拨驻山营弁一员,兵丁十名,移驻大油溪内,以资巡缉。"①

（五）库存充裕

主要是针对硫磺矿,因硫磺矿关系军事安全,又加上湖南的民族问题,私采硫磺矿最受忌讳,故而硫磺矿的开采全由官府控制,民间不得私用或流通,而开采或封禁要视本省或邻省兵营所需。乾隆初至咸丰年间,长沙府的湘潭、湘乡、安化一带的硫磺矿时采时禁完全就是根据库存是否充裕而定。②

以上三条是受政治因素影响较多的封禁原则。

（六）影响民田、庐宅或坟墓

如果有这种情况,即便矿产如何重要,产砂如何旺盛,也会封禁。农田是小农社会中最根本的、最重要的财富之一,以农为本亦是小农经济社会中经济生产的指导思想,清政府不会因为没有把握的矿业生产而使农业生产受害。故而矿业生产一旦与农业生产有冲突,官府即以保护农业生产为重,矿山即遭封闭。乾隆十二年至十三年（1747—1748年）,桂东县锡矿试采不久即封,除了出砂不旺的原因外,还有一个原因即"于山外民田不便"。③乾隆初年,绥宁县耙冲铜矿"前官屡欲开采,（管）乐不可,以为洗矿锈水必损田亩,且洞口开,山腹虚,不能兴云雨,均为民患,乃请封禁"。以这个理由奏请封禁,果然得到了许可。④

违反了本原则,即使是平常不受控制的煤矿,其开采也要禁止。乾隆十年（1745年）,湘潭县山场产煤,从前都是任业户自行开采,导致四

---

① 同治《沅陵县志》卷38"物产"。
② 同治《湘乡县志》卷5"兵防"。
③ 《清代的矿业》,第622—623页,杨锡绂奏。
④ 同治《零都县志》卷10,转引自《清代的矿业》,第64页。

第四章 矿业生产中的经营管理和产销

方游民聚集,"四方游民闻知湘潭产煤,遂纷聚集,日渐众多,肆行刨挖,不由业户作主,有碍田庐屋舍"。巡抚蒋溥遂派兵驱逐矿夫并封禁了煤矿。①

(七) 有碍风水

本原则建立在前一原则之上而有所升华。"风水"一说,可能的确是乡民信仰,但有时可能是阻挠采矿的一种借口。不管怎样,只要有违本条,极有可能遭致封禁。即使是民间开采自由度最大的煤、铁二矿,以这个原则封禁的例子也不胜枚举。雍正、乾隆年间,有个叫楚益隆的人在今醴陵县城南不远处的石门口煤田,当时名为阪山、放水、老坡一带及许家湾开井取煤,获利很大,但最终被当地乡民禁止,理由即采矿破坏了当地的风水。② 乾隆至咸丰年间,宁乡县各处煤矿和铁矿的封禁,道光年间新宁县黄家埠及铁山等处煤矿的封禁,都是依据这个原则。③

民间百姓的"风水"固然不能破坏,官府重视的禁山的"风水"更不能斩断,这类禁山多是历代皇陵所在地。湖南的皇陵不多,但有个著名的舜帝陵便属于这个类型的禁山,它在宁远县境九嶷山中。乾隆和同治年间,先后有人请示官府开采九嶷山中的矿砂,都遭到来自官府和民间双方面的反对。④

以上两条封禁原则一部分与客观民生有关,或关系农业生产,或关系百姓安居乐业,的确不能因为图一时取矿而损害百姓利益,此原则即便今日仍有必要遵守。另一部分与文化信仰、传统禁忌及风俗习惯有关,而这些因素常成为中国古代阻挠矿业发展的重要因素,其影响甚至在近代和现代的矿业生产中仍然留有余迹。

在实际的矿业生产中,具体某处矿山的封禁所遵循的原则是综合

---

① 《清代的矿业》,第467—468页,蒋溥奏。
② 民国《醴陵县志》卷5"矿产"。
③ 民国《宁乡县志》"故事编第三·矿业";道光《新宁县志》卷30"物产"。
④ 光绪《宁远县志》卷3"物产"。

性的,常常一处矿山的封闭是因为同时符合以上多种原则。有些原则随着时间的变化而相应有所调整,或者地位上升,成为重要的因素,或者变得无关紧要了。

四、惩治法规

对于违反规定,私采矿山以及越境采矿的人,都有专门的处罚规定,甚至治以重罪。嘉庆《大清律例》载:

> 凡盗掘金、银、铜、锡、水银等矿砂,每金砂一斤折银二钱五分,银砂一斤折银五分,铜、锡、水银等砂一斤折银一分二厘五毫,俱计赃准窃盗论。若在山洞捉获、持杖拒捕者,不论人数、砂数多寡及初犯再犯,俱发边远充军。若杀伤人,为首者照窃盗拒捕杀伤人律,斩。不曾拒捕,若聚至三十人以上者,不论砂数多寡及初犯再犯,为首发近边充军,为从枷号三个月,照窃盗罪发落。若不曾拒捕,又人数不及三十名者,为首初犯枷号三个月,照窃盗罪发落;再犯,亦发近边充军;为从者止照窃盗罪发落……
>
> 产矿山场,山主违禁勾引矿徒、潜行偷挖者,照矿徒之例,以为首论。若系约练勾引接济、伙同分利者,照引领私盐律,杖九十,徒二年半,得财者,计赃准窃盗,从重论。如因官兵往拿,漏信使逃及阴令拒捕者,俱照官司追捕罪人而漏泄其事者,减罪人一等律治罪。保甲地邻知情容隐不报者,均照强盗窝主之邻佑知而不首例,杖一百发落。①

私贩矿产品的罪行也很重,如雍正十三年(1735年)规定,对于铁矿贩卖流通出洋,"如有违例夹带百斤以下者,杖一百徒三年,百斤以上者发边卫充军"。

---

① 嘉庆《大清律例》卷24"刑律盗贼中"。

对于在矿业生产和流通中徇私舞弊的官弁,也不轻容。雍正十三年(1735年)关于禁止越境开采铁矿的法规中,同时明示了对管理官员的职责与惩罚,对于民间铁矿流通中官员的贪污腐败等现象也治以重罪:

> (越境开采者)饬令该管文武文武官弁勤加查察,如巡查员弁兵役人等有徇纵情弊,文武官员盘查不实,降二级调用,兵役人等杖一百枷号一月,受贿者以枉法从重论。……(境内铁矿流通者)官弁如有勒掯、恶难及借端需索者,或被首告,或被查出题参,降二级调用。取财者计赃科罪。(夹带出洋者)仍严饬沿江沿海各州县及口岸汛弁务须实力稽查,疏纵出洋或借端勒索,分别查参。①

清政府对于制造火药的硝磺、硫磺等矿的开采和私贩尤其关切。雍正时,地处川、鄂、湘三省的永顺一带焰硝私采及私贩现象极为普遍,引起了皇帝的注意,雍正十二年(1734年)底,皇帝下谕旨严饬三省地方官禁止民间私贩硝,"着川楚督抚等转饬该地方官,将私贩焰硝等弊严行查禁。倘有犯者,按律治罪。若地方官仍玩忽怂纵,着督抚即行题参,从重议处"。② 可见极为害怕当地土司用来制造火药。

第三节　铜、铅、锌、锡等矿的产销

湖南矿业生产在清代的二百多年中,究竟有多少矿产品,其去向和分配的状况如何? 考察这个问题对于弄清清代湖南矿业在全国矿业生产中的地位、矿业生产对本省商品经济发展的作用以及矿业在省内经济生产中的地位,都具有重要的价值。由于资料的限制,无法对所有矿

---

① 道光《辰溪县志》卷21"矿厂"。
② 《雍正朝汉文朱批奏折汇编17》,第674页,"湖广总督迈柱奏遵旨严禁私贩焰硝情形折"。

产的产量都进行具体的统计。但是，铜、铅、锌、锡等矿是国家铸币的原料，文献中关于这些矿产的记载比较详细，这几种矿产的生产也具有一定的代表性。本节试就铜、铅、锌、锡等铸币原料矿的产销进行考察。"产销"一词是借用严中平对云南的研究，实际上是指矿产品的流向和分配。

一、产销量估算方法

根据严中平《清代云南铜政考》的研究，云南铜矿产品有三个去向，一是运送京局鼓铸，二是本省鼓铸，三是供外省采买。湖南铜矿也有运送京局鼓铸和本省鼓铸的部分，且有定额。但湖南铜矿不足，常需从外省（云南）采买，偶尔也供外省采买；其铅矿（黑铅）出产较多，除了前二项用处之外，有时还供外省采买；其锌矿（白铅）出产也不足前二项之用，也常由外省（贵州、广西）采买；其锡矿则是"随解随送"，没有固定的定额。考虑到少量的私矿和小矿点不在统计之中，严中平估算云南铜矿产量的方法是将以上三项（运送京局、本省鼓铸、供外省采买）数量的总和作为全省铜矿总产量的90%。[①] 对于湖南铜、铅、锌、锡四种矿产的产量，本书参照严中平对云南的估算方法来估算，其中铜矿和锌矿要减去从外省采买的部分，铅矿则要加上供外省采买的部分。各矿种产量估算公式如下：

$$P = (B + H + O - I)/90\%$$

其中各字母代表的项目是：P：总产量，B：运送京局的数量，H：本省鼓铸用量，O：供外省采买量，I：从外省采买量。

这些项目并不是在所有的时间点上都同时出现，大多数情况下是不完全的。另外，有关湖南铜矿产量的资料没有云南那样详细和系统，而

[①] 《清代云南铜政考》，第10—22页。

鼓铸所用的其他矿产品以及采买部分的资料更加散乱，但是铸炉数量、铸币原料配比及其变化比较清楚，因此仍然可以根据这些数据推算出鼓铸中各矿种的用量。鼓铸所需的矿产有时本省出产不足，需由外省采买，而本省出产供鼓铸有余时，又可供外省采买，当已知采买的数量时，就可推算出本省的产量了。通过相同的方法，以湖南省局鼓铸制钱的相关数据为中心，可以推算出有关产量以及各个项目的数据。

二、运送京局的铜铅矿数量

湖南每年运送京局的铜矿定额起自康熙五十五年（1716年），朝廷规定湖南每年必须采办铜554399斤，这其中的"采办"不仅包括从本省出产铜矿处收税和官买的部分，还有很大一部分是从云南采买的。而当时湖南省铸钱局停止生产，所产铜矿全部运送京局，因而当时本省每年实际的铜矿产量要少于55万余斤的数量。雍正十一年（1733年），为了节省运费，部议由湖南运送京局鼓铸的铜矿定额改由云南代铸成铜钱后运京，这样，湖南运送京局的铜矿定额就不存在了。[①]

湖南铅矿产量仅次于贵州，占全国第二位。清初很长一段时间京局鼓铸所需黑铅（今铅矿）都由贵州承担，乾隆十年（1745年）以后，由于贵州铅矿产量渐减，湖南负担的运送京局铅矿数额相应增加。[②] 乾隆十年时，湖南代黔办运京局黑铅20万斤，白铅10万斤。乾隆十一年停办白铅，全办黑铅30万斤。乾隆十四年，因黔省黑铅缺少，部议准原由黔省办运京局的700571斤黑铅全由湖南代办。至二十八年时，巡抚乔光烈因郴州矿厂衰竭，将郴州所开各垭口全部封闭，铅矿定额由湖南、贵州各办一半，即此后湖南每年办运京局黑铅350285斤8两。此外每年尚有17669斤的解部颜料黑铅。[③] 此京局黑铅定额数量至乾隆

[①] 光绪《湖南通志》卷57"钱法"。
[②] 《清朝文献通考》卷30"征榷5考5132"。
[③] 《宫中档乾隆朝奏折20》，第31—33页，乔光烈"奏为请禁已竭之矿厂京铅拨半归黔办运折"。

187

末年仍未变,又要加办运输途中的"自备沿途磕损折耗及添补秤头铅",一般每年在11000至16000斤。① 这样,从乾隆十四年到乾隆二十七年,湖南每年办运京局的铅矿数额在73万斤左右,乾隆二十八年到嘉庆初,每年办运京局的铅矿数额在38万斤左右。乾隆五十九年,湖南停止运送京局铅矿,至嘉庆七年(1802年),部檄每年额办京局铅矿25万斤,但这个任务很难完成,由地方官奏请改为尽收尽解,不再有定额了。②

三、湖南鼓铸中铜、铅、锌、锡矿的用量

(一) 有关宝南钱局鼓铸中各矿种的用量数据

关于湖南省铸钱局——宝南钱局鼓铸中各矿种的用量,有三个方面的资料:

(1) 乾隆十九年,有铸炉10座时,"岁需正耗铜196000余斤,白铅16万余斤,遇闰加增铜16000余斤,白铅13000余斤";嘉庆十一年时,十五座铸炉,额用铜306072斤;道光元年时,"每岁需正耗铜铅(指锌矿)392400斤"。③

(2) 乾隆九年至十三年这段时间,湖南宝南钱局铸币每年需铜98100斤,乾隆二十二年有炉座二十,每年需铜392400斤。④ 乾隆二十年代,又曾加卯增铸,岁需白铅651000余斤。二十八年时,

---

① 《宫中档乾隆朝奏折35》,第48—49页,觉罗敦福"奏报运京铅斤出境事";《宫中档乾隆朝奏折38》,第357页,江西巡抚海成"奏报湖南运京黑铅过境事";《宫中档乾隆朝奏折46》,第853—854页,护理湖南印务布政使李用敷"奏报本省运京铅斤及滇省运京铜斤出境事"。
② 同治《桂阳直隶州志》卷20"货殖传"。
③ 光绪《湖南通志》卷57"钱法"。
④ 《宫中档乾隆朝奏折46》,第540—541页,湖南巡抚李湖"奏请本省厂铜不敷额铸请旨酌减炉座事"。

已停止加铸,尚岁需白铅 325600 余斤。[①]

（3）乾隆五十九年时,湖南岁需鼓铸铜 294300 斤。[②]

（二）宝南钱局炉座数量与铸币配比的变化

宝南钱局于康熙六年(1667 年)开始断断续续生产,从雍正八年(1730 年)到道光十八(1838 年)年,其炉座数量经历了由五座渐增至二十座,然后渐减至五座,最后停止生产的变化,见表 4-1。[③]

表 4-1　清代宝南钱局铸炉数量的变化

时间	康熙六至九年	康熙二十二至三十九年	雍正八至九年	乾隆八至十八年	乾隆十九至二十年	乾隆二十一至四十三年	乾隆四十四至五十九年	嘉庆元年至二十五年	道光元年至十八年	咸丰三年以后	总计
炉座数量	?	?	5	5	10	20	15	15	10	?	
维持时间(年)	4	18	2	11	2	23	16	25	18		119

资料来源:《清通典》卷 10"食货十·钱币";光绪《湖南通志》卷 57"钱法"。

宝南钱局铸币的一百多年中,铜、铅、锌、锡的用量虽然不是每一个时期都有数据记载,但是根据个别的炉座数量与需铜数量的关系,可以估算出其他时期鼓铸所需铜矿的数量。

另外,清代湖南鼓铸,以铜和锌矿为主要原料,再加以铅和锡矿,根据铜矿质量的优劣而调整铜矿的使用量,因铅矿的质量优劣而选择用或不用铅矿为原料,嘉庆年间以后,也不再用锡。因而鼓铸中各种矿产的使用比例一直在变化,如表 4-2。除了配比比例之外,每铸百斤铜、铅、锌、锡矿还要加九斤作为"炉耗"。根据配比比例,由一个矿种的用

---

① 《宫中档乾隆朝奏折 17》,第 592—593 页,陈宏谋"奏覆湖南尚可停买粤铅缘由折"。
② 《清代的矿业》,第 248 页,高杞奏。
③ 详细讨论见第三章第一节。

量,可以估算出其他矿种的用量。

表4-2 宝南钱局鼓铸制钱原料配比及其变化

时间	铜	锌	铅	锡
康熙年间	50%（滇铜）	41.5%	6.5%	2%
雍正八年至乾隆十二年	50%（滇铜30%、郴桂铜20%）	48%	—	2%
乾隆十三年至四十三年	50%（郴桂铜）	41.5%	6.5%	2%
乾隆四十四年至六十年	50%	48%	—	2%
嘉庆元年至四年	60%	40%	—	—
嘉庆五年以后	52%	48%	—	—

资料来源：光绪《湖南通志》卷57"钱法"。

（三）鼓铸中各矿种的用量估算

根据以上资料和方法,估算出的宝南钱局鼓铸中各矿种的用量如表4-3。实际鼓铸中消耗的铜铅各矿的数量应该比表中估算的还要多,因为康熙年间和咸丰年间以后炉座数量不明,没有估算其鼓铸所消耗的数量,也没有考虑闰年增加的部分。但是康熙年间湖南铸币生产不稳定,时间也短,咸丰以后湖南的矿业生产已经衰落,故而这两个时期宝南钱局铸币生产量不会很大,其鼓铸所需的铜铅各矿的数量自然不多。总之,清代宝南钱局鼓铸最兴盛的时期,即乾隆二十年代时,有铸炉20座,其间又常增卯加铸,鼓铸所用铜铅诸矿最多,年消耗铜矿约78万余斤、锌矿约65万余斤、铅矿约10万余斤,连鼓铸需要量最少的锡矿,每年也要消耗3万余斤。即使不增卯加铸,仅20座铸炉,每年也要消耗铜矿约40万斤、锌矿约33万斤。从雍正八年（1730年）到道光十八年（1838年）的一百余年间,总共至少消耗铜矿2670万斤左右、锌矿2360万斤左右、铅矿13万余斤、锡矿61万余斤,按最乐观的估算,则总共消耗铜矿2942万余斤、锌矿2586万余斤、铅矿1657万余斤、锡矿72万余斤。

表4-3 宝南钱局鼓铸中铜、铅、锌等矿的用量(单位:斤)

鼓铸时间	炉座	年铜矿用量	年锌矿用量	年铅矿用量	年锡矿用量
雍正八年至九年	5	98100	94176	—	3924
乾隆八年至十二年	5	98100	94176	—	3924
乾隆十三年至十八年	5	98100	81423	12753	3924
乾隆十九年至二十年	10	196000	160000	25480	7840
乾隆二十一年至二十七年	20	392400 (784337)	325692 (651000)	51012 (101964)	15696 (31373)
乾隆二十八年至四十三年	20	392400	325692	51012	15696
乾隆四十四年至五十九年	15	294300	282528	—	11722
嘉庆元年至四年	15	294300	196200	—	—
嘉庆五年至二十五年	15	306072	282528	—	—
道光元年至十八年	10	204048	188352	—	—
总计(不考虑闰年)		26678876 (29422435)	23587358 (25864514)	1300754 (1657418)	615252 (724991)

资料来源:光绪《湖南通志》卷57"钱法";《宫中档乾隆朝奏折46》,第540—541页,湖南巡抚李湖"奏请本省厂铜不敷额铸请旨酌减炉座事";《宫中档乾隆朝奏折17》,第592—593页,陈宏谋"奏覆湖南尚可停买粤铅缘由摺";《清代的矿业》,第248页,嘉庆八年,高杞奏。

与云南鼓铸年消耗铜矿的最高数量290多万斤相比,湖南鼓铸年消耗的铜矿最多78万余斤,显然相差很多。但当时云南鼓铸的铜钱,人称足抵全国铸钱量的80%—90%,按最低80%来算,其他省份和中央铸钱局最高年耗铜不过是70多万余斤。如此看来,全国鼓铸第二大省的位置,非湖南莫属。湖南和云南鼓铸所用铜矿,几乎可以代表全国的总数。[①] 即使对云南铸钱量的估计有夸张,湖南在全国的鼓铸地位也不可低估。

---

① 参见《清代云南铜政考》,第22—23页,"云南全省铜产销量之估计"表。

四、从外省采买和供外省采买的铜、铅矿数量

（一）从外省采买的铜矿和锌矿

湖南鼓铸中所消耗的铜铅各矿，并不完全是由本省出产的，当本省矿业还未兴盛和矿业已经衰落时，鼓铸所用的铜矿常不足，即使本省矿业兴盛之时，由于鼓铸定额较高，本省所产锌矿也不足用，所以铜矿常要从云南采买，锌矿则常要从广西或贵州采买。

康熙年间宝南钱局鼓铸铜钱，所用铜矿全由云南金叉厂采买。雍正八年（1730年），因滇铜质量下降，湖南省鼓铸铜钱所用的50%的铜矿中，滇铜占30%、本省郴、桂二州铜占20%。按当时宝南钱局鼓铸每年用铜98100斤算，这个时期平均每年要用去滇铜约58860斤。当然，不是每年都去云南采买，而是一次采买供几年之用。乾隆七年（1742年）时，宝南钱局已停产多年，为了恢复鼓铸，从云南采买铜矿19万余斤。到乾隆九年，已采买了30万余斤铜矿备用。乾隆十三年，郴桂铜矿出产旺盛，湖南鼓铸全用本省铜矿，理论上不再需要从外省采买，但是湖南铜质不稳，铸币还需用云南"高铜"配用。乾隆十六年时从云南采买高铜10万余斤备各年之用。乾隆三十一年以后，本省产铜已不够鼓铸，且其后不足鼓铸的情况渐渐严重，但是上年库存还可补用，且不断采用减炉的办法，一直坚持到嘉庆四年（1799年），四十九年间未再采买。因湖南产铜减少，嘉庆五年，又从云南采办铜矿15.4万余斤。其后采办数量不断增加，嘉庆六年至十三年，平均每年采办数量有20万余斤。①

据严中平的研究，清代时云南的铜矿供各省采买，从乾隆五年（1740年）到嘉庆十六年（1811年），各省到云南采买铜矿共90042万余斤。湖南在这71年里，只采买10次，约170万—220万斤，是各省中

---

① 戴瑞徵：《云南铜志》卷7"采买"；《宫中档乾隆朝奏折46》，第540—541页，湖南巡抚李湖"奏请本省厂铜不敷额铸请旨酌减炉座事"。

采买数量最少的一省。① 可见,湖南与其他省份相比,鼓铸所缺铜矿数量最少,本省产铜相对充足。既然是全国鼓铸第二大省,而到云南采买数量又最少,则产铜第二大省,又是湖南。

湖南采买的铜矿究竟有多少？戴瑞徵《云南铜志》记载的乾隆和嘉庆年间湖南到云南七次采买铜矿的数量,共计 190 万余斤(见表 4-4)。再计入李湖奏折中所称乾隆九年(1744 年)时,已采买 30 万余斤(应包括乾隆七年的 19 万余斤)的数量,采买总数达 200 万余斤。道光元年(1821 年),湖南鼓铸,用桂阳州铜 4.4 万余斤,不足之数则由云南采买,②按表 4-3 中当时 10 座铸炉年需铜矿 20 余万斤算,要从云南采买铜矿 16 万余斤。清代湖南采办云南铜矿,共计 220 万斤左右,因此,清代湖南从云南采买的铜矿数量,应取严中平估算的最高值。

表 4-4 《云南铜志》记载历年湖南从云南采买铜矿之数量(单位:斤)

时 间	采买数量						
	高铜	加耗铜	加余铜	低铜	加耗铜	加余铜	总计
乾隆七年	—	—	—	158984	36566	1590	197140
乾隆十六年	100000	—	1000	—	—	—	101000
嘉庆五年	100000	3000	1000	50000	11500	500	166000
嘉庆七年	220000	6600	2200	120000	27600	1200	377600
嘉庆九年	304000	9120	3040	176000	40480	1760	534400
嘉庆十一年	280000	8400	2800	160000	36800	1600	489600
嘉庆十三年	135000	4050	1350	65000	14950	650	221000
历年总计							1908740

资料来源:戴瑞徵:《云南铜志》卷 7"采买"。

注:道光《云南通志》卷 77"食货·矿厂五"记载:嘉庆六年定湖南每年采买一次,而《云南铜志》记载的实际情况是两年采买一次。

---

① 《清代云南铜政考》,第 20 页。
② 光绪《湖南通志》卷 57"钱法"。

铸币中,锌矿的用量稍少于铜,也是一个不小的数额。雍正八年(1730年)宝南钱局恢复鼓铸时,郴、桂二州出产之锌矿也不够鼓铸之用,曾委员赴贵州采办锌矿,此后湖南鼓铸锌矿一直不足,可惜这个时期每年到外省采买的数量,没有见到资料记载。乾隆二十一年(1756年)到二十七年,湖南有铸炉20座,又常加卯增铸,岁需锌矿65万余斤,每年要从广西购买20万斤。二十八年时,停止加铸,尚岁需锌矿32万余斤,当时广西之锌矿生产渐衰,改从贵州购买锌矿,每年15万斤。到乾隆四十四年减炉以后,锌矿的需要量也相应减少,到外省采买的数量应该也减少了,但具体数量仍没有资料记载,据乾隆五十年册报,当年郴、桂二州产锌矿约12.8万斤,而当时每年鼓铸需锌矿282528斤,则从外省采买数量仍在15万斤左右。嘉庆九年(1804年),桂厂峒老山空,锌矿不足鼓铸,又每年从贵州在汉口销售的锌矿中采买15万斤,其余仍在桂厂办理。道光元年,湖南鼓铸,用桂阳州锌矿5.8万余斤,不足之数则采买,按表4-3当时年需锌矿18.8万余斤计算,当年采买锌矿约13万斤。[①](见表4-7)

表4-5 外省到湖南采买铅矿个别年份数量之估算(单位:斤)

时间	年产量	每年鼓铸用量	每年运送京局数量	每年供外省采买数量
乾隆十年	1390000	—	200000	1050000
乾隆二十七年	990000	51012(101964)	732240	107748(56796)
乾隆五十年	450000—470000	—	381954	28046—38046

资料来源:《宫中档乾隆朝奏折20》,第31—33页,乔光烈"奏为请禁已竭之矿厂京铅拨半归黔办运折";光绪《湖南通志》卷58"矿厂";《清代的矿业》,第236页,海望等奏。

估算方法:采买数量 = 年产量 * 90% - 鼓铸用量 - 供外省采买数量

---

① 光绪《湖南通志》卷57"钱法";《宫中档乾隆朝奏折17》,第592—593页,陈宏谋"奏覆湖南尚可停买粤铅缘由折"。

表4-6 湖南铜矿产销量之估算(单位:斤)

时　间	每年鼓铸用量	每年消耗从外省采买数量	每年运送京局数量	每年供外省采买数量	年平均产量
康熙五十五年至雍正七年	—	554399	554399	—	—
雍正八年至九年	98100	613259	554399	—	43604
乾隆九年至十二年	98100	58860	—	—	43604
乾隆十三年至十八年	98100	629	—	—	108301
乾隆十九年至二十年	196000—212000	1258	—	100000	327491—345269
乾隆二十一年至二十七年	392400（784337）	2516（5032）	—	100000	544315（977006）
乾隆二十八年至四十三年	392400	2516	—	100000	544315
乾隆四十四年至嘉庆四年	294300	1887	—	—	324903
嘉庆五年	306072	154000	—	—	168969
嘉庆六年至十三年	306072	200000	—	—	117858
道光元年	204048	160048	—	—	48889

资料来源：光绪《湖南通志》卷57"钱法"；《宫中档乾隆朝奏折46》，第540—541页，湖南巡抚李湖"奏请本省厂铜不敷额铸请旨酌减炉座事"；戴瑞徵：《云南铜志》卷7"采买"。

估算方法：产量=(鼓铸+京局+供外省采买－从外省采买)/90%。

（二）外省来湖南采买的铜矿和铅矿

虽然湖南鼓铸中铜矿有时不足，但郴、桂二州矿业兴盛之时，湖南铜矿还可供湖北采买，自乾隆十九年(1754年)起，湖北宝武局每年采办湖南铜矿10万斤以供鼓铸。[①] 乾隆四十年代初，湖南本省鼓铸中铜

---

① 《宫中档乾隆朝奏折15》，第442页，湖北巡抚张若震"奏报办理赴湖南购买铜斤以供鼓铸钱文折"。

表4-7 湖南部分年份锌矿产销量之估算(单位:斤)

时　间	每年鼓铸用量	每年从外省采买数量	年平均产量
乾隆二十一至二十七年	325692(651000)	200000	139658(501111)
乾隆二十八至四十三年	325692	150000	195213
乾隆四十四至五十九年	282528	154528	142222
嘉庆九年至二十五年	282528	150000	147253
道光元年	188352	130352	64444

资料来源：光绪《湖南通志》卷57"钱法"；《宫中档乾隆朝奏折17》，第592—593页，陈宏谋"奏覆湖南尚可停买粤铅缘由摺"。

估算方法：产量=(鼓铸-从外省采买)/90%。

矿已显不足，大概不再供湖北采买了。故湖北来湖南采买铜矿，大约有二十余年的时间，共采买铜矿约200余万斤。

湖南产铅较多，而鼓铸中所需的铅矿数量较少，有时根本不用铅矿，致使湖南铅矿有余，乾隆十年(1745年)，巡抚蒋溥任内时，准许在"(郴桂)二州通衢处所，设立卖铅牙行，以便外省投买，并杜商人昂价"。[①] 可惜这些卖给外省的铅矿数量，没有明确的记载留传。但外省采买数量是本省鼓铸所用铅矿和运送京局定额的剩余部分，据前文所列公式也可推算个别年份的大致采买数量。

据乾隆十一年(1746年)户部海望等奏，乾隆十年，郴州抽税铅(黑铅)8万余斤，则该州铅矿年产量约40万斤；桂阳州抽税铅(含黑白铅)25万余斤，除去白铅(锌矿)8万余斤，则铅矿年产量约85万斤。二州共计年产铅矿约125万斤，以10%的误差计，则全省大致的产量约139万斤。当时本省鼓铸又不用铅矿，除去每年代贵州办运过京局的20万斤铅矿外，剩余105万斤任外省采买，数量很大。再据乔光烈奏，乾隆二十七年时，郴州铅矿年产量329000余斤，按当时郴州铅矿产量约为

[①] 《清代的矿业》，第232—233页，蒋溥奏。

全省的三分之一算,全省产量约 99 万斤。除去鼓铸用铅不加卯需51012 斤(加卯需 101964)斤和运送京局 732240 斤,则外省每年到湖南采买的铅矿少则 5 万余斤,多则 10 万余斤。乾隆五十年,册报郴、桂二州年产铅矿 41 万—42 万斤,以册报数量占实际全省年产量 90% 的估计,则当时全省产量约为 45 万—47 万斤。这个时候湖南本省鼓铸已不用铅,而运送京局数量 381954 斤,故外省采买的数量也下降了,大致在 3 万斤左右(见表 4-5)。外省到湖南采买的铅矿数量,不但受本省铅矿兴衰的影响,也受本省鼓铸用铅量和运送京局数量的影响。

五、各矿产量估算

(一) 铜矿

根据本节所提出的产销量估算方法,湖南铜矿在不同时期的产量估算如表 4-6。由于湖南铸币常用滇铜(至少是"高铜")配铸,而又不是每年都去云南采买,故表中只以每年消耗从外省采买的铜矿数量来估算。前文据巡抚李湖奏折中鼓铸用铜量估算,雍正八年(1730 年)以后,平均每年要用去滇铜约 58860 斤。而同一资料记载乾隆七年(1742年)至乾隆九年时,从云南采买了 30 万余斤铜矿备用,至乾隆十三年,滇铜用完。则乾隆七年至十三年时,每年用滇铜约 6 万斤左右。两个数据比较接近,考虑到从云南采买回省,路上也会损耗一些铜矿,表中以 58860 斤为准。乾隆十六年时从云南采买高铜 10 万余斤备各年之用,到嘉庆四年(1799 年)未再采买。将这 10 万余斤的高铜在四十九年间补充郴桂之铜铸币,又考虑到其间炉座数量由 5 座增至 20,又减至 15,推算出 5 座铸炉,年需云南高铜约 629 斤、10 座年需 1258 斤、15 座年需 1887、20 座年需 2516 斤,增卯则加倍,表中这个时期的铜矿产量即在此基础上估算。

康熙六年(1667 年)至九年、二十三年至三十九年,宝南钱局鼓铸铜钱,所用铜矿全由云南金叉厂采买。但是鼓铸和采买的数量都不清楚，故表中对这个时期不作统计。

不在统计内的宝南钱局停产时期，是矿业开发不稳定的时期，其铜矿产量也不稳定，如康熙五十五年（1716年）至雍正七年（1729年）这个时期，宝南钱局停产，湖南矿业生产也几乎停止，本省产量可以忽略，故而当时该省运送京局的铜矿定额可看作全部是从云南采买的。乾隆五年（1740年）试采矿砂阶段，估计郴、桂二州铜年产量约共14万—15万斤，其余绥宁耙冲试采之铜、常宁县龙旺山商人邓茂益开采之铜铅数量不稳定，当时全省年产铜估计在15万斤上下。这些矿产的用途可能是存贮库局，作后来开铸之用。①

乾隆五十年（1785年）册报，郴、桂二州产铜还有37万余斤，高于本文估算的同期平均数。一个方面可能是当年督采的效果明显，另一方面可能是册报有夸大之处。② 实际上，乾隆四十年代初以来，湖南产铜就已经低于表中同期的平均数了。乾隆四十四年，巡抚李湖奏称，前几年虽每年册报产铜有40万斤，查系前后牵算，并非每年都是此数。四十三年时，宝南钱局铸币缺卯严重，当时郴、桂二州每年只获铜28—29万斤，已不能满足铸钱局当年392000余斤铜矿的需要。③ 只因前几年库存的铜矿较多，才不需从外省采买。

估算的年产量数值，在矿业兴盛时期可能低于实际的产量，在矿业未发展及衰落时，则可能高于实际产量。但是可以肯定的是，湖南鼓铸最兴盛的乾隆二十年代，铜矿的最高年产量近98万斤，这个时候不但本省鼓铸充足，还可供湖北采买。乾隆二十年代到乾隆末年的一般年份中，铜矿产量有54万余斤。当然，与云南省年产铜矿最高值1298万余斤、一般年份年产1100万斤左右相比，仍然差距很大。④ 从这里也可窥见清代全国铜矿生产的区域集中性。

---

① 《清代的矿业》，第226—227页，冯光裕奏；第230页，班第奏、孙嘉淦奏。
② 光绪《湖南通志》卷58"矿厂"。
③ 《宫中档乾隆朝奏折46》，第540—541页，湖南巡抚李湖"奏请本省厂铜不敷额铸请旨酌减炉座事"。
④ 参见《清代云南铜政考》，第22—23页，"云南全省铜产销量之估计"表。

第四章　矿业生产中的经营管理和产销

（二）锌矿

湖南鼓铸所用的锌矿，数额较大，本省供应不足，经常从外省采买，并没有供外省采买的部分，也只在少数年份代替贵州办运过京局10万斤。根据表4-7的估算，乾隆二十年代湖南鼓铸最兴盛的时候，本省年产锌矿最高达50万余斤，一般情况下也有13万—20万斤的产量。

（三）铅矿

铅矿在鼓铸中用量不大甚至不用，但湖南铅矿出产较铜、锌等矿都要多，这些铅矿除用作本省鼓铸及运送京局之外，矿业兴盛时期，还供外省采买，更不需要从外省采买。上文已估算出宝南钱局停产时，每年供外省采买的铅矿可达100余万斤，但是外省从湖南采买铅矿的情况不稳定，估算的个别年份的采买数量不能代表全部的数量。如果不考虑采买，只就乾隆十年到末年的年平均产量的最低值进行估算，则乾隆十四年（1749年）至二十七年时，湖南的铅矿年产量至少也在87万—92万余斤，乾隆二十八年到末年，最低年产量在40万—50万斤（见表4-8）。

表中以湖南鼓铸用铅量估算的铅矿年产量最低值，由于没有考虑外省从湖南采买数量，很多时候与实际产量相差很大。将表中估算的数量与前文推算的个别年份的产量综合起来，则乾隆前半时期，铅矿年产量在80万—140万斤之间，后半时期的年产量在40万—50万斤之间。

其他年份的产量，有一些零散的数据，如雍正五年（1727年），据布兰泰奏称估计，郴州铅矿年产量约14万—15万斤，但当时湖南铅矿的生产还不稳定。[1] 嘉庆年间，湖南铅矿产量急剧下降，嘉庆五年（1800年）以后，年产量仅在5万—10万斤。[2]

---

[1] 《清代的矿业》，第351页，布兰泰奏。
[2] 《清代的矿业》，第356页，高杞奏；嘉庆《湖南直隶桂阳州志》卷26"矿厂志"。

表4-8　湖南铅矿产量最低值之估算(单位:斤)

时　　间	每年鼓铸用量	每年运送京局数量	年平均产量最低值
乾隆十年	—	200000	222222
乾隆十一年至十二年	—	300000	333333
乾隆十三年	12753	300000	343059
乾隆十四年至十八年	12753	732240	827770
乾隆十九年至二十年	25480—27560	732240	841911—844222
乾隆二十一年至二十七年	51012(101964)	732240	870280(926782)
乾隆二十八年至四十三年	51012	381954	481073
乾隆四十四年至五十九年	—	381954	424393

资料来源：光绪《湖南通志》卷57"钱法"；《宫中档乾隆朝奏折20》，第31—33页，乔光烈"奏为请禁已竭之矿厂京铅拨半归黔办运摺"。《宫中档乾隆朝奏折35》，第48—49页，觉罗敦福"奏报运京铅斤出境事"；《宫中档乾隆朝奏折38》，第357页，江西巡抚海成"奏报湖南运京黑铅过境事"；《宫中档乾隆朝奏折46》，第853—854页，护理湖南印务布政使李用敩"奏报本省运京铅斤及滇省运京铜斤出境事"。

估算方法：产量最低值＝(鼓铸＋京局)/90%。

(四) 锡矿

锡矿在鼓铸中的地位不重要，除了有些年份鼓铸用锡之外，其余运送京局也没有定额，所以无法估算其产量。但是根据鼓铸用量，清代的总产量至少在61万斤以上。

根据上文的估算，虽然湖南铜矿产量不能与云南相提并论，其在全国矿业生产中的地位也比不上云南，但部分时期该省铜矿的产量较大，对于宝南钱局运转近120年有很大贡献，也确立了湖南在全国矿业生产和鼓铸中的地位。乾隆二十一年(1756年)到四十三年，各种矿产出产旺盛，也是宝南钱局最兴旺的时期，当时有铸炉20座，几乎全用本省所产的铜矿鼓铸，每年可铸铜钱84370串，这对本省铜钱的相对充足以

第四章　矿业生产中的经营管理和产销

及保障军费开支起了很大的作用。[①]而湖南省铅矿长期有余,大量地运送京局和供外省采买,也有力地支援了中央和其他省份铸钱局的生产。湖南鼓铸中,最不足的是锌矿,由于邻近的广西、贵州锌矿的调节,并没有影响到宝南钱局的正常生产。乾隆四十年以后,湖南鼓铸铜矿不足的现象越来越严重,开始还能用上几年的库存补充,嘉庆以后,铜和铅锌等矿都不足,即使到云南采买也不能补足历年缺卯,迫使宝南钱局不断减炉,直至停产。[②]

小　　结

本章通过对矿业生产的经营方式、税收和管理的考察,说明了一个事实,即矿业开发由政府严格控制。传统时期湖南的矿业生产,也实行了民(商)办、招商承办和官办三种经营方式,其中,民(商)办和招商承办的方式在铸币原料矿的开发中占主要地位,尤其在乾隆朝矿业兴盛时期占主流。由此可以看到二者之间存在着某种必然的联系。但是,这两种方式和官办矿业一样,并没有跳出政府的控制。政府通过设卡稽查、插手厂务管理、加强对流通秩序和从业人员的管理控制、运用强权封禁矿山以及严刑峻法等等手段从各个方面牢牢地控制着矿业开发。在这种情况下,私采、偷漏与私贩的现象也存在,但规模和影响都不大,各种违禁现象反而在某种程度上促进了矿业政策的调整甚至管理和控制的强化。矿税根据不同的矿产而有所变化,有重税的金银矿、税收稍微适当的铸币原料矿,也有不收税的煤、铁矿,总的原则是政府尽量获利而又不让民间完全失去参加矿业生产的信心。

在这种环境下,湖南矿业开发的成就如何？湖南铅矿生产在全国

[①]《宫中档乾隆朝奏折46》,第540—541页,湖南巡抚李湖"奏请本省厂铜不敷额铸请旨酌减炉座事"。
[②] 光绪《湖南通志》卷57"钱法"。

仅次于贵州,对此清代文献中已有指出。① 通过对铸币原料矿产量的讨论,本章估算了矿业兴盛时期铅矿的最低年产量。而对铜矿产量的估算,更有意义。如果学者们对云南铜矿生产在全国的地位没有过分地高估,则湖南就是全国鼓铸第二大省,也是铜矿生产第二大省,至少在乾隆时期是这样。湖南铜矿在全国的综合实力,不次于四川、贵州、广东、广西各省。② 这种地位对本省经济发展的作用如何,还有待于对矿业开发与地方经济之关系的综合考察。

---

① 《清朝文献通考》卷30"征榷5考5132"。
② 《中国近代手工业史资料》第一卷,第362页,"各省铜矿在采厂数"表,将康熙二年到道光十八年各省铜矿在采厂数进行过统计,湖南的铜厂数量排在云南、四川、贵州、广东、广西的后面。

第五章　矿业开发中的冲突与调适

　　由于涉及经济利益和政治安全,又牵扯到文化禁忌,矿业生产中的矛盾和冲突自然难免。本章通过对几个冲突事件的个案分析,从而透视地方社会各种力量在矿业开发中的作用、冲突与调适对矿业生产的影响、以及与矿业生产微妙且深层次相关的种种问题。

　　容易发生矛盾和冲突的矿业部门,一般是在某种程度上得到政府准许开发的矿业,如铜铅等铸币原料矿和某些地区的金银矿,或者是很大程度上可以自由开发的矿业,如煤、铁、雄黄等矿。这些矿产由于开采普遍,矿点多而分布广,容易牵涉到各个方面的利益关系而导致矛盾冲突。容易发生冲突的地方,一是地处要道,如湘中地区的湘潭"南[东]连江左,西[南]接两广,无赖之徒贪图微利,聚集人众,最易滋生事端,贻害地方"。① 又如湘南地区的郴州,界连四省,处在南北商道上,军事地位又举足轻重。二是事关少数民族,尤其是关系苗疆安定的地区,主要在湘西和湘南。

　　以下三个案例,一个发生在湘南的郴州,一个在湘南永州府的宁远县,另一个在湘西南靖州的绥宁县。

---

① 《清代的矿业》,第468—469页,蒋溥奏。

第一节　坑冶"十害论"与郴州矿业开发

发生在郴州的实际上是一连串的开矿与禁矿事件,贯穿这些事件的是清初喻国人总结出的坑冶"十害论",这个理论代表了郴州反对开矿人士的基本观点,对清代郴州的矿业开发产生了较大的影响。

一、缘起——康熙年间的开矿事件

康熙十九年(1680年),西南的"三藩之乱"逐渐平定,朝廷下令准许民间开采铜矿,郴州的葛藤坪、黄泥凹、柿竹园、白水垅、水浪石等处矿山先后开采。朝廷准许民间采矿,是为了鼓铸,但郴州当时产铜很少,对于鼓铸的帮助并不大。当时政府规定只许本地居民申报开采,且经官府查明的确无碍于田园庐墓、风水龙脉,才准许雇募本地人夫开采。规定虽严密,实际上仍有不少外地流民假冒当地人采矿。不久,各处流民越聚越多,他们或自称是商人,或自称是官宦,或自称是武弁,冒充土著申请开采矿山,有的甚至未经官府批准,就已经招集矿工私自开采。这些人的所作所为,扰乱了地方社会治安,也严重地侵害了本地人的利益。因为有二分铜课的压力,地方官对采矿带来的社会问题虽有察觉,但也不敢轻易反对采矿。当地人忍无可忍,自发地组织起来,到官府上呈,请求禁矿。当时的情形,方志描述道:"阖郡之人痛哭流涕,赴上哀呈,咸思永闭,不愿再开也。"时逢康熙二十三年丁思孔莅任偏沅巡抚(湖南巡抚的前身),郴州知州陈邦器也为民请命,要求禁矿。丁思孔对此特别重视,特别委派衡永郴道朱某亲自领兵奔赴各处矿场,将外来游民驱逐,并封禁矿山。驱逐矿工之时,遇到了一些武力反抗,陈邦器也深入矿山,冒着弓箭乱石作战,终于将那些外地来采矿的人赶走。康熙二十四年,朝廷下部文,停止郴州矿税,矿厂关闭,这次事件便告一段落。

二、坑冶"十害论"的提出

关于这一次的开矿与禁矿事件,喻国人详细地记载下来,并明确地提出了开矿的十大危害,极力主张封禁矿山。这就是著名的坑冶(矿厂)"十害论",又名为《锡坑十害说》,其内容如下:

> 郴界在岭表,山多田少,一岁之收不足供一岁之食。今增万千之夫役,则增万千人之口粮。米价腾贵,穷民奚堪。害一;剪淘恶水一入,田畴竟成废壤,不但衣食无资,并国赋何办?害二;穿求砂苗,深入无底,举数十里之屋庐坟墓皆有斩龙绝脉之虞,害三;炉炭无出,即砍人禁山而不惜,伐人冢树而莫顾,居民风水悉遭败坏,害四;且本地居民从无辨炉火识砂色者,率皆临蓝嘉桂常新各处奸徒及四方亡命,昼则横肆抢夺,夜则公行剽劫,令鸡犬不宁,妇女远窜,害五;凶党纠聚,千百成群,少有忿争,便肆戕杀,讼狱繁兴,牵连拖累,害六;恶水一出,数十里沟涧溪河皆成秽油,民间饮之则生疾病,害七;河道半被泥沙壅滞,时为迁改,乡民恐坏田苗,拼命力争,屡致争斗,害八;万山环聚,疠气本深,更加掘发瘴雨岚烟,染者多疫,害九;窝逃薮盗,上禁森严,今夫役俱属远方,即有逃人巨盗藏匿其间,孰从稽查?害十。凡此皆害在官民共见共知者也,更有一莫大隐忧关国家之封疆者,脱有不测,咎将谁归?①

这"十害"关系到粮食、农业生产、民间禁忌(风水龙脉、祖先坟墓)、社会稳定、自然环境与疾病安全等基本问题,是矿业生产中的普遍问题,其中某些问题也是开矿的大忌。

《清史稿》中曾这样总结清代封禁矿山的几种情形:"若有碍禁山

---

① 康熙《郴州总志》卷6"风土·坑冶(附)"。

风水、民田庐墓,及聚众扰民,或岁歉谷踊,则用封禁。"①这实际上是清政府施行于全国的封禁矿山的原则,也就是开矿的大忌。大致说来,"十害"中的"害三"、"害四"即违反了第一个原则,"害五"、"害六"、"害十"即违反了第二个原则,"害一"则违反了第三个原则。此外,坑冶"十害论"由开矿可使百姓衣食受影响进而联系到朝廷赋税来源受威胁("害二"),并且从环境破坏分析,指出其结果易引发疫病乃至争斗("害七"、"害八"、"害九")。在当时情况下,这"十害"并不是耸人听闻。"风水"、"龙脉"、"坟墓"皆是民间禁忌,甚至还有朝廷的"禁山"(相当于国家级保护区)更不能践踏。至于"田畴"、"屋庐"乃是老百姓的立足之本。再如粮食恐慌和西南部省份特殊环境下的"疠"、"瘴"疾病灾害,均是当时的客观现实,也是易引起社会不稳定的潜在因素。② 同时,坑冶"十害论"还注意到了由于矿业开发而造成的环境破坏,并且洞察到由此而引起的疫病和暗藏的社会矛盾。

不仅如此,喻国人又结合康熙初年特殊的社会政治形势,指出这"十害"只是"官民共见共知者也",更大的隐忧,在于"国家之封疆",这才是统治者最担心最关心的问题。他历述明代"坑冶之害"、清初开矿之弊,并联系郴州"壤连四省"的地理位置,以及时下"裁兵"可能产生大量"游手"的背景,痛陈开矿可能会造成"前覆而后蹈"的后果,极力主张禁矿。③ 既站在当地百姓的立场,又从统治者的角度出发,"十害"可谓发人深省,自然也容易引起统治者的重视。

喻国人,字大受,号春山,明末清初郴州名士。方志记载他"生而倜傥,负大志,启齿则孔孟伊周。自前明甲申之变,隐居三十余年,著书三十五种,刊行者十之八……讲学都中,受业者集满汉……"④若论及影响,喻国人应该与明末清初黄宗羲等名士齐名,不过他的著作多已佚

---

① 赵尔巽:《清史稿》卷124"食货五·矿政",第3664页。
② 见梅莉、晏昌贵、龚胜生:《明清时期中国瘴病分布与变迁》中的研究,《中国历史地理论丛》1997年第2期。
③ 康熙《郴州总志》卷6"风土志·坑冶(附)"。
④ 乾隆《郴州总志》卷28"艺文下"。

散,未能传世。①

作为地方名士,喻国人反对开矿的观点受到时人重视,由陈邦器主持纂修的康熙《郴州总志》收入他的坑冶"十害论",证明这个观点深得州官的认同。可以说,康熙十九年(1680年)到二十三年的开矿与禁矿事件直接促成了坑冶"十害论"的提出,同时在地方官员和士绅阶层产生影响。

三、坑冶"十害论"的渊源与形成的背景

(一)渊源——南宋王梣《申禁坑冶碑文》

追溯"十害论"的渊源,可追溯至南宋景定年间郴州知军王梣的上疏。郴州自汉代以来,以出产铁和锡矿著名,南宋建炎(1127—1130年)以后,坑场废,矿山停止开采。南宋半壁江山,湖南对下游的军事意义凸显,所以建炎以后虽多次有人提议复开郴州矿山,都未得到朝廷的许可。

景定三年(1262年),又有人请求在郴州葛藤坪一带开矿,朝廷中也有人附和。一时间葛藤坪附近几处矿场聚集二百余人,"纹身利刃,私采其间,剽劫乡民,盗窃杀伤,讼词纷起"。当时郴州知军王梣上疏,指出郴州开矿的利与害,再次阻止了这次开矿的企图,并立碑禁矿。在《申禁坑冶碑文》中,首先指出平常年景和郴州作为普通地区开矿的危害性:"蓋郴田硗埆,郴民匮穷,岁荒姑置未言,年丰亦仅自足。今乃聚千百辈游手,日增千百升粮食,籴价骤长,细民阻饭,势使然也。烹淘恶水,损人田亩而不问。穿床凿脉,坏人坟墓而不顾。群聚恶少,率皆外乡无赖之徒,结连峒苗,便成不侧之变况。"碑文还联系郴州在军事地理位置上的特殊性,强调在郴州开矿不仅威胁当地居民的安全,也给湖南全省带来隐患:"郴蕞尔郡,居楚上游,而溪峒环之。前人有云:郴

---

① 嘉庆《郴州总志》卷36"艺文中"。

安,湖南九郡始可奠枕。真知本之论也。抚绥镇静,犹惧不安,况可哄众生事,以贻目前之至切乏患而启他日无穷之害乎?""坑穴开则郴民饥,亡命聚则盗窃作,盗窃作则湖南不安。其课利之有益于国者几何?而关系者甚大。"①

从《申禁坑冶碑文》里,已经看到了后世"十害论"的影子。可见,坑冶之害的说法并不是喻国人的发明,他从前朝文献中吸取了不少精华。另一方面也可以看到,在郴州反对开矿的舆论其实由来已久。

(二) 明末郴州"砂贼之乱"

据旧志记载,明代时,临武、蓝山、嘉禾、桂阳、新田等处有不少人专以采矿为生,少则聚集数千人,名曰砂夫,若有机可乘,则"劫村攻城掠邑,遂为砂贼"。② 实际上,在湖南南部地区已经形成了一个特殊的以"盗矿"为生的社会群体,他们既与官府为敌,也在一定程度上成为民间的大患。以"砂贼"为主体的社会冲突和骚乱,在郴州一带的社会影响很大。

早在洪武年间(1368—1398年),回民杜文秀起义时,蓝山县的"砂贼"趁机剽劫。据方志记载,当时郴州宜章县民被屠戮十之七八。乱平之后,官府对此地开矿心怀忌惮,矿山一直封禁。嘉靖年间(1522—1566年)因建造宫殿需用郴州木材,有人提议同时开采郴州的矿场,遭到兵宪程秀民的反对。他认为郴州地理位置重要,民族情况复杂,实不宜开矿:"以郴之为郡,虽系腹里地方,而界连两广,接壤边隅,崇林大谷,多人迹之所不经,高山峻岭,为瑶□之所杂处,夫固湖南之大边也。"实际上,此地采矿费工本多而收获极少,风险确实很大。由于程秀民为民请命,阻止开矿,使得这次开矿的计划夭折。③ 但就在万历年间(1573—1620年),仍有临(武)蓝(山)嘉(禾)桂(阳)砂贼到郴州劫

---

① 康熙《郴州总志》卷6"风土志·坑冶(附)"。
② 同上书,卷12"志余"。
③ 同上书,卷6"风土志·坑冶(附)"。

掠,给郴州社会治安带来极大的威胁。①

到崇祯末年,天下大乱,郴州匪乱四起,砂贼又乘机起事。崇祯九年(1636年),郴州邻县临武、蓝山发生饥荒,当地矿工首先起义,嘉禾、桂阳、常宁、新宁各地纷纷效仿,最后结连周边壮、瑶各族万人,攻打郴州,继而攻打祁阳、常宁各县,并进犯衡州、长沙、湘潭、攸县等地,直至邻近的江西部分地区。旧志载"其炽最烈"时,攻打郴、桂、衡、湘各府州县城,往来三次,如入无人之境。官府调集四省兵力,历经四年,才将这次变乱平息。经过这次事件,郴州矿山又经蹂躏,当时刘家塘"聚众二万余,如期以至,近矿数十里,庐舍林木一望丘墟"。随后又有宗室朱俨锛招集砂贼和无赖万人盘踞城中,自号辽王,在郴州又引起一番争斗。这些事件,使郴州人民深受其害,到清初时,郴州矿山已经成为人们眼中的祸源,以致地方人士感叹:"郴受砂贼之害更甚猺、獞。"②

(三)清初郴州开矿的流弊与国内形势

清初郴州矿山封禁未开,但不久吴三桂叛乱,又招集"砂贼",在刘家塘一带开采矿山,山中藏匿万余人,名为矿夫,实为叛军。清廷将军穆恢收复郴州后将矿山封禁,郴州才暂时安宁。到康熙十九年(1680年),朝廷准许郴州开采铜铅矿,于是便有了本节开始的事件。

康熙十九年(1680年)准郴州采铜铅矿时,全国的矿业开发都未进行,即使开发最早的云南铜矿也没有开采,云南是康熙二十一年由总督提议,二十四年才开始正式采铜矿的。经过"三藩之乱",社会逐渐安定,进入和平发展的阶段。大乱初定,各省大军面临裁兵的负担,一系列的社会问题亟待解决,周到慎密的矿业政策还没有形成,国家的控制手段也不够有力。所以此时郴州开矿立即引起各种问题,反对的呼声很高。

当时喻国人已年近八十,以他的才识和高寿,不但熟悉前朝掌故,

---

① 康熙《郴州总志》卷4"武备"。
② 同上书,卷12"志余"。

了解郴州的历史地理,而且亲身经历了明末"砂贼之乱"带给郴州百姓的灾难,对康熙年间郴州开矿诸种弊端也有深刻的体会,因而他能将郴州开矿的危害概括得既精炼又切中时弊,情真意切,很有说服力。

这样,经过由宋代到清初的积淀和升华,形成了一个成熟而完善的反对开矿的理论——坑冶"十害论",它与郴州历来反对开矿的传统相结合,又符合民间的需要,从此便成为民间反对开矿的一面旗帜。

四、延续——后世的余波

(一) 后世文人和地方官员的态度——"封禁铁厂示"

因为喻国人在郴州的声望很大,门徒众多,他的"十害论"被当时编修的地方志录入后,后世文人也深受影响。从乾隆《桂东县志》、乾隆《宜章县志》、嘉庆《郴州总志》、嘉庆《宜章县志》,直到同治年间纂修的《桂东县志》相继引用或节录"十害论",光绪《湖南通志》和《大清一统志》也引入原文。可见,后代修志者也大多赞同甚至推崇他的"十害论",有的还结合当时矿业开发中出现的一些问题进一步说明"坑冶之害",反对开矿。

例如,嘉庆《郴州总志》中不但收录了"十害论",还作长篇宏论支持坑冶"十害论"的观点,从各个方面论述了矿业生产对郴州的危害:

> 试观历来矿商厚挟赀本,招集砂夫,怂恿富户,合伙开采,聚众数月,刨试无获,空费斧资,负债而逃,害犹小耳。迨银气旺盛,垅多砂现,讼狱繁兴,陡遇忿争,纠众戕杀。偶值垅中火发,烟毙人命,动以百计,尸亲妇女环哭遍野,头人隐匿,妻子逃散,杀畜毁室,屋宇荡然一空,害乃大矣。

当时郴州铅矿已于嘉庆九年(1804年)封禁,锡矿抽税改为"随抽随报",但民间开采的铁矿仍然很多,引起各种问题:

第五章 矿业开发中的冲突与调适

近多引诱外来射利之徒,设炉烧炼,一切采砂锤炼人等,不顾人之田园庐墓,潜挖偷采,禁之不能。虽屡经具控,无如阳奉阴违。烧炼费柴炭最多,致居民日用柴炭昂贵十倍,米价亦起,人俱苦之。又其甚者,砍人禁山,伐人冢树,滋事尤多。十数人之利,千万人之害系焉。况外来商贩转运贩卖地方,安知不致有出洋之患?而郴逼近猺人,更难保其不为军器,后患莫测。

这些言论,似在为"十害论"作注。它们不但代表了民间文人士绅阶层的主张,由于写进了官方主持编修的地方志和总志中,它们也代表了一部分官员对郴州开矿的态度。

嘉庆二十四年(1819年),郴州署知州常庆封禁铁厂,告示中称:

缘厂徒率系他乡无赖,呼朋引类,多或数十人至数百人不等,倚众滋事,鸡犬不宁,阖乡无不痛恨。若贫民挖矿卖钱,不顾他人坟墓,并有将自己祖山穿地得矿,称以救贫为要务,族人畏其凶横,大都隐气吞声,罔敢禁阻。至烧炉必须木炭,附近二三十里之内,昔有深林密菁,均被厂徒买树烧炭,林菁一空。以致居民日用柴炭价昂十倍,且山内有坟,借树保护,其在殷实人户,断不忍擅卖坟树,贫而昧良者,暗地盗卖,或逞强压卖,甚至放火烧延。种种作恶,皆铁厂一开,山木得利,所以贫民垂涎,伤坟坏山,流弊不可究诘。①

禁厂的告示中,"十害论"中的"害一"、"害三"、"害四"、"害五"清晰可见。民间文人士绅反对开矿的主张以"十害论"为代表,通过地方官的认同再次实现。这个事件也说明在喻国人身故后,郴州的矿业生产中确实还存在他警告过的那些危害,因而,一碰到开矿中出现矛盾和隐患,反对开矿的地方官和熟悉典故的文人又将"十害论"搬了出来,

---

① 嘉庆《郴州总志》卷19。

为封禁矿山找理论上的依据。

(二)民间的反对活动——桂东驱矿徒事件和银坑"六害论"

不仅在地方官和文人士绅阶层流传着"十害论"之说,民间也保留着强烈的反对开矿的意识,当遇有外来流民到本地私采矿山,危害到他们的利益和安全的时候,他们就会站出来反抗。

康熙五十一年(1712年),因风传桂东流源、双坑和袈裟岭产锡,便有本地人引诱外地商人出资,招来江西、两广流民私采锡矿,开始只有数十人,继而增至百人、千人,微薄的资本很快用完,但并未开采到矿砂。由于地狭而聚人过多,粮食供应不上,这些人便抢劫附近的乡民。乡民先是自发驱赶矿工,但矿工势力很大,不能赶走,乡民便搬来官兵,继而组织乡团,与官府一起驱赶矿工。在这个斗争中战死了不少官兵和乡民,最后将外来采矿的流民赶走,县境始得安宁。民间的参与对这次官府驱逐矿工、封禁矿山起了很大的作用。①

郴州百姓不但参与反对外来流民采矿,对于本地人私采矿山,也会组织起来反对,有时这种斗争既激烈又持久。郴州属县兴宁县的山谷垅、大脚岭两地有银矿,本来湖南的银矿多与铜铅等矿共生,在已开采铜铅的矿厂中采取和冶炼伴生银矿,官府是许可的。但是山谷垅、大脚岭两地并没有开采铜铅矿,所以单纯开采银矿,还没有先例。嘉庆二十四年(1819年),有个叫黄任祥的当地人与一批郴桂人在两地开采银矿,立刻就有监生何添明等人控告到官府,将两处封禁。道光四年(1824年)、咸丰三年(1853年)、四年、八年先后有人在两地私采银矿或者向官府申请采银,都经官府查明封禁。同治元年(1862年)、二年要求采矿的人数次请求开采,都没有得到许可。但要求开采银矿的势头越来越强,他们冒名并捏造理由向官府申请,很有可能取得开采权,这引起了当地很多老百姓的担心。

同治三年(1864年)正月,"阖邑绅耆赴本州具禀",指出了开矿的

---

① 嘉庆《郴州总志》卷19"矿厂";同治《桂东县志》卷8"物产"。

十六条危害,请求禁止开矿。一个月后,又有士绅何邦新等联名三百多人,到巡抚衙门请求严禁该处采矿,"情词惨切"。巡抚恽世临以"有碍田园庐墓,万不可开"的理由,亲批二处矿点"永不准开",并追查严惩冒名和捏造理由私采银矿的人。这次斗争,从嘉庆年间直到同治年间,历时很长,反对开矿的势力又占了上风。其间有很多的地方人士参与,可见反对的声势很大。这种有组织的反对开矿的活动,在湖南其他州县是很少见到的。①

方志资料中没有载明当时全县绅耆指出的"十六害"的具体内容,但嘉庆年间该县的方志记载了银坑"六害"之说:

> 银坑之设,其害有六:恶水灌田,害一;践踏禾苗,害二;招集匪类,害三;易启争斗,害四;使附近居民不务本而趋末,害五;采取易竭,详上之后,一人不继,则居民受累,害六;故前州尊屡请封禁,诚防患于微也。兴宁地僻山卑,所产有几,而启斯民之趋乎?故民屡请开挖,概不准行。②

此时,坑冶"十害论"又演化为银坑"六害论",可见郴州民间反对开矿的行动,不是盲目的,而是有理论的支持,坑冶"十害论"对郴州矿业开发的影响,始终挥之不去。

五、郴州矿业开发的成效与坑冶"十害论"

尽管反对开矿的呼声有理有据,但开矿的洪流还是无法阻挡。郴州的矿业开发不但正常进行,还使郴州成为仅次于桂阳州的全省矿业生产大州,与桂阳州一起成为湖南矿业发达地区,成为湖南铸币原料矿的主要供应地,不少矿厂开采了半个多世纪。

---

① 光绪《湖南通志》卷58"矿厂"。
② 光绪《兴宁县志》卷6,引嘉庆二十二年张伟纂修旧志。

从清代郴州矿业开发的进程来看,政府对矿业并不是一味的禁止,而是因时因事而放开。在康熙年间的开矿与禁矿事件中,可以看到"十害论"提出正是顺应了时势的要求。以人口与生计问题为例,喻国人在当年也意识到"郴民贫苦已极,田畴不足供赋税,乐岁难以糊家口",生计艰难的状况,但他认为这些痛苦还是比不上开矿之害。到雍正年间,湖南衡永郴道王柔奏请采矿时,则认为湖南开矿"但得一二有成效者,则经费有济,数十万失业之民,得有营生之处矣"。① 地方官已逐渐把解决流民问题的办法寄托在开矿上了。原本易"聚众滋扰"的采矿业,转而成为安置农业过剩人口的好去处。由于政权的逐渐稳固和强大,统治者已不再担心"聚众滋扰"会造成多大危害。在喻国人身故后,虽然"十害论"指出的开矿诸弊端依然存在,但随着时势变化,矛盾的主次双方发生了转化,开矿的"十害"中,有的逐渐变得次要了,有的已有对策解决了。

在桂东驱矿徒事件中,主要是两个方面的问题引起矛盾和冲突,一是流民骚扰,一是粮食供应不上,而且两个问题是相伴随的。本来对这两个问题早有对策,即规定只许本地居民雇募本地人夫开采,这样矿业生产就会进入有序的状态。但是在康熙年间,统治力量还不是强有力,所以矿业生产和管理措施不能完全的施行。一旦统治力量加强,控制得力,上述两个问题便迎刃而解。在兴宁县反对开采银矿的事件中,民间的反对力量强大而坚决,这个时候,政府知道该向哪一方让步,问题也很容易地就解决了。

总的看来,"十害论"在开矿事件中诞生,在历次开矿事件中发挥影响,它在郴州矿业开发的进程中起了一定的阻力作用,使郴州的矿业远逊于桂阳州。但其阻力还是有限的,这个理论发挥作用的时候的确是开矿不合时宜的时候。"十害论"产生于民间,喻国人终身未仕,作为郴州人,他在为当地百姓利益着想的同时,也善于从政府的角度考虑。所以"十害论"既能获得民间的支持,特别是得到文人士绅阶层的

---

① 《清代的矿业》,第350页,王柔奏。

追随,也能得到官府的认同。"十害论"将这些反对开矿的势力凝聚起来,成为一面理论的旗帜,为郴州矿业开发时时敲响警钟,对郴州矿业生产的有序发展做了很大的贡献。

第二节 耙冲岭事件

一、自然和人文简况

绥宁县在湖南的西南部,处在雪峰山南麓和八十里大南山北麓交接地带,县境北部、东部和南部高山环抱,尤其南部黄桑坪一带山势最险。本县及其相邻的靖州、通道、城步等州县一直都是苗族、瑶族、侗族聚居的地方。耙冲岭就坐落在绥宁县的南部山区,与广西的怀远、义宁二县接壤,这二县也生活着苗、侗等少数民族。清初,在耙冲岭附近生活的苗民以杨姓势力最大,今天的黄桑坪苗族乡还有个叫杨家团的地方,可能就与当时的杨姓苗民有关。

苗、瑶、侗各族聚居的西南一带,正属于清政府非常敏感的苗疆。乾隆年间,耙冲岭开采铜矿,从而引起冲突,对于这个事件的处理以及该处矿山再采的多次尝试,反映了清政府在矿业开发上的另外一种态度,也显示了政府处理矿业开发中的突发事件的能力。

二、最早的冲突与解决

(一) 冲突的发生

乾隆初年,湖南全省掀起了试采铜、铅等矿的热潮,一时间,20余州县的矿山都在试采。耙冲岭铜矿也加入了试采的行列,乾隆四年(1739年),经两任巡抚赵弘恩、张渠先后派员勘查试采,认为"并无妨碍田园庐墓",也无人阻挠,耙冲岭铜矿便正式招商开采。

当年十一月初四,矿商入山搭棚,附近的高寨、雷团二寨苗民头人杨月卿等率众人阻止开矿。初九日,他们在夜间进入矿厂放火;十三日,又打伤砂夫李某。十四日,又有苗民杨魁楚破坏开矿商人黄三奇的招牌和矿硐,被县役捉拿。十五日,这二寨苗民聚众百余抢劫众矿商的财物,抓去矿商邓某拷打,并将其作为人质要挟放回杨魁楚。高寨、雷团二寨又拉拢其余苗寨入伙,于二十九日再赴矿山闹事,烧毁厂房店屋二十六间,使砂夫逃窜、商人远避,县役人少力薄,对他们也无可奈何。这些苗民还扬言:"欲尽将四里(地名,耙冲岭所属之里名)民苗与各商合本及出力应夫者杀之而后已。"冲突逐步升级、激化,矿山开采已无法再进行下去了。

(二)冲突的处理与预防措施的形成

事情发生后,巡抚冯光裕主张坚决镇压。他认为,耙冲岭苗民行为恶劣,比此前镇压过的凤凰、永绥的苗民还要猖狂。"臣以为厂可不开,苗风断不可长,内地之苗如此藐法,新疆益恐效尤。"他的处理方法是:一面批饬绥宁县衙、游击及靖州协,多带兵役协力擒拿;一面发书信与总督商量,建议调兵捉拿为首者,若有不服,便调集大兵围剿。

冯光裕的建议上奏到皇帝,乾隆皇帝还算冷静,他的批示是:"相机而行,毋致偾事可也。"示意采取稳妥的方案。

总督班第经过调查,觉得苗民闹事,事出有因,而肇事原委不明,轻易用兵容易激起更大的反抗。正逢靖州州官禀报该处矿厂不敷工本,班第就此批令停止开采,同时相机擒拿闹事的苗民。经过对擒拿苗民的开导和审问,事情原委逐渐清楚。原来招商开采,朝廷只许本地居民开采,山主有优先权。而耙冲岭铜厂,原分四股,其中四里地方苗民分占一股,但苗民股内,只有杨凤钱等数人登山开采,其余都是商人黄三奇等人暗中勾结村民,冒充苗民。杨姓苗民闹事,实为禁止冒充的商人开矿,不是阻挠开矿。而黄三奇插牌苗民田坎,准备开采,被杨魁楚嚷闹,才引起冲突,杨魁楚被抓后,又引起苗民抢人作人质。黄三奇原本无钱,只是出名认作厂头,拉扯外省客人的银两使用,他自己并无财物,只是夸大冤枉讹诈苗人而已。又因为矿厂在高、雷二寨身后,也确有碍于苗民的田地庄稼。事情清楚之后,班第将引起事端的冒名商人黄三奇捉拿,对案件"从公饬审"。到乾隆五年(1740年)二月,一场即将升级为武力镇压的事件就这样平息下来,但耙冲岭铜矿也从此封禁。

对于耙冲岭事件中各级官员处理苗民阻挠开矿的态度,班第表示了很大的不满,他认为,涉及苗民的事件是敏感的问题,应该谨慎对待。"抚驭苗疆,惟在恩威并施,无纵无扰。今该地方官妄听奸商煽惑,任意生端,及至偾事,又不确查情由,设法拿究,乃惊惶无措,徒欲逞兵,泄忿饰非",但是,"今顽苗甫经就缚,若即参处,恐益滋各苗刁抗之风,将来即有廉干之员,亦难弹压。应俟此案结后,另行查参"。他的处理方法是很有政治手腕的,在关系苗疆的矛盾冲突上,可以说是找到了最适当的解决方案。

这个处理,很得乾隆皇帝的赞同,皇帝对班第的谕旨是"总期汝等和衷办理为妙"。由于关系到苗疆的安定,皇帝的态度也很谨慎。①

湖广总督班第是雍正、乾隆年间西南省份"改土归流"、处理苗疆事务很有政绩的地方大员,乾隆三年(1738年)永绥、凤凰二地苗民事件就是他解决的。在对待绥宁县耙冲岭开矿事件的问题上,他再一次显示了应对苗疆变乱的能力。在湖南开发矿产的问题上,班第并不是保守派,比如对于郴、桂二州穷民"刨挖矿砂为业,即未试开之前,往往入山偷挖",他也认为壅之不如导之,"莫若准其铜铅并采,穷民得以在厂佣工,可免私挖之弊。且所获铜铅,均可以资鼓铸,而抽收课税,亦可以资本省公费,是国计民生两有攸赖"。但是,当苗疆安定与矿业开发相矛盾时,他和朝廷都选择了前者。这次事件之后,朝廷和地方都开始反思大范围试采矿山的弊端,班第及时地提出封闭效益不良或引起纠纷、不便开采的矿山,仅在郴州和桂阳州开矿,这个建议从此成为湖南

---

① 《清代的矿业》,第225—229页,冯光裕奏、班第奏。

有序开发矿产的指导原则。①

三、后世的阴影与再采的失败

　　耙冲岭事件使官府心有余悸，但利益诱惑仍然存在，所以后世仍不乏呈请开采之人。这中间有商人，也有地方官。乾隆八年（1743年），便有商人龚德茂等呈请开采耙冲岭铜矿，还提出条件"情愿包供铸铜"。湖南巡抚蒋溥"以苗疆甫定，未便遽行开采"而禁止了。次年，湖北安陆府获准又在此处刨试，因出砂有限而封闭。

　　因为耙冲岭铜矿与广西桂林府相邻，它对广西的诱惑也很大。乾隆十二年（1747年），署理广西巡抚印务鄂昌因为本省鼓铸缺铜严重，派人四处查访产铜地方，发现了与桂林府属义宁县交界的耙冲岭。他认为乾隆五年以后，经过七年的绥靖，该处苗疆已经安定，"苗民不但不敢滋事，而且赖以力作营生"。而经过勘查，若开采耙冲岭铜矿，与其相接的广西义宁县独车地方的山木，正可供柴炭之用，所产之铜，对广西、湖南两省鼓铸都有益。总之，鄂昌认为此时开采耙冲岭铜矿，已经没有不妥了，他充满希望地上奏朝廷，请求准许与湖南巡抚杨锡绂会同勘查矿山，若可行，就用招商承办的方式开采。

　　当时，湖南的矿业生产已进入全面的上升期，但乾隆皇帝对耙冲岭铜矿的开采，仍然有顾虑："朕思开采一事，虽有益于鼓铸，每易于滋事，而界接苗疆，办理尤宜慎重。……绥宁一带，即系苗瑶地方，必悉心详查，彻始彻终，细加筹酌，将来开采之后，万无一失，方可举行。若于苗疆稍有未便，断不可因目前之微利，启将来之患端，不如慎之于始，照常封闭，以杜聚集奸匪之渐。"他一面将自己的顾虑告知大臣，一面谕旨杨锡绂主办勘察是否可采。

　　乾隆十二年（1747年）底，杨锡绂派布、按二司委员经勘查丈量，认为耙冲岭出矿之处并不宽广，试采所得铜砂质量不佳，产砂亦不旺。另

---

① 《清代的矿业》，第229—230页，班第奏。

外,耙冲岭四面都是苗寨,苗民田地离矿山不远,有受害之险,以前开矿土石,就曾压坏田苗,若再淘洗矿砂,也易伤禾苗。加上开矿聚集人众,使柴米价昂,当地苗民大多不愿意此处开矿。考虑到乾隆五年的开矿事件,苗民和地方官都是心怀犹惧,因而各级官员包括杨锡绂都建议耙冲岭铜矿照旧封禁。这一次地方官请求采矿,不但未得许可,还发现了更多不便开采的理由,更坚定了朝廷和地方禁采耙冲岭矿山的决心。①

到了乾隆二十年(1755年),陈宏谋任湖南巡抚。当时正值铜铅等矿出产旺盛,产量大幅增加,商民对开矿的信心倍增,纷纷呈请采矿,人情踊跃。陈宏谋对此也非常支持,他雄心勃勃,上奏朝廷准备扩大开采的地区,"臣以矿厂一件,天财地宝,原属自然之利,苟有成效,该处穷民借以资生,国家亦得资鼓铸之用,于税课亦有裨益,未可概主封禁之说,坐使美利闭藏积于无用也"。②不少矿厂即在此时开采,取得了很大的成功。耙冲岭铜矿在这时又开始招商试采,但是"因厂地坐落苗人村寨,恐厂民滋事惊扰,当即封禁"。这一次开采又无果而终。③

陈宏谋是乾隆年间政绩卓著的封疆大吏之一,很得皇帝的赏识。在任湖南巡抚期间,他对矿业生产提出过不少好的建议,而且身体力行,对于湖南矿业的发展和鼓铸事业做出了很大贡献。但是,因为再采耙冲岭铜矿,他被皇帝教训了一顿,乾隆二十二年(1757年),乾隆皇帝上谕说:"耙冲地方,本系苗疆,自以安静为是,陈宏谋等既令试采,旋复封禁,是否从前试采之举,不无草率冒昧。"④此后耙冲岭铜矿的开采,未再提起。

---

① 《清代的矿业》,第237—240页,鄂昌奏;乾隆帝谕旨;杨锡绂奏。
② 《宫中档乾隆朝奏折15》,第799页,湖南巡抚陈宏谋"奏报试采矿厂缘由折"。
③ 《清代的矿业》,第245页,富勒浑奏。
④ 同上书,乾隆帝谕旨。

四、事件评论

耙冲岭事件起因于矿厂股权和土地纠纷,只是简单的经济矛盾,像这样的矛盾和小冲突在矿业开发的过程中是常见的。但是,由于耙冲岭周围一带生活着苗、瑶等少数民族,参加到冲突中的是苗民,处理稍有不当,就有使原本简单的开矿纠纷上升为民族矛盾的可能。在这次事件的处理过程中,巡抚范时绥的观点代表了一部分朝廷官员对苗民问题的恐惧和使用强权的本能,总督班第和乾隆皇帝对这个事件的处理态度成熟而理智,显示了政府行政能力的强大和成熟。乾隆五年(1740年)的开矿事件后,及时地形成了对苗疆敏感地区开矿的预防机制以及湖南开矿的基本指导原则,这对乾隆八年到二十二年的再采行动具有强烈的影响。所以,以陈宏谋的雄心勃勃,也未能在耙冲岭开采成功。

在耙冲岭的多次试采中,主张开采的主要是商人,还有少数地方官。商人要求采矿的目的就是为了获利,出发点很简单,但是,他们中间有一些滥竽充数的人,比如黄三奇,就是这些人在中间搅浑水,钻空子,使问题复杂化、尖锐化。要求开采的地方官,目的是为了鼓铸,完成鼓铸定额自然是个政绩,对仕途有好处,比如鄂昌和陈宏谋,不能说他们都没有一点私心,但是他们也有为一方经济、民生谋福利、谋发展的良好愿望。特别是陈宏谋在耙冲岭多次试采失败的情况下,敢冒险再采,是需要很大的勇气的。反对开采耙冲岭矿山的有官府方面的人,地方官不愿再采,怕事的心理占很重要的成分,即使乾隆皇帝对此地采矿也不乏担心,而且自始至终都是反对的。耙冲岭附近的苗民,是反对开采的主要力量,开矿损害他们的田园庄稼,本来就是不情愿的事,而开矿中的不规范、不公平更使他们不满。这些力量的较量,便表现为乾隆四年(1739年)到二十年耙冲岭铜矿再三开采的失败。

第三节 九嶷山事件

一、九嶷山的自然和人文价值

九嶷山又名苍梧山,位于宁远县城南30公里,属南岭山脉之萌渚岭,纵横2000余里,横亘在宁远县、道州(今道县)、江华、蓝山四县边境,是瑶族聚居区。九嶷山区现已建成国家级森林公园,是宁远县著名的自然和人文旅游风景区。九嶷山还出产有色金属矿,今天在九嶷山区西部与道县交界处,设有宁远县铅锌厂,但规模不大,没有湖南其他地区的矿厂有名。

九嶷山群山起伏,山势奇伟。《水经注》载:"苍梧之野,峰秀数郡之间,罗岩九峰,各导一溪,岫壑负阻,异岭同势。游者疑焉,故曰九嶷山。"其最高峰舜源峰居中,对面是娥皇峰,周围簇拥着女英、石楼、桂林、五臣、箫韶、朱明、杞林、石城八峰,拔地而起,如众星拱月,的确是"千岩竞秀、万壑争雄"。[①]

九嶷山不但风景迷人,还有古迹舜陵(又称虞陵)和很多传说。《史记·五帝本纪》记载:"舜南巡崩于苍梧之野,葬于江南九嶷。"传说,舜帝死后,二妃娥皇女英千里迢迢前来寻觅,溯潇水而上,沿大小紫荆河而下;由于九峰相仿,令人疑惑,终未得见。又传说娥皇、女英二位妃子没有寻找到舜,日夜不停的哭泣,眼泪洒落在竹上,留下斑斑泪迹,由此有了斑竹(湘妃竹)。由于传说中的舜陵在舜源峰下,山下还建有舜庙,历代王朝遇国家重大庆典,皇帝都要派钦差祭祀舜陵,每年春秋仲月,地方县令也要到舜庙祭祀,当地百姓则更是时常到此祭拜祈福。

[①] 注:现代的旅游介绍中,没有五臣峰,可能是为了附会九嶷山的"九"字,清代当地的方志中则有五臣峰,并将娥皇峰抬升到与舜源峰并列的地位,没有特意取"九"之数。笔者认为"九"是表示数量之多的意思,不是实指,故而取清代方志的说法。

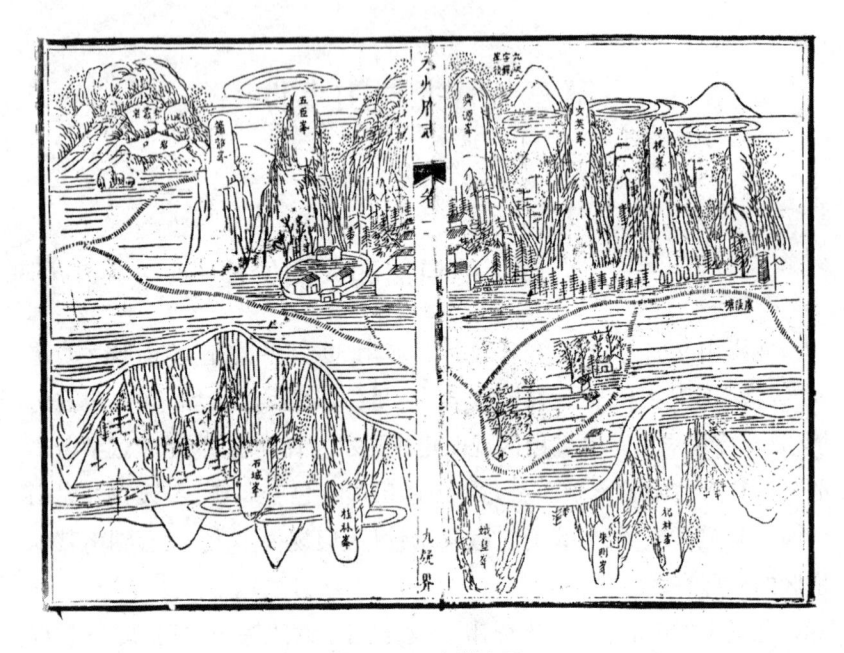

图5-1 九嶷山图

资料来源:道光《永州府志》卷1"舆地图"。

秦汉以来,文人墨客常到此吟咏,山下舜庙留有许多碑刻。九嶷山因此成为古帝王陵寝圣地,同时也是游览胜地,受到政府和民间的重视,尤其在封建国家的礼制中具有很高的地位,有"与五岳同尊"之称。[①]

二、请开矿与封禁的事件

乾隆二十七年(1762年),宁远县有瑶民在九嶷山中发现矿砂,于是私采售卖。桂阳州监生杨某、武生邹某买到矿砂,觉得在此处采矿有利可图,于是向主管当地矿山的衡永郴桂观察使孔某呈请开采。观察使批令宁远知县叶于梅勘查。叶于梅经勘查,认为私采矿砂的地点正在虞陵风水的"第二层过脉"处,并绘图呈给观察使。不久观察使按图沿途访

---

① 光绪《宁远县志》卷3"物产"。

问,在即将到达宁远县时,"大阳、丹桂、太平、仙政四乡之士庶及韭菜源、黄花源、鲁观洞诸瑶民络绎遮诉",反对开采。观察使查清原委之后,随即将该处封禁,杨、邹二人谋划开采九嶷山矿砂的计划落空。

这个事件被巡抚陈宏谋得知,非常重视,令叶于梅将所作纪要印刷成文字保存,以警后世开采。这次封禁之后,很长时间内没有人再申请开采。

同治四年(1865年),蓝山人李象鼎、邓象升二人以增加政府课税,解决军费为名,欲开采九嶷山矿砂,但他们知道九嶷山一直禁采,便假借西江源之地名向巡抚恽世临请求开采。此时正值军费紧张,朝廷对增加课税自然欢喜,恽世临就批示永州府委派道州(今道县)令江肇成和宁远知县王光斗一起去勘查实地情况。

知县王光斗收到勘查的檄文后,"宁、道士民合词请禁者络绎"。王氏勘查途中,士民父老聚集夹道,挡住知县的车马前行,反对开采,要求也很急切。王光斗原本就不赞同开采,加上民意难违,就和道州令一同上禀请求封禁,同时士绅乐显钰等人也专门向巡抚恽世临上呈请求禁矿。恽世临对此非常重视,又委派直隶州州官丁兰徵主持再次勘查。经过实地勘查,发现李、邓二人请求开采的"西江源"其实是宁远县与道州交界的石板冲一带,这里原来是宋代邓再兴私采矿砂起义的地方,因忌讳而借西江源之名请求开采。王光斗、丁兰徵等人绘图详细回禀巡抚,恽世临下令发告示刻石碑永远封禁该处。这次封禁的态度非常严厉,府、州、县各级官员都作纪要禁止再采,终清一世没有人再敢议开采此地。①

三、禁山风水与民生——九嶷山封禁的主题

封禁九嶷山的中心问题,不外乎禁山风水与民生两个主题,这两个主题牵涉的相关问题都很重要。

---

① 光绪《宁远县志》卷3"物产"。

(一) 开矿与虞陵风水

"风水"又名堪舆、形法、相宅、相墓、青乌之术,据学者研究,它"是人们确定阴宅、阳宅布局、朝向、营建,探讨人与自然、人与居葬环境之间关系的一种技巧和术数"。[①] 经过两汉以来的演化和普及,明清时风水思想已经深入人心,成为中国人诠释人地关系的一套概念体系,也是上至帝王将相、下及庶民百姓普遍信仰的行为法则。按清代学者的解释,真龙吉穴、风水宝地,必须符合山环水抱、钟灵毓秀的形势条件。风水术的基本法则是寻龙、望气、察砂、观水、点穴,首先要确定其中主干龙脉的气势所在及其曲折起伏的方向,才有定穴的可能。也就是说,龙脉不单单是蜿蜒起伏的山势,而且是忽隐忽现、可以追踪的脉络。传统风水信仰的观点认为龙脉聚局既主宰着该地人事的吉凶祸福,也关系着都郡城乡的兴衰起落。因此,自古风水理论就强调风水来龙须谨慎维护、保持完整,最忌妄加穿凿和破坏。[②] 清代时,湖南不少州县民间非常迷信风水,前文在讨论煤、铁矿开发时曾论及的宁乡县和祁阳县,就是风水思想顽固的典型地区。在宁远县虞陵保护的问题上,地方官的风水意识也很强烈。

乾隆二十七年(1762年),经过实地勘查,叶于梅描述的虞陵风水详细勾画了虞陵的"来龙去脉"。这个"脉"就是潇水上游,发源于九嶷山区中的三峰石,"其脉自三峰石落下,曲折过三台、天柱,两旁皆有峰峦护从,归结于舜源峰。"而舜源峰特立于群山之中,"左右群峰列侍,面前万山俯拱",正符合约定俗成的理想风水格局(见图5-2、5-3)。这样的风水宝地,更是保护的对象。附近瑶民私采矿砂,桂阳州杨、邹二生申请采矿的地点,虽然不在虞陵,但正在其龙脉的"第二层过脉"

[①] 卞利:《明清时期徽州地区堪舆风行及其对社会经济的影响》,《安徽大学学报(哲学社会科学版)》,1991年第3期。
[②] 于赓贤:《中国风水地理的起源与发展初探》,《中国历史地理论丛》1990年第4期;洪健业:《当"矿脉"遇上"龙脉"——清季台北鸡笼煤务史上的风水论述》,《台湾风物》50卷第4期。

第五章 矿业开发中的冲突与调适

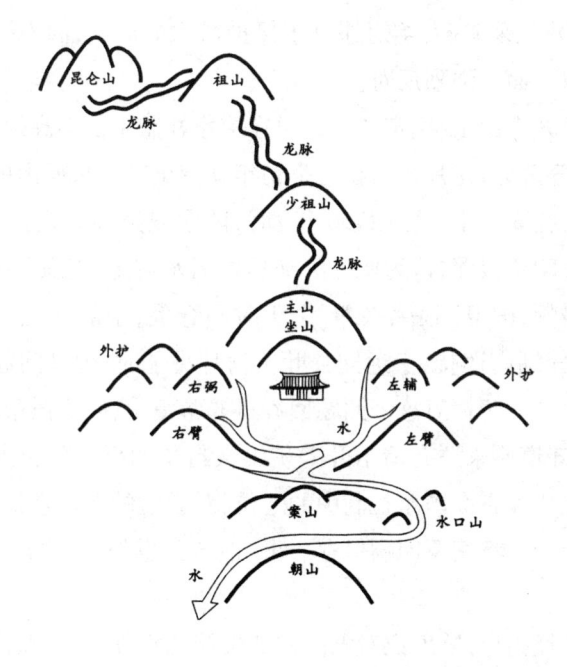

图 5-2 风水宝地环境模式

资料来源:程建军:《风水与建筑》,第 24 页,江西科学技术出版社,2005 年。

图 5-3 叶于梅描述的虞陵风水图

225

南海冲,此处开采矿砂,绝对违反了保护风水的原则,因而受到来自官府和民间双方面的强烈反对。

虞陵在九嶷山中,决定了九嶷山在国家礼制中的崇高地位,其风水龙脉,更不容破坏,这片禁山在乾隆初年湖南全省试采矿山的时候也没有开采过。乾隆二十一年(1756年)时,陈宏谋路经九嶷山,对这里的风景和气势印象很深,认为此处的确是块风水宝地,对其风水中的"发脉、过峡、停顿、护卫"很感兴趣,由于时间仓促,未能深究。乾隆二十八年,他再任湖南巡抚,宁远知县叶于梅拜见他时,他又问起了九嶷山虞陵的风水。叶于梅对这个问题回答得非常清楚,陈宏谋很吃惊,询问起来,这才知道原来还有请示开采矿山又封禁的事。陈宏谋了解九嶷山的历史文化和它在国家礼制中的地位,对虞陵的保护意识很强烈,于是才有令叶于梅将纪要印刷保存一事,他自己也作了"虞陵纪要"以警来者。

前文已经指出,陈宏谋对湖南矿业发展的贡献很大,在他任内湖南许多矿山开采,他甚至冒险在耙冲岭招商开采铜矿,但在九嶷山这个地方,他从来都没有试想过开采矿山。陈宏谋保护九嶷山虞陵的态度对当时和后世的地方官都有很大的影响。他的地位高,同治时的宁远一带的地方官对他很敬重,同治四年(1856年),有人再图开采九嶷山矿砂失败后,宁远知县、道州署官、永州知府等都作文表示要保护虞陵风水。

(二)开矿与民生

阻挠九嶷山中开采矿砂的第二个原因,是此地开矿不利于民反有害于民。乾隆年间,衡永郴桂观察使孔某勘查矿点时,曾遇到附近士绅和老百姓的反对,其中也包括很多瑶民,他们反对的理由没有明确记载,但在知县叶于梅的陈述中有所表现。据叶于梅称,所请开采的矿点不能开采的原因,除了破坏虞陵风水之外,开矿还会污染河流,即当地民田灌溉水源,从而使百姓无以为生:

惟水生于金,龙从水聚。(九)疑山诸水缘兹矿沛达,以灌溉民田者多,且为虞陵聚精会神、过脉行龙之关键。……倘遽而准开,行见金销水竭,脉凿灵虚。将圣帝在天之灵无所凭依,群黎资生之亩顿成旷土矣。

开矿有害民生,这才是宁远、道州二县人民多次联合起来,反对开采的主要原因。同治年间,王光斗与江肇成勘查矿点的途中,再遇两县人民反对,他们明确地陈述了反对开采的理由。那就是:

从前偷挖烧炭,聚匪滋事,历次封禁有案。并称矿砂衰旺无凭,中阻则矿徒难散,并采矿山中设炉,平地矿浆溢注,铅气郁蒸,将见木落草枯,田园荒芜。又况聚集人众,食用增昂,小民度日艰难,必至因之滋事。

他们还说,"此令(开采)行,非独于虞陵有碍也,恐吾邑自此无宁岁矣"。一般的百姓可能不会识"龙脉",不了解虞陵地位的重要性,但他们更关心自己的生活会不会有保障,生活的保障,一是粮食,一是平安无事。

地方官不但有心兴利除弊,也关心宁远一带的安宁在军事、政治安全上的意义。同治年间有人请求开采九嶷山西江源矿砂时,永州一带刚刚经历了太平天国战争,在官府眼中是个极易藏"贼"的地方,永州知府杨翰出于对地方民生和平安的考虑,对巡抚决定仍旧封禁虞陵大加称赞。①

四、事件评论

在九嶷山封禁的事件中,发生的矛盾冲突并不是很激烈,因为从官

---

① 光绪《宁远县志》卷3"物产"。

府到民间都是主张封禁的。要求开采的只是无知的穷民和图利的商人，但是他们的势力不大，而且自觉理亏，在申请开采的时候使用不光彩的手段欺骗主管官员批准。幸而官府准许开矿的手续复杂，官员也依法行事，认真勘查，听取民间的意见，使得找借口开矿的人无机可乘。

在封禁九嶷山的问题上，政府和民间是一致的，但是他们的主要出发点不完全一致。前者更看重虞陵的风水和地位，民间则更关心切实的民生问题。双方在陈述反对开采的理由时都摆出了全面的因素，以使自己的论证更有力，但是他们心中，各因素的重要性是不一样的。代表政府一方的地方官反对的理由，一为虞陵风水；二为百姓之"利"；三为边地安宁，尤其是同治初多事之秋，地方各级官吏确实不愿生事。民间反对的理由，一为百姓之"利"——民生；二为百姓之"利"——平安；三为虞陵风水。当然，官员也知道为民谋福利、保一方平安，民间的士绅和文人阶层也懂得风水龙脉之说和古帝王陵寝的尊贵神圣，一般老百姓也敬畏神灵。叶于梅的"虞陵纪要"中云："无利弗开，有害斯杜，所以妥神便民也。"即不但要照顾神的安宁，也要照顾民生。所以，封禁九嶷山是一件两全其美的事。

严厉的封禁之下，仍然有人偷采九嶷山的矿砂，那些冒禁开采的人，要么是"利"字当头，要么实在是无处求生，总之，对虞陵风水是不加考虑的，这些人虽然掀起过小波澜，但他们只占少数，整个矿业开发都在政府的控制之中。

暂且不去讨论"风水"之说是否科学可靠、九嶷山中的矿砂本身是否达到开采的要求也有待证实。① 只就舜帝陵在九嶷山中以及九嶷山风景区本身的价值来看，当时采取的封禁政策是完全正确的，在现代矿

---

① 民国《宁远县志》卷17"食货"记载：清末民初"道县、江华多趋矿利，县人亦竞起探矿源，其地曰杨兰平、黑石冲、猪楼门、六合厂、桃子坪、黑竹冲、范家冲、熊巴冲、小道堂、矮坳，其在嶷嶷石西南曰羊角冲、大道堂，嶷嶷石东南曰齐公平、黄河，嶷嶷石东北曰午冲、平槽，其在三峰石邻近曰八仙下基，皆次第开掘。大率多锡而少钨。自是矿公司林立，而识矿脉者以为合九疑诸山延袤数县皆有矿环之，不可谓不广，然所环如带，宽裁六寸耳。不可谓富，虽极人力取之……未几，相率罢去矣"。近代大规模开采九嶷山，所获矿砂极少，现代九嶷山中也没有大型的矿厂，这些事实都证明了在当时的条件下该地矿产资源的开采价值极小。

业开发的过程中,自然环境和文物古迹仍然是保护对象。九嶷山封禁事件显示了乾隆和同治年间湖南矿业生产的有序性、理性以及政府控制的有力程度。

第四节 问题透视

上述三个案例,一个发生在民间具有反对开矿传统的郴州,开矿与禁采之间的冲突并不激烈,但矛盾是既深又持久的,并形成了成熟的反对开矿的理论——坑冶"十害论";一个发生在苗疆地区,冲突相对严重一些,对这个事件的处理最能反映政府在苗疆安定与矿业开发两个问题上的态度;一个发生在有古帝王陵寝的地方,这个案例反映了政府与民间对待矿业开发中风水与民生两个问题的态度。三个案例各有特殊性,也有一定的代表性,由这些案例,可以透视清代湖南矿业开发及其相关的某些深层次的问题。

一、民间开矿和反对开矿的较量——以地方士绅为主导

清代的矿业生产中,民间有一定比例的私采矿活动。① 湖南省也不例外,康熙末年和雍正年间,桂东县的锡矿私采、桂阳县的铅和锡矿私采都造成过一定的影响。② 在矿业繁荣的乾隆年间,也有私采矿山的情况。③

但是在这三个事件中,民间反对开矿的人数也很多,其中有普通百

---

① 以云南省铜矿为例,严中平《清代云南矿政考》的研究认为私卖铜和准予商的铜占全省铜产量的比例达到10%。而杨煜达《清代中期(公元1726—1855年)滇东北的铜业开发与环境变迁》中认为这个比例应有25%,其中就包括私采的部分。
② 乾隆《桂东县志》卷2"物产";乾隆《桂阳县志》卷4"风土志"。
③ 韦庆远等:《清代的矿业》,第230页,班第奏:乾隆四、五两年郴桂二州试采铜矿时,由于政府当时只准采铜,不准开采铅矿,但当地居民"即未试开之前,往往入山偷挖,地方官朝驱暮聚,终难尽除。"使地方官员不得不考虑调整政策,改为"铜铅并采"。

姓,也有文人士绅,他们的势力往往比私采的势力更强大。当普通百姓反对开矿的要求与文人士绅的要求一致时,还会形成一种强大的社会舆论,甚至组织请愿活动,一般都能迫使政府对反对开矿的一方让步。当他们的要求与政府的需求一致时,对私采矿的阻力就更大,从而使矿山的封禁非常顺利。

要求开采的一般是商人,由于采矿活动需要投入的资金较大,风险也比较大,有些当地商人不具有独自从事采矿业的实力,需要与本地或外地商人合伙开采,这样往往会增加矛盾和冲突发生的可能性。① 贫穷老百姓也有希望开矿的,这些人开矿的要求如果得不到许可,有时就会私采偷挖。但是,要求开采矿山的人,从来没有出现有组织的请愿活动。这一事实也证明,有资金实力、又有社会地位的矿商很少,至少他们中缺少具有较大影响力的人物,不能造成重大的社会影响。

在民间自发的、有组织的反对开矿的行动中,有一个社会群体的作用至关重要,就是前文中多次提到的地方"士绅"。对于"士绅"或者"绅士"一词的内涵,学者有不同意见。但较一致的看法是,士绅与官吏及地主的关系密切,他们一般凭科举或其他非正常途径取得功名,家境富裕。它还包含两个群体,即"士子—士绅"和"官僚—士绅",前者指那些得到功名的人,他们没有官职,生活于家乡社会,而后者则保有政府职位,常常离开家乡去任职。总体上讲,这是一个受过教育的有身份的群体,享有一定社会、经济和法律特权,是地方社会名流。在普通老百姓的圈子中,他们赢得尊敬和追从,成为公众或社群的首领,在地方社会的经济、司法、传统文化甚至军事(如组织地方团练)中发挥作用。他们还能对地方官施加影响,比如促使官员创制、修改或撤销某个行动或决定。②

---

① 《清代的矿业》,第 227、229 等页多处提及。
② 关于中国士绅的内涵、影响等问题的研究,吴晗、费孝通等《皇权与绅权》(天津人民出版社 1988 年版)与瞿同祖《清代地方政府》(法律出版社 2003 年版)中有详细论述。费正清《剑桥中国晚清史》(中国社会科学出版社 1985 年版)、孔飞力《中华帝国晚期的叛乱及其敌人》(中国社会科学出版社 1990 年版)也有相关的论述。

在上述案例中的郴州地区、九嶷山地区,反对开矿的一方都提出了非常有力的反对理由,有些还是政府本身就忌讳的问题。民间之所以知道如何利用矿业政策中有利于自己的一面来保护自己的权利,就是因为有士绅阶层的领导。在郴州,康熙年间有举人喻国人,嘉庆年间有监生何添明等,同治年间有士绅何邦新等。在宁远九嶷山,同治年间有士绅乐显钰等。他们代表一部分人的要求,与地方官的主张互相呼应,共同推动了禁矿措施在当地的施行,甚至使反对开矿成为一种较为根深蒂固的社会舆论。在这种不利于开矿的舆论下,从事矿业的商人有"奸商"的嫌疑,即使在矿业中获利,也被认为是从事"末业"的暴发户,不会得到社会上的尊重。而从事矿业的矿夫,即使是在农业生产不好的时候才流动到矿业部门的良民,其社会地位也无从谈起。可见,两种社会力量相差悬殊。

从要求开矿与反对开矿双方的较量看来,处在地方社会金字塔上层的社会名流——士绅,以少数受过教育的、有身份的人群的特殊性,[1]影响着地方社会,也主导着具体的矿业开发。

二、苗疆和风水——矿业开发中的敏感问题

上述事件中,还关系到苗疆和风水两个问题,清人评论矿政时曾说:"我国家为民生计至优极渥,然必曰并无妨碍,又必曰毋致生事。"即包含了这两个敏感问题。[2]

根据前文的讨论,矿山封禁的原则有"地近苗疆"一条,在上述案例中,或多或少都与苗疆问题有关。郴州、绥宁、宁远三个地区都有苗、瑶或侗等少数民族生活,开矿在这些地区引起苗疆不安的隐患自然存在。产生于郴州的坑冶"十害论"虽然没有明确地提出苗疆的问题,但是喻国人是将开矿可能会引起苗疆不安放在比"十害"更严重的高度的,九嶷山

---

[1] 张朋园对清代湖南民众受教育程度的讨论,认为有机会受教育者只占人口的极少数,绝大部分为茫然无知的大众。《湖南现代化的早期进展(1860—1916)》,第73—79页。
[2] 道光《辰溪县志》卷21"矿厂志"。

事件中，苗、瑶各族地区的稳定也是官府考虑的因素之一，而耙冲岭开矿事件则深刻地体现了在矿业开发中政府对苗疆问题的敏感度。

耙冲岭铜矿的开采一开始就很谨慎，是经过多次勘查试采的。出事后，巡抚冯光裕很紧张，他的第一个反应就是"厂可不开，苗风断不可长"，主张调大兵镇压矿区的苗民，实在是很过敏的。这个事件妥善处理之后，耙冲岭就成了矿业开发的禁区。乾隆年间的总督孙嘉淦，巡抚蒋溥、杨锡绂都是在湖南矿业开发中有所建树的地方大员，对于矿业生产和管理提出过许多有效的建议，但他们都没有提出过对耙冲岭解禁，唯一敢于冒险在耙冲岭招商试采的陈宏谋也很快归于失败，并因此而获咎。

"有碍风水"是矿山封禁的又一重要原则，"十害论"中明确地归纳为"害三"和"害四"两条。在九嶷山事件中，开矿有碍虞陵风水成为封禁山区的最重要的理由，并且，这个理由自始至终都是官府在强调的。从乾隆年间的巡抚陈宏谋到宁远知县叶于梅，再从同治年间的巡抚恽世临到永州知府杨翰、宁远知县王光斗、道州州官江肇成、丁兰徵，各级官员反对开采的理由都贯穿着虞陵风水不容破坏的思想，他们对虞陵风水的重视程度远超过民间对同一问题的认识。所以，当民间请愿反对开采时，九嶷山的封禁更顺理成章。上文还提到，以陈宏谋的冒险精神，在耙冲岭也曾招商试采，但在九嶷山的问题上他是一开始就反对的。看来，在官员的眼中，苗疆的矛盾可以弱化和控制，而保护禁山风水的原则是任何时候都不能改变的。

这两个问题在矿业开发过程中的敏感性在湖南其他地区都有体现，第二章第四节中关于煤、铁二矿的封禁有很多这方面的例子。总之，如果是政府敏感的问题出了乱子，或者又遇到民间的反对，矿山的封禁在所难免，而且更加坚决。

三、控制、让步和预防——应对矛盾冲突中的政府作为

在这些事件中，掌握矿山开发主动权的从来都是政府，一处矿点是

第五章　矿业开发中的冲突与调适

否开发,何时开发,始终在政府的控制之中。但政府也是有弹性、能屈能伸的,完全能在适当的时候对民间让步,使矛盾化解;又能在出现危机的时候,利用强权及时控制形势并形成预防机制。

有时,地方官对矛盾的处理是消极的,仅仅因为怕惹麻烦而主张封禁矿山的官员也不乏其人。在耙冲岭事件中,巡抚冯光裕最早的处理建议就有这个倾向,为此他还受到总督班第的弹劾。像冯光裕这样的地方官在湖南并不少,如雍正年间署湖南巡抚钟保对岳州府一带私采金矿的处理,完全是一幅怕事的、恐惧的、对统治力量信心不足的面孔。雍正十二年(1734年),署湖南巡抚钟保奏称:

> 今查湖南岳州府属之平江、巴陵、临湘等县田地山场多属砂土,其砂内间有出产土金者。该地人民各于已业山场田地内挖掘淘取,每日或得金一二厘以及三四厘不等。其田于秋收后挖孔淘砂,春耕则填孔布种。……此虽天地自然之利,就地居民借此以作生涯,且所获之金为数无多,实与盗掘金银矿砂者有间,不便照例追究。但利之所在,人必趋之。诚恐远近闻风蜂拥蚁聚,奸良莫辨,以致滋生事端。渐不可长,所当亟为防范。

并出告示晓谕当地人民,禁止淘采金砂。① 再比如嘉庆年间石门、慈利二县雄黄矿的开采中,就有因为附近居民互相争讼,"官厌其挠,封闭之"的事情,而且还封禁了很多年。②

但是,湖南地方上的很多高级官员对矿业开发是积极的,如乾隆年间总督班第、孙嘉淦、巡抚蒋溥、杨锡绂、陈宏谋等人都是其中的代表。所以当矛盾冲突发生时,地方政府都能采取积极的处理方法。乾隆帝对冲突的态度也很平和,遇到矛盾时,官员和皇帝一般都是持大事化小的态度,乾隆五年(1740年)绥宁县耙冲岭铜矿试采冲突中,皇帝先后

---

① 《雍正朝汉文朱批奏折汇编26》,第168页,"署湖南巡抚钟保奏报严禁盗挖岳州矿砂并将山间孔窟填平折"。
② 光绪《石门县志》卷6"物产"。

有两个朱批,一个是"毋致偾事可也";一个是"总期汝等和衷办理为妙"。这就是当时处理冲突的指导原则。总之,由于清政府积累和吸取了宋代、明代开矿的经验和教训,在处理民间矿业开发中的矛盾和冲突时,总体上很成熟、理性,所以像冯光裕那样不合适的建议最终没有在耙冲岭推行,而是采用了总督更成熟积极的手段。

耙冲岭事件体现了政府强权的作用,这个时候,公平并不重要,只有统治安全是第一位的,经济发展也退居次要了。对该事件的处理也体现了政府对矿业生产中冲突的预防机制很有效率,政治敏感性很强,而且能从中总结出将来的预防措施以及全省开矿的基本原则,乾隆八年(1743年)以后耙冲岭数次试采不能成功,都与第一次冲突的有效处理有关。

在郴州发生的一系列事件和九嶷山封禁事件中,当民间出现反对开矿和主张开矿两种势力的矛盾斗争时,政府的处理往往倾向于反对的一方,既说明政府有向民间让步的一面,也可说明政府对民间反对开矿势力利用的一面,有效地发挥了政府作为社会管理者的作用,并使矿业生产向着政府设计的道路上发展。

政府在处理矿业开发中的重大冲突时,既会使用强权解决问题,也会照顾民间的要求和愿望。在处理此类事件的过程中,政府不但有洞察力,有灵活性,有时处理矛盾的手法甚至很微妙。在遇到较大的冲突时,总是以稳定为主。当涉及到少数民族政策时,宁愿牺牲矿业的发展,封闭矿山,也不愿留下民族抗争的隐患。既使用强权,又适当地让步。总之,矿业生产以稳定为前提,再以发展为目标,一切尽在政府掌握之中。

民间反对开矿的一方占据主流舆论并且获得地方官府认同,还有一个非常重要的现实原因,即康熙年间下令准民间采矿主要是采铜铸钱。以郴州为例,当时产铜很少,多为锡矿和铅锌矿,对于鼓铸的帮助并不大。喻国人提出的坑冶"十害论",又题为《锡坑十害说》,起初是专门针对锡矿的,经后世流传,逐渐淡化了其具体针对锡矿的特点而成为反对开矿的普遍的看法。后世反对开矿的理论也不是专门针对铜矿的,银坑"十六害"或者"六害"之说是针对银矿的,"封禁铁厂示"是针对铁矿的。因而,这些民间反对的呼声以及地方官府的措施更容易被官府和民间双方接受,矛盾调适的基础比较好。在郴州发生的一系列事件中,当民间出现反对开矿和要求开矿的矛盾斗争时,政府的处理表面上看是照顾了民间的要求和愿望,实际上都是倾向反对的一方,适当地让步,使矛盾化解,在合适的时候再进行合理的矿业开发。总之,在冲突的控制和调适过程中,地方政府发挥了积极的正面作用。

四、冲突的调适与矿业的继续发展

对冲突和调适的讨论最后必须回归到关于矿业开发本身的讨论上。这些事件给人们的启示,首先应该摒弃一种误解,即认为要求采矿都是利于矿业发展的积极因素,而反对开矿以及政府的禁矿政策都是阻碍矿业发展的消极因素。

由于矿产是一种储存性的资源,其中的燃料类矿物是"使用后就消耗掉",而金属类矿物的再循环也只能保持在理论上,所以不规范的、非理性的开发只会对矿业的持续发展造成更大的破坏。而如何进行真正理性的、可持续的矿业开发,是一个没有终结的话题。[①]

在上述事件发生的某些地区,的确出现了不适宜开矿的情况,郴州地区矿山滥采滥挖的现象已经在清初显示了危害性。另外,在耙冲岭这类敏感的地区开矿,对政府来说,也有一定的政治风险。以士绅为主导的地方社会反对开矿的成功,对禁矿的实行和整个矿业政策的调整都起了很大的推动作用。政府在具体冲突事件中的让步、预防和控制的成功,使不合法的矿业生产几乎没有生存的余地,这既消除了矿业生产中的隐患,维护了社会稳定,也保障了矿业生产的有序进行。

总之,清代湖南的矿业生产能够平稳进行并取得一定的成就,没有引起大的动乱,没有出现明代那样严重的盗矿事件,这一切都与矿业开

[①]《自然资源·分配、经济学与政策》,第 25—26、566—579 页。

发中矛盾冲突的有效调适有很大的关系。

另一方面,民间反对开矿的强大势力与政府利益的结合,以及在此基础上产生的妥协,也使传统的认识更加深入人心。由此造成了一些顽固的、阻碍矿业开发的观念——如风水龙脉说、聚众扰乱说——愈加不能破除。冲突的调适所产生的这个明显的副作用,也是阻碍矿业发展的一些因素得以长期存在的原因之一。

第六章 矿业开发对社会经济的影响

除了坑冶"十害论"以外,清代湖南地方志与其他文献中充满着大量关于矿业开发是利是害的评论,一般都认为矿业开发有利也有弊,而总体上害大于利,如"利少害多"、"利不胜害"等。既然如此,为什么湖南的矿业生产还是繁荣了半个多世纪,直至嘉庆初衰落时,政府还不愿放弃?看来,其中的利肯定不小。矿业生产中存在厚利的事实,在第一章已经作了初步的分析。本章着重讨论清代湖南矿业开发对当地社会经济的影响,从而分析矿业生产中的"利"与"害"都在哪些领域、产生了什么样的影响。

第一节 对地方经济的影响

一、对劳动力的吸收

矿业需要的劳动力多。根据严中平对清代云南铜矿的研究,铜矿的开采过程中,打硐需槌手、凿手,排水需龙手、换手,背荒(从矿硐里往外运矿砂)有砂丁,架镶有领班,矿砂出土后捶矿需人,洗矿需人,配矿又需人。炼矿过程中,煅窑炼炉,名目不下数十,其制造与运用又各需专门的技术人才。至于采矿工具,必需铁工;织造搭棚,必需竹工、木工;砍柴烧炭,必需樵夫、炭户,几乎百工都用得上。①湖南的铜矿和其他矿产的开采和冶炼也不外如此。因此,在收成不好的年份,矿业无疑能解决当地穷民的生计。雍正初年,衡永郴道王柔奏请开矿时,曾预计只要一二处矿厂的开采有成效,就可以解决湖南数十万失业之民的生计问题。②在收成好的年份,矿业也能消化一部分农业人口,使劳动力在生产部门间流动和重新配置,最终促进经济的发展。

郴桂一带的大型矿厂兴盛时有多少人在从事矿业,关于这个问题虽然没有确切的资料记载,但矿业从业人口之多也可从一些中小型矿厂(点)聚集的人数反映出来。乾隆七年(1742年),商人邓茂益在常宁县龙旺山采矿冶炼时,曾聚集2万余人。③ 道光年间,湘阴县新市江中,"淘金户常万余人"。④ 在辰州府的铁矿业中,"山市建厂开铸,货于四方,贫富恃以为业"。⑤ 辰溪县的农民更是以铁矿为副业,农民秋收后,"无他艺业,往往于产有铁矿处所竭力开采,以此获值自赡。计阖县挖矿营生之人,动以千数"。此外,靠矿业其他部门或配套产业营生的矿贩、铸铁的雇工、挑运脚夫、烧炭的炭户、装炭的船户以及拣炉炭矿渣的贫民,每年共计"不下万余人"。⑥ 桂阳州的地方志记载说:"桂民多不善贾事,力农之外,或习一技以终身,此恒业也。因地产铜铅,有力者供垅烧炉,无力者淘沙打矿。"⑦足见在矿产出产丰富的地区,矿业已经成为当地人民的主要副业,吸纳了大量的农业人口。

产矿地方,一般都是山区,田地不足且贫瘠,因而农村劳动力相对过剩。从安置劳动力和经济发展的角度考虑,矿业生产起了积极的作用。

---

① 《清代云南铜政考》,第65页。
② 《清代的矿业》,第350页,王柔奏。
③ 同上书,第230—231页,孙嘉淦奏。
④ 光绪《湘阴县图志》卷25"物产志"。
⑤ 乾隆《辰州府志》卷16"物产考下"。
⑥ 道光《辰溪县志》卷21"矿厂"。
⑦ 乾隆《直隶桂阳州志》卷2"物产"。

二、对农业生产的影响

部分矿产品可以直接用于农业生产,如石灰矿可用作提高山区农田的水温和杀虫,砒矿也可用于杀虫。在矿业发达的桂阳州,农业生产也不逊色,城北一带还成为明代以来以力田致富的著名地区,方志记载:

> (桂阳州)稻田于山地,十不及一,而邓氏、傅氏皆用力田富。邓文盛者,居上田坊,明万历时农人也,有七子,列宅分地,数十里田舍相望。邓士义,亦州北车江源农民也,明崇祯时,以富称。邓仁心者,崇祯时诸生,弟仁恩为国朝诸生,亦居州北,兄弟田数百顷,以富雄一方,至用担石程田契,乘马不牧,游令田野数十里不犯人禾。嘉庆时,黄显儒、傅逢辰、彭相煊亦用勤俭力田,富称北乡,故州北多富人,至今传之。①

但是,矿业生产也会直接破坏附近的农业生产,"十害论"中有两条就是关于矿业生产破坏农业生产的:"剪淘恶水一入,田畴竟成废壤,不但衣食无资,并国赋何办?……河道半被泥沙壅滞,时为迁改,乡民恐坏田苗,拼命力争……"这绝不是杞人忧天。在实际的矿业生产过程中,采矿山场和冶炼厂侵占农业用地、毁坏禾苗、破坏河道导致农田被泥沙填埋、污染水源以致降低农田土壤质量,诸如此类的情况并不少见。

前述乾隆四年(1739年),耙冲岭开矿事件的第一个直接冲突,就是因为商人黄三奇插牌于苗民田地中,试图在民田里采矿。乾隆十二年再议开采耙冲岭铜矿时,经勘查和访问发现:"从前开采,压坏田苗,现有痕迹可验。此地良田数千亩,全仗溪水灌荫,若开采,必在溪内淘

---

① 同治《桂阳直隶州志》卷20"货殖传"。

洗矿砂,有碍灌田。再每逢天雨,水从厂上流下,俱有铜锈气汁,禾苗被伤。"①矿业生产中排放的有害物质随着溪水和雨天的水流进入民田,会对禾苗造成伤害,有时造成的农业生产的损失很大。对于这类危害,当时矿区居民经过长期的体验和总结,已有深刻的认识。

采矿冶炼因污染水源,危害农田,最终影响粮食生产,在产矿大州桂阳州更为严重。据旧志记载,嘉庆年间,著名的黄沙坪铜铅等多金属矿"开挖之处,砂必须水淘,矾流坏田,今有无征米粮四十八石零,现累州民赔纳,皆黄沙坪矾流所坏之田也"。② 可见冶炼所产生的废物,已经对农业产量产生了直接的严重影响。

三、带动地方经济发展和相关产业的繁荣

在许多地方,矿业生产是作为农隙之时对农业生产不足的一种补充,在荒年时这个特点尤其明显。

在湘北岳州府,不少县都产有砂金,开采容易,所以居民常在农隙淘洗金砂,以淘金所得换取日常生活所需的其他物资。雍正十二年(1734年),署湖南巡抚钟保奏称:"今查湖南岳州府属之平江、巴陵、临湘等县田地山场多属砂土,其砂内间有出产土金者。该地人民各于己业山场田地内挖掘淘取,每日或得金一二厘以及三四厘不等。其田于秋收后挖孔淘砂,春耕则填孔布种。……其所获之金,或易米度日,或零星出售。岳州府属各处皆然,而惟平江一处为尤甚。"③

但这种地方淘金所得很少,每日不过一二厘到三四厘,所以也不可夸大淘金在平常年份的作用。由于传统矿业开采技术的落后,当时金矿的开采,大多得不偿失。在湘西的金矿开采中,这种情况更多。如武陵县:"金,间产濑水沙中,己酉大饥,村民掘田淘沙,竭一日之力,仅得

---

① 《清经世文编》卷52"户政・钱币上",杨锡绂"苗疆铜矿毋庸开采疏"。
② 嘉庆《湖南直隶桂阳州志》卷26"矿厂志"。
③ 《雍正朝汉文朱批奏折汇编26》,第168页,"署湖南巡抚钟保奏报严禁盗挖岳州矿砂并将山间孔窟填平折"。

第六章 矿业开发对社会经济的影响

金数厘,故业此者甚少。"①桃源县沅溪四台山:"淘者所获无多,仅供日食。"②沅陵县:"道光二十九年,岁大歉,饥民复相聚私挖,知府钟音鸿因民情,申请试采,用力三月迄无所获。"③所以很多时候,农民只是因荒年收成不好,不得已而为之,并不将淘金作为常业。

但是,在某些矿业生产发达的地区,矿业不仅仅是对农业生产的补充,而是成为地区性的副业,这个时候,它对于地方经济就有明显的促进作用,并能带动一些相关产业的繁荣。上文已经指出,在辰州府的某些县,矿业已成为当地人民的主要副业,依附于矿业的运输、贸易,提供燃料的木炭和煤炭各个行业都获得发展,其从业人数不少于直接从事采矿冶炼的人数。宝庆府一带(主要是邵阳、武冈、新宁三县)的"大条钢"、湘潭的"苏钢"、新化、长沙的锅鼎制造,都曾兴盛一时。④

以矿业兴盛并使当地经济获得发展的典型地区,是桂阳州。旧志载:"桂阳税敛至薄,然力田之效微矣。终岁撑掘,多不过收十石,故逐末业争什一安坐而获者善计也。……州境虽褊小,地方数百里,户口百余万,自汉以来,金官之利为最大。"到清康熙末年,桂阳州的矿业很快恢复生产,乾隆时,"矿地增多,铜铅税尤饶衍,官商吏民敷腴畅溢,百事并兴矣。"不但采矿、冶炼等部门兴旺,矿商和采矿的各种矿夫获利,老年人当砂夫挑砂,也能"日得数十钱"。服务和依附于矿业的运输、贩卖矿砂和矿品的各个行业都得到发展,如"信石(砒矿)、硫磺、石炭之产,担通逾岭,亦岁数千金"。至道光时铜铅诸矿已衰落,该州替朝廷采办军需硫磺矿,也能获利数万。当其兴盛时,桂阳号称"十万矿税之利",因矿业而发家的不乏其人,以采银矿致富的就有邓氏、曹氏、彭氏和何氏四家,其中除彭五中是到岭南采矿致富之外,其余邓希全、曹祖礼、何植荅三人都是在大凑山采银,数年间"资累数十万",或"致资

---

① 同治《武陵县志》卷18"食货三·物产"。
② 道光《桃源县志》卷3"疆域考·特产"。
③ 同治《沅陵县志》卷38"物产"。
④ 彭泽益:《中国近代手工业史资料》第二卷,第135—137页。中华书局,1962年。

产巨万",富甲一方,何植苕采矿盛时,"倚为生者数千人"。

同时,农、林、牧、副、渔、商、借贷各业都很兴旺,各个行业都有人致巨富。上文讲到以农业致富的有城北的邓氏、富氏等人。而何钟衡靠放高利贷,三十年间财致巨万。雷光华以放贷致富更与矿产有直接的关系,据称,"光华居州北茶料,邻徭地,徭民多贫,有垦土者得金数百斤,以为锡,光华贱买之,既易钱,诸徭反从贷焉,遂致十余万金"。何植苕本属中产人家,最初在大凑山采银,"数载资荡尽,州人相戒,莫肯假贷"。等到他采到银矿时,"明日,送钱米者塞门"。争着借贷给他。

桂阳州因矿兴而盛,又因矿竭而衰。同治时,"省下檄劝民出钱助军需"。当时安福县蒋氏助捐数百万,传言桂阳彭氏家业兴旺时比蒋氏还富,但是当时彭氏连三万都拿不出来了,桂阳一州出资也不过八万。而当其兴盛时,仅矿业与盐业两项,数十万转眼就可筹集,可见矿业兴衰对桂阳州经济影响之大。①

四、促进商业繁荣和小市镇的发展

随着商品经济的发展,清代时湖南境内的市镇体系逐渐完备,各地的商品交易很频繁,矿产品的流通也在其中。当然,由于大部分矿产品的流通是受到官府严格控制的,可以在市面自由而合法交易的矿产品很有限,一般可自由交易的为煤和铁。

煤炭和铁,不仅在本地小市场或者县城贩卖,省内府州县之间的贸易也非常活跃,还大量地沿长江远运,上至四川、贵州,下至江南,陆路则翻越南岭到达两广,为这些地方提供燃料及铸造铁制品的原料。用矿铁进一步炼制而成的宝庆大条钢和湘潭苏钢,更是远销各地(见表6-1)。

---

① 同治《桂阳直隶州志》卷20"货殖"。

第六章 矿业开发对社会经济的影响

表6-1 煤和铁的流通

地区	矿产	流通情况	资料来源
宜章县	煤	或肩挑或舟运,县市资焉,亦有运往粤东者。	乾隆《宜章县志》卷4"矿厂"
郴州	煤	西乡马岭炭厂常贩卖长、衡。	乾隆《郴州总志》卷12"物产"
耒阳、衡山、湘潭、湘乡、安化等县及桂阳州	煤	民间开挖运贩,以供炊爨之用,不但此数州县之民资以度日,而湖南全省各州县之民多半资以为薪火,至湖北武汉一带地方亦多资以为用,而江南之铸造铁器者亦多资之。	《清代的矿业》,第464—465、468—469页。
石门县	铁	其盐铁杂货多取给于津市。	嘉庆《石门县志》卷18"风俗"。
永定县	铁	县茅冈旧产鈝矿(生铁),由仙界河达城为厂四十有八,贸贩者皆江南巨商,故邑有小南京之号。	同治《续修永定县志》卷6"物产";光绪《桃源县志》卷1"疆域志·土产"。
辰州府	铁	山市建厂开铸,货于四方。	乾隆《辰州府志》卷16"物产考下"。
辰溪县	铁	所出生板俱装运浦市出售于炒铁厂,炒成熟铁,然后运往湖北汉镇等处销售。	道光《辰溪县志》卷21"矿厂"。
泸溪县	铁	行商则挟高赀往来江湖间,下武汉上黔蜀,多盐铁油蜡鱼□之利,舟楫相衔不绝。	乾隆《泸溪县志》卷8"风俗"。
芷江县	铁	后山、土子、镇江、上三各里多鼓铸以货,其品有三,生铁……熟铁……刚铁。今商贾通贩于外境者,多生铁也。……榆树湾市,……鬻铁者连担趋市,资贾客之贸贩焉。	乾隆《芷江县志》卷1"封域志·市镇"。
兴宁县	铁	贩通芜湖、南京。	乾隆《郴州总志》卷12"物产";嘉庆《郴州总志》卷19"矿厂"。

243

(续表)

地区	矿产	流通情况	资料来源
桂阳州	铁	贩至江浙等省。	嘉庆《湖南直隶桂阳州志》卷26"矿厂"。
邵阳、武冈、新宁等县	钢	大条钢……同治年间,[钢坊]有二十余家。所产钢条,年约一万余担,行销汉口、长沙、河南、甘肃、山西、河北等处,颇形畅旺。	彭泽益:《中国近代手工业史资料》第二卷,第136页。
湘潭县	钢	湘潭产钢,名曰苏钢……至咸丰时,湘潭之苏钢坊,计有四十余家。所产之钢,销于湖北、湖南、河南、陕西、山西、山东、天津、汉口、奉天、吉林等地,殊见畅旺。	同上。

煤和铁的贩运流通不仅有本地的富商和小商小贩参与其中,还吸引了不少外地的巨商大贾,有江西商人、江南商人,也有粤商。一些普通的"里"也因铸铁或中转生铁而发展成为专业小市镇,如芷江县的后山、土子、镇江、上三各里就以铸铁贩卖闻名。永定县的茅冈更是以出产生铁而发展为该县著名的市镇,兴盛时"由仙界河达县城为厂四十有八,贸贩者皆江南巨商,故邑有小南京之号。国初称极盛,乾隆末始渐微"。[①]

以集散和中转铁货闻名的市镇还有澧州的津市、芷江县的榆树湾市,榆树湾市本来就是当地一带小商品的集散地,因买卖铁货人多,市场更加繁荣,加上附近产硫磺,官府特别重视管理,使一个小小市镇地位更加重要。方志载:

> 榆树湾市,在县东九十里□一里,沅水北岸。居民数百家,街衢井列,上下舟楫少选舣泊。鬻铁者连担趋市,资贾客之贸贩焉。油豆米谷之属亦集此售。路当孔道,为入滇所必经,旅舍联络,行

[①] 同治《续修永定县志》卷6"物产";光绪《桃源县志》卷1"疆域志·土产"。

244

第六章　矿业开发对社会经济的影响

客率借宿于此。近时大吏以是地为水陆通衢,民商错处,且有附近之黄岩诸处产硫黄,恐奸徒窃采,遂奏移县丞分驻,巡防益周,市嚣以靖。①

一些小市镇因矿兴而兴,也因矿衰而衰。雍正年间,耒阳县有三个市镇就是典型的例子:

> □头市,县南八里,驰道相接,砌石犹存,产铁,四方商贾□货于此,今冷落不及昔日;肥江市,县南三十里,山出生铁,通上堡市孔道,郴永民居稠密。今荒废,仅茅屋一二间;上堡市,县南五十里,锡冶所在,商贾甚多,利害颇重。今则锡坑淘尽,一带荒岩。……今产锡山陵淘挖将尽,出息微而贸易少,商贾稀而夫徒散。②

煤、铁以外,其他矿产品的流通虽然受到控制,但私贩很普遍。例如雍正年间,地处川、鄂、湘交界的永顺县耶里一带产焰硝,"外省小贩多以布盐杂物向煎熬之家零星易换,运至梅树地方分发。而私贩者即于此处雇船装载,分往各处发卖……"③运至梅树装船后,"由永顺之里耶河路下抵辰州之北河,而入于沅江,分往各处发卖"。④ 由于硝土流通的活跃,梅树这个小地方的经济也因之活跃。湖南白铅(锌矿),"贩者由乐昌入楚,每担价三两,至粤中市于海舶,每担六两。海舶买至日本,每担百斤炼取银十六两,其余即成乌铅……炼出银后仍载入内地,每倭铅百斤,价亦六两"。⑤ 这些矿产品的流通,对于活跃地方经济的作用也不可忽视。

---

① 乾隆《芷江县志》卷1"封域志·市镇"。
② 雍正《耒阳县志》卷1"方舆·街市"。
③ 《雍正朝汉文朱批奏折汇编17》,第674页,"湖广总督迈柱奏遵旨严禁私贩焰硝情形折"。
④ 《雍正朝汉文朱批奏折汇编31》,第81页,"湖南辰沅靖道王柔奏陈酉阳土司所产焰硝应悉行交官验照常给价严禁私贩折"。
⑤ 《清代的矿业》,第364页。

矿业的发展对产矿地区经济、尤其是商业的繁荣有促进作用是客观现实,但是对其程度也不能高估。即使是在产矿大州,矿业对地方居民也有增加负担的一面。主要是因为矿税太重,而且矿业有兴有衰,当矿业衰落时,政府仍不愿及时减少矿税,这个时候反而会产生负面的影响,甚至使矿业成为地方上的经济负担。嘉庆旧志论曰:"(兴宁)邑旧产铁,今矿尽山空,厂不待封禁自散。惟铁炭盛出,无业贫民肩挑,赖以谋食,乃纠众降买降卖,大为厂民客商之累。又近奉买办硝磺,此地素不产此,系向外境尚守,采办,必移文领票方得出境,殊费周折。"①另外,由于私贩受到严格的管制,许多矿产品的流通,并不能得到很好的发展。

矿业与地方经济之间的关系,乾隆《桂阳州志》的概括可谓一针见血:"(桂阳)因地产铜铅,有力者供垅烧炉,无力者淘沙打矿,其中兴衰各半。故矿厂一务,虽为桂民生业之薮,亦为桂民生业之累。"②

第二节 对社会安定和社会风气的影响

矿业生产吸收劳动力、发展地方经济是稳定社会的因素,但不同时期、不同政治条件下,矿业发展与社会安定不能两全。采矿、冶炼各业均含有较大的不稳定因素,它们对社会治安必然有影响,宋、明矿税之祸已有深刻的教训,此类隐患在清代也不少见。然而风险与暴利是双刃剑,取舍两难,清初统治者为此而在矿业政策上摇摆不定,亦是一证。此外,在矿业发达甚至形成了矿业生产传统的地区,矿业开发还对地方民风有着深远的影响。

一、矿业中的人口流动与社会治安

由于矿业生产既可以解决一部分人的生计问题,又有一定的利润,

---

① 光绪《兴宁县志》卷4"物产"。
② 乾隆《直隶桂阳州志》卷27"风俗"。

第六章　矿业开发对社会经济的影响

所以,这个部门不仅吸收大量的本地人民,对外地无业游民也是很大的诱惑。虽然政府一再强调禁止跨地区的采矿活动,但仍有不少人不顾禁令、闻风而动。在对矿山产矿条件和开采条件没有详细的了解、不具备足够的资金和相应的技术、政府又缺乏有效管理和引导措施的情况下,一哄而上的大规模、大范围的人口流动的确是造成社会不安定的一大隐患。小农社会中,农民不会轻易离开自己的土地和家乡,到外地采矿的大多是破产的农民,敢于离开家乡到外地闯荡的一般也有一点冒险精神甚至破釜沉舟的勇气,所以这些人更难以管理和羁服。

事实上,跨省越府的采矿活动在湖南一开始开发矿业的时候就出现了。康熙十九年(1680年),郴州最早开采铜铅矿时,已经有外地人混迹其中,成为地方官和当地士绅的心头之患。康熙二十三年以后,矿山封禁与地方官担心外地游民采矿难以管理不无关系。由于这次采矿及时停止,流民在当地还没有造成破坏性的后果。康熙五十一年时,郴州属桂东县的一次采矿活动的影响就要恶劣得多:

> 康熙五十一年,江广亡命始聚众而数十,继而累百盈千,潜挖偷淘,既无所获,日食难供,即行剽劫民庄。殴之不得,继以官兵,官兵不足,继以乡团。迩时知县阎世魁千总郭开泰召募土兵,演习铳炮,四乡居民入城保守,义勇罗蔡龙等皆犯贼锋而死。团总李俊杰等日夜巡逻,沿山追剿,始得鼠窜狼奔,境赖以安。邑令阎,城守郭并后令张公宽皆因此后先诖误。①

这就是第五章中所说的桂东驱矿徒事件,这个事件反映:破产农民或无业游民,常成为矿工的主力军,他们为了生存而不顾禁令,跨省越府县而来。若产砂旺盛还可解决生计,一旦矿坑有名无实,这些人就会衣食无着,有的干脆就以采矿为名,行剽劫之实,对当地人民的财产乃至生命造成威胁。雍正九年(1731年)时,湖南大部分矿山都在封禁之

---

① 嘉庆《郴州总志》卷19"矿厂"。

中，仅郴、桂二州少数大矿厂在开采。便有"广东矿徒百十成群，自称砂夫，由江西之南赣、吉安所属州县趋赴桂东、桂阳，络绎不绝，而江西之信丰县民人亦有相随而去者"。朝廷随即下令封闭矿山，驱散矿工，并劝令回籍。其中这一年四月初十至十三日的四天中，经江西上饶一带陆续返回广东的就约有 400 余人之多。①

自明代以来，郴州、桂阳州乃至衡州府一带，有一些专门以四处挖矿为业的游民，被称为"砂夫"或"砂贼"，忽而至此，忽而到彼，不但偷挖矿山，还煽动他人参加，确实难以管理。②

从社会治安考虑，跨省跨府县的人口流动的确给政府的管理带来不便甚至威胁，中国古代社会的统治者对于人口流动——即"流民"——的忌讳和恐惧不是没有道理的，因为管理手段有限，对于大规模的人口流动的管理并不是政府力所能及的，矿业生产带来动乱的隐患的确存在，至少对当地社会治安是一个威胁。

二、矿业风险、争讼与社会治安

如果说由流民造成的矿业生产对地方社会治安的威胁可以通过禁止外地人采矿来防止，而在矿业生产中矿商所冒的风险就无法简单解决。

采矿业是投资很大的活动，而回报尤其慢，所以矿业生产中虽存在着厚利，但风险也不可避免。这一方面是因为技术水平有限，不能明确地探明矿山的储量和可开采性，有时只凭一线砂苗出露就盲目开采，风险更大。另一方面是有的矿商资金不足，也可能会使即将开采成功的矿山被遗弃，功败垂成。对于矿商来说，这样的风险足以使其倾家荡产，再加上"厂卡公费官吏周旋，甚为不赀"。③还要承担这些人为的费

---

① 《雍正朝汉文朱批奏折汇编20》，第 517—518 页，"江西巡抚谢旻奏严饬南赣吉安等地防察广东矿徒赴楚采矿并勒令回籍折"。
② 《清代的矿业》，第 569—570 页，景安奏。
③ 嘉庆《郴州总志》卷 19"矿厂"。

用,所以因矿业而发家,或因矿业而破家的商人很多。

桂阳州人何植苕当年在大凑山采银时,只是个中产之家,不几年资产用尽但银矿还未采到,州人又不肯放贷给他,"岁已尽,家无十日粮,矿丁坐食其家者,犹十许人"。真是山穷水尽了。就在他准备放弃开采的时候,绝望之际,突然又采出了银矿。像这样幸运的人,在矿商中毕竟是少数,总体上的情况是"富者破家,贫者敝力"。① 湘潭县以产煤著称,但是因开采煤矿而发家的矿商也是少数,"其岁利大者亦不过千金。黄秉元以起其家。诸攻井者倾家亡身,不可胜数"。②

乾隆年间,桂东县檀树漏、白竹、寒口等处发现锡矿,桂阳州商人谭某、张某及长沙商人周某"各挟重赀来桂东承商,怂恿富户合伙开采"。但试采二三年仍无收获,而本金已经耗尽。结果是"谭、周负债而逃,张某气郁而死"。本地富户也为此而破家。③

因为矿业隐含巨大的风险,投机商人为利而来,往往只顾眼前,一旦破产,也会成为社会不安定的隐患。即使从事采矿业的一般人,不出资金也存在劳而无获的风险。其结果轻则争讼不停,重则为盗为乱。道光年间,在龙阳县就有因采矿失败而变为盗贼的事件:

> 旧传西南山中产金屑,逐利之民千百为群,坎地至数十丈,潭山谷田窅穽盈路,徒亏国赋,无补贫民,迫获金既少,无赖者则聚而为盗。邑侯南昌张公建翎曾极力痛惩之,患始熄。④

又如辰溪县原有上报官府开采的铁矿厂五处,至道光时:

> 久已洞老山空,不得不听民另行开采。无如嗜利矿徒,不顾例禁,辄于有碍坟墓住宅及阖邑风水所关(之处),肆行偷挖,甚之聚

---

① 同治《桂阳直隶州志》卷20"货殖传"。
② 光绪《湘潭县志》卷10"货殖"。
③ 同治《桂东县志》卷8"物产"。
④ 光绪《重修龙阳县志》卷10"食货二·物产"。

众恃强,拒捕斗殴,卒至酿成人命,事所时有。①

矿业生产中因各种矛盾导致争讼的事件更是不胜枚举,或者因为田地界限,或者因为采矿利益不均,或者因为"风水"。在湘潭县,因采煤而引起的讼狱就特别多,"大者聚千人买山采煤,数以致讼"。② 有时采矿本身还有利可图,只因为矿商忙于打官司而弄得破产,甚至聚众械斗。在郴州地区这样的事件非常普遍,旧志载:

> (宜章县锡矿)早禾岭虽属新矿,然山西则宽,砂路则隘,曩者开采甫逾年,即无所出,后封之日,坑夫则欠坑头,坑头则欠客商,讼狱弥年而家由此破。……迨银气旺盛,垅多砂现,讼狱繁兴,陡遇忿争,纠众戕杀。③

争讼事件之多,使得不少百姓对采矿失去了信心,有的人就干脆自动避开那些易招致是非的地方:

> (耒阳县)出煤之所,开挖入有二三里者,故其地多伤墓之讼。大抵产煤之处,地脉已朽,草木不蕃,葬亦非地。若山非己有,利之所在,断难禁人不挖,孝子贤孙,惟有迁以远害。④

地方官处理争讼事件,也感到不胜其扰,所以有的官员干脆各打五十大板,然后直接封禁矿山,可是争讼还是难免。嘉庆、道光年间石门县雄黄矿的开采过程中,就有这样的例子:

> 慈利、石门之间,出石黄溪侧。同治初,县设水卡,百物皆有税

---

① 道光《辰溪县志》卷21"矿厂"。
② 光绪《湘潭县志》卷10"货殖"。
③ 嘉庆《郴州总志》卷19"矿厂"。
④ 黄本骥:《湖南方物志》3。

而雄黄之税称巨云。初土著之民掘黄为业,既而互相讼争,官厌其挠,封闭之。久而复开,讼愈纷矣。①

矿业生产中有厚利,就会有风险,轻者使矿商破产,重者导致矿商之间、或者矿商与当地百姓之间的争讼不停,而更严重者则会引起较大的冲突事件,前文讨论的耙冲岭事件就是一例。这一系列的后果,无不威胁到地方社会的安宁。

三、团练与矿业

在讨论矿业生产对湖南地方社会治安的影响时,有个特殊的地方组织——团练很值得特别一提。湖南的团练组织在镇压太平天国战争中大显身手,并因此而著称于世,得到朝廷的青睐。团练在清代地方军事化过程中的地位早已受到研究者的关注。② 笔者翻阅地方旧志,发现湖南南部团练的起源与发展壮大与当地的矿患还有一段渊源。

据同治《桂东县志》记载,当地的团练也称乡团,最早起于吴三桂叛乱平定之后。康熙十九年(1680年)时,叛乱已平,但是吴三桂在湖南的残余势力还有影响,其中有一部分人就藏于山中,号称砂夫,伺机行动。③ 康熙二十七年,衡永郴桂道分守朱某得令,在其所属各州县"酌立练总、团总,遴选智勇兼优者带领乡勇,保固地方。(桂东)县令何矞云选举李相、周邦振、何遇、陈嘉廉四人为练总,张欣……九人为团总,奉宪牌,委堵御。吴逆余氛不得入境"。在防御和清洗吴三桂的残余势力中,团练首次显示了其御乱保家的力量。

上文提到康熙五十一年(1712年),有广东砂夫到桂东县偷采锡矿

---

① 光绪《石门县志》卷6"物产"。
② 孔飞力《中华帝国晚期的叛乱及其敌人》一书中对"团练"有详细的研究,认为"团练"的含意是有变化的,"团"、"练"的名称,在明末已出现,在十八世纪末到十九世纪中期的白莲教叛乱中,团练组织开始出现。第41—42、64、213页。
③ 康熙《郴州总志》卷6"风土·坑冶附"。

并劫掠当地居民,民壮和官兵均不敌砂夫。最后还是以团练为主要力量,才将砂夫赶走。这次驱矿徒事件,团练又显示了其相对于无组织的"民壮"和有组织的官兵的优势,更坚定了地方官利用团练维持治安的决心。可以说,平定矿患在团练的产生、发展及其社会地位确立的过程中都起了很大的作用。

再到后来,团练的组织已经不只是为了对付"矿徒",而成为维护地方治安的重要力量。咸丰二年(1852年),太平天国起义军攻入湖南南境,径由湖南入湖北,郴州一带土匪四起,桂东更在匪乱之中。县令"调壮勇合官兵围攻",但是官兵将领和士绅都不敌土匪。遇湘乡统领鑫某来援,"集邑绅、办团练,人自为兵,教以阵法"。桂东团练经过这次训练后,战斗力大增,不但在与土匪的历次战斗中获胜,而且被巡抚调往湖南各地协助抵御太平军,成为一支著名的团练组织。

桂东县处于五岭崇山峻岭之中,历代多受寇害,自宋代以来,由于矿徒参与,匪乱愈演愈烈。如顺治五年(1648年)到十年,经广东"红巾贼"焚掠,该县几乎成为废墟。又因为境内多瑶、壮各族,农民又有佃田于外地人的习惯,管理非常不便。经过长期的斗争与总结经验,到同治年间时,已形成较为完备的预防动乱的措施。据当时的方志记载,桂东县"备患之条议"中包括"严保甲"、"练乡团"、"化瑶民"、"审佃户"、"禁坑冶"五条措施,环环相扣。此时,组织团练与禁矿已经成为保境安民的重大措施之一,而团练本身就是禁矿的保障。[①]

四、对地方民风的影响

矿业开发对地方社会更深层次的影响还表现在世风民情方面。湖南民风多喜讼好斗,[②]产矿地方更以难治理著称,争讼事件比比皆是。矿业生产对"好争讼"这一民风的形成和增强无疑有很大的强化作用。

---

① 同治《桂东县志》卷7"兵防志"。
② 张伟然:《湖南历史文化地理研究》,第126—127页,复旦大学出版社,1995年。

第六章 矿业开发对社会经济的影响

即使官府采取禁矿政策,民情趋利,世风也受到影响。道光时,澧州知府说:"贪慕之徒,如火益炽,严峻之法,势难骤加,且虽禁之必不能止。致令不行,民玩其上,巧避苟免,积诈成习,于吏治民俗所关不细矣。"①在那些矿产丰富却久经封禁的地区,因盗采获利而引起的争斗和讼狱很多,因此官府封禁愈加严厉。贫民唯恐封禁矿山断了生路,即使在争斗中杀伤多条人命,也"隐忍不敢举报",使"重利轻生"成为矿区普遍的风气。②

采矿业中的厚利和高风险并存,还会产生和助长侥幸的、投机的心理,更培育了矿商乃至一般采矿者的冒险精神,"夫利之所在,群情争趋,蠢蠢者以觅食之故,缒幽凿险,颠坑仆谷,死亡不恤"。③ 因矿洞塌方、进水、起火致采矿者死亡数十数百人是常事,而采矿者都是自愿的,所以也形成一个不成文的规定:"矿厂法:死者主人不问。"④人的生命在此时毫不可贵。

在长期的矿业开发过程中,临武、蓝山、嘉禾、桂阳、新田乃至衡州府一带还形成了"砂夫"、"砂贼"这一特殊的人群,这个人群的特征是依附于矿业,以出卖劳动力为生,四处流亡,没有稳定的生活来源。这种生存状态,容易使他们养成强烈的反抗精神、冒险精神甚至暴徒意识,所以,在动乱的年代,湘南一带参加起义的人数和进山当土匪的人数都很多,矿夫起事与匪乱结合,成为清晚期郴桂一带的特色。咸丰年间,太平天国起义军转战到郴桂一带时,就有很多挖煤的矿夫参加进来,使起义人数陡然增加一倍。⑤ 太平天国战争过后,兴宁县匪乱不断,志载:"咸丰二年(1852年)军兴以来,寇攘六七次,警动十九载。"同治十二年(1873年)春,"郴匪罗国统结党千余,假名开矿,在南乡大脚岭搭棚立寨,肆行掳掠"。⑥ 土匪借开矿之名实施抢劫,砂夫作为暴

---

① 光绪《石门县志》卷6"物产"。
② 《光绪朝朱批奏折》第101辑"工业矿务"第1081页。
③ 光绪《石门县志》卷6"物产"。
④ 同治《桂阳直隶州志》卷20"货殖"。
⑤ 彭泽益编:《中国近代手工业史资料》,第514—515页,张德坚等:《贼情汇纂》,卷11。
⑥ 光绪《兴宁县志》卷18"杂纪"。

253

徒的特性在这个过程中得以张扬。另外,这个特殊的人群还练就一个绝技,就是挖矿坑,在太平天国起义军攻城的战斗中,这个绝技多次发挥了重要的作用。

  咸丰元年辛亥,秀全窜入永安州……值湖南郴州贼李严通作乱,为官军追剿,亦相附,始突围出……窜至长沙,此壬子年事。先是湖南多股匪,官兵分剿,自是悉附秀全,计二万人。又招得掘煤洞蛮子数百人,始有"龙口"之说。龙口,挖地道也。故长沙以前,尚未能破城,至长沙始用此法,城几破。……乃至武昌,遂验此法。①

在这个人群的对立面,则形成"团练"这个特殊的民间军事组织,而在反对开矿的过程中,又形成郴州兴宁县、宁远县等地士民乡绅请愿的社会风气。这些都是郴桂一带甚至湖南民风中具有特色的一面。

  矿业生产中生命无常、富贵也无常的事实,还使得大部分矿商养成一种视金钱如粪土、采矿致富之后挥金如土、行侠仗义的豪侠之气。

  曹祖礼者,开大凑山万景窝,致资产巨万,豪侠好义行市中。见病者卧道旁,必舁归自医。其佣病溃,人莫敢近,夫妻躬薰盥之。又代亡友嫁其孤女。

何植苔初开银矿时,多年没有收获,家财用尽,只剩十日之粮,但他仍不亏待为自己出力的矿丁,矿丁对他也是义气为重。何氏采银致富后,散家财,恤死者,人称其行为可与古代豪贤相比。

  除夕,(何植苔)杀所畜狗召众会食,且曰:吾力不能给若等,

---

① 《中国近代手工业史资料》,第514—515页;谢介鹤:《金陵癸甲纪事略》,第12页,中华书局,1962年。

今夕且一饭,明日各去,吾亦行馁死矣。矿丁食毕,夜已半,相顾亦无所为计,漫语曰:主人以矿破产,然等吾等意致厚,一犬不能惜,今夜且尽,何用独寝息,姑入垅再一锹凿何如?从丁杂然曰:诺。入山者七八人,一人惰不欲下,姑凿旁土,见矿苗如指,再凿辄宽,呼众击之,巨矿也。走报植茗……所得银铅不可胜计,倚为生者数千人,家致十余万金矣。既而洞中火焚死者百余人。矿厂法:死者主人不问。植茗往见诸家,母妻号哭,不忍归,料其家中所有,尽出之,人数百金,一旦遂尽。人谓何公宜少留,植茗曰:天不贫吾,矿在足矣,天不富吾,留之适生患,且吾尝贫矣。①

矿商致富后,有时也表现出暴发户的心态和行为特征。

  方其盛也,用之如泥沙,食必肥甘,衣必文绣,乘坚策肥,使用多人,故旧亲朋抽丰无数,意气扬扬,抑何雄哉!②

  由于矿业带动了地方经济的发展和商品流通的活跃,来自江南、岭南各地的富商云集、市场繁荣,生活风气自然为之一变,奢靡浮华的生活风气也逐渐普及。永定县的茅冈就是因为铁矿业发达,吸引了江南巨商而号称"小南京"。这个称号不仅代表着商业的繁荣,同时代表着以南京一带为代表的奢靡生活、浮华风气的导入,显示了矿业地区风俗的变迁。③

矿业生产导致的风俗变迁还表现在其对风水思想的冲击上。虽然有许多禁山风水和民间坟墓、祖山附近不许开采,但开矿中的收益仍不时诱惑贫民或"奸民"只顾眼前,不惜破坏"风水",犯禁开采。

  若贫民挖矿卖钱,不顾他人坟墓,并有将自己祖山穿地得矿,

---

① 同治《桂阳直隶州志》卷20"货殖"。
② 嘉庆《郴州总志》卷19"矿厂"。
③ 同治《续修永定县志》卷6"物产"。

称以救贫为要务,族人畏其凶横,大都隐气吞声,罔敢禁阻。至烧炉必须木炭……山内有坟,藉树保护,其在殷实人户,断不忍擅卖坟树,贫而昧良者,暗地盗卖。①

像这样的冲击多了,而且多年之后仍然没有见到人们原来预料的"报应"出现时,风水思想就要遭到怀疑,其在人们心目中的地位便渐渐淡化。乾隆时,祁阳县的官员和有识之士为了解决居民日常燃料缺乏的问题,就已经对人们注重风水的观念表示了否定:

历来柴薪最贱,近由户口滋繁,供爨日多,柴价视从前为贵。缘从前采薪者不过伐其柯干,迩来愚民多拔其根柢,萌蘖无从生发,柴木日尽。……为今之计,惟宜变通烧煤。闻邑中产煤之山所在多有。从前屡有建议开采者,辄为地方无识者阻挠,谓掘伤地脉,有碍近处坟宅风水。致坐失天地自然之美利。殊不知邻近衡郴各郡邑多有开矿采煤者,不闻有掘伤地脉之说。今已广为晓谕,博访采煤之地令民开采。②

到光绪年间,驳斥风水观念、要求发展矿业的论述不时见于地方志,在实际的采矿活动中,不顾风水之说而开采的事件也增多了。③ 这些细微的改变,都可归功于康熙到同治这二百余年里矿业开发的潜移默化。

---

① 嘉庆《郴州总志》卷19"矿厂"。
② 乾隆《祁阳县志》卷4"风俗"。
③ 光绪《零陵县志》卷5"风俗·生计":"樵采往往拔其根柢,故萌蘖无从生也。宜变通烧煤。产煤之山,所在皆有,或有以开矿伤地脉碍坟宅为言者。不知邻近衡、郴各郡邑多有煤矿,何以不闻掘伤邪?将来济柴薪之穷者,舍此必无他策也。"光绪《宜章县乡土风俗志》不分卷:"县四境皆产煤斤,均系零星散见,旋挖旋竭,且有时因伤碍祖坟而控官封禁者,然贫民多借以资生。"

第三节 对自然环境和后期开发的影响

矿业生产是向自然界直接索取自然资源的活动，它对于自然环境的影响有直接的，也有间接而深远的。开矿会破坏土壤、植被和排水系统，产生相当程度的水污染和空气污染，降低景观价值。对大多数矿产来说，环境破坏的程度是随着低等级矿藏的开发、开发规模的扩大以及开发技术的进步而逐步升级的。[1] 这一系列的影响不仅在现代的矿业生产过程中存在，在古代的矿业开发中也存在，只是由于开发的程度比较低——包括规模和品种有限、技术手段落后，因此还没有造成像现代社会那样的严重后果。反之，正由于技术手段落后，在开采过程中造成的未知资源的浪费也许更严重，而管理不科学带来环境污染的可能性更大，这些问题甚至由于不能被人们认知而隐藏起来。对自然环境的破坏因素和矿业生产的其他因素结合，还对后代的矿业开发产生影响。

一、森林和植被的破坏

对环境的第一个影响表现为森林植被的破坏和减少。历史时期，湖南地区的天然植被以亚热带森林为主，林木茂盛的状况基本保持到唐代。本省——尤其是湘江中下游一带天然植被大规模的变迁，始于宋代靖康之乱（1126—1127年）以后。因为北方人大量南迁，使本区户口增加，荒山得到垦殖，天然植被相应减少。此后，各地因战乱和灾荒等原因，植被变迁还有过若干反复，但总的趋势是栽培植被迅速扩大和天然植被日益缩小。以过去森林茂密的攸县为例，到十九世纪初期，残存的森林已不到该县山地面积的十之二三，其余多为茶、桐、玉米所代替了。清代中叶，不少地方已经牛山濯濯，出现了木料和燃料都很缺乏

---

[1] 《自然资源·分配、经济学与政策》，第25—26页。

的现象。天然植被迅速变迁的原因,学者们已经注意到了过度垦殖和十七、十八世纪玉米、甘薯等作物的大量引进以及战争年代的直接破坏等因素。① 矿业生产对天然植被的破坏以前被忽视了,但并不说明它无足轻重。

以铁矿为例。铁矿的冶炼过程中,对燃料的需求比较大,燃料一是煤炭,二是木炭(或柴薪)。在煤炭较少或还未大量开采的时候,砍伐山林对冶炼的重要性不言而喻。兴宁县是个铁矿出产地点较多而产量不大的地区,铁矿的冶炼主要靠砍伐树木,"树木长成之处,则商人就而烧铁"。最后到"木尽矿竭"时就另寻他处。② 有的地方,由于铸铁业兴旺,林木砍伐过多,已经产生恶性循环,反过来又影响到了铁矿业的发展,如永定县"自准开采后,铁厂颇多,然皆在茅冈司界内。今据茅冈世袭千总覃朝辅呈明,茅冈四十八厂迩来大炉已久停止,惟官塔、竹马溪、青岩山三处尚作小炉,资本半出客商,亦无余铁售卖。其所以然,总由山木砍伐过多,而山炭所出不足供作大炉也"。③ 永宁县茅冈的铁厂大约兴旺了一百年,到乾隆末年,该地附近的燃料供应不足,其中也有铸铁业消耗掉的很大一部分。

在铜铅等矿的冶炼中,也要以树木或木炭为燃料,"十害论"中有一条说:"炉炭无出,即砍人禁山而不惜,伐人塚树而莫顾,居民风水悉遭败坏。"从中也能看出矿业生产对森林的破坏作用。

采矿业对森林的破坏还可以从今天某些地名的改变反映出来。枫山岭是乾隆年间桂阳州最著名的铅矿厂之一,据现在郴州地质勘察局的专家说,枫山岭即现在的横山岭,当年满山的枫树,因为采矿将这一带的树木伐尽,"枫山"早已有名无实,而此山恰与其他山是横着的,故改名"横山"。

二三百年前森林和植被破坏的实景今天已无法见到了,但是某些地方还在用几乎同样的方法、技术在开采矿山,通过现在的情况仍

---

① 《中国自然地理·历史自然地理》,第31—32页,科学出版社,1982年。
② 嘉庆《郴州总志》卷19。
③ 嘉庆《永定县志》卷6"物产"。

然可以见到历史上的影子。桂阳宝山（清代的著名矿厂大凑山）就是一个例子，它造成的结果是山顶几乎夷为平地，有山但是没有树木（见照片1）。

照片1 今桂阳县宝山铜铅锌矿，就是清代的大凑山，现在山顶这片地方主要是开采铁矿砂，然后"就煤烧炼"，矿砂中还含有其他矿物，排放的水流是绿色的，山顶几乎夷为平地了。

与植被破坏紧紧相随的是水土流失问题。康熙年间，喻国人曾告诫，开采矿山已经导致"河道半被泥沙壅滞，时为迁改"的现象。[①] 金矿的开采多在湘西、湘北的河溪以及洞庭湖滨，由于技术的限制，民间的淘采以砂金为主，也极易造成水土流失。雍正年间，湘北岳州府一带，居民在自家的田地山场中采挖砂金，已经形成一种习惯，致使山间到处是孔窟。这种淘金现象无疑会破坏植被，造成水土流失。

笔者统计出康熙到同治年间有70余处铜铅诸矿的矿厂和矿点在采，加上金银矿，还有无法统计的煤矿和铁矿等，在这二百余年里，如此多的矿山开采，造成的植被破坏和水土流失不会是小数目。有人类活动的地方，就会对自然环境产生影响，矿业生产作为人类活动的一种方

---

① 康熙《郴州总志》卷6"风土·坑冶附"。

式，它对于唐代以来，尤其是对清代湖南自然环境的变迁应负有相当一部分的责任。

煤炭作为燃料，它的开发有保护森林资源的一面。乾隆年间，祁阳县和桂阳县因户口增加，垦殖过度，山林砍伐严重，柴薪不足，就有人建议开采煤矿以解决燃料问题。① 以煤代替柴薪为燃料，可以缓解森林植被遭破坏的趋势，但是没有得到多少程度的实施。而在煤矿的开采过程中，同样又会造成新的破坏。可见，从保护森林植被的角度看，煤炭作为柴薪的一种替代品，并不完全成功。

二、水、土壤和空气污染

湖南多金属矿中都伴生有其他矿物，如盐类、砒矿、硫等，在开采的过程中，那些不需要、未被认知的或者未达到冶炼品位要求的矿物就被遗弃，或者在冶炼的过程中释放，其中就有很多的硫化矿物和复合盐类物质，它们或者具有毒性和辐射性，或者会使土壤盐碱化。这些物质被雨水径流带入河流时，也会产生水污染。另外，采矿之后冶炼，需先在河溪中淘洗矿砂，更直接地污染了水源。前文所说，嘉庆年间桂阳州出现"矾流坏田"的情况，其中的"矾"，是某些金属硫酸盐的含水结晶，属于含水复盐的一类，这种物质能使土地盐碱化，通过污染水源、降低土壤的质量从而使农业生产受损。矿业生产污染水源的问题，在九嶷山地区、郴州地区反对开矿的事件中都有人提出过。

矿业生产造成的空气污染问题在清代也表现出来了，人们在生产实践中，已经感受到其危害性。乾隆、同治年间，宁远县、道州一带的老百姓反对开采九嶷山矿砂时，就提出了这样一个理由："采矿山中设炉，平地矿浆溢注，铅气郁蒸，将见木落草枯，田园荒芜。"②

水污染和空气污染导致的环境质量下降，已经影响到了人们的身

---

① 乾隆《祁阳县志》卷4"风俗"；乾隆《桂阳县志》卷4"物产"。
② 光绪《宁远县志》卷3"物产"。

体健康,"十害论"中还有一条说:"恶水一出,数十里沟涧溪河皆成秽浊,民间饮之则生疾病。"可见,现代矿业生产中的重金属污染现象在当时已经出现。

总之,矿业生产导致的各种污染问题在清代湖南都有表现,所幸的是,当时总的开发规模和开发的技术水平都不能和现代相比,因此,此类污染事件不是很多,问题并不严重。

三、对地质地貌的影响

长年的、没有计划性的采矿业,对小范围内的地质地貌也产生了一定的影响,矿业开发破坏植被和造成水土流失的现象,长远的后果就是使森林被荒山代替,丘陵渐渐变为平地,河流改道甚至淤塞。

开采矿山,凿山穴地,浅者数尺,深者数百尺也不为过。金矿的开采就常有开采数十丈的例子,例如道光年间龙阳县,"旧传西南山中产金屑,逐利之民千百为群,坎地至数十丈,潭山谷田窅穿盈路"。[①] 开采过程中,矿洞坍塌还是小事,严重者会使山体崩裂。耒阳县上堡市是著名的锡矿产地,当地锡矿的开采"不知历若干年,今(道光时)淘洗殆尽,山势崩塌"。[②] 桂阳州称"八宝地",大凑山就是个产矿丰富的"宝山",就因为多矿,使这个"宝山"遍体鳞伤,山体内旧垅交错。今天该地的采矿者,在采挖的过程中仍不时与旧垅相遇(见照片2)。

采矿还会引起地下水层变动,使地势发生变化。嘉庆初年,郴州一带的很多矿厂开采面临枯竭,而官府仍强令取矿,许多矿洞都遇到地下水漫灌、矿洞坍塌而无法继续开采。[③]

同样,由于当时矿业开发规模小、技术水平低,此类影响只局限在少数地区,烈度也不大。

---

① 光绪《重修龙阳县志》卷10"食货二·物产"。
② 道光《耒阳县志》卷21"物产"。
③ 嘉庆《郴州总志》卷19"矿厂"。

照片2　这是从宝山海拔约365米的一个现代采矿井进去遇到的一个老窿切口。据老矿工说，这个老窿可能是民国以前的，像这样的老窿，在采矿过程中经常会遇到。

四、对后期开发矿产的影响

按照自然资源学专家的看法，矿产属于储存性资源，是经过千百万年才形成的物质，从人类视角看，其当前供给是固定的，因此最终可利用的数量必然存在某种极限。矿产中的很大一部分，如矿物燃料，属于"使用后就消耗掉的"资源，不可以再循环利用。① 由于清代的采矿冶炼技术仍然停留在原始落后的阶段，无力开采矿床深处，只能浅挖而止，又不能科学而经济地利用矿产品，因此极易造成对资源的浪费和破坏。另外，由于当时的矿业开发一部分是因为人口增长造成的索取性开发，难免会以破坏和浪费矿产资源为前提。这种隐性浪费和破坏掉的资源，可能并不少于当时实际利用的矿产。

①《自然资源・分配、经济学与政策》，第25—26页。

第六章 矿业开发对社会经济的影响

滥采滥挖而造成资源浪费和破坏的现象,早在乾隆年间桂东县的锡矿和铁矿开发、道光年间龙阳县金矿开发的过程中就已经显示出来了。据旧志记载,桂东县"虽锡铁有山,而锡山经砂夫聚蹢后,利不胜害,等弃壤矣"。① 龙阳县,"旧传西南山中产金屑,逐利之民千百为群,坎地至数十丈,潭山谷田窅窄盈路……然山脉损而地利空矣"。②

原始落后的开采技术可能会破坏矿产资源的稳定性和可利用程度,给后期开发带来很大的困难。明末郴州、桂阳一带滥采矿山给清代该地区的采矿业带来的影响,在后代继续重演。如醴陵县的石门口煤田,在雍正和乾隆年间已有人开采,清末又由当地人自由掘取,到民国时,"煤井凌乱达百余处,至今犹为工程上之障碍"。"西南乡由长毛港至瓜塘湖一线,经乡人采掘,状若蜂窠。自地面以下四百尺,殆成废矿。勒由塘至北冲之开采……至康熙年间,本地人始继起采掘。惟所掘均不甚深,迄今废井遍处皆是。"清代这些地方煤矿的盲目开采,已经对民国时此处的采煤业造成了破坏性的影响。③

清代桂阳州的大凑山多金属矿历经开采,给当地现代的矿业开发也造成许多困难。建国以后,地质勘探工作者进入矿区普查时,除了看到遍布的老窿、炉渣外,已很难找到尚存的矿体。经过多次施工失败和改进勘探计划,直到二十世纪七十年代,才找到一些小型的铜和铅锌矿,八十年代以后,该地的勘探和采矿工作也历经曲折。④

虽然历史上的采矿技术落后,对后代的开采带来负面影响,但是关于开采矿点的文献记载常常成为现代找矿的依据和线索,有助于今天的矿业开发。事实上,建国以后有不少古矿产地经过普查勘探,从而被确认为具有工业价值的矿床,而且很多都已投入生产。⑤

古代矿业生产中积累的有益的生产经验、传统技术和工具,有些对

---

① 乾隆《桂东县志》卷2"物产"。
② 光绪《重修龙阳县志》卷10"食货二·物产"。
③ 民国《醴陵县志》卷5"矿产"。
④ 《中国矿床发现史·湖南卷》,第117—118页。
⑤ 《中国古代矿业开发史》,第4页。

今天的矿业生产仍有帮助,许多传统的开采冶炼技术在现代小型矿山中还在应用,起着现代技术不可替代的作用。如《天工开物》中所绘的民间使用的淘砂木斗,有许多优点,现代地质工作中使用的"淘金斗"就与它一模一样。①

在郴州的旧志中,多次提到"白铅砂石运地名马岭,就煤烧炼"。②笔者在今桂阳县宝山铅锌矿区考察时,就见到许多铁矿砂"就煤烧炼"的情景。这是炼铁前的一种传统的预处理技术,方法是将煤和铁砂混在一起,作成垅形,中间留有直径约 20 厘米的空隙以备鼓风,铁砂土经高温焚烧,粗炼之后再外运,与直接将砂土外运比较,这种方式显然大大地减少了运输中的费用(见照片 3)。此外,笔者还见到清代文献记

照片 3 "就煤烧炼"。在宝山海拔约 470 米、接近山顶的地方,像这样整齐排列的畦垅状的"就煤烧炼"情景很多,这是已经烧好准备整理外运的。

载的那些原始采掘工具仍在使用,这些工具不论是远从清代以前流传下来的,或是在清代发明的,它们在当今的矿业生产还在起作用(见照片 4)。当然,这样的影响只是局部的、小范围的。传统、原始落

---

① 《中国古代矿业开发史》,第 265 页。
② 乾隆《郴州总志》卷 12 "物产";嘉庆《郴州总志》卷 19 "矿厂"。

264

第六章　矿业开发对社会经济的影响

照片4　"就煤烧炼"后工人在将铁分成块状,然后外运。他们使用的就是《清代云南铜政考》中所说的那些凿子、锤子、钯之类的工具。

后的技术毕竟只在小范围内采用,现代机器工业和科学管理才是矿业生产中的主流和趋势。

小　　结

本章的讨论说明,矿业开发在一定程度上可以吸收农村劳动力、带动经济和相关产业的繁荣,促进商品流通的活跃和小市镇的兴起,但是这种促进作用不容高估。即使是在矿业发达的州县,矿业开发也给地方经济带来沉重的负担,它对农业生产还有直接的破坏作用。

矿业生产中的人口流动、高风险以及由风险和利益争斗形成的争讼事件频繁的现象,都会对社会治安造成威胁,严重者还会导致较大的冲突。桂东县团练的起源与发展壮大,就与矿业生产中的这些问题密切相关。矿业开发对地方社会更深层次的影响,表现为世风民情的悄悄转变,这些转变,有消极的一面,也有积极的一面,它们最终构成湖南民风丰富多彩的一部分。

传统时期的矿业开发,已经在森林植被变迁,水、土壤和空气污染,以及地质地貌变化等方面显示了它对自然环境的影响和破坏作用。由于开发规模小、技术水平低,这类危害在当时并不严重,影响的范围也比较小。当然,也许还有一些危害因为各种原因而没有被记载下来,对此也不可臆断。传统时期矿业开发中由于技术落后、知识的欠缺而造成的资源浪费和破坏,对后期开发造成的负面影响一直到二十世纪八十年代还没有消失,但是另一方面,直到今天的矿业生产中,仍然保存有古代留传下来的生产经验、传统技术和工具,它们作为传统矿业生产的活化石,在现代矿山中仍然发挥着作用。

第七章　晚清湖南新式矿业的出现及其命运

张朋园在《湖南现代化的早期进展(1860—1916)》一书中,对新政以来到第一次世界大战末期(1895—1916年)的湖南矿务作了"全盘检讨",对于矿务的结构、官办、民(商)办的特色、弊病、各矿发展情况、经营利弊以及后期发展预测都有独到的见解。但晚清湖南矿业兴办的情形、发展脉络、统计的数据与民国时期的矿业相混,使读者不易了解清末的实在情形。① 本章着重理清光绪朝到民国成立前(1875—1911年)湖南矿业发展的历程和空间分布,并尝试评价该时期湖南矿业的成就和局限,对于其他各项内容,仅根据行文需要稍作介绍,不再作专门的考察。

第一节　新式矿业的出现

一、鸦片战争后全国兴办矿业的局势

鸦片战争(1840—1842年)失败后,清政府签订了一系列屈辱的条约,巨额赔款使原本窘迫的财政更加陷入困境。为了解决财政危机,政府立即调整了矿业政策,道光二十四年(1844年)起,朝廷多次下诏表

---

① 《湖南现代化的早期进展(1860—1916)》,第269—310页。

示兴办矿业的决心,鼓励各省开采矿山,并表示政府对各地如何经营矿业不再干涉,完全放开了矿禁。咸丰、同治两朝,内有太平天国起义,外有英法联军侵华(第二次鸦片战争,1856—1860年),内外交困,军饷筹集困难。而第二次鸦片战争后,清政府又割地赔款,财政更加拮据。这期间,朝廷又多次下诏开采金、银、铜、锡、煤、铁等矿,矿业政策出现了前所未有的大转变。

十九世纪六十年代以后,在一些官员中开始了以"自强"、"求富"为目标的"洋务运动",他们采用西方的技术,创办了一批民用工业和交通运输事业,矿业便是其中的重要部分。[1] 同治十三年(1874年),朝廷中海防议起,为了筹办海防、制造机器轮船和修筑铁路,直隶总督李鸿章、船政大臣沈葆桢、两江总督左宗棠等人先后建议开采煤、铁等矿以济军需。在这些洋务派领袖的倡导下,光绪八年(1882年)以后,出现了全国兴办煤、铁矿的高潮,吉林、黑龙江、直隶、奉天、江西、安徽、湖北、河南、山西、浙江、江苏、湖南、广西、陕西等省的煤矿,直隶、江北、广西、江西、云南、贵州等省的铁矿,相继开采。[2] 在官办的矿业中,已经开始使用新式机器,采用新法开采矿山,具有现代性质的矿山企业也在此时诞生。光绪三年,由李鸿章创办、建于滦州的开平矿务局是其中较为成功的代表。[3]

1894年,中日"甲午战争"以中国的惨败结束,清政府被迫签订《中日马关条约》,又出卖了大部分国家主权,尤其是允许外国资本在中国投资设厂,各国在华资本以争夺路矿权益为中心,渗透到各个领域,中国丧失了一大批采矿权。中国在甲午战争中的惨败,极大地刺激了中国人,维新变法运动随之兴起,朝廷上下要求发展民族工业、维护利权的呼声愈来愈高。[4] 在此情况下,光绪二十二年(1896年),朝廷又下诏各省开

---

[1] 董书城:《中国商品经济史》,第330页,安徽教育出版社,1990年。
[2] 《清史稿》卷124"食货五"。
[3] 汪胡桢:《中国煤矿业小史》,《东方杂志》第18卷1号,1921年1月。
[4] 陈争平、龙登高:《中国近代经济史教程》,第121—123、148—149页,清华大学出版社,2002年。

办金银矿厂,一时间,全国各地的金、银、铜、铅、锡、锑、石油、硫磺、雄黄各矿相继开办,"或官办,或商办,或官商合办。或用土法,或用西法"。

二、光绪朝前二十年湖南矿业的发展

鸦片战争以后,中国被迫先后开放了一批通商口岸,开始了与西方国家的频繁接触。1860年英法联军攻占北京,中国再次丧失大部分主权以后,标榜"自强"、"求富"的洋务运动兴起,更推动了中国的大变革。当这些变化在沿海地区轰轰烈烈地进行时,湖南仍在闭关自守之中,其矿业还处在传统的生产方式之下,未见到新式机器的使用,而境内的战争和动乱更干扰了矿业的进一步发展。但是,道光以后全国矿业政策的渐次转变,使湖南的矿业在同治朝已经出现了乐观的前景,光绪八年(1882年)以后全国开采煤、铁矿产的潮流中,湖南也没有落后,湘乡、祁阳二县的煤矿就是此时开办较有名气的两处。[①]

在光绪朝的前二十年中,湖南各地的矿山继续采用土法开采,由于文献对各个矿山的具体开采时间记载很模糊,这里不能明确地断定各种矿产的开采地区,因此无法将本时期的空间开发规模与前朝进行直接的比较。

表7-1使用的方法,是将整个光绪和宣统两朝本省开采矿产的地区,分为"传统的开采矿产的地区"和"新增的开采矿产的地区"两类。前者是康熙到同治年间开采过,光绪和宣统时期仍在开采的地区。光绪朝的前二十年中,整个矿业政策旨在鼓励开采,而湖南的矿业已步入正常发展的轨道,因此,可以大胆地判定表7-1中统计的"传统的开采矿产的地区"中的各种矿产在这个时期都有开采。而"新增的开采矿产的地区"中,不能排除有些就是在这个时期中新增的。因此,这个时期各种矿产的开采地区,至少是"传统的开采矿产的地区",还要加上一些新增的地区,但是不多。

[①] 《清史稿》卷124"食货五"。

表7-1 光绪、宣统时期湖南矿业的分布

矿产	开采州县数量	传统的开采矿产的地区	新增的开采矿产的地区
金	8	龙阳县、桃源县、会同县、平江县	邵阳县、沅陵县、靖州、古丈坪厅
银	3	郴州	邵阳县、宁远县
铜	4	桂阳州、常宁县	兴宁县、慈利县、永定县
铅	9	醴陵县、郴州、临武县、常宁县	湘乡县、永定县、衡山县、古丈坪厅、祁阳县
锌	3	醴陵县、郴州、常宁县	
锡	5	郴州、临武县、江华县	古丈坪厅、零陵县
铁	13	邵阳县、新宁县、零陵县、郴州、兴宁县、耒阳县、慈利县、永顺县	永兴县、靖州、古丈坪厅、黔阳县、芷江县
锰	1		湘潭县
锑	14		邵阳县、新化县、湘乡县、安化县、宁乡县、益阳县、慈利县、郴州、溆浦县、沅陵县、古丈坪厅、芷江县、黔阳县、祁阳县
煤	20	新宁县、醴陵县、宁乡县、湘潭县、湘乡县、郴州、兴宁县、宜章县、永兴县、常宁县、衡山县、耒阳县、石门县、芷江县	邵阳县、靖州、慈利县、澧县、古丈坪厅、黔阳县
硫磺	2		郴州、古丈坪厅
硝	1		慈利县
砒	1		郴州
汞	4		长沙县、善化县、湘潭县、乾州厅
矾	1		郴州
瓷土	1	醴陵县	
陶土	1	湘阴县	

说明：本表据附表1编制。

第七章　晚清湖南新式矿业的出现及其命运

这期间,在"传统的开采矿产的地区"开采的大多是无名小矿,较大的矿点是临武县香花岭多金属矿。光绪十五年(1889年),这个历史上著名的矿点,由衡山商人周鹏南恢复开采,后来发展为清末湖南著名的锡矿产地。

这个时期先后发现的新矿点中,沅陵县沃溪金矿在光绪六年(1880年)由当地居民发现,后来发展成为湖南重要的金矿厂。现代的澧县羊耳山煤矿,在光绪二十年,就有个叫陈显逢的人在该地雇工兴办采煤业。① 新矿点的发现,以锑矿的发现和开采最有意义,张朋园的研究已经指出:"传说光绪十年(1884)左右,湘人已有认识锑之存在者。但迟至光绪二十二年(1896),此矿才得证实。"② 其实,光绪十九年在宁乡县就有开采锑矿的尝试,但是"以深入不旺停"。③ 这些尝试,为晚清和民国时期湖南锑矿开采如火如荼的进行,作了准备。

光绪朝的前二十年中,湖南矿业在继续发展,个别矿产在地区上可能有所扩展、矿点也可能有所增加,但总体规模上并没有较大的提高,尤其是没有出现大型的矿厂。煤矿和铁矿的开采地区甚至比同治朝有所减少,在同治朝的短短十三年中,开采煤矿的地区有21个县,开采铁矿的地区有16个县,即使考虑封禁的因素,也有13个县开采铁矿(见第三章第三节)。而即使将晚清开采的煤矿和铁矿全部看成是光绪朝的前二十年中开采的,也分别只有20和13个地区。可见,本期在传统的采矿地区进行的开采都没有明显的成果,各种矿产的开发远未恢复到乾隆朝矿业兴盛时期的水平。虽然仍有一些新的矿点发现,甚至锑矿也在此时试采过,但是,沿用旧的开采技术并没有任何收效。这个事实也再次反映出,继续采用传统的矿业生产方式和技术,湖南的矿业已经没有多大的发展潜力和前途,甚至已经显示了停滞的迹象。

---

① 《中国矿床发现史》湖南卷,第15、162、164页。
② 《湖南现代化的早期进展(1860—1916)》,第276页。
③ 民国《宁乡县志》"故事编第三"。

三、陈宝箴与湖南矿务总局的设立

1895年,清政府与日本签订《马关条约》的消息传来,湖南反应激烈,谭嗣同、唐才常、皮锡瑞等人在湖南积极鼓吹新政,获得巡抚陈宝箴的支持。在这一批官员和士绅的领导下,湖南与北京互为呼应,开始了推行新政的运动,大力开发矿业就是其中重要的一个内容。

陈宝箴是湖南新政运动的关键性人物,在推动湖南矿业发展方面,他更是贡献卓著。早在光绪二年(1876年),陈宝箴任湖南署辰永沅靖道期间,巡查湖南中南部时,他就曾注意到湖南的矿藏丰富,限于土法开采,不但不能使矿藏福泽一方,反而因争斗百出使矿藏祸害一方。陈氏当时就建议"宜及时经理,不可使天地自然之利所以养人者转以害人"。巡抚王文韶接受建议,正拟试办时,却被调走,使兴办矿业的计划中辍。

1895年,陈宝箴由直隶布政使调任湖南巡抚,使他得以亲自将发展湖南矿业的愿望付诸实施。陈宝箴认为:此时湖南正逢歉收,"开矿之举,行之歉岁,尤为急务",此举既有利于国计民生,亦是自强之路;从湖南地理、经济等特殊情况出发,应优先发展矿业,"湖南山多田少,物产不丰,而山势层迭奥衍,多矿石之质类,不宜于树艺;唯五金之矿,多出其中,煤铁所在多有,小民之无田可耕者,每赖以此谋生"。这年冬天,陈宝箴在省城长沙正式设立官矿领导机构——湖南矿务总局。第二年正月,他将开采湖南矿藏,设立矿务总局诸事上奏朝廷,并拟定开采计划,任用"南北洋及各处熟谙矿务机器之人"协助办理。①

陈宝箴的奏请很快得到了清政府的批准和鼓励,他委派刘镇为矿务总局总办,朱彝为会办,邹代钧、张通典为提调,首先试办铜、煤、铅、硫磺等矿"较有把握之处"。与此同时,又拟奏了《湖南矿务简明章程》,对办矿的方法、经费、股份、矿质等问题作了若干具体规定。其经营方式有"官办"、"官商合办"、"官督商办"几种,"官办"指由官督办,不招商股的

---

① 《光绪朝朱批奏折》第101辑"工业·矿务",第1081—1082页。

形式；"官商合办"是指招商入股的形式；"官督商办"是由商申请开办，官不入股的形式。官办和官商合办的由总局派员主持；官督商办的由商人自行经营，但由总局派人照章纳税，会同地方官维持矿务，对于商民已开各矿则分别管理。矿务总局还在湘阴县城设立转运局，所有官办、官收各种矿砂，须运出销售者，由转运局收存，由总局督理销售，严厉禁止私人运销矿砂。这样，全省矿务实际上由矿务总局统辖起来了。①

张朋园认为，湖南矿务总局在兴办新式矿业中的作用和利弊，见仁见智，各有评说，但陈宝箴"为湖南立下了一个良好的基础，第一次欧战时，湖南能有全国最大的出口量，矿务总局是一个起始点"。这个评价非常中肯。② 如果将矿务总局成立后湖南矿业开发在技术、管理和社会影响等各个方面所起的变化放到整个湖南矿业史中去考察，则1895年湖南矿务总局的成立，是湖南矿业发展的一个转折，也是湖南新式矿业出现的标志性事件。

第二节　晚清新式矿业的曲折发展

一、1896—1898年间矿业的艰难发展

湖南矿务总局成立后，随即开始了大张旗鼓的招股建矿工作。地方政府财政原本困难，实在无资本可筹，矿务总局打算以官商合办为主。虽然提出种种优厚条件，无奈"风气未开，人无矿识，言及办矿，群有戒心"。民间即使有微薄资本，也无人应招入股。矿务总局不得已向民间借款，但是长沙各钱号认为矿务总局开办伊始，成败未定，对于矿业没有多大信心，也处在观望之中，不肯借款，唯一可借款处仅阜南

---

① 刘泱泱主编：《湖南通史·近代卷》，第375页，湖南出版社，1994年；《湖南省志》第一卷"湖南近百年大事纪述"，第147—148页，湖南人民出版社，1979年。
② 《湖南现代化的早期进展（1860—1916）》，第270页。

官钱局。当时官钱局刚成立,资本不多,官钱局主任、长沙士绅朱昌琳受陈宝箴委任,对于矿务全力支持,并以自营的钱庄乾益号暗中支持,是矿务总局成立之初的主要借贷者。后来又获得厘金、善后、房捐各局的借款,渐渐周转灵活,矿务总局开始得以正常运转,并在全省开办支局。矿务总局成立之初,为筹集资金开办矿业,克服了很大的困难,而朱昌琳的贡献尤大。其子朱彝受请入总局会办矿务,因预筹矿砂销路以便于周转资金,亲自赴辰州督办各处矿厂,积劳病故。①

因资金困难,陈宝箴不得已仍先用土法开采铜、铅、煤、硫磺等矿易采之处,然后用所获资金周转,购买机器,"由易以及难"。1896年2月,率先试办的有永定、常宁二县的铜铅矿、宁乡县的煤矿和辰州金矿,均用土法开采。② 到1898年时,宁乡县煤矿业中已经开始使用机器开采,并参用西法抽水了。

在推行西式生产方式和技术的过程中,除了资金困难以外,还遇到保守思想和民风闭塞等方面的阻力。以宁乡县为例,因为这里乡绅风水思想观念很重,该县丰富的煤、铁矿在乾隆到咸丰年间一直不能得到开发。1896年矿务总局在该县试办煤矿初期,不但又遇到风水之说的阻碍,而居民对新式机器从未见过,不相信它比土法开采先进,幸而有当地士绅熊世池宣传得法,使风气渐开,煤矿得以顺利使用西法开采并获得成功。③

经过陈宝箴和一批官绅的努力,新式矿业逐渐兴起,并形成一股矿山开采的热潮。就在矿业开发的成效还未明朗之时,维新变法失败,作为地方上的重要支持者,陈宝箴受到革职的处分,矿业也因之受阻。这期间开办的矿厂或矿点遍布各处,数量难以全面统计,据继任巡抚俞廉三称,限于资金短缺,技术不熟练,不少矿厂"或遇阻而废,或久无成功。前抚(陈宝箴)博访广营,不惜物力,诸士绅凿山涉险,倍极艰辛,

---

① "矿务总局借款创办史",《湖南历史资料》,1958年3月。
② 《光绪朝朱批奏折》第101辑"工业·矿务",第1101—1102页。
③ 《光绪朝朱批奏折》第102辑"工业·矿务",第27页。

第七章　晚清湖南新式矿业的出现及其命运

两年以来,不无所获,规模虽具,得失未偿"。①

虽然新办矿业各有得失,但维新变法期间,以陈宝箴为主的官绅阶层创办的矿业,为随后湖南矿业的发展打下了良好的基础。其中,1896—1897两年之内建起的四处大型官办企业——常宁县水口山铅锌矿、平江县黄金洞金矿、新化县锡矿山锑矿和益阳县板溪锑矿,影响深远。1896年矿务总局设立不久,陈宝箴即委派宁乡士绅廖树蘅主持水口山矿的开采。当时积水问题是阻碍进一步采矿的难题,廖氏力排众议,独创"明窿法",由"平地开一大口,宽深十数丈数十丈不等。迤逦斜下,作为坦坡,豁然开通,全无遮蔽"。"复于窿之外沿,修筑沟道,以防阳水溢入。仿制农家之龙骨车,以戽窿底积水"。此法虽然仍用人力,但顺利排去积水,使采矿效率大大提高,水口山铅锌矿出产旺盛,产量逐年上升,成为矿务总局继办资金来源的坚强后盾。② 廖氏所创之"明窿法"在今天的矿业生产中仍在运用,笔者在今桂阳县就见到了使用这种方法开采过的矿坑(见照片5)。

照片5　今桂阳县宝山海拔约450米处的一个用"明窿法"采过的矿坑:"平地开一大口,宽深十数丈数十丈不等。迤逦斜下,作为坦坡,豁然开通,全无遮蔽。"

---

① 《光绪朝朱批奏折》第102辑"工业·矿务",第36—38页。
② 《湖南省志》第一卷"湖南近百年大事纪述",第149页;"湖南矿务总局借款创办史",《湖南历史资料》,1958年3月。

275

湖南是中国最早发现并开采锑矿的地区,早在光绪十年(1884年),人们对锑矿已有认识,真正确定"锑"的名称、意识到锑之价值,是在矿务总局设立之际。① 1895年,在沅陵县沃溪田秀湾发现并开始开采锑矿,这是湖南最早确认的锑矿山。② 1896年,在益阳板溪最早成立公司开采锑矿,板溪锑矿出产虽然丰富但矿质较差,开采数年成绩不大。稍后开采的新化锡矿山锑矿,矿质极纯。锡矿山早在明代即已开采,只是当时不识其为锑,因其外形似锡,故有"锡矿山"之称。1895年,晏詠麓在该地最早设立巽禄公司开采,继而有履和裕、畴富堂、公孚利等公司。1897年,锡矿山官矿分局设立,此后采矿公司不断增加,产量也不断增加。③ 邵阳、慈利、湘乡、祁阳、新安、溆浦的锑矿也先后发现并开采。④ 第一次世界大战期间,湖南成为中国锑矿的最大出口地,均得益于本期锑矿的发现和开采所奠定的基础。⑤

对于平江黄金洞金矿,矿务总局报以极大希望,先后用土法和西法开采,投入很大,但此时开采时间较短,还未见成效。⑥

二、1898年以后矿业的继续发展

(一) 1898年以后的矿业整理与发展

维新变法失败后,1898年底,由俞廉三继任湖南巡抚。俞氏在政治上倾向于保守派,但对于此前开办的矿业,他认为既然已经耗费巨资,负债也多,如果停罢矿业,不但前功尽弃,而且欠款更难还清。所以俞廉三对湖南矿业作了一番清理和整顿,"将无益之矿停罢",保留一部分矿厂继续开采,当时共整理出二十多处矿厂和矿点,分别由官办、

---

① 《光绪朝朱批奏折》第102辑"工业·矿务",第38页。
② 《中国矿床发现史》湖南卷,第164页。
③ 《现代中国实业志·下》,第416页。
④ 《湖南省志》第一卷"湖南近百年大事纪述",第149—150页;《清史稿》卷124"食货五"。
⑤ 《湖南现代化的早期进展(1860—1916)》,第276—278页。
⑥ 《湖南省志》第一卷"湖南近百年大事纪述",第149—150页。

第七章 晚清湖南新式矿业的出现及其命运

官收商办或由商试办,具体地点见表 7-2。①

表 7-2 1898 年后经整理继续开采的矿厂(点)

经营方式	矿　种	矿厂或矿点	所在地区
归官办者	铅矿	水口山	常宁县
	煤矿	小花石	湘潭县
		清溪、苦竹寺	宁乡县
		仙石、枫树山	醴陵县
		黄版坡	芷江、黔阳两县界
	锑矿	西村、板溪	益阳县
		滑板溪、木里坪	安化县
		沫矿村	新化县
		银矿坨	沅陵县
		沙罗田	芷江县
	金矿	黄金洞	平江县
商采官收者	铁矿	?	芷江县
		?	黔阳县
	锑矿	?	益阳县
		?	新化县
归商试办者	铜矿	对白冲	常宁县
		唐金仑	兴宁县
	铅矿	东湖	衡山县
		泉峰观	常宁县
		柿竹园	郴州
		源头冲	祁阳县
		轿子岩	黔阳县
	银矿	癞子山	宁远县

资料来源:《光绪朝朱批奏折》第 102 辑,"工业·矿务",第 36—38 页。

---

① 《光绪朝朱批奏折》第 102 辑,"工业·矿务",第 36—38 页。

俞氏办矿相对于陈宝箴,显得魄力不足而理性有余,不少继续开采的矿点,对他来说,已经形同鸡肋,只是弃之可惜而已,所以在很多地方,并不愿采用西法。但陈氏创下的基础,仍在此时显示了矿业发展的希望,其中经营最为成功的即水口山铅锌矿。该矿自廖树蘅创"明窿法"之后,矿砂出产量不断上升。1896年春,又值阜南官钱局停办,矿务总局的经济困难达到顶点,幸而水口山铅锌矿成效显著,使矿务总局渡过危机,到1902年底,总局不但将历年借款还清,还开始有了存款。①

俞廉三对湖南矿业的特殊贡献,在于派学生出洋学习矿务,培养矿业人才。俞氏上任后,也认识到矿务为湖南自然之利,因为人才缺乏,使以前购备的机器,"卒以未谙运用,搁置山间"。1901年8月,湖南抚院派学生梁焕彝、张孝准前往日本成城学堂学习采矿。又派在籍同知黄忠绩,偕同三名学生,到日本、美国的旧金山、澳洲的新金山等处考察,并将三名学生送入专门学校学习,希望他们将来回湖南担任采矿工作。②

俞廉三离职后,继任巡抚任职时间都很短,对矿业没有多少建树。仅赵尔巽和端方二人在任时,积极采用西法,对湖南矿业的继续发展较有贡献。水口山开采数年之后,坑道渐深,起运困难,且水量过大时,靠人力不能及时排水,采用"明窿法"已显不足。1905年,改用西法开采,成效显著。③各处锑矿蒸蒸日上,在国际市场中逐渐占据一席之地,新化锡矿山的锑矿尤其兴盛。而平江黄金洞金矿,由端方主持采用西法继续开采,仍未收效。④

(二)湖南矿务总公司与维护利权的活动

1898年,即维新变法期间,光绪帝下诏在北京设矿务铁路总局,以

---

① "湖南矿务总局借款创办史",《湖南历史资料》,1958年3月。
② 《湖南省志》第一卷"湖南近百年大事纪述",第195页。
③ 《湖南现代化的早期进展(1860—1916)》,第302—303页。
④ 《矿务档·湖南矿务》,第2471页。

第七章 晚清湖南新式矿业的出现及其命运

王文韶、张荫桓主事,并订立矿务章程二十二条,其中一条准华商借洋款办矿或华洋合股办矿,使外国势力逐渐介入矿业,甚至对于生产管理也有所干涉。在这个过程中产生了华商与洋人争办矿权的各种纠纷,湖南常宁龙旺山,也"因商民私相授受,酿成交涉"。1902年,外务部修改矿章,强调本国利权,"一时举国上下,咸以保全矿产为言",收回矿权的斗争不断出现。①

湖南矿务总局初创时曾积极鼓励商办,但商人信心不足,多不肯投资于矿业。八国联军侵华,清政府再签庚子赔款条约,洋人势力有打入湖南之势,湖南士绅虽然保守,但维护本国本土利权的意识极为强烈,在外力压迫和全国收回矿权的潮流下,他们防患未然,先后创办了阜湘、沅丰两个矿务公司。

湖南的矿权,此时还未落入洋人之手。当时,各国在华势力正处心积虑掠夺矿产,"湘中矿痞赴汉口、上海一带与外人(指洋人、外国人)勾结,谋购矿山,酿成巨案",湖南也不免有丧失矿权的危险。当时湖南所产矿砂,用土法提炼,亏折很大,只好将矿砂卖给洋人,洋人将提炼的矿砂返运中国,获利很大。而矿务局因售砂与洋人订立合同,又常常受骗。湖南官绅深知其中的利害,于是有意采用西法自行提炼。1902年,以士绅龙湛霖、王先谦为首,发起并开办了阜湘公司,原称"炼矿总公司",除勘采中路、南路各属矿山(包括澧州府、岳州府、常德府、长沙府、宝庆府、衡州府、永州府、桂阳直隶州、郴州直隶州)外,还承炼全省矿砂。不久,士绅黄忠浩、喻光容等陆续招集多股,成立了沅丰公司,勘采西路各属矿山(包括辰州府、沅州府、永顺府、靖州直隶州及永绥、乾州、凤凰、晃州四厅)。阜湘公司资本雄厚,最初预算筹股本银二百万两;沅丰公司较弱,只预计集股本银二十万两。② 两公司获准正式成立后,股份一时不能集齐,而两公司名称不一,也给投资者带来不便,1903

---

① 《清史稿》卷124"食货五"。
② 《光绪朝朱批奏折》第102辑"工业·矿务",第70页;《矿务档·湖南矿务》,第2357—2362页;《中国近代工业史资料》第2辑,第543页。

年，经巡抚赵尔巽调节，将两公司合并为湖南矿务总公司。[1]

阜湘公司、沅丰公司的成立，旨在垄断全省的采矿和炼矿权，抵制外国势力攫取矿权。1902年两公司筹办成立时，即拟定了"开办炼矿总公司（即阜湘公司）大概章程"六条，除规定开采冶炼事宜外，还规定：

> 湖南全省各矿，除本省官矿随时交炼外，其余无论何处、何项矿砂、何时开办，概归本公司承炼，不准迳运砂质出境，亦不得就山另设炉座，私行提炼。
>
> 自此次禀准之后，如再有商民拟于中路南路各属勘采矿产，及或前已买山，日后始行开采者，均须先行关白本公司，并股合办，以专责成，而保权利。[2]

湖南矿务总公司更坚持维护本省矿权，经赵尔巽奏准，1903年底颁行了《湖南矿务总公司章程》，规定除矿务局及矿务总公司以及各分公司之外，不准有私开矿，完全排斥了洋商投资湖南矿业。[3] 矿务章程的制定，立即遭到德、英、美各国使馆的抗议，他们认为该矿章与列强和中国所签订的合约内容有违，频频发文要求修改甚至作废矿章。湖南当局与北京外务部与这些国家展开周旋，直至1904年，才稍作让步，修改了部分内容。[4]

矿务总公司成立之初，也遇到集股困难的问题，而"各处奸商，或借逾限作废之局帖，或造山主出售之假契，在于沪汉各埠，任意招摇"。这种情况更给总公司的活动增加了困难。为了堵塞外国势力侵入的源头和减少经费支出，矿务总公司实行勘明矿山、先圈矿后开采的办法，

---

[1] 《光绪朝朱批奏折》第102辑"工业·矿务"，第83—84页。
[2] 《矿务档·湖南矿务》，第2357—2362页。
[3] 《光绪朝朱批奏折》第102辑"工业·矿务"，第83—84页。
[4] 湖南与北京当局因《湖南矿务总公司章程》与各国交涉的事件，《矿务档·湖南矿务》中收录了大量这方面的资料，李玉《湖南矿务总公司与晚清中外交涉》一文利用该档案与其他资料，对这一事件经过有详细的讨论，载《求索》1999年第5期。

同时取得抚院支持,派人到上海、汉口的外国领事馆宣传,劝阻外资盲目进入湖南,这个举动收效很好。①

矿务总公司成立之后,积极修造炼厂,提炼各种矿砂,并在汉口设立转运局。这一措施的实行,对维护本省经济利益起了很大的作用,仅锡矿山锑砂一项,出产不断增加,而原来锑砂直接卖给洋人,矿砂价格常被外商操纵,损失很大。1905年,官矿局在冷水江修造炼厂。翌年,商民陈岷山等约集锡矿山全山矿商,开设集益炼厂。又次年,保善公益等炼厂相继成立,使锑价越来越增加,"开炼两务,日趋发达,锡矿山乃蔚然于锑业历史上占一最重位置"。②

湖南矿务总局及其前身——阜湘、沅丰两公司的成立,对于抵制外国势力掠夺矿权、维护民族权益起了积极的作用。1907年12月,《时报》评论说:"公司成立六年之久,购买矿山至一千数百处之多,成效甚著。外人虽有垂涎之意,亦无从得而染指。从前私售矿山之人,亦转而售于总公司。挽利权,杜外患,总公司之功也。"③

(三) 矿务总公司与矿务总局之职权调整与矿业的发展

湖南矿务公司是以官商合办为名,官督商办为实,由士绅主持的矿业机构。而此前设立的矿务总局为官矿机构,二者互相协作,权限和责任很清楚。但日久也生出弊端,加以矿痞从中钻营,总公司与总局常发生矛盾冲突。光绪三十二年(1906年),矿务总局改为矿政调查局,成为纯行政性机构,另外设立官矿处管理官营各矿,二者经管之事务有了明确的划分。宣统二年(1910年),矿政调查局归并劝业道矿政科,而矿务总公司仍控制和策划全省的矿业开发。④

到二十世纪初,湖南矿业经过近二十年的发展,个别地方的矿业逐渐走向成熟,并出现矿业与相关产业综合开发的萌芽。1906年,古丈

---

① 《矿务档·湖南矿务》,第2386—2414页。
② 杨大金编:《现代中国实业志·下》,第416页。
③ 汪敬虞编:《中国近代工业史资料》第2辑,第543—544页,科学出版社,1957年。
④ 《中国近代工业史资料》第2辑,第541、543—546页。

坪厅开采煤炭,当地士绅即建议禁止厅人入山伐木,并成立"矿务种植疏河局",将开采煤矿与种植林木、改善交通条件结合起来办理。①

同时,新的矿种——锰被发现并获得开采,限制外商资本与势力进入湖南的愿望也渐渐被现实打破。1909年,当时国内最大的锰矿区域——湘潭鹤岭锰矿由前汉冶萍公司经理黄阁臣与日本人高木陆郎等组织厚生号着手采掘。② 此外,不但传统矿业生产中因争讼而导致矿山封禁、停办或官收的事件仍然时有发生,新的弊端也不断出现。③ 例如,1911年,会同县漠滨金矿,即因奸商争讼封禁,由湖南巡抚杨文鼎奏请收为官办。④

第三节　各矿的空间分布与开发特征

一、金、银矿

本期湖南金矿开采的矿点有所增加(见表7-3)。除了传统时期开采过的龙阳县金矿继续开采外,其他六县的金矿都是新增的矿点。采矿的地区在原来沅江下游的龙阳县、桃源县、湘西沅陵县、会同县、洞庭湖东面汨罗江流域的基础上,发展到湘西靖州、永顺府南境(古丈坪厅)乃至资江中游的邵阳县境。这一时期,使用新法试采和原始的淘采技术并存,后者自然没有进步,前者也大多因技术或资金的原因而没有成功。规模较大并延续至民国的矿点有平江黄金洞金矿和会同县墓坪山金矿(也叫漠滨金矿)。总体上,晚清湖南的金矿开发在地区上有所转移,而技术和规模水平并没有进步。

---

① 光绪《古丈坪厅志》卷8。
② 杨大金编:《现代中国实业志·下》,第464页。
③ 《中国近代工业史资料》第2辑,第559—560页。
④ 《宣统政纪》卷48,第5页。

第七章 晚清湖南新式矿业的出现及其命运

表 7-3 晚清湖南开采的金矿矿点

矿厂或矿点	所在地区	开发状况
黄金洞	平江县	1895年后收归官办,设金矿局,用土法开采。嗣由粤东延聘机械师,购美国机械,费十万金,终告失败。复购用德国洗砂机用德国矿师,也未获收效。
洞坪、三道河	古丈坪厅	光绪年间开煤矿时发现,1906年始言开采,未见成效。
沃溪	沅陵县	1880年发现,后仍用土法淘采,收益不大。
金牛山	龙阳县	1898年,湘抚派朱某来山开采,掘有两窿,一在城门沟后山,一在牛尾山。后山窿产金甚多,开支太大,入不敷出(官佐而外有护兵六十人),亏累停办。1903年,地方人民组合双美公及三合公两棚开采,产金颇旺,嗣以水淹停办。
西乡隆回都辰溪水滨、东乡黄帝岭(耶姜山)	邵阳县	东乡,近时集资采取,多以亏折罢工。西乡,居民常用器陶取。然亦所获至微,业此者亦甚寥寥。
大油乡之占溪口、李家山一带、斛桶坡山中	靖州	大油乡之占溪口、李家山等处出沙金,又凡渠水沿河沙中多产之,斛桶坡山中出峒金,所产不多。每岁出产约二十两,运出本境,在会同之洪江销行。
墓坪山	会同县	1911年,因奸商争讼封禁,巡抚杨文鼎奏请收归官办。

说明:本表据附表1编制。

银矿的开采,本是重中之重,就连常宁水口山,原来也是打算采银的,最后以采铅锌矿闻名。郴州各处铅锌矿山,此时也大力采银,但是除了金船塘和东坡两处,其余均无成效。而乾隆、同治时几经封禁的宁远县九嶷山,其癞子山银矿也在此时准许矿商试办,当时湖南开采银矿的急迫性,由此可见一斑。但本省银矿毕竟出产不多,虽然极力开采,也未见收获,而开采的地区,仍局限于传统时期开采过的旧矿区,并没有任何的扩大。

二、铜、铅、锌、锡矿

本期发现并开采的铜、铅、锌、锡等多金属矿的矿点近三十处(见表7-4)。以这短短三十多年里的开采数量,与此前各个时期相比,其发展速度是惊人的,而且一半以上是新增的矿点,湖南当局发展矿业的决心由此可见一斑。但是,大部分矿点只是小规模的开采,称得上大矿的仅水口山、香花岭二处而已。

表7-4 晚清湖南铜、铅、锌、锡矿开发的分布

编号	矿点	是否新矿点	矿种	所在地区	开 发 状 况
1	?	是	铜铅	永定县	1896年,巡抚陈宝箴派员绅往该县先办铜铅等矿。
2	东岳观	是	铜	慈利县	光绪初发现。
3	彭岩山	是	铅	古丈坪厅	1906年以后渐开。
4	洞坪	是	铅	古丈坪厅	1906年后渐开。
5	上塘冲	是	铅锌	临湘县	1895年起,民间有小规模开采。
6	银孔山	是	铅锌	临湘县	1895年起,民间有小规模开采。
7	杜家冲	是	铅锌	临湘县	1895年起,民间有小规模开采。
8	?	是	铅	湘乡县	1896年以后开办较有成效。
9	潘家冲	否	铅锌	醴陵县	明时即已发现,清末民初,复行开采。
10	对臼冲	是	铜	常宁县	1896年,巡抚陈宝箴派员绅往该县先办铜铅等矿,1899年时,该矿已勘明归商试办。
11	水口山	否	铅锌	常宁县	1896年,陈宝箴奏准收归官办,其后地发展为中国的"铅都"。
12	龙王山	否	铅锌	常宁县	1896年,陈宝箴奏准收归官办,同属水口山矿区。
13	泉峰观	是	铅	常宁县	1899年时,已勘明归商试办。

第七章　晚清湖南新式矿业的出现及其命运

(续表)

编号	矿点	是否新矿点	矿种	所在地区	开 发 状 况
14	东湖	是	铅	衡山县	1899年时,已勘明归商试办。
15	源头冲	是	铅	祁阳县	1899年时,已勘明归商试办。
16	上五堡	否	锡	江华县	闻名已久,清末土人开采。
17	平头岩	是	锡	江华县	清末土人小规模开采。
18	高车岭	是	锡	江华县	清末土人小规模开采。
19	大凑山	否	铜铅锌	桂阳州	1904年州守强迫再采,因阻于风水之说而封闭。
20	香花岭	否	锡铅	临武县	1889年,衡山商人周鹏南在矿区开采。1903年,经商人周鹤南开采,出砂甫旺,即被刘英攘夺,牌名长富。旋又为杜岳、黄魁等强占,更名阜临,彼此械斗,伤人甚多,经中调处,联合为一,遂更牌名为联合。1908年,成立商办镇湘公司,在矿区开凿裕湘等窿开采锡铅,"日出砂值千余银元"。
21	东冲	否	锡	郴州	均有小规模开采。
22	马王庙	否	锡	郴州	均有小规模开采。
23	冲兴	否	锡	郴州	均有小规模开采。
24	野鸡窝	否	锡	郴州	均有小规模开采。
25	蛇形	否	锡	郴州	均有小规模开采。
26	五马垅	否	锡	郴州	均有小规模开采。
27	柿竹园	否	铅锌锡	郴州	1899年时,已勘明归商试办。
28	唐金仑	是	铜	兴宁县	1899年时,已勘明归商试办。

说明:据附表1编制。

从铜、铅、锌、锡各矿开采的地区分布看,已突破了传统时期的开发格局,原来的主要产地——郴、桂二州的在采矿点在数量上虽然还占三分之一强,但是几乎都是在以前开采的旧矿区再采,除香花岭矿开采较有成效之外,其余各个矿点的开采规模都很小。说明这一带的多金属

285

矿在前朝的确都已发现,而新时期所采用的开采技术并没有如何的进步,至少其进步性在短时间内还没有体现,现代宝山(大凑山)和香花岭开采的成就就是一个反证。另外,顽固的风水之说还在阻碍着某些旧矿点的进一步发展。

新时期多金属矿开发最有成就的是中部紧靠郴、桂二州的衡州府地区,也就是本文确定的传统时期湖南省铸币原料矿开发的次级区域。其中最著名的就是水口山铅锌矿,该矿从这个时候开始了其历史上的大发展时期,在二十世纪初成为中国著名的"铅都",它使衡州府地区在全省矿业格局中的地位迅速上升,超过郴、桂二州。原次级区域中的永州府所属江华、祁阳二县的多金属矿也都有新的发现。而新矿点发现最多的是北部和西北部地区,这个地区原来在湖南的铸币原料矿开发中最无关紧要。

多金属矿开发的这种分布是否意味着新的开发格局出现?笔者对此持怀疑的态度,因为这些矿点的分布只是一种短期的局面,新发现的矿点有多大的生命力,在当时是看不出的,而反观历史,就会发现,当今湖南多金属矿开发的格局更接近于笔者对传统时期——尤其是对矿业最兴盛的乾隆时期的考察。

三、锑、锰 矿

锑矿的发现和开采,是晚清乃至民国时期湖南矿业发展最重要的成就,湖南也因此成为中国最早发现和开发锑矿的省份,成为二十世纪初中国锑矿的最大出口地区。自1884年以后首次认识锑矿,到新政时期锑矿的价值被发现,湖南锑矿的开采一发而不可收,二十年间,发现并开采锑矿的县级地区达14个之多,有名可指的矿点有二十余处。这些矿点主要分布在西部永顺、辰州、沅州三府和中部长沙、宝庆二府,以及南部永州府、郴州和西北部澧州直隶州的少数地区,而开发最有成效的,还是中部地区(见表7-5)。

第七章　晚清湖南新式矿业的出现及其命运

表7-5　晚清湖南锑矿开发的分布

矿　点	所在地区	开　发　状　况
?	慈利县	1896年后开办之锑矿较有成效。
三道河	古丈坪厅	与煤共生,1906年以后渐开。
沃溪田秀湾、银矿坨	沅陵县	1895年在沃溪田秀湾发现并始采;1899年有官办银矿坨锑矿。
?	溆浦县	锑矿开采始于光绪末年,所获锑砂运赴长沙、汉口销售。
沙罗田	芷江县	1899年时,官办之锑矿。
冬溪龟形山	黔阳县	1899年矿务总局委吴選尹筹备开办;翌年正月开工,不久即停。
?	湘乡县	1896年后开办之锑矿较有成效。
滑板溪、木里坪、渣滓溪	安化县	滑板溪、木里坪,1899年时官办;渣滓溪,1906年发现始采。
钟体苳	宁乡县	1893年商人立案开办,以深入不旺停。
板溪、西村	益阳县	板溪锑矿,光绪中叶土人发现,1897年收归省有,次年组织中路久通锑矿公司动工开采,为吾国最古之锑矿公司。1900年梁端甫接办,改为民有,将矿扩张,作业改良。1899年还有一处官办的西村锑矿。
龙山一带(岳平峰、宝塔坪、枫树塘、青山界、李家冲、猫公洞、淘金桥、雪茅岭)	邵阳县	皆各兴工采办者,内以宝塔坪处所获为优。1907年前的一段时间,县境各乡颇争用办识,尚非确有定产。
锡矿山、沫矿村	新化县	锡矿山在明清之交即已开采,当时不识其为锑,以其外形似锡,故有锡矿山之称。1895年晏咏麓最早设立巽禄公司,继起者为履和裕、畴富堂、公孚利等公司开采。1897年设立锡矿山官矿分局。此后采矿公司日增,产量日富,惟矿砂价格每被操纵,而矿砂运省,亦感笨重。1905年官矿局于冷水江修造炼厂。翌年商民陈岷山等约集全山矿商,开设集益炼厂。又次年保善公益等炼厂相继成立,锑价日增,开炼两务,日趋发达。1899年时,又有官办之沫矿村锑矿。

287

（续表）

矿 点	所在地区	开发状况
?	祁阳县	1896年后开办，较有成效。
瑶岭、大风岭、水源头	郴州	1907年时瑶岭已开采锑砂，大风岭、水源头苗质太薄，未见效。

说明：据附表1编制。

锰矿是本省晚清时期发现的第二种新矿产，湖南锰矿的开采，在近代中国的矿业中也占有重要的地位。但此时已发现出产的地区不多，锰矿的发展还未体现出来。直至1909年，湘潭县鹤岭锰矿，始由黄阁臣与日本人组织开采，该矿后来被确认为近代中国最大的锰矿区。①

四、煤、铁和其他矿产

（一）煤矿

煤矿的开发，分布在邵阳、新宁、醴陵、宁乡、湘潭、湘乡、郴州、兴宁、宜章、永兴、常宁、衡山、耒阳、靖州、慈利、澧县、石门、古丈坪、芷江、黔阳等20个县级地区，与同治时期的开采地区数量(21个)大致相当。其中，邵阳县、靖州、慈利县、澧县、古丈坪厅、黔阳县6个地区是新增的开发地区，邵阳县煤矿尤为发达，质量又佳，行销到汉口，并分销到河南、湖北、安徽各地。② 本期煤矿的开发地区与前期稍有转移，除中部传统煤矿业地区外，向西部有所扩展。

（二）铁矿

晚清湖南铁矿的开发，分布在慈利县、零陵县、永顺县、古丈坪厅、黔阳县、芷江县、靖州、邵阳县、新宁县、耒阳县、郴州、兴宁县、永兴县等

---

① 《现代中国实业志·下》，第464页。
② 光绪《邵阳县乡土志》卷4"物产"。

13个县级地区。从总数上看,新时期开发铁矿的县级地区比同治年间(16个县级地区)减少了。其中,慈利、零陵、永顺、邵阳、新宁、耒阳、郴州、兴宁等8个县是传统从事铁矿业的地区。这些地区的铁矿业,大部分已经衰落,仅衡州府耒阳县和郴州的铁矿业还在继续发展,出产颇多,成为当时出产铁的重要地区。方志记载,清代中期以铁矿著名的邵阳县,各处老矿"今则已多改易,已多停业,或竟久停,未再兴工,未再鼓铸。""工不及他省良"。① 新宁县铁矿"或仅能取给,或尚不足用"。② 即便用新法开采,也受种种限制而不能发展。③ 而耒阳铁矿"运往湖北,可造各色机器及铁路。在本境销行每岁约千余担,水运出境在衡州、湘潭、长沙、汉口等处销行,每岁约万余担"。④ 郴州铁矿也继续销往湖北和长江下游的芜湖、南京一带。⑤

永兴、靖州、古丈坪、黔阳、芷江等5个县级地区的铁矿都是新开发的,西部地区的铁矿又展现了发展的潜力。1899年,经俞廉三整理矿业后,芷江、黔阳二县铁矿仍然实行商采官收的办法开办,成为省内重要铁矿开发地区(见表7-2)。其余各县铁矿的开采,成效也不大。

(三) 其他矿产

其他矿产的开采,以硫磺、砒和矾矿为多。硫磺的开采,主要是在郴州和古丈坪厅。郴州磺砂多由陆路行销两广地区,但与其他矿产相比,数量不多。⑥ 古丈坪厅的硫磺矿埋藏丰富,矿点较多,但是以前不言矿利,直至1906年后才逐渐开采。⑦

砒和矾矿主要也是在郴州开采,当地砒矿与硫磺一样,由陆路行销

---

① 光绪《邵阳县乡土志》卷4"物产";光绪《邵阳县志》卷6"食货"。
② 光绪《新宁县志》卷20"物产志"。
③ 民国《永顺县志》卷11"食货":该县之"二湾界,苗颇旺。清同光间龙家寨田姓曾请试办,常获厚利。外白砂保、大胖山有铁矿,光绪中商民曾集股开采,因矿师不良,铁不适用停办"。
④ 光绪《耒阳县乡土志》"物产"、"商务"。
⑤ 光绪《兴宁县志》卷5"风土志"。
⑥ 光绪《郴州直隶州乡土志》"矿物"。
⑦ 光绪《古丈坪厅志》卷11"物产"。

两广地区，数量不多。郴州矾矿分布广泛，金船塘、东坡、瑶岭、大风岭、水源头、东坑湖、石仙岭、白砂垅、杉树坨、东冲、柿竹园、马王庙、冲兴、野鸡窝、蛇形、五马垅、帽岭、栗山、杨梅岭等各处多金属矿中都伴生有矾矿，光绪年间，该州矾矿获得开采，以金船塘、东坡二处出产最旺。①

至于雄黄、朱砂（汞矿）、陶土、瓷土等矿开发的分布，仍然继承传统时期的格局，没有较大的改变。各种矿产的分布，见图7-1。

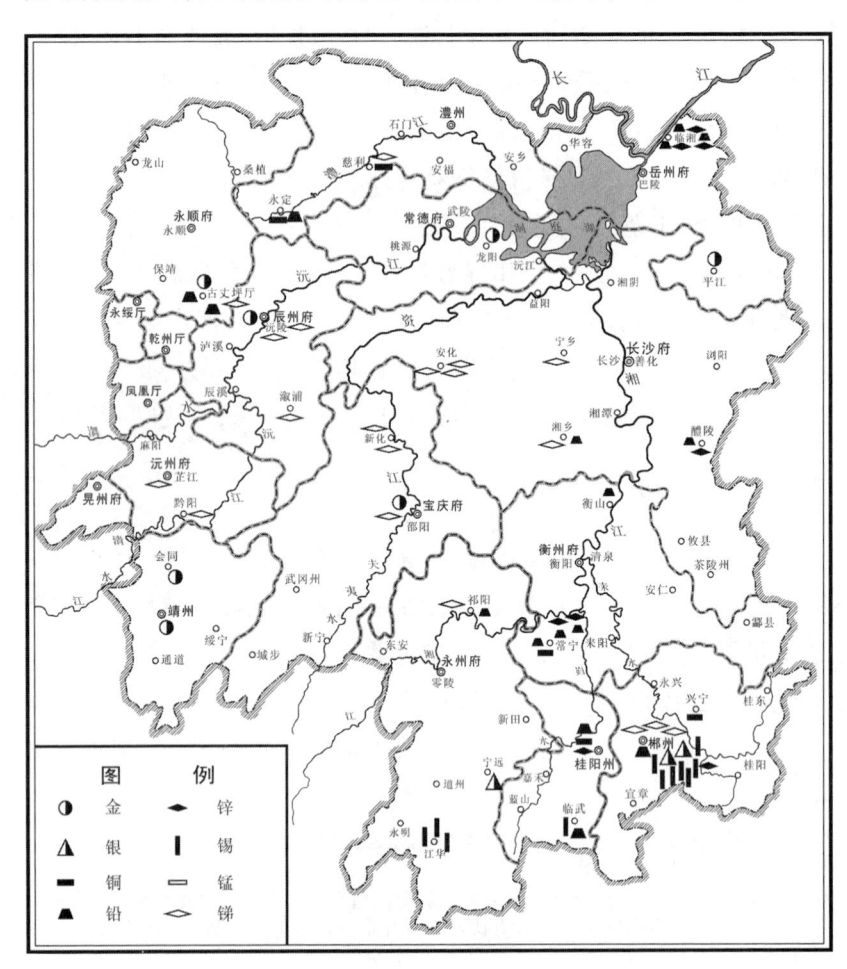

图7-1 晚清湖南开采的主要金属矿产的分布

---

① 光绪《郴州直隶州乡土志》"商务录"、"矿物"。

第四节 成就与局限

一、成就与影响

发展新式矿业是湖南进入现代化的一个重要内容,也是维新变法期间湖南当局重点推行的改革项目之一。矿业开办能否成功,关系着湖南经济的发展,也是道光朝以后解决中央和地方财政困难的希望。综观晚清湖南矿业的发展,可以说它的确给湖南的经济发展注入了活力和希望。这个时期,不但旧有的矿产得到进一步开发,新的矿种——锑矿和锰矿相继发现,不但旧有的矿点继续开采,还不断地勘查出新的矿点。锑矿的发现和成功开办,使湖南发展成为中国锑矿的最大出口地,也使中国跃入世界产锑大国的行列。据张朋园的研究,二十世纪初期,中国的锑矿产量占世界54%,而湖南锑矿就占中国产量的83%,此后这个比例还继续增长。铅锌矿开办的成功,也是本期矿业发展的一个亮点,1896年,年产量约为1400吨,1898年即增至14500吨,此后,年产量都在1.8万—3.4万吨之间,尤其以水口山获利最大。而矿务总公司成立之后,各项矿砂由本省自行冶炼,成立了一批新型的冶炼公司,同样推动了湖南民族工业的发展。[①] 因此,晚清湖南新式矿业不仅在该省地方经济发展史上具有重要的地位,它的成就,也确立了当时湖南在全国矿业中的地位。

从光绪年间各省官办矿务局的情况来看,湖南矿务总局是其中硕果仅存的一个。丁文江《中国官办矿业史略》中称:"当日各矿同办,均拟用西法,而矿山未探,机厂先成,任用非人,旋作旋罢,湖南官矿局,初

[①] 《湖南现代化的早期进展(1860—1916)》,第280—297页。

仅以土法营水口山,规模较小,反能持久也。"①

湖南矿务总公司的成立,在维护本省矿权、民族利益方面作出了重大的贡献。像湖南这种情况,在全国是很特殊的。据汪敬虞《中国近代工业史资料》的统计,1896—1913年间,帝国主义国家在华投资的32处大型矿场遍及各省,但是湖南没有一处,连拟开而未开的矿场都没有。② 辛亥革命前,全国曾爆发轰轰烈烈的收回矿权运动,尤以山西、安徽、四川、山东、河南、云南六省突出,而湖南在此时则显得很平静。③ 因为相对于国内其他省份,当时湖南受外资的侵入要弱得多。

晚清湖南新式矿业的兴办,与其新政运动一样,是以官员倡导于前,士绅响应于后的形式开展的。作为维新运动的重要支持者,陈宝箴对湖南新式矿业的首倡之功不可磨灭。成立矿务总局、开办各处矿山,人员安排和整体规划,都离不开他的支持。新政运动期间新式矿业试办的成功,也为变法失败后矿业得以继续发展打下了基础。陈氏之后,巡抚俞廉三基本上继承了矿业开发的政策,还在培育专业人才,派员出洋考察等方面有所作为。后任的赵尔巽、端方二巡抚,都在矿业发展上有所贡献。在新式矿业的开办中,地方士绅又一次发挥了关键性的作用。廖树蘅父子与水口山铅锌矿的开办、朱昌琳父子与矿务总局的成立,都息息相关。而这些人为矿业发展所付出的代价,他们在剧变时期表现出来的改革魄力和牺牲精神,令人景仰。

在晚清新式矿业发展的过程中,湖南人也从保守逐渐走向开放,原有的风水迷信思想,盲目排外的心理渐渐有所转变。在宁乡县煤矿开采中,民风从闭塞、拘泥于风水之说、不识新法、拒绝新法、怀疑新式机器,到风气渐开,发生了悄悄的变化。为了能尽快采用新的技术,有些矿山和冶炼厂,聘用外国专业人才任职,在与西方的接触中,中国人逐渐获得科学的矿业知识。开办矿务学堂和派学生出国学习矿务知识,也为湖南知识阶层的首先转变提供了契机。可以说,湖南风气之开,矿

---

① 《中国近代工业史资料》第2辑,第511—512页。
② 同上书,第140—147页。
③ 乔志强:《辛亥革命前的收回矿权运动》,《近代史研究》1981年第3期。

业贡献尤其大。

二、局限及其原因

晚清湖南的矿业虽有重大的进步,然而局限颇多。矿业开发仅在开采地区上有所转移,而没有明显的扩展。金、银、铜、铅、锌、锡、煤、铁等传统时期重点开发的矿产,只有水口山、香花岭等少数矿厂发展的规模较大,大部分矿点仍是小规模开采。官办的各种矿厂,1899年经俞廉三整理后,还有二十余处作为省府重点发展的对象,但后来成绩显著者寥寥。新矿种——锑矿和锰矿的开采也只在初起阶段,尚待发展。辛亥革命前湖南矿业开发的实情,1908年湖南矿政调查局总理蒋德钧向农工商部的呈文中有个总结:

> 自光绪二十二年,抚部院奏设矿务总局开采五金、煤炭各矿共三十余处,迄今十余年,惟常宁水口山之铅矿,新化锡矿山之锑矿,平江黄金矿三处,著有成效。其余或水大,或因矿苗不旺,先后停办。三处之中,以常宁铅锌矿为第一。①

前人评价这一时期湖南的矿业时,认为其发展缓慢曲折的原因,主要是有外国资本主义的侵略、封建主义的压迫和科学技术落后三种。②而本期直至民国初年湖南矿业发展继而失败的原因,则有人才和资本的限制、时局不安、帝国主义压迫、迷信观念作祟等各种因素。③

笔者认为,到辛亥革命之前,湖南的政局还是较为稳定的,论者所指的"时局不安",主要是针对民国以后军阀混战和土匪横行的现象,所以"时局不安"不是限制本期矿业发展的因素。关于封建主义压迫的说法则过于抽象,湖南试办新式矿业时,确有官绅到汉口、上海各地

---

① 《水口山铅锌志1986—1980》,第68页,水口山矿务局铅锌志编委会,1983年。
② 《湖南通史·近代卷》,第382—384页。
③ 《湖南现代化的早期进展(1860—1916)》,第307—310页。

联络洋商，出卖矿权的行为，但当时整个社会舆论对这种行为是深恶痛绝的，以矿务总公司为主的士绅界还派出代表到汉口、上海等地劝阻洋商，省院也制定对策，以购地圈矿的办法断绝部分人损害地方矿权以谋私利的企图。① 而湖南政局自新政以来，气象日新，变法失败后矿务总公司的积极活动，也可证明"封建主义压迫"不足为湖南矿业发展的障碍。关于帝国主义和外资的侵略，的确存在，但是，这个因素对辛亥革命之前湖南矿业的影响，也是双方面的，它的一面阻碍了民族矿业的发展，而另一面，则刺激了民族矿业的更新，其中后一种影响更大。湖南是一个保守势力很强大的地方，在甲午战争之前，中国沿海已经发生了剧烈的变化，而湖南人仍沉睡不醒，因为外力的压迫还没有进入本省。但是甲午战争的庚子赔款后，外洋势必进入湖南，保守的士绅更害怕洋人的势力进入湖南，正是在这种压力下，他们组织了矿务总公司。

从以上分析看来，限制晚清湖南矿业发展的原因，主要在于技术（包括专业人才）和资本，还有旧风气和旧观念。

以煤矿为例，新时期开采的各处煤矿，大多是小规模的，新式机器和技术只在少数采矿点使用。虽然有多处新矿点发现，一时也不能全部采取新法开办。如郴州，已发现出产烟煤的地方有杨梅岭、帽岭、栗山等处，柴煤有马岭、大脚铺、陈家楼、烟冲、香花垅、秀才乡等处，但限于技术和资金，"俱未开办"。② 平江县黄金洞金矿，1897年即延请矿师，购置美国机器开采，三四年未获收益，陈宝箴离职后，巡抚俞廉三觉得用新法开采成本太大，不愿采用，改而用土法开采，也没有收获。端方和庞鸿书任巡抚期间，又购买德国机器，请日本、德国矿师，也因耗资巨大，不能坚持。③ 金矿的开发中，使用土法，技术太差，使用新法，要购买机器，又没有自己的人才，需要聘请洋人，这两项都增加了成本，使资金紧张。重要的矿点尚且如此，其余小矿只能任由民间开采，听之任

---

① 《矿务档·湖南矿务》，第2368—2374页。
② 光绪《郴州直隶州乡土志》"矿物"。
③ 《光绪朝朱批奏折》第102辑"工业·矿务"，第36—38页；《现代中国实业志·下》，第516页。

第七章 晚清湖南新式矿业的出现及其命运

之,所以光绪年间的方志,仍充斥着采金矿"所获至微,业此者亦甚寥寥"、"淘者所获无多,仅供日食"之类的记载,与传统时期的开发状况无异。① 在铜铅等多金属矿的开发中,大多数矿厂也是继续采用土法开采和冶炼,矿业不能迅速发展,可以想见。

困扰传统矿业发展的水患问题,在此时还没有解决,尤其对煤矿的开采,仍是严重的障碍。② 邵阳县煤矿开采,就是深受水患的典型代表:

> 苦竹寺老矿旧洞鳞比,旁搜易尽,积水乘之,且运道不便,两年停办。青溪烟煤质佳而富,连开数年,因水势大,机筒抽吸力小难干,计竭停工。……三都之五亩冲,烟煤,开采数年,先亏后赢,仅可敷本,水大停工。……白马田距城近,环左右四周,昔皆出炭,今诸处炭质已空。初为平地取炭窑,次为隔水窑,继已起马口窑。马口窑者,明知老窑之水在此,用溉田水车车之。亦有用竹筒者,车净诸水,挖取最下一层。今亦已智力俱穷,多折本不赀。非特本地乡商受亏,集股用机器如公司,亦颇以水溢耗本歇业焉。③

因为排水艰难,在耒阳县,以排水为业的"车夫"成为抢手的技工,"近煤山已遍挖破,依违旧穴愈挖愈深,每阻水,所雇车水夫,邑人创称为水吓蛊,致车夫反挟制窿户,窿户常多折本,强半改业"。④ 金属矿的开采中,排水也是一大难题,廖树蘅主持开采水口山时,即认为开采不难,难在排水,创用"明窿法"就是针对排水问题的。随着开采的深入,这个方法也不能及时排水,又采用西法,安置抽水机。这是本省最大的铅锌矿的情况,其余矿点的情况,前引蒋德钧的呈文中已指出,有很大

---

① 光绪《邵阳县乡土志》卷4"物产";光绪《桃源县志》卷1"疆域志"。
② 全汉昇:《清季西法输入中国前的煤矿水患问题》,对传统时期中国煤矿开发中的水患问题,有专门的研究。
③ 光绪《邵阳县乡土志》卷4"物产"。
④ 光绪《耒阳县志》卷7"物产·杂识"。

一部分是因为排水问题不能克服而停办。①

风水迷信思想、对矿业生产危害性的恐惧心理以及好争讼的旧习气,在新时期的矿业开发中并没有完全消除。宜章县煤矿分布广泛,虽然产量不大,也可供居民日常之用,但"时有因伤碍祖坟而控官封禁者"。② 绥宁县耙冲的铜矿、夏二、青坡等里的铁矿,以及零陵县丰富的煤矿,仍然因旧观念的阻碍而不得开采。③ 类似的例子不胜枚举。争讼的事件,在会同县漠滨金矿、慈利县雄黄矿的开采中都非常严重。④ 在宁乡县几乎集中了所有这些问题,该县的煤矿原来一直阻于风水观念而未能正常开采,1895年以后,矿务总局委派矿师前来勘查矿山,鼓励兴办矿业,一时官办、商办十分踊跃。但是矿质不佳,积水问题、运输问题、争讼、销路不畅各种问题随之出现,加之资金、技术缺乏,终于使各矿先后停办。⑤ 可见,矿业要真正发展,即使解决了资金和技术上的问题,旧观念、旧习气的破除,还是一个长期的过程。

结　　语

通过对清代湖南矿业分布、变迁以及矿业开发和地方社会相互关系的讨论,最后对清代湖南矿业及其相关问题,形成以下几个方面的总体认识和思考:

一、传统时期湖南矿业开发的广度和深度

仅仅用"发展"一词概括清代湖南矿业开发的状况,显然肤浅。历

---

① 《水口山铅锌志1986—1980》,第66—68页。
② 光绪《宜章县乡土风俗志》。
③ 光绪《靖州直隶州志》卷4"矿厂";光绪《零陵县志》卷5"风俗"。
④ 《中国近代工业史资料》第2辑,第559—560页;"宣统政纪"卷48第5页。
⑤ 民国《宁乡县志》"故事编第三"。

史在前进,生产力在进步,矿业自然也要发展。第二章和第三章的讨论显示,清代湖南的矿业开发无论是在广度还是深度上都达到了很高的水平。

当时人们认识和利用的主要矿产品已经达到 20 多种,其中普遍开采的矿产近 10 种。这些矿产遍布全省各处,矿业开发的地区之广远超过历史上的时期,今天人们开发矿产仍然可以根据这些旧矿点的记载寻找线索。

传统矿业时期铸币原料矿开发所显示的以郴、桂二州为中心的三个层级的空间分布格局,与当时矿产资源分布的地理特点有很大的相似,也与今天多金属矿开发的格局相似,这说明当时对这一类矿产的开发已达到相当的高度。而铸币原料矿业在乾隆时期出现的繁荣兴盛局面,到嘉庆初年衰落以后一蹶不振,这又从另外一个方面说明,以当时的技术条件,对铸币原料矿的开发在乾隆朝已经达到顶峰。由于对铸币原料矿、尤其是铜矿的开发不遗余力,湖南在一段时期内成为全国重要的鼓铸大省和产铜大省,地位仅次于云南。

煤矿和铁矿的开发,范围最广泛,并且也有相对的开发中心区。金、银矿以及其他矿产的开采,都有各自的集中地区,虽然有的并不明显。它们与铸币原料矿的开发一起构成了传统时期矿业开发的综合地理格局,其中湘南郴、桂二州多金属矿开发区成为本省矿业最发达的地区,湘西和湘中居次,湘北再其次,最不发达的是湘东。总的开发格局,已经初步显示了现代矿业分布的雏形。因此,虽然各种矿产的开发程度不同、区域矿业发展水平也有差异,总体上仍然体现了当时矿业开发的深度。在这些表象的背后,真正的主导因素是资源及其分布特征,社会和技术因素的作用也不可低估。

二、兴衰变迁的规律是否可以不断循环,如何循环?

有清一代,湖南矿业的兴衰起伏,与先秦到明代湖南矿业生产所表现的兴衰一样,都体现了"世治则冶盛,衰则耗竭"的规律。矿业生产与整个社会的发展密切相关,当社会和平稳定、经济发展、政治清明时,矿业也获得发展。

"世治则冶盛,衰则耗竭"的规律是否可以永远循环不止?衰落的矿业是否可以重新振兴繁荣?从总的矿业开发来看,是有这种可能。这基于人们对于矿产资源的认识,如果资源总量还没有出现稀缺,人们有能力不断发现新的可代替的矿产资源,即使发展的进程受阻而中断,只要有合适的社会环境,矿业仍然会再度兴起并繁荣。从单个矿产的开发来看,在上一个"衰世"中"耗竭"的矿产,未必能在下一个"治世"中再兴盛。宋代湖南的银矿业曾经非常兴旺,到清代的"治世"中,银矿开发远没有恢复到宋代的水平和成就,清代湖南矿业的兴旺,是以铜、铅、锌、锡等铸币原料矿开发为主要内容的,嘉庆初年铸币原料矿衰落后,并没有在蓬勃发展的晚清新式矿业中恢复原来的地位,今天湖南的矿业生产,更不是铜、铅、锌、锡矿的一枝独秀。

从这里,首先看到的是单个矿产资源的耗竭成为其再次兴起的障碍。前文一再强调,"资源"是一个动态的概念,它的内涵是随着人们对它的认识和利用水平的进步而变化的,是由人而不是由自然界赋予它的本质的。因此,人类所掌握的矿业生产技术,才是旧的矿产资源得以不断被重新认识和利用、新的矿产资源不断被发现的源泉,是"世治则冶盛,衰则耗竭"的矿业生产得以延续的动力。清代传统矿业时期里,没有看到这方面的进步。嘉庆朝以后,虽然政府极力地鼓励开采铜铅等矿,但是这种矿产的盛世已经一去不复返了,正如宋代湖南银矿业的繁荣局面不能在清代重现一样。

晚清以后如果没有西方的技术传来,传统矿业的发展规律是否能够继续循环、循环多久,笔者对此持怀疑的态度。在技术发展缓慢甚至停滞的情况下,资源的内涵是不变的,那么它就是非常有限的。总的矿业可能还会出现某种程度的兴旺,转移到另一种或几种矿产的开发上去,但是其间的变化将非常缓慢。即使还有某些矿产的开发会兴盛一时,也不过是像以前一样,只能进行低水平的重复。技术不能改进,对于矿业生产的进步来说,是一个不能突破的瓶颈。而铅锌矿开发能在晚清继续保持一段时间的兴旺,仍然是由于发明了新的开采方法——"明窿法"以及成功地引用了西方的技术。

1895年,是湖南矿业发生突变的契机,在新式矿业的时代,锑矿的开发大显身手,在传统矿业开发时期占主导地位的铜、铅、锌、锡矿的地位相对下降,煤、铁矿的地位也不重要,所以说,矿业兴衰变迁的规律即使循环,其主题也不相同。

三、矿业开发在湖南区域经济发展中的作用

第四章的讨论说明,铸币原料矿业的发展,确立了湖南在全国铜、铅矿生产和鼓铸事业中的重要地位,湖南铜矿产量以及铸币量虽然不能与云南相提并论,但是它毕竟在较长一段时期内是全国鼓铸和产铜、铅矿的第二大省,铸币原料矿的发展不但保证了本省货币的相对充足、保障了军费开支,它还支援了中央和其他省份铸钱局的生产。正因为如此,铸币原料矿的开发实际上受到国家权力的严格控制,这一类矿产品的生产绝大部分用于供应中央铸钱局、本省铸钱局和外省少量采买,在民间流通的矿产品只占极少数。铸币原料矿生产中的厚利,主要流向官府。承办的商人也会从中获益,但是官府对这些矿产的官收部分定价很低,商人如果在合法的经营状况下,并没有太多发财致富的空间,而偷漏、私贩,终要受到关卡稽查的围追堵截和严刑峻法的制裁。所以少数因采矿致富的人大多是开采银矿,而在当时的技术条件下,银矿的资源其实已经衰竭了。对于普通的矿工而言,在矿业中的收获最多也是填补家用,甚至只够糊口。硫磺、硝土等军用矿的开采,更是如此。这些矿产的开发,并不是地方经济的一部分,对地方经济发展的促进作用非常有限。

民间煤矿和铁矿的开采,比较自由,商品率也较高,这两种矿产品不但在本省各州县之间流通贩运,还远销外省,尤其是经汉口大量运往长江下游地区。郴桂一带的砒矿,还越过骑田岭,销往两广。但是这些矿产品在省内的流通,是用作什么呢?销往外省,又换回来什么呢?煤

炭和铁制品在本省的用处，绝大部分是作为生活燃料、炊爨工具和简单的农具。煤炭和铁矿的再加工品——生铁和钢，大量运往长江下游以及其他省份（见表6-1），换回的还是生活用品："从前无事（指太平天国战争）之时，商民贩运谷米、煤炭、桐茶油、竹木、纸铁等各土产，运赴汉口销售，易盐而归。"①砒矿的外销，同样是换回了粤盐。这些矿产品对于湖南来说，无论是在本地消费还是进一步的商品化，都没有给地方经济发展带来本质的变化，仍然停留在自然经济的状态。因为矿产品的流通而兴起的小市镇，无论是数量、规模还是生命力，都无法与当时江南的专业市镇相比。

李伯重在《江南的早期工业化》中曾提出，早期工业化的一个特征是"工业在经济中所占的地位日益重要，甚至超过农业所占的地位"。根据这个特征以及"早期工业化"对技术和相关配套条件的低要求，②在湖南的某些地区，如郴州、桂阳州，矿业生产的确已经占据了非常重要的地位，甚至已经超过农业的重要性。在这些地区，矿业的发展基本已经符合"早期工业化"的某些特征。但是根据本书的讨论，这种"早期工业化"显然不能自然地发展到近代工业化。事实上，随着嘉庆以后铸币原料矿业的衰落以及政府对该类矿产的急切索取，反而使铸币原料矿的开发成为产矿地区的经济负担，如果没有技术的革新，整个矿业的振兴几乎已不可能。到晚清时，大面积开采的煤、铁矿，只是"小民之无田可耕者每赖此以谋衣食"的手段，③矿业生产不过是对小农经济的一种补充。

湖南的矿产品和它的粮食一样，都是极端依赖于自然资源的供应，煤铁等矿产品沿长江运往下游和岭南地区，对这些地区的经济发展有一定的促进作用。但是会使湖南成为现在所说的初级产品供应地，这对当地经济的进一步发展，产业结构的优化并没有什么好处，反而使它更加依附于长江下游等经济相对发达的地区。像这样一种"早期工业

---

① 《中国近代手工业史资料》第1卷，第592页。
② 李伯重：《江南的早期工业化》，第1、13页，社会科学文献出版社，2000年。
③ 《光绪朝朱批奏折》第101辑"工业·矿务"，1086，1081页。

化"即使能进一步发展,即使从长江下游换回更多更好的产品,它对本地经济的促进作用仍是有限的。

四、矿业政策、矿业开发及其与地方社会

矿业开发是一个复杂的社会生产过程,它与整个社会的各种自然的、人文的因素有着千丝万缕、纠缠不清的关系。所以,对矿业开发过程的管理、规范,尽量控制矿业生产的社会效应和影响,使其在短期和长期的时间内都有利于社会的发展,这是一个很大的问题,等待人们去回答。

清政府对矿业开发的高度强制和严密管制,首先是出于朝廷对政治安全的考虑,也是对历代统治者在矿业生产中的经验和教训的总结,它的根本目标是在保证统治安全的条件下尽量多地使官府获得利益。在这个过程中,百姓的利益并不是无关紧要的,地方官在请求开采矿山时,也提出了"以天地自然之利养赡穷民"、"但得一二处有成效者,则数十万失业之民,得有营生之处矣"等理由,而理想的境界,应是"于国计民生两有裨益"。此外,矿业政策的制定,必然也要照顾传统的风水龙脉思想。

在实际的矿业开发过程中,具体的矿业政策也会适当地调整和改变。以郴、桂二州为铸币原料矿重点开发地区的政策,就是在乾隆初年全省试采矿山的过程中逐渐形成的。而郴州一系列反对开矿的事件、耙冲岭和九嶷山开矿事件中的冲突,是对矿业政策以及政府作为矿业生产管理者的最好考验。在这一类冲突的解决和调适过程中,具体的矿业政策也有所调整,政府对于风水和苗疆在矿业生产中的地位的认识更加清醒。私采、偷漏与私贩的现象,同样促进了矿业政策的局部调整和管理的强化。从这个角度来说,清代矿业政策在湖南的调整,具体开发模式的形成,并不是高高在上的朝廷通过观望定下的脱离实际的空想,而是在生产实践以及下层社会的现实冲突中摸索出来的教训和经验。

阻碍矿业发展的思想文化因素——风水龙脉说、聚众扰乱说——以及其他制度因素,在当时的社会条件下,也有其存在的合理性。在具体的生产过程中,矿政的调整、矛盾冲突的调适、甚至禁矿的实施,都对矿业生产的平稳、有序进行有一定的保障作用。影响现实矿业开发的各种因素深埋在上自朝廷下至社会底层的各个角落,盘根错节。

文人士绅阶层作为地方社会的精英,在湖南的矿业开发、矿业政策的调整和实施中起了很大的作用。从传统矿业时期的反对开矿者,到晚清新式矿业试验的先行者,他们一直和政府、地方官互为呼应,共同推进湖南矿业的发展。是他们曾经维护着传统的观念,又是他们率先破除旧观念。追述清代湖南的矿业开发史,不能忽略这个人群的贡献。

附表1 清代湖南矿产出产与开发的分布统计表

矿种	产地	出产或开发状况	出产时间	资料来源
金	邵阳县	邵阳产金之山,颇推东乡黄帝岭,即耶姜山。然近时集资采取,颇闻以亏折罢工。金沙藏于水,西乡隆回都辰溪水滨,颇见居民用器陶取。然亦所获至微,业此者亦甚寥寥。	光绪	光绪《邵阳县乡土志》卷4"物产"
金	湘潭县	出水沙中,沿湘居民有以淘沙为业者。	嘉庆	嘉庆《湘潭县志》卷39"风土"
金	湘阴县	新市江中独产金,奸民凿山穴地求之。道光之季,淘金户常万余人,金产微获利无几,数年亦罢。	道光	光绪《湘阴县图志》卷25"物产志"
金	龙阳县	产金牛山下溪涧内。旧传(道光时)西南山中产金屑,逐利之民千百为群,坎地至数十丈,潭山谷田窅穽盈路,徒亏国赋,无补贫民,迨获金既少,无赖者则聚而为盗。邑侯南昌张公建翎曾极力痛惩之,患始熄(禁止开采)。然山脉损而地利空矣。	道光	光绪《重修龙阳县志》卷10"食货志"
金	龙阳县	金牛山金矿,至光绪二十四年,矿禁已开,湘抚派朱某来山开采,掘有两窿,一在城门沟后山,一在牛尾山。后山窿产金甚多,开支太大,入不敷出(官佐而外有护兵六十人),亏累停办。光绪二十九年,地方人民组合双美公及三合公两棚开采,产金颇旺,嗣以水淹停办。	光绪	《现代中国实业志·下》,第518页
金	桃源县	龙阳江南溪涧颇产。闻之淘者去日不数分得钱百余,仅足自给,或一日偶多得,即数日皆不得,故业此者甚少。	嘉庆	嘉庆《常德府志》卷18"物产考"
金	桃源县	沅溪四台山(金厂溪)。然淘者所获无多,仅供日食。	道光	道光《桃源县志》卷3"疆域"

303

(续表)

矿种	产地	出产或开发状况	出产时间	资料来源
金	桃源县	沅溪西台山产金,故名金敞溪,然淘者所获无多,仅供日食。	光绪	光绪《桃源县志》卷1"疆域志"
金	武陵县	龙阳江南溪涧颇产。闻之淘者去日不数分得钱百余,仅足自给,或一日偶多得,即数日皆不得,故业此者甚少。又县南八十里(金)霞山有淘金场,县西南九十里塔山有淘金场(可能乾隆时已有)。	嘉庆	嘉庆《常德府志》卷18"物产考";章鸿钊:《古矿录》第95页引《清一统志》
金	武陵县	间产濒水沙中,己酉(道光二十九年,1849年)大饥,村民掘田淘沙,竭一日之力,仅得金数厘,故业此者甚少。	同治	同治《武陵县志》卷18"食货"
金	辰州府		乾隆	乾隆《辰州府志》卷16"物产考"
金	辰溪县	麸金。	乾隆	乾隆《湖南通志》卷50"物产·食货"
金	溆浦县	麸金。	乾隆	同上
金	溆浦县		同治	同治《溆浦县志》卷8"物产"
金	沅陵县	麸金。	乾隆	乾隆《湖南通志》卷50"物产·食货"
金	沅陵县	嘉庆十六年,大油溪内之观音山、大茶园、神仙庄、喦湾子、水秧池、来屋潭等处产有金砂,居民私行开挖,巡抚景安以该处逼近苗疆,奏明封禁。大晏溪内之何家滩、杉树嘴,溪下之梅子溪,及葡萄溪内之仙人山,丁家溪缆子湾内之简家溪、阙家山、椒树面、牯牛背等处亦私开金矿,同知张映蛟、王显文等会同辰州府知府顾振勘明详报,一体封禁,并将辰州营原拨驻山营弁一员兵十名移驻大油溪口以资巡缉。	嘉庆	光绪《湖南通志》卷58"矿厂";《清代的矿业》,第569—570页
金	沅陵县	道光二十九年,岁大歉,饥民复相聚私挖,知府钟音鸿因民情,申请试采,用力三月迄无所获,遂复详报严禁,民自此亦无复觊觎者矣。	道光	同治《沅陵县志》卷38"物产"

附表1

（续表）

矿种	产地	出产或开发状况	出产时间	资料来源
金	沅陵县	光绪六年，当地农民开荒种地，在沃溪溪沟中首先发现砂金，沿溪淘取，后追索发现脉金。	光绪	《中国矿床发现史·湖南卷》，第164页
金	宜章县	乾隆初年有试采的矿点，不久封停。	乾隆	《清朝文献通考》卷30"征榷五"考5131。
金	桂阳州		同治	同治《桂阳直隶州志》卷20"货殖传"
金	会同县	花窑寨山等处，土人偷采。	雍正	《清代的矿业》，第351页
金	会同县	墓坪山，雍正六年题准产有金砂，听山主开采。（雍正七年）因开挖甚艰，获砂有限，不敷工本，题准封禁。	雍正	光绪《湖南通志》卷58"矿厂"；《清代的矿业》，第567页
金	会同县	墓坪山、金龙山，乾隆二十一年巡抚陈宏谋奏请开采，二十一年总督硕色查照旧封禁。	乾隆	《清代的矿业》，第567页
金	会同县	宣统三年，湖南巡抚杨文鼎奏："会同县漠滨金矿，因奸商争讼封禁，于贫民生计有碍，自应提归官办，以避利源而杜讼蔓。现派员拟定章程设法开采。"遂收归官办。	宣统	"宣统政纪"卷48，第5页上
金	靖州	曰沙金，出大油乡之占溪口、李家山等处，又凡渠水沿河沙中多产之，其成色则净金九成有八。曰峒金，出斛桶坡山中，衔石而生，所产不多，其成色仅八成有奇。每岁出约二十两，运出本境，在会同之洪江销行。	光绪	光绪《靖州乡土志》卷4"物产"、"商务"
金	古丈坪厅	洞坪、三道河。（三道河金为光绪开煤矿时发现。古丈坪诸矿丰富，但光绪前少见于世，光绪三十二年始言开采。）	光绪	光绪《古丈坪厅志》卷11"物产"

(续表)

矿种	产地	出产或开发状况	出产时间	资 料 来 源
金	岳州府	各县田地山场多属砂土,砂内间有出产土金者,雍正十二年时,该地人民各于已业山场田地内挖掘淘取……所获之金或易米度日,或零星出售……平江尤甚。由当时署湖南巡抚钟保奏请禁止。	雍正	《雍正朝汉文朱批奏折汇编26》,第168页,"署湖南巡抚钟保奏报严禁盗挖岳州矿砂并将山间孔窟填平折"
金	巴陵县	产东乡、郭镇市诸山。旧有贫民偷挖者尝深入地穴,所得甚微,今奉严禁,穴孔悉封。	乾隆	乾隆《岳州府志》卷12"物产"
金	平江县	东乡杏水滩、西乡甕江诸山,旧有贫民偷挖者尝深入地穴,所得甚微,今奉严禁,穴孔悉封。	乾隆	同上
金	平江县	平江之东乡金矿,光绪中叶,因复行私采,收归官办,设金矿局,用土法开采。嗣由粤东延聘机械师,购美国机械,费十万金,终告失败。嗣复购用德国洗砂机……黄金洞金矿,1897—1916年间达鼎盛,成为湖南"四大金矿"之首。	光绪	《现代中国实业志·下》,第516页;《中国矿床发现史湖南卷》,第184页。
金	永绥厅		同治	同治《永绥直隶厅志》卷2"食货门"
银	邵阳县	银矿以向非设有银场,山难实核。其可知者,隆回四都周湖坳(乡称株木坳),地曰银坑,颇系产银。路侧竖有石碑。前后官吏,已叠出示封禁。由西平都入三溪,当三西坳旁,其处有银录术(或曰银路),土人谓昔有银。	光绪	光绪《邵阳县乡土志》卷4"物产"
银	郴州	九架夹,雍正四年覆准所出矿砂黑白夹杂,准其黑白兼采。雍正十三年停采。	雍正	光绪《湖南通志》卷58"矿厂";《古矿录》第93页引《清通典》
银	郴州	银砂,以金船塘为最,次则东坡,此外开办俱无成效。	光绪	光绪《郴州直隶州乡土志》"矿物"

附表1

（续表）

矿种	产地	出产或开发状况	出产时间	资 料 来 源
银	兴宁县	山谷垅、大脚岭皆有银矿,嘉庆二十四年监生何添明等具控黄任祥等招来郴桂匪民在彼处私行开挖,奉批严行封禁。	嘉庆	光绪《湖南通志》卷58"矿厂"
银	兴宁县	山谷垅、大脚岭皆有银矿……道光四年八月有陈斯图等赴州禀请开挖,经县通禀各上宪札饬封禁。	道光	同上
银	兴宁县	山谷垅、大脚岭皆有银矿……咸丰三年、四年、八年,先后有郴桂民私挖,皆封禁。	咸丰	同上
银	兴宁县	山谷垅、大脚岭皆有银矿……同治元年、二年、三年又有人请开银矿,遭到当地居民的反对,经官府勘查,认为此地有碍田园庐墓,严示封禁。	同治	同上
银	桂阳州	邓希全在大凑山采银致富。	雍正	同治《桂阳直隶州志》卷20"货殖传"
银	桂阳州	曹祖礼、何植苔在大凑山采银致富。	乾隆	同上
银	桂阳州	黄沙坪。	乾隆	《中国矿床发现史·湖南卷》,第138页
银	桂阳州	黑铅矿中生银。	同治	同治《桂阳直隶州志》卷20"货殖传"
银	宁远县	光绪二十五年时,有勘明归商试办之癞子山银矿。	光绪	《宫中档光绪朝朱批奏折》第102辑"工业·矿务",第37页
铜	长沙府		康熙	康熙《长沙府志》卷6"物产"
铜	长沙府		乾隆	乾隆《长沙府志》卷36"物产"

307

(续表)

矿种	产地	出产或开发状况	出产时间	资料来源
铜	郴州	刘家塘、葛藤坪、黄泥凹、柿竹园、白水垅、水浪石等处，康熙十七年时吴三桂开采刘家塘，后封禁，十九年，以下五处采铜，二十三年概行封禁，二十四年听民采取，停抽税。	康熙	嘉庆《郴州总志》卷19
铜	郴州	雍正三年复采，因垅深砂远停止。	雍正	光绪《湖南通志》卷58"矿厂"
铜	郴州	乾隆四年试采桃花垅、甑下垅、铜坑冲等处出产铜铅等矿，五年班第奏铜坑冲、桃花垅二处每岁可出铜四五万斤，并请准其铜铅并开，后因垅深砂远停止。至乾隆八年题明复采，召商承办，后于二十八年封禁。郴州境内并无（铜）砂石，每月册报铜斤系于黑铅渣内挤炼，归商贩买解局供铸。	乾隆	光绪《湖南通志》卷58"矿厂"；乾隆《郴州总志》卷12"物产"；《清代的矿业》，第230页，乾隆五年，湖广总督班第奏
铜	郴州	乾隆二十八年时，郴州矿厂已衰，在采的小矿点有枫仙岭（枫山岭）、九家湖、三家湖、焦塘板、槽碓垅、新峡山、白水塘等七处。	乾隆	《宫中档乾隆朝奏折20》，第31—33页
铜	兴宁县	光绪二十五年时，有勘明归商试办之唐金仑铜矿。	光绪	《宫中档光绪朝朱批奏折》第102辑"工业·矿务"第37页
铜	桂东县	东芒江，乾隆三年议奏，俟开有成效，另议办理。（乾隆四年又考虑本县不通水路，停止。于开采相当谨慎。）	乾隆	光绪《湖南通志》卷58"矿厂"；"高宗实录"卷87，第22页下—23页上
铜	桂阳州	铜矿始于雍正，七（或八）年试采石壁下铜矿，八年，准大凑山白铅垅内杂出煤土煎铜。	雍正	《清代的矿业》，第226页，乾隆五年，湖南巡抚冯光裕奏；同治《桂阳直隶州志》卷20"货殖传"

308

附表1

（续表）

矿种	产地	出产或开发状况	出产时间	资料来源
铜	桂阳州	乾隆四年，马家岭、萧家岭、雷破石、石壁下铜矿试采，刨试有效，每年约可获铜十余万斤，又无妨碍，总督奏请继续开采。后因垅深砂远停止。至乾隆八年题明复采，召商承办……。铜矿定于乾隆（八年准桂阳州马家岭、雷坡石、石壁下、绿紫坳等处开采铜矿，二十一年新开停沙垅）。绿紫坳、石壁下二处铜矿，至嘉庆八年时上等砂苗已搜采殆尽。马家岭，乾隆十三年出砂已不如前。嘉庆八年时于本矿铅垅内杂产下铜砂烧炼。	乾隆	光绪《湖南通志》卷58"矿厂"；《清代的矿业》，第226、230、355、244页；"高宗实录"卷87第22页下—23上。同治《桂阳直隶州志》卷20"货殖传"
铜	桂阳州	六子口、金谷脑诸处出铜。桂民多不善贾事，力农之外，或习一技以终身，此恒业也。因地产铜铅，有力者供垅烧炉，无力者淘沙打矿，其中兴衰各半。故矿厂一务，虽为桂民生业之薮，亦为桂民生业之累。	乾隆	乾隆《直隶桂阳州志》卷2"物产"
铜	桂阳州	据桂阳州知州沈名揆详称：查马家岭等处，自乾隆八年开采起，已历三十余载，虽拳石之山，无处不采，昼夜刨挖，垅路深远，砂装坠底，阴水不时泛涨，屡被水淹，人夫难以采挖，停工之日多，采取之日少。其各垅采取砂石，俱系水面浮皮下砂。查炼铅全在砂质之高低，砂质纯厚，则炼铅多而较易；砂质微薄，则炼铅少而且难，今四十六年所出之砂，实因砂质甚微，以致炉户炼就黑白铅斤短少，不能及四十五年之数，系属实在情形。	乾隆	《中国近代手工业史资料》第一卷，第360页，乾隆二十四年五月；四十八年二月
铜	桂阳州	大有垅（风垅）铜矿，乾隆二十六年开采，乾隆四十三年封禁大有垅、东边垅二处。	乾隆	《清代的矿业》，第355页；嘉庆《直隶桂阳州志》卷26"矿厂志"
铜	桂阳州	东遥垅，嘉庆八年时在采。	嘉庆	《清代的矿业》，第355页

(续表)

矿种	产地	出产或开发状况	出产时间	资料来源
铜	桂阳州	大凑山铜铅锌矿,光绪三十年州守强迫再采,因阻于风水之说而封闭。	光绪	《湖南省志》,第58页
铜	衡州府	康熙十九年,准本府产铜铁锡铅处招民开采输税。	康熙	光绪《湖南通志》卷58"矿厂"
铜	常宁县	铜盆岭,雍正七年至九年巡抚赵弘恩任内,已试采,无成效。	雍正	《清代的矿业》,第226—227页
铜	常宁县	铜盆岭厂,乾隆三年试采,于乾隆四十二年封禁。	乾隆	《清代的矿业》,第226—227页;嘉庆《直隶桂阳州志》卷26"矿厂志"
铜	常宁县	龙旺山地方,乾隆七年总督孙嘉淦奏有土商邓益茂聚集二万余人,开峒八百余口,设炉一百余座,采铜铅等砂一百六十七万斤。龙旺山距湘河仅十二里,前后左右俱系坦途。	乾隆	《清代的矿业》,第230页
铜	常宁县	光绪二十二年,巡抚陈宝箴派员绅往该县先办铜铅等矿。光绪二十五年时,该县有已勘明归商试办之对臼冲铜矿。	光绪	《宫中档光绪朝朱批奏折》第101辑,"工业·矿务"第1101页;第102辑,"工业·矿务",第37页
铜	耒阳县		雍正	雍正《耒阳县志》卷1"方舆"
铜	耒阳县		道光	道光《耒阳县志》卷21"物产"
铜	绥宁县	耙冲(岭),雍正七年至九年巡抚赵弘恩任内曾试采。	雍正	《清代的矿业》,第226—227页
铜	绥宁县	(耙冲铜矿)乾隆四年开采,初有成效,后即有纠纷,五年停止。十二年,署理广西巡抚印务鄂昌、湖南巡抚杨锡绂奏请开采,仍又封禁。	乾隆	"高宗实录"卷87,第22页下—23页上;《清代的矿业》,第227—229、237—240页

附表1

(续表)

矿种	产地	出产或开发状况	出产时间	资料来源
铜	绥宁县	绥邑并无出产金银铅锡,惟有半里、耙冲地方产有铜矿,因坐落苗民,开采有碍庐墓田丘,历来封禁。(按此处矿厂于乾隆十七年内以知县程际泰详查,奉院批照旧封禁。乾隆四十三年,有商民顾学诗等呈请开采绥地麻隆岩铜矿,奉藩宪陈批仰该县确勘详报,经知县王楚士查勘,麻隆岩即在耙冲山,将历奉封禁原委于四十四年禀藩宪陈道宪王署靖州荆各批饬永行封禁。)	乾隆	同治《绥宁县志》卷26"矿厂"
铜	慈利县	二十五都东岳观有铜矿,发见在清光绪初。	光绪	民国《慈利县志》卷6"实业"
铜	桑植县	黄峃峪,皆产铜,曾请开采,然砂石不旺,今封禁。	乾隆	乾隆《永顺府志》卷10"物产"
铜	桑植县	水獭铺,康熙五十九年间,楚南各府承办铜斤,该地土民间私采出卖,每百斤价银九两。	康熙	《雍正朝朱批奏折汇编31》,第124页
铜	桑植县	水獭铺,乾隆三年议奏,俟开有成效,另议办理。乾隆四年又考虑桑植系新辟苗疆,于开采相当谨慎。	乾隆	光绪《湖南通志》卷58"矿厂";"高宗实录"卷87,第22下—23页上
铜	永定县	光绪二十二年,巡抚陈宝箴派员绅往该县先办铜铅等矿。	光绪	《宫中档光绪朝朱批奏折》第101辑,"工业·矿务"第1101页。
铜	永顺县	雷公嘴,清初长沙鼓铸,皆取资于该地之铜。	康熙	《雍正朝朱批奏折汇编31》,第124页
铜	永顺县	雷公嘴,清初长沙鼓铸,皆取资于该地之铜。	雍正	《雍正朝朱批奏折汇编31》,第124页
铜	永顺县	鱼涎口、石米溪,皆产铜,曾请开采,然砂石不旺,今封禁。	乾隆	乾隆《永顺府志》卷10"物产"

311

(续表)

矿种	产地	出产或开发状况	出产时间	资料来源
铜	永州府	康熙十九年,准本府产铜铁锡铅处招民开采输税。	康熙	光绪《湖南通志》卷58"矿厂"
铜	零陵县	稍公墈,乾隆四十一年湖南巡抚、湖南布政使觉罗敦福因郴、桂二州铜铅各矿出产渐微,恐误鼓铸,委员查明稍公墈产有铜苗,奏请募商刨试	乾隆	《清代的矿业》,第246页
铅	长沙府		康熙	康熙《长沙府志》卷6"物产"
铅	长沙府		乾隆	乾隆《长沙府志》卷36"物产"
铅	临湘县	1895年,今桃林铅锌矿之上塘冲、银孔山、杜家冲三处民采。	光绪	《中国矿床发现史·湖南卷》,第126页
铅	湘乡县	光绪二十二年以后开办较有成效之矿。	光绪	《清史稿》卷124"食货五"
铅	浏阳县	县东四十里七宝山旧出铅、铁、硼砂、青矾、胆矾、土黄、碱石。	光绪	光绪《湖南通志》卷60
铅	醴陵县		乾隆	乾隆《湖南通志》卷50"物产·食货"
铅	醴陵县	潘家冲铅锌矿,在明时即已发现,清末民初,复行开采。	清末	民国《醴陵县志》卷5"矿产"
铅	郴州	康熙五十二年覆准郴州设立黑铅厂,照例抽税开采。(商人王纲明开采九架夹铅矿)五十三年题准郴州黑铅厂坑深砂尽,即于本年停止。	康熙	光绪《湖南通志》卷58"矿厂";《清代的矿业》,第351页
铅	郴州	雍正三年,开采九架夹白铅,四年覆准所出矿砂黑白夹杂,准其黑白兼采。雍正十三年停采。	雍正	光绪《湖南通志》卷58"矿厂";《清代的矿业》,第351页;《古矿录》,第93页

（续表）

矿种	产地	出产或开发状况	出产时间	资料来源
铅	郴州	乾隆四年试采桃花垅、甑下垅、铜坑冲等处出产铜铅等矿，著有成效，总督班第奏请铜铅并采，后因垅深砂远停止。乾隆八年题明复采，召商承办，后于二十八年封禁。	乾隆	光绪《湖南通志》卷58"矿厂"
铅	郴州	乾隆年间，郴州铅矿以枫山岭为最。	乾隆	同治《桂阳直隶州志》卷20"货殖传"
铅	郴州	乾隆二十八年时，郴州矿厂已衰，在采的小矿点有枫仙岭（枫山岭）、九家湖、三家湖、焦塘板、槽碓垅、新峡山、白水塘等七处。	乾隆	《宫中档乾隆朝奏折20》，第31—33页
铅	郴州	据郴州知州李玉树查详东坑湖等处矿，于乾隆三十一年复采，至今十有余年，实因垅路深远，峒老山空，产砂微薄。……并询明商人李常泰，及各丁役夫长炉户金称：获砂炼铅，实系尽抽尽报，毫无隐漏，吊核日收砂税铅税各红薄，俱与册报相符，当即勒限严谕该商厚集资本，多雇人夫，广觅砂装，增开垅口，务期获砂旺盛，税课加增。	乾隆	《中国近代手工业史资料》第一卷，第366页，乾隆四十三年八月
铅	郴州	石仙岭、白砂垅、东坑湖、金川塘、杉树坑五处，产黑白铅矿。国朝采禁不一，乾隆二十九年，知州王洸以垅深砂微，详明封禁。三十一年，知州赵由仁以贫民无资详请复采。郴商承请备本试采，著有成效，题准复采。后峒老山空，于六十年封禁石仙岭、白砂垅二处。	乾隆	乾隆《郴州总志》卷12"物产"；光绪《湖南通志》卷58"矿厂"；《清代的矿业》，第357—358页
铅	郴州	据署郴州知州卫能可复称：卑职复查卑州留采矿厂三处，内东坑湖金川塘铅质微末，获砂炼铅无几；其杉树坑一垅，亦因开挖久，砂装愈挖愈远，垅路积水愈深，自乾隆五十九年，水眼闭塞，浸淹底装之后，难以下底，寻砂均在半垅无水处采挖皮砂。所有乾隆六十年分各厂采获砂石，较五十九年获砂既减，炼铅亦因之短少。	乾隆	《中国近代手工业史资料》第一卷，第366页，嘉庆二年三月

（续表）

矿种	产地	出产或开发状况	出产时间	资料来源
铅	郴州	东坑湖、金川塘、杉树坑三厂,至乾隆四十七年后,砂苗衰竭。嘉庆初年,各厂矿砂已竭,又东坑湖子厂椿树垅、金川塘子厂三元冲及杉树坑子厂五马垅也衰竭停工。杉树坑子厂龙头山,及郴州与永兴交界地之干柴窝、显冲头等处试采无砂。官府采办铅斤递形短绌,商人累赔不堪。知州应先烈于嘉庆九年以垅坍砂尽,详请封闭。	嘉庆	嘉庆《郴州总志》卷19"矿厂"
铅	郴州	铅砂(有黑白二种,东坑湖、石仙岭、白砂垅、杉树垅)。光绪二十五年时,有勘明归商试办之柿竹园铅矿。	光绪	光绪《郴州直隶州乡土志》"矿物";《宫中档光绪朝朱批奏折》第102辑"工业·矿务"第37页
铅	桂阳县	长宁乡银岭产铅。国朝雍正年间,两经邑好事者引诱外人赍充商呈准刨试,聚众数月,稍费赍本数千,矿砂颗粒无获,而民间物用亦因之腾贵,皆嗜利者阶之厉也。矧其地连亘溪洞,一有兴作则亡命之徒纷然四集,久聚不散则铤而为乱。先朝屡申严禁,基为地方计至深切矣。	雍正	乾隆《桂阳县志》卷4"风土志"
铅	桂阳县	大约所产无多,经前朝开采辄尽,今实未之有也。	乾隆	同上
铅	兴宁县	烟竹、黄泥坳,嘉庆十八年有首引莠在彼私挖,经县封禁。二十二、三等年复有石启模、石敏良等私挖,均经县先后封禁。	嘉庆	光绪《湖南通志》卷58"矿厂"
铅	辰州府	《正字通》一名黑锡,锡白,故铅为黑锡,辰郡间产之。	乾隆	乾隆《辰州府志》卷16"物产考"
铅	沅陵县	乾隆七年覆准其沅陵等县矿厂并无成效,均应封禁。	乾隆	光绪《湖南通志》卷58"矿厂"
铅	沅陵县	《正字通》一名黑锡,邑间有之。	同治	同治《沅陵县志》卷38"物产"

314

(续表)

矿种	产地	出产或开发状况	出产时间	资料来源
铅	桂阳州	一出大凑山,清初封禁,康熙十三年,贼(吴三桂)据湖南,伪将开矿,历二载,稍获铅斤,不偿工本之半。康熙二十二年尚未封禁,亦得不偿失。一出黄沙坪,开挖最难,一夫穷日,获不二三两,糊口不足,且砂必须水淘,矾流坏田,今(康熙二十二年左右)有无征米四十八石零,见累州民赔纳,皆黄沙坪矾流所坏之田也。康熙五十二年覆准该二处开采。	康熙	康熙《桂阳州志》卷6"物产";光绪《湖南通志》卷58"矿厂"
铅	桂阳州	雍正五年覆准封禁大凑山铅厂,六年覆准大凑山旧垅附近左右逢雨冲出白砂线照旧开采,二八抽收。	雍正	光绪《湖南通志》卷58"矿厂"
铅	桂阳州	出大凑山及黄沙坪诸处,有黑铅、倭铅[锌]二种。大凑山铅矿,久经封禁,乾隆二年有私采导致的案件。乾隆时,矿最盛松树背,其次则雷坡石、石壁下、鹿子坳。	乾隆	乾隆《直隶桂阳州志》卷2"物产";《清代的矿业》,第351—352页;同治《桂阳直隶州志》卷20"货殖传"
铅	桂阳州	州马家岭、长富坪原产黑白铅斤,开采日久,自乾隆二十九年后并未新开矿垅。	乾隆	嘉庆《直隶桂阳州志》卷26"矿厂志"
铅	桂阳州	马家岭、雷坡石、石壁下等处出产铜铅等矿,乾隆四年试采,因垅深砂远停止,八年复采,招商承办。	乾隆	《清代的矿业》,第229—230页,乾隆五年,湖广总督班第奏;光绪《湖南通志》卷58"矿厂"
铅	桂阳州	长富坪,乾隆三十四年开采。	乾隆	《清代的矿业》,第355页
铅	桂阳州	铅矿停于嘉庆,乾隆五十九年停采解京黑铅,嘉庆二年实施,七年停止定额,据炼铅多寡尽抽尽解。	嘉庆	同治《桂阳直隶州志》卷20"货殖传"

(续表)

矿种	产地	出产或开发状况	出产时间	资 料 来 源
铅	桂阳州	据该州(桂阳州)王福清复称:查卑府(马家岭等处)铅厂,自乾隆八年开采起,历今五十余载,拳石之区,无山不开,无峒不老,垅路愈挖愈深,阴水复多泛涨,砂装淹,人力实难施工,所获之砂,均属水面浮皮下砂,并无纯厚砂石。炉户炼铅,全凭砂质之厚薄,砂质纯厚,则炼铅多而较易,砂质微薄,则炼铅少而尤难。	嘉庆	《中国近代手工业史资料》第一卷,第366页
铅	桂阳州	马家岭、长富坪原产黑白铅斤,开采日久,(嘉庆二十三年时已)洞老山空。	嘉庆	嘉庆《直隶桂阳州志》卷26"矿厂志"
铅	桂阳州	大凑山铜铅锌矿,光绪三十年州守强迫再采,因阻于风水之说而封闭。	光绪	《湖南省志》,第58页
铅	临武县		康熙	康熙《临武县志》卷2"物产"
铅	临武县		同治	同治《临武县志》卷44"特产志"
铅	临武县	光绪十五年,衡山商人周鹏南在香花岭矿区开采,三十四年,成立商办镇湘公司,在矿区开凿裕湘等窿,开采锡铅。	光绪	《中国矿床发现》湖南卷,第162页
铅	嘉禾县		嘉庆	《古矿录》页96
铅	永定县	光绪二十二年,巡抚陈宝箴派员绅往该县先办铜铅等矿。	光绪	《宫中档光绪朝朱批奏折》,第101辑,"工业·矿务",第1101页
铅	衡州府	康熙十九年,准本府产铜铁锡铅处招民开采输税。	康熙	光绪《湖南通志》卷58"矿厂"
铅	常宁县	龙旺山矿厂,乾隆七年覆准刨挖,仅获黑铅粗砂,不敷工本,随经封闭。	乾隆	光绪《湖南通志》卷58"矿厂"
铅	常宁县	铜坪岭,乾隆二十一年巡抚陈宏谋奏准开采。	乾隆	《清代的矿业》,第362页

附表1

（续表）

矿种	产地	出产或开发状况	出产时间	资料来源
铅	常宁县	水口山铅锌矿（即龙王山、龙旺山），光绪二十二年，陈宝箴奏准收归官办，其后地展为中国的"铅都"。光绪二十五年时，还有勘明归商试办之泉峰观铅矿。	光绪	《中国矿床发现史》湖南卷，第130页；《宫中档光绪朝朱批奏折》第102辑"工业·矿务"，第37页
铅	衡山县	光绪二十五年时，有勘明归商试办之东湖铅矿。	光绪	《宫中档光绪朝朱批奏折》第102辑"工业·矿务"，第37页
铅	古丈坪厅	彭岩山，或称白铜矿。	光绪	光绪《古丈坪厅志》卷11"物产"
铅	桑植县	历山，土司曾开采之，今封禁，砂亦不旺。	乾隆	乾隆《永顺府志》卷10"物产"
铅	永州府	康熙十九年，准本府产铜铁锡铅处招民开采输税。	康熙	光绪《湖南通志》卷58"矿厂"
铅	祁阳县	光绪二十五年时，有勘明归商试办之源头冲铅矿。	光绪	《宫中档光绪朝朱批奏折》第102辑"工业·矿务"，第37页
铅	宁远县	九嶷山，乾隆年间禁（详见本方志，有居民请封禁各详细原因）。	乾隆	光绪《宁远县志》卷3"赋役"；民国《宁远县志》卷17"食货"
铅	宁远县	九嶷山，同治年间又封禁。终清世无敢议开采者。	同治	同上
铅	乾州厅		同治	同治《乾州厅志》卷13"物产"
铅	永绥厅	同治四年，永绥厅一带苦旱无收，地方官遂主持开采铅矿，较有成效。	同治	宣统《永绥厅志》卷15"食货门"

（续表）

矿种	产地	出产或开发状况	出产时间	资料来源
锌	临湘县	1895年,今桃林铅锌矿之上塘冲、银孔山、杜家冲三处民采。	光绪	《中国矿床发现史》湖南卷,第126页
锌	醴陵县		乾隆	乾隆《湖南通志》卷50"物产·食货"
锌	醴陵县	潘家冲铅锌矿,在明时即已发现,清末民初,复行开采。	清末	民国《醴陵县志》卷5"矿产"
锌	郴州	九架夹,雍正四年覆准所出矿砂黑白夹杂,准其黑白兼采。雍正十三年停采。	雍正	《清代的矿业》,第351页;光绪《湖南通志》卷58"矿厂";《古矿录》,第93页
锌	郴州	有黑白二种,其砂石产州境东坑湖、石仙岭、白沙坨、金川塘、杉树坑五处,国朝采禁不一,乾隆二十九年,知州王洗以坨深砂微,详明封禁。三十一年,知州赵由仁以贫民无资详请复采。后石仙岭、白沙坨两厂开采无益,署知州周士拨于乾隆六十年详请封闭,尚有东坑湖、金川塘、杉树坑三厂,至四十七年后,砂苗衰竭。	乾隆	乾隆《郴州总志》卷12"物产";嘉庆《郴州总志》卷19"矿厂"
锌	郴州	东坑湖、金川塘、杉树坑三厂,至乾隆四十七年后,砂苗衰竭。嘉庆年间采办铅斤递形短绌,商人累赔不堪。知州应先烈于嘉庆九年以坨坍砂尽,详请封闭。	嘉庆	嘉庆《郴州总志》卷19"矿厂"
锌	郴州	铅砂(有黑白二种,东坑湖、石仙岭、白沙坨、杉树坑)。	光绪	光绪《郴州直隶州乡土志》"矿物"
锌	桂阳州	一出大凑山,清初封禁,康熙十三年,贼(吴三桂)据湖南,伪将开矿,历二载,稍获铅斤,不偿工本之半。康熙二十二年尚未封禁,亦得不偿失。一出黄沙坪,开挖最难,一夫穷日,获不二三两,糊口不足,且砂必须水淘,矾流坏田,今(康熙二十二年左右)有无征米四十八石零,见累州民赔纳,皆黄沙坪矾流所坏之田也。康熙五十二年覆准该二处开采。	康熙	康熙《桂阳州志》卷6"物产";光绪《湖南通志》卷58"矿厂"

附表1

(续表)

矿种	产地	出产或开发状况	出产时间	资料来源
锌	桂阳州	雍正五年覆准封禁大凑山铅厂,六年覆准大凑山旧垅附近左右逢雨冲出白砂线照旧开采,二八抽收。	雍正	光绪《湖南通志》卷58"矿厂"
锌	桂阳州	马家岭、长富坪原产黑白铅斤,乾隆四年试采,因垅深砂远停止,八年复采。开采日久,自乾隆二十九年后并未新开矿垅。	乾隆	嘉庆《直隶桂阳州志》卷26"矿厂志"
锌	桂阳州	马家岭、长富坪原产黑白铅斤,开采日久,现在(嘉庆时)洞老山空。	嘉庆	同上
锌	桂阳州	铅出大凑山及黄沙坪诸处,有黑铅、倭铅[锌]二种。	乾隆	乾隆《直隶桂阳州志》卷2"物产"
锌	桂阳州		同治	同治《桂阳直隶州志》卷20"货殖传"
锌	桂阳州	大凑山铜铅锌矿,光绪三十年州守强迫再采,因阻于风水之说而封闭。	光绪	《湖南省志》,第58页
锌	永绥厅	嘉庆十二年奉文封禁。	嘉庆	同治《永绥直隶厅志》卷2"食货门"
锌	常宁县	水口山铅锌矿(即龙王山、龙旺山),光绪二十二年,陈宝箴奏准收归官办。	光绪	《中国矿床发现史》湖南卷,第130页
锡	长沙府		康熙	康熙《长沙府志》卷6"物产"
锡	长沙府		乾隆	乾隆《长沙府志》卷36"物产"
锡	郴州	砂石产州境东冲、柿竹园、马王庙、中兴、野鸡窝、蛇形及五马垅等处。葛藤坪等处也出产锡砂。东冲、柿竹园,自乾隆十六年开采。	乾隆	乾隆《郴州总志》卷12"物产";光绪《湖南通志》卷58"矿厂"
锡	郴州	其砂石产州境东冲、柿竹园、马王庙、中兴、野鸡窝、蛇形及五马垅等处。	嘉庆	嘉庆《郴州总志》卷19"矿厂"

(续表)

矿种	产地	出产或开发状况	出产时间	资料来源
锡	郴州	锡砂(东冲、柿竹园、马王庙、冲兴、野鸡窝、蛇形、五马垅)	光绪	光绪《郴州直隶州乡土志》"矿物"
锡	桂东县	(坑冶之害)在桂之锡坑尤甚,犹忆康熙五十一年,江广亡命潜挖偷淘,始而数十,续而累百盈千,日食难供,即行剽劫,民壮殴之不得,续以官兵,官兵不足,续以乡团,尔时知县阎士魁、千总郭开泰召募士兵演习铳炮,四乡居民入城保守,义勇罗蔡龙等皆犯贼锋而死,团总李俊杰、李公玉、黄振三、李国佐、邓子儒、罗克士,练总何茂林、何□士、罗金方、胡美玉、何修臣等日□巡逻,沿山追剿,始得鼠窜狼奔,境赖以安。邑主阎、防守郭、并后令张公宽皆因此后先诖误焉。此皆目击而心悸者也。	康熙	乾隆《桂东县志》卷2"物产"
锡	桂东县	俗传桂东流源双坑产锡,裟裟岭亦产锡。……国朝雍正年间,两经邑射利之徒引诱外人挟赀充商呈准刨试,聚众数月,稍费赀本,矿砂颗粒无获,而民间物用亦因以腾贵,皆嗜利者阶之厉也。	雍正	同上
锡	桂东县	流源、双坑,乾隆九年,有商人试采未成,后多偷挖乾隆十一至十二年间,应杨锡绂奏准试采一年。	乾隆	《清代的矿业》,第621—622页
锡	桂东县	俗传桂东流源双坑产锡,裟裟岭亦产锡。大都所产不多,前朝开采殆尽,今实无有也。乾隆四十七八两年,檀树漏讹言白竹、寒口锡苗现。阖邑之人若狂,不知此名晒口宝盖其气上浮中实无有也。桂阳州谭某、张某,长沙周某各挟重赀来桂东承商,怂恿富户合伙开采。知县潘芝成准其刨试。始在檀树漏刨试,无获,继在白竹刨试,寒口刨试,皆无获。二三年间,丧其资斧。谭周负债而逃,张某气而死,即邑富户某亦为此破家。此害在贪利者而未及流弊,其害已可见。愿后人慎无轻言利也。	乾隆	乾隆《桂东县志》卷2"物产"

附表1

（续表）

矿种	产地	出产或开发状况	出产时间	资料来源
锡	桂阳县	龙虎洞、延寿峒产锡。国朝雍正年间，两经邑好事者引诱外人赍充商呈准刨试，聚众数月，稍费赀本数千，矿砂颗粒无获，而民间物用亦因以腾贵，皆嗜利者阶之厉也。矧其地连亘溪洞，一有兴作则亡命之徒纷然四集，久聚不散则铤而为乱。先朝屡申严禁，基为地方计至深切矣。	雍正	乾隆《桂阳县志》卷4"风土志"
锡	桂阳县	龙虎洞、延寿峒产锡。大约所产无多，经前朝开采辄尽，今实未之有也。	乾隆	同上
锡	宜章县	旱[早?]禾坑，在县西十五里，宝云山顶背锡矿，雍正六年知县陈率先刨试，无砂，遂封。	雍正	嘉庆《宜章县志》卷7"风土志"
锡	宜章县	猫儿坑，在县西八里，连阳乡扬家队狗头岭锡矿。大湖坑，在县西八里，连阳乡扬家队西家洞、宝云山脚锡矿，以上二坑俱经采尽封禁。又早禾坑，乾隆十八年知县吴德元申文请开，逾年税田受害，出砂无几，虚费赀本，砂尽夫逃，会上封禁，舆情大悦。乾隆三十九年奉文复开猫儿坑并旱窝岭、羊牯炮三处，又复开子厂于岭脚坪，例照郴厂……初时厂旺，抽税尚充，后岭脚坪子厂砂落水空。四十四年奉文封禁。又羊牯炮峒老山空，五十五年奉文封禁。	乾隆	乾隆《宜章县志》卷4"风土志"
锡	宜章县	据宜章县知县曾衍蕃详称：遵查旱窝岭等厂，乾隆四十三年分正月起至五月，系前署县李昺造报，六月至十一月系前署县张庆源造报，卑职于十二月抵任，始经管理。查造报锡斤减少，随讯据夫长黄青云及各炉户供称：各厂自四十二年冬产砂渐衰，加以岭脚坪一厂，砂落水底，难以淘挖取砂，该厂人夫星散，夫长萧华山亏折工本，于上年九月内禀退，经前县另募夫长黄青云承充接办。备本招夫，修垅采挖，尚未得砂，以致产锡短少。再子垅岭脚坪一垅，洼居洞中，自开采以来，愈挖愈深，现在积水较深，随车随溢，砂落水底，实难取砂，以致较之上年减少锡斤。	乾隆	《中国近代手工业史资料》第一卷，第366页

(续表)

矿种	产地	出产或开发状况	出产时间	资料来源
锡	宜章县	猫儿坑,在县西八里连阳乡杨家队狗头岭。旧志猫儿坑外又有大湖坑,在杨家队之西家洞宝云山脚。以上猫儿大湖坑均经采尽封禁。	嘉庆	嘉庆《郴州总志》卷19"矿厂"
锡	桂阳州	出石羊脑。又有东边垅(乾隆十六年开采)、万景窝、石眼里锡矿。	乾隆	乾隆《直隶桂阳州志》卷2"物产";光绪《湖南通志》卷58"矿厂"
锡	桂阳州		同治	同治《桂阳直隶州志》卷20"货殖传"
锡	临武县		康熙	康熙《临武县志》卷2"物产"
锡	临武县		同治	同治《临武县志》卷44"特产志"
锡	临武县	香花岭锡矿,该矿发现尚早,在明万历时,已盛行开采,废窿犹存。光绪十五年,衡山商人周鹏南在矿区开采。二十九年,经商人周鹤南开采,出砂甫旺,即被刘英攮夺,牌名长富。旋又为杜岳、黄魁等强占,更名阜临,彼此械斗,伤人甚多,经中调处,联合为一,遂更牌名为联合。三十四年,成立商办镇湘公司,在矿区开凿裕湘等窿,开采锡铅。	光绪	《现代中国实业志·下》,第384页;《中国矿床发现史》湖南卷,第162页
锡	常宁县		乾隆	乾隆《衡州府志》卷19"物产"
锡	常宁县		同治	同治《常宁县志》卷14"物产"
锡	衡州府	康熙十九年,准本府产铜铁锡铅处招民开采输税。	康熙	光绪《湖南通志》卷58"矿厂"
锡	耒阳县	上堡市(县南五十里,锡冶所在,商贾甚多,利害颇重。)今则锡坑淘尽,一带荒岩。	雍正	雍正《耒阳县志》卷1"方舆"

（续表）

矿种	产地	出产或开发状况	出产时间	资料来源
锡	耒阳县		乾隆	乾隆《衡州府志》卷19"物产"
锡	耒阳县	县南六十里母子岭,有锡冶。	嘉庆	《古矿录》,第95页
锡	耒阳县	如锡出上堡市,皆临蓝各处之人寓居坑厂淘冶,不知历若干年,今淘洗殆尽,山势崩塌,是昔有而今无也。	道光	道光《耒阳县志》卷21"物产"
锡	古丈坪厅	洞坪金矿之上,内有黑铅。	光绪	光绪,《古丈坪厅志》卷11"物产"
锡	江华县	上五堡。	康熙	康熙《永州府志》卷9"物产"(姜志)
锡	江华县	间有锡矿,虽界于上五堡徭寨之中,实出在贺富二县徭寨之境。而江华上五堡不过往来客商必由之路,不知者遂谓上五堡为锡之区。	雍正	雍正《江华县志》卷4"风土"
锡·	江华县	江华向称锡方,亦云产铁。宋时有黄富铁锡三场置官。今惟上伍保间有之。	同治	同治《江华县志》卷10"风土"
锡	江华县	上五堡锡矿,在江华县之极南……闻名已久。清末土人开采,其时县城附近之平头岩高车岭亦产锡砂,合上五堡所产……	清末	《现代中国实业志·下》,第386页
锡	零陵县		光绪	光绪《零陵县志》卷1"地舆"
锡	宁远县	九嶷山,乾隆年间曾有人请开采,遭封禁。	乾隆	光绪《宁远县志》卷3"赋役";民国《宁远县志》卷17"食货"
锡	宁远县	九嶷山,同治年间又封禁。终清世无敢再议开采者。	同治	同上
锡	永州府	康熙十九年,准本府产铜铁锡铅处招民开采输税。	康熙	光绪《湖南通志》卷58"矿厂"

（续表）

矿种	产地	出产或开发状况	出产时间	资料来源
铁	宝庆府	出生铁。	康熙	康熙《宝庆府志》卷13"风土志"
铁	邵阳县	雍正十三年题准采取铁矿。	雍正	光绪《湖南通志》卷58"矿厂"
铁	邵阳县	居民每于农隙之时，挖取矿石，开炉煽出，零星挑卖匠铺造作农器，至其釜鬻之类则□有市自粤省，名之曰广锅。	乾隆	乾隆《邵阳县志》卷8"食货"
铁	邵阳县		嘉庆	《清代的矿业》，第502页
铁	邵阳县	分生铁热铁，四乡并有。县内产铁载冶之区，旧推东乡金仙铺、东矛冲、断头坪、三胜庙、九龙岭，南乡郦家坪、粟家坪，西乡滩头、六都砦，北乡右溪湾各处。今则已多改易，已多停业，或竟久停，未再兴工，未再鼓铸。工不及他省良。	光绪	光绪《邵阳县乡土志》卷4"物产"；光绪《邵阳县志》卷6"食货"
铁	武冈县	雍正十三年题准采取铁矿。	雍正	光绪《湖南通志》卷58"矿厂"
铁	武冈州	架冲、三星两团产有铁觔，每于农隙之时，本地穷民开挖煽出，零星挑卖匠铺造作农器，无贩卖收买者。	乾隆	乾隆《武冈州志》卷1"地理"
铁	武冈州		嘉庆	《清代的矿业》，第502页
铁	武冈州	同治初，石下江微露铁矿，采取以铸农器，要以所出几微，为利无多，故言者亦憖云。	同治	同治《武冈州志》卷22"贡赋志·矿政"
铁	新化县		乾隆	乾隆《新化县志》卷13"物产"
铁	新化县	油溪、瓦滩、满竹、莘溪、富山、三江口、周家溪、石矶头、金家溪各处采治之地往往铁矿呈露。民间取之以铸农器，为利无多，然开厂之处，奸民混杂，恐有疏虞，故历为封禁。嘉庆年间数次封禁。	嘉庆	光绪《湖南通志》卷58"矿厂"

附表1

（续表）

矿种	产地	出产或开发状况	出产时间	资料来源
铁	新化县	油溪、瓦滩、满竹、莘溪、富山、三江口、周家溪、石矶头、金家溪各处采煤之地往往铁矿呈露。民间取之以铸农器，为利无多，然开厂之处，奸民混杂，恐有疏虞，故历为封禁。道光年间数次封禁。	道光	光绪《湖南通志》卷58"矿厂"
铁	新化县		同治	同治《新化县志》卷7"舆地志"
铁	新宁县	雍正十三年题准采取铁矿。	雍正	光绪《湖南通志》卷58"矿厂"
铁	新宁县	或仅能取给，或尚不足用。	光绪	光绪《新宁县志》卷20"物产志"
铁	新宁县	今市贩铁货多宝庆产。	乾隆	乾隆《湖南通志》卷50"物产·食货"
铁	新宁县		嘉庆	《清代的矿业》，第502页
铁	安化县	小桥等六十八处产铁，雍正十三年，准其开采并设炉炼铁。	雍正	光绪《湖南通志》卷58"矿厂"；《清代的矿业》，第499页
铁	安化县		嘉庆	《清代的矿业》，第502页
铁	安化县	今造炉熔铸，拣其坚硬者炼成为钢，农器什物咸取资焉。	同治	同治《安化县志》卷10"舆地"
铁	茶陵州		康熙	康熙《茶陵州志》卷7"食货志"
铁	茶陵县	（衡山）铁则货自茶陵。	乾隆	乾隆《衡山县志》卷4"疆域"
铁	茶陵县	州西北三十里露岭，上产铁。	嘉庆	《古矿录》，第94页
铁	茶陵县		同治	同治《茶陵县志》卷7"物产"

325

（续表）

矿种	产地	出产或开发状况	出产时间	资料来源
铁	长沙府		康熙	康熙《长沙府志》卷6"物产"
铁	长沙府	雍正十三年题准并有铁矿，准民人自行开采。	雍正	嘉庆《永定县志》卷6"物产"
铁	长沙府		乾隆	乾隆《长沙府志》卷36"物产"
铁	醴陵县	东南乡产，久禁。	嘉庆	嘉庆《醴陵县志》卷24"风俗志"
铁	浏阳县	县东四十里七宝山旧出铅、铁、硼砂、青矾、胆矾、土黄、碱石。	光绪	光绪《湖南通志》卷60
铁	浏阳县	今县东七宝山多黝石，其下有铁矢，山石积如铁屑，或疑即场所。然屑仅微肖，虽铁亦恶矣。	同治	同治《浏阳县志》卷7"食货"
铁	宁乡县	五都铁杭岙、十都莲花峰及峰后竹鸡坡、茶圆坡等处产铁。莲花峰在县西百里，与雪风山联，形家云县治来脉最贵重处……咸丰中耿令维中永禁掘取损伤县脉。	咸丰	民国《宁乡县志》"故事编第三"
铁	湘潭县	湘潭人乾隆时往芜湖学得炼钢法。	乾隆	光绪《湘潭县志》卷10"货殖"
铁	湘潭县	居民开矿取石煅炼成铁，铁炉山亦有之，近因获利甚微，采者少。	嘉庆	嘉庆《湘潭县志》卷39"风土"
铁	攸县	银坑等处产铁，乾隆二十八年详报，不便开采，查明封禁。	乾隆	光绪《湖南通志》卷58"矿厂"
铁	攸县		嘉庆	《清代的矿业》，第502页
铁	郴州	州境并无专山，俱向各山寻取刨挖，采石之黑者，用柴炭烧炼而成。工本甚多，获益有限。虽无税抽而滋扰更繁。嘉庆二十四年六月内署州牧常苾任，访悉要害，即恺切出示封禁。	嘉庆	嘉庆《郴州总志》卷19"矿厂"

附表1

(续表)

矿种	产地	出产或开发状况	出产时间	资料来源
铁	郴州	铁砂(帽岭、栗山、杨梅岭)。	光绪	光绪《郴州直隶州乡土志》"矿物"
铁	桂东县	惟铁坑,差足便民,刨采者朝聚夕散,究何显其富有哉?	乾隆	乾隆《桂东县志》卷2"物产"
铁	桂东县		嘉庆	《清代的矿业》,第502页
铁	桂东县	所产已尽,近皆封禁。	同治	同治《桂东县志》卷8"物产志"
铁	桂阳县	按旧志载,桂阳县流溪、大敢岭、长乐乡、屋岭产铁。国朝雍正年间,两经邑好事者引诱外人赍充商呈准试,聚众数月,稍费赀本数千,矿砂颗粒无获,而民间物用亦因以腾贵,皆嗜利者阶之厉也。矧其地连亘溪洞,一有兴作则亡命之徒纷然四集,久聚不散则铤而为乱。先朝屡申严禁,甚为地方计至深切矣。	雍正	乾隆《桂阳县志》卷4"风土志"
铁	桂阳县	摇兰坑等处产铁。乾隆二十八年题准试采旋复封禁。	乾隆	光绪《湖南通志》卷58"矿厂"
铁	桂阳县		嘉庆	《清代的矿业》,第502页
铁	兴宁县	雍正十三年,准采取铁矿。	雍正	光绪《湖南通志》卷58"矿厂"
铁	兴宁县	乾隆四年,沈万昌具呈,兴宁全资铁耕而取之粤省,肩运殊苦。请于滁口、江口地方采取铁矿,并无碍于田园庐墓。又具呈于州尊胡转详藩宪张督宪迈奉部议于乾隆七年始取具该商同山主保邻甘结,准其于夏里、江口、东安、流波四处开采。乾隆十七年,州尊方奉宪批设炉之时,令山主只许雇觅本地人夫,毋得招集外来人民,勿使商贩渐生事端。并将采砂锤炼人夫实在数目填明姓名、年貌与经管执事协同保甲邻右户首出具甘结,会同营中加具印结,详送存案。准其开采。乃令文武员弁暨捕巡各官不时巡查,厂内人夫如有更换增减之处,当即登注报明。	乾隆	嘉庆《郴州总志》卷19"矿厂";乾隆《郴州总志》卷12"物产"

327

(续表)

矿种	产地	出产或开发状况	出产时间	资料来源
铁	兴宁县	嘉庆十八年,有首引庵等在烟竹坪、黄泥坳地方私挖矿砂,经前县蔚封禁。二十二年,有石启模等又复在彼私挖,经前县李封禁。二十三年九月,又有石敏良在彼偷挖,现任张饬滁口司岳往行封禁。嘉庆二十四年三月,有监生何添明、张兰庭等与民黄任祥、黄福寿等招来郴桂两境匪民,在山口银矿垅各私开矿挖砂,现任张查知,概行封禁。	嘉庆	嘉庆《郴州总志》卷19"矿厂"
铁	兴宁县	旧志张伟(指嘉庆二十二年张伟纂修旧志)论曰:邑旧产铁,今矿尽山空,厂不待封禁自散。惟铁炭盛出,无业贫民肩挑赖以谋食,乃纠众降买降卖,大为厂民客商之累。	嘉庆	光绪《兴宁县志》卷5"风土志"
铁	兴宁县	铁(出西南两乡);铁炭(出西北两乡,贩湖北、芜湖、南京)。	同治	同上
铁	兴宁县	铁(出西南两乡);铁炭(出西北两乡,贩湖北、芜湖、南京)。	光绪	同上
铁	永兴县	金陵及永兴二乡产。	光绪	光绪《永兴县志》卷52"物产"
铁	辰溪县	雍正十三年题准采取铁矿。	雍正	光绪《湖南通志》卷58"矿厂"
铁	辰溪县	乾隆元年、七年两次详报县属之大坪、修溪、征溪、沙溪、小滩五处产有铁矿,并无妨碍,奉准听民开采。	乾隆	《清代的矿业》,第498页
铁	辰溪县	县属大坪等五处,自近年来久经挖空,现在开采之处,惟城南中河铺及花嵒坡,出产较多,余则旋挖旋空,不一其处……	道光	道光《辰溪县志》卷21"矿厂志"
铁	辰州府	曰矿,矿铁也……谓之辰铁,俗讹作铁,山市建厂开铸,货于四方,贫富恃以为业。	乾隆	乾隆《辰州府志》卷16"物产考"
铁	泸溪县	铁板、铁。	乾隆	乾隆《泸溪县志》卷7"物产"

(续表)

矿种	产地	出产或开发状况	出产时间	资料来源
铁	泸溪县		嘉庆	《清代的矿业》，第502页
铁	溆浦县	雍正十三年题准采取铁矿。	雍正	光绪《湖南通志》卷58"矿厂"
铁	溆浦县		同治	同治《溆浦县志》卷8"物产"
铁	沅陵县	雍正十三年题准永州各府属外辰州府沅陵、辰溪、溆浦三县并有铁矿，准民人自行开采。邑人设厂鼓铸，取矿炽炉熔之，穴出成片曰铣钣，冶铣钣成铁谓之辰铁。	雍正	同治《沅陵县志》卷38"物产"
铁	桂阳州	铁土（出金村）。	康熙	康熙《桂阳州志》卷6"风土八·物产"
铁	桂阳州	雍正十三年题准采取铁矿。	雍正	光绪《湖南通志》卷58"矿厂"
铁	桂阳州	出金村各处。	乾隆	乾隆《直隶桂阳州志》卷2"物产"
铁	桂阳州	铁矿无税，州及临武皆有之。	同治	同治《桂阳直隶州志》卷20"货殖传"
铁	临武县	矿在平田乡庄村凹。	康熙	康熙《临武县志》卷2"物产"
铁	临武县	雍正十三年题准采取铁矿。	雍正	光绪《湖南通志》卷58"矿厂"
铁	临武县		嘉庆	《清代的矿业》，第502页
铁	临武县		同治	同治《临武县志》卷44"物产志"
铁	常宁县		同治	同治《常宁县志》卷14"物产"
铁	衡州府	康熙十九年，准本府产铜铁锡铅处招民开采输税。	康熙	光绪《湖南通志》卷58"矿厂"

329

(续表)

矿种	产地	出产或开发状况	出产时间	资料来源
铁	衡州府		乾隆	乾隆《衡州府志》卷19"物产"
铁	耒阳县	□头市(县南八里,驰道相接,砌石犹存,产铁。四方商贾□货于此,今冷落不及昔时);肥江市(县南三十里,山出生铁)通上堡市孔道,郴永民居稠密。今荒废,仅茅屋一二间)。	雍正	雍正《耒阳县志》卷1"方舆"
铁	耒阳县		道光	道光《耒阳县志》卷21"物产"
铁	耒阳县	矿物之大宗,今县东南产铁石,不一处。铁,运往湖北,可造各色机器及铁路。在本境销行每岁约千余担,水运出境在衡州、湘潭、长沙、汉口等处销行,每岁约万余担。	光绪	光绪《耒阳县乡土志》"物产"、"商务"
铁	靖州	出老鸦坡西麓及贯堡渡之山中,又金竹坪一处甫经采取,苗不甚旺。	光绪	光绪《靖州乡土志》卷4"物产"
铁	绥宁县		乾隆	乾隆《湖南通志》卷50"物产·食货"引"州志"
铁	绥宁县		嘉庆	《古矿录》,第96页
铁	绥宁县	夏二里、青坡等里间出铁矿,亦奉文禁止,不许私开,岁出示晓谕并饬该里保正具结在案。	同治	同治《绥宁县志》卷26"矿厂"
铁	绥宁县	夏二、青坡等里出铁矿。因有碍田墓,久已奉文禁止。每岁地方官出示晓谕,并饬该里保证具结在案,备详县志。	光绪	光绪《靖州直隶州志》卷4"贡赋"
铁	安福县	雍正十三年题准采取铁矿。	雍正	光绪《湖南通志》卷58"矿厂"
铁	安福县		同治	同治《直隶澧州志》卷6"食货"
铁	慈利县		康熙	康熙《岳州府志》卷14"物产"

附表1

（续表）

矿种	产地	出产或开发状况	出产时间	资　料　来　源
铁	慈利县	雍正十三年题准采取铁矿。	雍正	光绪《湖南通志》卷58"矿厂"
铁	慈利县		同治	同治《直隶澧州志》卷6"食货"
铁	慈利县		光绪	光绪《慈利县志》卷6"食货"
铁	澧州		康熙	康熙《岳州府志》卷14"物产"
铁	石门县	雍正十三年题准采取铁矿。	雍正	光绪《湖南通志》卷58"矿厂"
铁	石门县		嘉庆	《清代的矿业》第502页
铁	石门县		同治	同治《直隶澧州志》卷6"食货"
铁	永定县		康熙	康熙《永定卫志》卷2"物产"
铁	永定县	雍正十三年题准采取铁矿。	雍正	光绪《湖南通志》卷58"矿厂"
铁	永定县	县茅冈旧产銑矿,由仙界河达县城为厂四十有八,贸贩者皆江南巨商,故邑有小南京之号。国初称极盛,乾隆末始渐微。土人皆言有红无黑故也,红谓矿,黑谓炭也。	乾隆	同治《续修永定县志》卷6"物产"
铁	永定县	永定县自准开采后,铁厂颇多,然皆在茅冈司界内。今据茅冈世袭千总覃朝辅呈明茅冈四十八厂迩来大炉已久停止,惟官塔、竹马溪、青岩山三处尚作小炉,资本半出客商,亦无余铁售卖。其所以然,总由山木砍伐过多,而山炭所出不足供作大炉也。	嘉庆	嘉庆《永定县志》卷6"物产"
铁	永定县	慈、石、福并产,永定为饶。	同治	同治《直隶澧州志》卷6"食货"

(续表)

矿种	产地	出产或开发状况	出产时间	资料来源
铁	桑植县	雍正十三年,准采取铁矿。	雍正	光绪《湖南通志》卷58"矿厂"
铁	桑植县	县西二十里云界山产铁。	嘉庆	《古矿录》,第96页
铁	保靖县	曰蜡洞、曰大河溪……皆产矿,以苗疆故,俱封禁。	乾隆	同治《永顺府志》卷10"物产"
铁	保靖县	沙塘腊洞出。	乾隆	乾隆《湖南通志》卷50"物产·食货"
铁	古丈坪厅	清油孔钢矿、鸦角山铁矿、桐油坡铁矿(钢矿疑即铁),光绪时在三道河下里余发现。因缺煤未能开。	光绪	光绪《古丈坪厅志》卷11"物产"
铁	龙山县	茨岩坪、牛栏溪、茅坪、茄沙、述必、猛峒……皆产矿,以苗疆故,俱封禁。	乾隆	同治《永顺府志》卷10"物产"
铁	龙山县	龙山县之普口车、茨岩塘、细沙坪、牛栏溪、大茅坪、茄坪、述必、猛峒。以上八处产铁,因地属苗疆,奉文封禁,不准开掘。	嘉庆	嘉庆《龙山县志》卷9"物产"
铁	永顺府	四县俱有。永顺县合虎溪亚、车溪、用加,保靖县蜡峒、大河溪,龙山县茨岩坪、牛栏溪、茅坪、洗沙溪、茄沙、述必,桑植县曰黄连溪、破石、腰峒峒牛迎岩、黄沙塔冈居峪大泉溪宝溪皆产矿,以苗疆故俱封禁。	乾隆	乾隆《永顺府志》卷10"物产"
铁	永顺县	贺虎溪亚,车溪、用加,皆产铁,以苗疆故俱封禁,后屡开屡封。近数年来迭奉委查,经前县薛超文、胡启运均详结并无开炉私铸在案。	同治	同治《永顺县志》卷6"风土志"
铁	永顺县	二湾界,苗颇旺。清同光间龙家寨田姓曾请试办,常获厚利。外白砂保、大胖山有铁矿,光绪中商民曾集股开采,因矿师不良,铁不适用停办。	光绪	民国《永顺县志》卷11"食货"
铁	永州府	康熙十九年,准本府产铜铁锡铅处招民开采输税。	康熙	光绪《湖南通志》卷58"矿厂"
铁	零陵县		嘉庆	《古矿录》,第95—96页

(续表)

矿种	产地	出产或开发状况	出产时间	资料来源
铁	零陵县		光绪	光绪《零陵县志》卷1"地舆"
铁	祁阳县	香炉、乌塘、韩家山等山皆产铁砂。	嘉庆	光绪《湖南通志》卷60"物产"引《一统志》
铁	东安县	红鹅岭有铁矿一处,从前五姓于农隙之后自行控煽,以资农器。康熙三十三年,知县郎廷模奉文封禁。	康熙	乾隆《东安县志》卷4"政治志"
铁	东安县	国朝雍正十三年题准东安县有铁矿,许民人自行开采(道光志)又红鹅岭有铁矿一处……雍正十三年,知县邱河源奉文详请咨部饬令附近居民开采控煽,以资农器,不许招集外来奸匪,亦不许贩卖出境。其铁矿乃上脉中微末砂屑淘洗作铁云。(乾隆志)	雍正	道光《永州府志》卷7"食货志";乾隆《东安县志》卷4"政治志"
铁	东安县		嘉庆	《清代的矿业》,第502页
铁	新田县		嘉庆	《古矿录》,第95—96页
铁	宁远县		嘉庆	同上
铁	道州县		康熙	康熙《永州府志》卷9"物产"[姜志]
铁	永明县		嘉庆	《古矿录》,第95—96页
铁	江华县		嘉庆	同上
铁	江华县	今惟上伍保间有之……	同治	同治《江华县志》卷10"风土"
铁	黔阳县		康熙	康熙《黔阳县志》卷4"物产"

（续表）

矿种	产地	出产或开发状况	出产时间	资料来源
铁	黔阳县		同治	同治《黔阳县志》卷18"物产"
铁	黔阳县	铁墩坡铁石之发见，始于何时，已不可考。清光绪二十四年六月由湖南官矿总局，圈定矿区，三里以内不准商人开采，设芷黔分局，委黄式崇为局长，陈先照副之；建发、强、宽、裕、刚、毅炼炉六座，于孔石溪开煤窿三口。光绪二十五年十月，发、强、宽、裕四炉停工，十二月陈先照调麻阳，刘凤起继之，因铁价衰落，不久全部停工。迄宣统年间，官矿总局复委员禹东来重办，建炉数座，日出生铁四千余斤。土人亦在该处设高炉数座，买砂冶炼，时铁砂每石值制钱三百文云，后以匪乱停工。	光绪	《现代中国实业志·下》，第333页
铁	芷江县	后山、土子、镇江、上三各里多鼓铸以货，其品有三，生铁⋯⋯熟铁⋯⋯刚铁。今商贾通贩于外境者，多生铁也。榆树湾市，鬻铁者连担趋市，资贾客之贸贩焉。油豆米谷之属亦集此售。路当孔道，为入滇所必经，旅舍联络，行客率信宿于此。近时大吏以是地为水陆通衢，民商错处，且有附近之黄岩诸处硫黄，恐奸徒窃采，遂奏移县丞分驻，巡防益周。市嚣以靖。	乾隆	乾隆《芷江县志》卷1"封域志"
铁	芷江县		嘉庆	《古矿录》第95页
铁	芷江县	光绪二十五年时，有商采官收之铁砂矿。	光绪	《宫中档光绪朝朱批奏折》第102辑"工业·矿务"，第37页
铁	晃州厅	铁，里中亦间有出矿者。	道光	道光《晃州厅志》卷37"物产"
锰	湘潭县	鹤岭锰矿，为吾国最大之锰矿区域，矿区在湘潭县城西北三十里上五都地方。宣统元年，由前汉冶萍公司经理黄阁臣及高木陆郎等组织厚生号着手采掘⋯⋯	宣统	《现代中国实业志·下》，第464页

（续表）

矿种	产地	出产或开发状况	出产时间	资料来源
锑	邵阳县	今锑矿之产，大概多在龙山一带。曰岳平峰、曰宝塔坪、曰枫树塘（俗作枫树氹）、曰青山界、曰李家冲、曰猫公洞（俗讹茅冈洞）、曰淘金桥雪茅岭，皆各兴工采办者。内以宝塔坪处所获为优。县境各乡，近颇争用办识，以尚非确有定产，不具列。	光绪	光绪《邵阳县乡土志》卷4"物产"
锑	新化县	锡矿山产锑最早，在明清之交，即已开采，惟当时不识其为锑，以其外形似锡，故有锡矿山之称。光绪二十一年，有晏咏麓者，设立巽禄公司，继起者为履和裕、畴富堂、公孚利等，此为呈请开采该处锑矿最早之公司。至光绪二十三年，锡矿山官矿分局始于是时设立。厥后采矿公司日增，产量日富，惟矿砂价格，每被操纵，而矿砂运省，亦感笨重。光绪三十一年，官矿局于冷水江修造炼厂。翌年商民陈岷山等，约集全山矿商，开设集益炼厂。又次年保善公益等炼厂，相继成立，锑价日增，开炼两务，日趋发达，锡矿山乃蔚然于锑业历史上占一最重位置。……光绪二十五年时，另有官办之沫矿村锑矿。	光绪	《现代中国实业志·下》，第416页；《宫中档光绪朝朱批奏折》第102辑"工业·矿务"，第37页
锑	湘乡县	光绪二十二年后开办之锑矿较有成效。	光绪	《清史稿》卷124"食货五"
锑	安化县	滑板溪、木里坪二处锑矿，光绪二十五年时官办；渣滓溪锑矿，光绪三十二年发现始采。	光绪	《宫中档光绪朝朱批奏折》第102辑"工业·矿务"，第37页；《中国矿床发现史》湖南卷，第167页
锑	宁乡县	十都八区钟体岺发见锑矿，光绪十九年商人立案开办，以深入不旺停。	光绪	民国《宁乡县志》"故事编第三"

(续表)

矿种	产地	出产或开发状况	出产时间	资 料 来 源
锑	益阳县	板溪锑矿,于清光绪中叶经土人发现,光绪二十三年,湘抚陈宝箴乃收归省有,次年遂组织中路久通锑矿公司,动工开采,此实为吾国最古之锑矿公司。至光绪二十六年,梁端甫氏继续接办,改为民有营业,将矿扩张,作业改良……光绪二十五年时,该县还有一处官办的西村锑矿。	光绪	《现代中国实业志·下》,第419页;《宫中档光绪朝朱批奏折》第102辑"工业·矿务",第37页
锑	郴州	锑砂(瑶岭现已开采,大风岭、水源头苗质太薄,亦未见效)。	光绪	光绪《郴州直隶州乡土志》"矿物"
锑	溆浦县	开采锑矿始于光绪末年间,所获锑砂运赴长沙汉口销售。	光绪	民国《溆浦县志》卷8"食货志"
锑	沅陵县	1895年,在沃溪田秀湾发现并始采锑矿;光绪二十五年时,还有官办之银矿坨锑矿。	光绪	《中国矿床发现史》湖南卷,第164页;《宫中档光绪朝朱批奏折》第102辑"工业·矿务",第37页
锑	慈利县	光绪二十二年后开办之锑矿较有成效。	光绪	《清史稿》卷124"食货五"
锑	古丈坪厅	三道河,亦与煤共生。	光绪	光绪《古丈坪厅志》卷11"物产"
锑	芷江县	光绪二十五年时,有官办之沙罗田锑矿。	光绪	《宫中档光绪朝朱批奏折》第102辑"工业·矿务",第37页。
锑	黔阳县	冬溪龟形山锑矿,如何发见,已无稽考。清光绪二十五年,湖南矿务总局委员吴選尹筹备开办;翌年正月,呈报开工;不久即停。	光绪	《现代中国实业志·下》,第421页
锑	祁阳县	光绪二十二年后开办之锑矿较有成效。	光绪	《清史稿》卷124"食货五"

附表1

（续表）

矿种	产地	出产或开发状况	出产时间	资 料 来 源
煤	宝庆府		康熙	康熙《宝庆府志》卷13"风土志"
煤	邵阳县	分铁煤柴煤，柴煤出西南乡梅州上下各区；铁煤，东乡产之特多，毡帽领一带亦间有无烟者，旧日铁煤销售湖北汉口，分达河南院鄂，号称佳品。中以刘满四、樟树湾、白马田为最……	光绪	光绪《邵阳县乡土志》卷4"物产"
煤	武冈州		康熙	康熙《武冈州志》卷4"物产"
煤	新化县		乾隆	乾隆《新化县志》卷13"物产"
煤	新化县	油溪、瓦滩、满竹、莘溪、富山、三江口、周家溪、石矶头、金家溪各处采煤之地。	嘉庆	光绪《湖南通志》卷58"矿厂"
煤	新化县	油溪、瓦滩、满竹、莘溪、富山、三江口、周家溪、石矶头、金家溪各处采煤之地。	道光	同上
煤	新化县		同治	同治《新化县志》卷7"舆地志"
煤	新宁县		乾隆	乾隆《湖南通志》卷50"物产·食货"
煤	新宁县	（出黄家埠、铁山等处。今高坪铺离城二十里□开煤井百数十天[？]伤县□□□奉官严禁。	道光	道光《新宁县志》卷30"物产"
煤	新宁县	（出黄家埠、铁山等处）或仅能取给，或尚不足用。	光绪	光绪《新宁县志》卷20"物产志"
煤	安化县	耒阳、衡山、湘潭、湘乡、安化等县及桂阳州皆产煤，民间开挖运贩，以供炊爨之用，不但此数州县之民资以度日，而湖南全省各州县之民多半资以为薪火，至湖北武汉一带地方亦多资以为用，而江南之铸造铁器者亦多资之。……但此六州县之内惟湘乡产煤最多煤安化次之。……煤中夹杂硫磺矿子，乾隆二年前曾有禁煤之事。乾隆二年开采，六年封禁，十二年复采，十六年又封禁二十四年请开采，三十五年又封禁。	乾隆	《清代的矿业》，第464—467页

（续表）

矿种	产地	出产或开发状况	出产时间	资料来源
煤	安化县		同治	同治《安化县志》卷10"舆地"
煤	茶陵县		同治	同治《茶陵县志》卷7"物产"
煤	长沙府		康熙	康熙《长沙府志》卷6"物产"
煤	长沙府		乾隆	乾隆《长沙府志》卷36"物产"
煤	醴陵县	勒由塘至北冲之开采,相传始自明季之江西人,至康熙年间,本地人始继起采掘,惟所掘均不甚深……	康熙	民国《醴陵县志》卷5"矿产"
煤	醴陵县	石门口煤田,县城南约七公里,相传清代雍正乾隆年间,有楚益隆者,在板山、放水、老坡一带开井取煤,又在许家湾开井三口,获利甚丰。旋因乡民惑于风水,遂禁止之。至清末始由当地人民自由掘取。	雍正	同上
煤	醴陵县	石门口煤田,县城南约七公里,相传清代雍正乾隆年间,在楚益隆者,在板山、放水、老坡一带开井取煤,又在许家湾开井三口,获利甚丰。旋因乡民惑于风水,遂禁止之。至清末始由当地人民自由掘取。	乾隆	同上
煤	醴陵县	东南北三乡产。	嘉庆	嘉庆《醴陵县志》卷24"风俗志"
煤	醴陵县	峤岭。	咸丰	民国《醴陵县志》卷5"矿产"
煤	醴陵县		同治	同治《醴陵县志》卷1"舆地"
煤	醴陵县	光绪二十五年时,有官办之仙石、枫树山煤矿。	光绪	《宫中档光绪朝朱批奏折》第102辑,"工业·矿务",第36页

附表1

（续表）

矿种	产地	出产或开发状况	出产时间	资料来源
煤	醴陵县	石门口煤田,县城南约七公里。相传清代雍正乾隆年间,有楚益隆者,在板山、放水、老坡一带开井取煤,又在许家湾开井三口,获利甚丰。旋因乡民惑于风水,遂禁止之。至清末始由当地人民自由掘取。	清末	民国《醴陵县志》卷5"矿产"
煤	浏阳县		同治	同治《浏阳县志》卷7"食货"
煤	宁乡县	清世鉴于明末矿税之害,不言矿利。宁乡士绅又盛言风水,凡采矿者必请官封禁。如花山墺、斋饭山、天螺荡诸处产煤,皆以县龙来脉,永禁凿掘。斋饭山,原开煤矿,叠封有案。乾隆四十三年冯令鼎高封。四十五年巡抚刘埔委员封。	乾隆	民国《宁乡县志》"故事编第三"
煤	宁乡县	清世鉴于明末矿税之害,不言矿利。宁乡士绅又盛言风水,凡采矿者必请官封禁。如花山墺、斋饭山、天螺荡诸处产煤,皆以县龙来脉,永禁凿掘。斋饭山,原开煤矿,叠封有案。嘉庆十五年巡抚广厚又饬张令秀芝封。十六年张令仲埕封禁该山,附近之苍坑山、画匠山均禁开掘。四都癞子山注:在县南八十里,嘉庆中,韩三等强开煤矿,县绅丁公路、丁元甫控封。巡抚景安奏准该处山及毗连山地永禁开采。	嘉庆	同上
煤	宁乡县	清世鉴于明末矿税之害,不言矿利。宁乡士绅又盛言风水,凡采矿者必请官封禁。如花山墺、斋饭山、天螺荡诸处产煤,皆以县龙来脉,永禁凿掘。龙洞坡,在县西八十里,县治来脉。咸丰辛酉,邑绅请禁开采煤石。三都嶂山,咸丰间邑绅刘克道、贺懋檀、边桄、杨光寿、萧镇湘、镇汉、谢荣等禀请禁采石烧灰,周令鉴、耿令维中均断永远封禁,申详存案。七都柽木山,在县西南五十里,横田山产煤,咸丰中,邑绅请示封禁。	咸丰	同上

339

（续表）

矿种	产地	出产或开发状况	出产时间	资料来源
煤	宁乡县	（产）二都和尚桥圳边上，三都苦竹寺，四都青溪。（光绪）二十二年矿务总局委员购地开办，均烟煤和尚桥圳边上矿苗露山麓而质松油少，易然易化，矿床不宽，深入无变，开采两年，耗本甚巨。苦竹寺老矿旧洞鳞比，旁搜易尽，积水乘之，且运道不便，两年停办。青溪烟煤质佳而富，连开数年，因水势大，机筒抽吸力小难干，计竭停工。此官矿情形也。商办则有二都东车煤矿，光绪二十年请开，构讼连年，兴工两次，无大煤，遇石而止。三都之五亩冲，烟煤，开采数年，先亏后赢，仅可敷本，水大停工。又煤炭坝著名老矿，开自明代，光绪二十七年，县人廖培昌等以筹学款名义，就学田开办，以不能畅销，卒停办。五都新塘（土中），光绪时开采，矿床不富。	光绪	民国《宁乡县志》"故事编第三"
煤	善化县	乡间柴炭，其价数倍于昔日，濒河之地莫不烧煤。……因由民居稠密，厨灶日增，然亦不尽尔也。宫室奢侈，乔木美林尽充梁栋，兼之酒坊market店弥布乡里，贫民无以为食则偷树卖钱，土民开挖营生，则根株尽铲，牛山之濯濯所由来也。	嘉庆	嘉庆《善化县志》卷23"物产"
煤	湘潭县	耒阳、衡山、湘潭、湘乡、安化等县及桂阳州皆产煤，民间开挖运贩，以供炊爨之用，不但此数州县之民资以度日，而湖南全省各州县之民多半资以为薪火，至湖北武汉一带地方亦多资以为用，而江南之铸造铁器者亦多资之。……乾隆八年前因开采生事（所谓游民纷至……有碍田庐屋舍）八年封禁，十年，巡抚蒋溥奏有游民采煤拒捕。黄家山、朱家山各处外来游民聚集不下千人，搭蓬百余处……四十一年又有湘潭煤贩至石门县记载。	乾隆	《清代的矿业》，第464—465、468—469页
煤	湘潭县		乾隆	乾隆《湘潭县志》卷12"物产"

340

附表1

（续表）

矿种	产地	出产或开发状况	出产时间	资 料 来 源
煤	湘潭县	有烟煤、白煤、铁煤数种,产七、九、十、十六各都,南省多取给焉。	嘉庆	嘉庆《湘潭县志》卷39"风土"
煤	湘潭县	光绪二十五年时,有官办小花石煤矿。	光绪	《宫中档光绪朝朱批奏折》第102辑"工业·矿务",第36页
煤	攸县		乾隆	《中国矿床发现史》湖南卷,第56页
煤	攸县	有煤炭运销外县。	咸丰	《中国矿床发现史》湖南卷,第57页
煤	攸县	有煤炭运销外县。	同治	同上
煤	湘乡县		乾隆	乾隆《湘乡县志》卷2"物产"
煤	湘乡县	耒阳、衡山、湘潭、湘乡、安化等县及桂阳州皆产煤,民间开挖运贩,以供炊爨之用,不但此数州县之民资以度日,而湖南全省各州县之民多半资以为薪火,至湖北武汉一带地方亦多资以为用,而江南之铸造铁器者亦多资之……但此六州县之内惟湘乡产煤最多……煤中夹杂硫磺矿子,乾隆二年前曾有禁煤之事。乾隆二年开采,六年封禁,十二年复采,十六年又封禁二十四年请开采,三十五年又封禁。	乾隆	《清代的矿业》,第464—467页
煤	湘乡县		道光	《中国矿床发现史》湖南卷,第23页
煤	湘乡县	梓门桥煤矿,明季已经土人开采,于秋冬农暇,挖取地表之皮煤,煅烧石灰,亦多有供炊爨燃料者。现今老窿林立,遗迹宛在,清咸同间,大半禁采。	咸丰	《现代中国实业志·下》,第127页
煤	湘乡县		同治	同治《湘乡县志》卷2"地理"

341

(续表)

矿种	产地	出产或开发状况	出产时间	资 料 来 源
煤	湘乡县	梓门桥煤矿,明季已经土人开采,于秋冬农暇,挖取地表之皮煤,煅烧石灰,亦多有供炊爨燃料者。现今老窿林立,遗迹宛在,清咸同间,大半禁采。	同治	《现代中国实业志·下》,第127页
煤	湘乡县	光绪年间已有人在今娄底市恩口煤矿的矿区采煤。该县煤矿是光绪八年以后全国开办煤、铁矿业中较有名的一处。	光绪	《中国矿床发现史》湖南卷,第21页;《清史稿》卷124
煤	湘乡县	凤冠山煤矿,清末土人曾在张家冲、豹子坑、草子坳等处,从事采煤;凤冠山一带以迷于风水,禁止开掘。	清末	《现代中国实业志·下》,第219页
煤	常德府		嘉庆	嘉庆《常德府志》卷18"物产考"
煤	郴州	五属同产,州惟秀才乡无,西乡马岭炭厂常贩卖长衡。	乾隆	乾隆《郴州总志》卷12"物产"
煤	郴州	贼(指太平军)初入湖南,先据道州,则以所掳道州之人为新贼首……由江永而至郴桂,更得挖煤矿徒刘代伟之党,已倍前数。沿途裹胁,而至长沙,竟得十余万之众。(张德坚等:《贼情汇纂》卷11);无恒产力作以谋衣食者,郴桂挖煤开矿人,沿江牵夫船户,码头……被掳服役,贼几善遇之。数月后,居然老兄弟矣。(张德坚等:《贼情汇纂》卷11)	咸丰	《中国近代手工业史资料》第一卷,第514—515页
煤	郴州	烟煤(杨梅岭、帽岭、栗山),柴煤(马岭、大脚铺、陈家楼、烟冲、香花垅、秀才乡则是处多有,俱未开办。)本增所产各物所制各品由水路行销湘衡一带以……柴煤为大宗(……柴煤行销湘潭长沙等处……均无定额)。	光绪	光绪《郴州直隶州乡土志》"矿物";"商务录"
煤	桂阳县	我朝任民自取(林木),官无丝毫之利,牟利者结篷其中,或种蓝靛,或蓄蕈耳,崇冈绝壑,砍伐殆遍。今四顾尽童山,溪峒成沃壤。贫民樵采资生穷日之方无所获。使非地不爱宝,煤窑渐开,则炊薪如桂矣。	乾隆	乾隆《桂阳县志》卷4"风土志"

（续表）

矿种	产地	出产或开发状况	出产时间	资料来源
煤	桂阳县	所出无多。	同治	同治《桂阳县志》卷18"风土"
煤	兴宁县		乾隆	乾隆《兴宁县志》卷4"风土志"
煤	兴宁县	出南乡,居北者只贩煤(宁产者著名,铁炭[炼]铁重用)往湘往汉往苏。	光绪	光绪《兴宁县志》卷5"风土志"
煤	宜章县	煤炭坑(在县西四十里,永福乡六都各山俱出,贫民借以营生,或肩挑或舟运,县市资焉,亦有运往粤东者)。	乾隆	乾隆《宜章县志》卷4"风土志"
煤	宜章县	旧志,煤炭坑在县西四十里永福乡六都各山俱出,贫民借以资生,或肩挑或舟运,县市资焉,亦有运往粤东者。案今龙村浆水出最旺。	嘉庆	嘉庆《宜章县志》卷7"风土志"
煤	宜章县	县四境皆产煤斤,均系零星散见,旋挖旋竭,时有因伤碍祖坟而控官封禁者,然贫民多借以资生,或肩挑或舟运,县市资焉。每百斤值钱一百六十七十文不等。本地有余后运往广东售卖。至铜铅锡铁硝磺信石现均无产。	光绪	光绪《宜章县乡土风俗志》
煤	桂东县	(郴州)五属同产。	乾隆	乾隆《郴州总志》卷12"物产"
煤	永兴县	乾隆十三年,已有开采。	乾隆	《中国矿床发现史》湖南卷,第49页
煤	永兴县	近来邑界多产,通市衡湘长沙及湖北等处,为利甚溥。	光绪	光绪《永兴县志》卷52"物产"
煤	辰州府		乾隆	乾隆《辰州府志》卷16"物产考"
煤	泸溪县		乾隆	乾隆《泸溪县志》卷7"物产"
煤	溆浦县		同治	同治《溆浦县志》卷8"物产"

(续表)

矿种	产地	出产或开发状况	出产时间	资料来源
煤	沅陵县		同治	同治《沅陵县志》卷38"物产"
煤	桂阳州	出州治东火田。	康熙	康熙《桂阳州志》卷6"风土八·物产"
煤	桂阳州	出治东十里火田州,民日用赖之。	乾隆	乾隆《直隶桂阳州志》卷2"物产"
煤	桂阳州	耒阳、衡山、湘潭、湘乡、安化等县及桂阳州皆产煤,民间开挖运贩,以供炊爨之用,不但此数州县之民资以度日,而湖南全省各州县之民多半资以为薪火,至湖北武汉一带地方亦多资以为用,而江南之铸造铁器者亦多资之……	乾隆	《清代的矿业》,第464—465页
煤	桂阳州	贼(指太平军)初入湖南,先据道州……由江永而至郴桂,更得挖煤矿徒刘代伟之党,已倍前数。沿途裹胁,而至长沙,竟得十余万之众。无恒产力作以谋衣食者,郴桂挖煤开矿人,沿江牵夫船户,码头……被掳服役,贼几善遇之。数月后,居然老兄弟矣。	咸丰	《中国近代手工业史资料》第一卷,第514—515页,(张德坚等:《贼情汇纂》卷11)
煤	桂阳州	石炭,山中往往有之,采煤一夫日千斤,利不过千钱。	同治	同治《桂阳直隶州志》卷20"货殖传"
煤	嘉禾县		乾隆	乾隆《嘉禾县志》卷14"物产"
煤	临武县		康熙	康熙《临武志》卷2"物产"
煤	临武县		同治	同治《临武县志》卷44"特产志"
煤	常宁县		同治	同治《常宁县志》卷14"物产"
煤	常宁县	常宁出炭,有煤炭、铁炭、烟炭数种。	光绪	光绪《湖南通志》卷60

344

附表1

（续表）

矿种	产地	出产或开发状况	出产时间	资 料 来 源
煤	衡山县	耒阳、衡山、湘潭、湘乡、安化等县及桂阳州皆产煤，民间开挖运贩，以供炊爨之用，不但此数州县之民资以度日，而湖南全省各州县之民多半资以为薪火，至湖北武汉一带地方亦多资以为用，而江南之铸造铁器者亦多资之……	乾隆	《清代的矿业》，第464—465页
煤	衡山县		光绪	光绪《衡山县志》卷43"物产志"
煤	衡阳县	耒阳专其产，县地（指衡阳县）虽有，未百一也，亦多不中烧。	同治	同治《衡阳县志》卷11"货殖"
煤	耒阳县		雍正	雍正《耒阳县志》卷1"方舆"
煤	耒阳县	耒阳、衡山、湘潭、湘乡、安化等县及桂阳州皆产煤，民间开挖运贩，以供炊爨之用，不但此数州县之民资以度日，而湖南全省各州县之民多半资以为薪火，至湖北武汉一带地方亦多资以为用，而江南之铸造铁器者亦多资之湖北、江南市之。	乾隆	《清代的矿业》，第464—465页；乾隆《湖南通志》卷50"物产·食货"
煤	耒阳县		道光	道光《耒阳县志》卷21"物产"
煤	耒阳县	石炭，耒阳专其产，县地（指衡阳县）虽有，未百一也，亦多不中烧。	同治	同治《衡阳县志》卷11"货殖"
煤	耒阳县	邑东南乡沿河诸乡居多，历多邻村人邀集邑同志雇工穴山出之。借为挖夫脚夫者食力甚众，炭商运槖粮食，利赖尤溥，近煤山已遍挖破，依违旧穴愈挖愈深，每阻水，所雇车水夫，邑人创称为水吓蠹致车夫反挟制窿户，窿户常多折本，强半改业。	光绪	光绪《耒阳县志》卷7"物产"
煤	耒阳县	矿物之大宗，产县东南大山。煤，在本境销行，每岁约六百万担，水运出境，在衡州湘潭长沙汉口等处销行，每岁约三千万担。	光绪	光绪《耒阳县乡土志》"物产"、"商务"

(续表)

矿种	产地	出产或开发状况	出产时间	资　料　来　源
煤	酃县		同治	同治《酃县志》卷7"物产"
煤	靖州	出贯堡渡之长冲及龙井坪。质疏散如炭屑,可以代薪炊爨,但不耐久烧,无成块者。	光绪	光绪《靖州乡土志》卷4"物产"
煤	安福县		同治	同治《安福县志》卷25"物产"
煤	慈利县		光绪	光绪《慈利县志》卷6"物产"
煤	澧县	据常德地区煤炭志记载,清光绪二十年陈显逢在澧县羊耳山雇工兴办采煤业,自清朝末年至民国以来,私人营办之采煤业从未间断。	光绪	《中国矿床发现史》湖南卷,第15页
煤	石门县		同治	同治《石门县志》卷4"食货志"
煤	石门县		光绪	光绪《石门县志》卷6"物产"
煤	保靖县		同治	同治《保靖县志》卷3"食货"
煤	古丈坪厅	三道河、丫脚山、黑潭坪(为红煤矿),三道河煤自光绪三十二年十二月初一日开挖,煤未出而锑露。	光绪	光绪《古丈坪厅志》卷8"建置";卷11"物产"
煤	龙山县	一名石炭,土人相地,穴而下挖取之,有至数十丈而始得者,其石黑,燃之可以代薪。龙邑甚多,但烟臭不如他产。	嘉庆	嘉庆《龙山县志》卷9"物产"
煤	永顺县		同治	同治《永顺县志》卷6"风土志"
煤	零陵县	樵采往往拔其根柢,故萌蘖无从生也。宜变通烧煤。产煤之山,所在皆有,或有以开矿伤地脉碍坟宅为言者。不知邻衡、郴各郡邑多有煤矿,何以不闻掘伤邪?将来济柴薪之穷者,舍此必无他策也。	光绪	光绪《零陵县志》卷1"地舆"

346

附表1

（续表）

矿种	产地	出产或开发状况	出产时间	资 料 来 源
煤	祁阳县	历来柴薪最贱,近由户口滋繁,供爨日多,柴价视从前为贵。缘从前采薪者不过伐其柯干,迩来愚民多拔其根柢,萌蘖无从生发,柴木日尽。……为今之计,惟宜变通烧煤。闻邑中产煤之山所在多有。从前屡有建议开采者,辄为地方无识者阻挠,谓掘伤地脉,有碍近处坟宅风水。致坐失天地自然之美利。殊不知邻近衡郴各郡邑多有开矿采煤者,不闻有掘伤地脉之说。今已广为晓谕,博访采煤之地令民开采。	乾隆	乾隆《祁阳县志》卷4"风俗"
煤	祁阳县	历来柴薪最贱,近因户口滋繁,供爨日多,柴价视昔为贵。缘从前采薪者不过伐其柯干,迩来愚民多拔其根柢,萌蘖无从生发,柴木日尽。职此之由,加以下游杉木盛行,又连年松被虫蚀,存留无几,将来更难支持。为今之计,惟宜变通烧煤。闻邑中产煤之山甚夥。果不碍于坟宅风水,地不爱宝,斯足济柴薪之穷耳。	同治	同治《祁阳县志》卷22"风俗"
煤	祁阳县	光绪八年以后全国开办煤、铁矿业,该县也是其中较有名的一处。		《清史稿》卷124
煤	沅州府		乾隆	乾隆《沅州府志》卷24"物产"
煤	芷江县		乾隆	乾隆《芷江县志》卷1"封域志"
煤	芷江县	光绪二十五年时,芷江、黔阳两县界有官办之黄版坡煤矿。	光绪	《宫中档光绪朝朱批奏折》第102辑"工业·矿务",第37页
煤	黔阳县	光绪二十五年时,芷江、黔阳两县界有官办之黄版坡煤矿。	光绪	《宫中档光绪朝朱批奏折》第102辑"工业·矿务",第37页

(续表)

矿种	产地	出产或开发状况	出产时间	资料来源
煤	乾州厅	一名石炭,土人相地,穴而下取之。	同治	同治《乾州厅志》卷13"物产"
硫磺	安化县	乾隆二年前,因煤中产硫磺居民偷挖,封禁湘乡安化二县之煤而影响居民生活。乾隆二年巡抚高其倬请煤磺皆开。乾隆二年开采,所有炼出磺斤,二八抽税,余磺给价收买存贮官府以备本省各营及邻省赴买之用(如江西)。六年封禁,十二年复采,十六年巡抚范题准湖南积磺已多,将磺矿暂行封禁。二十四年请开采,三十五年又封禁。五十二年题准暂开,旋复封禁)。安化产者佳于湘乡。	乾隆	《清代的矿业》,第465—467页;同治《湘乡县志》卷5"兵防"
硫磺	湘乡县	乾隆二年前,因煤中产硫磺居民偷挖而封禁湘乡安化二县之煤而影响居民生活。乾隆二年巡抚高其倬请煤磺皆开。乾隆二年开采,六年封禁,十二年复采,十六年又封禁二十四年请开采,三十五年又封禁。四十年又请封禁。	乾隆	《清代的矿业》,第465—467页;"高宗实录"卷989,第34页上
硫磺	湘乡县	嘉庆八年复行开采。九年题准省局存磺无几,复开,因采办过多,暂行封禁。十年十月知县光912详报续开三十五都地名燕子岩磺矿。十三年十月巡抚景奏准省存磺斤充裕,将磺矿照例暂行封闭……	嘉庆	同治《湘乡县志》卷5"兵防"
硫磺	湘乡县	道光二年巡抚左以存磺不敷,奏请开采。三年护巡抚景以存磺足敷数年之用,奏请封禁。十七年十一月护巡抚龚以存磺无多,奏请开采。十八年四月护巡抚钱以磺斤充裕,奏请封禁。二十七年……严学淦奉文以县内燕子山、陈界冲两处可采磺砂,饬令会同委员查勘。旋即详复两处磺砂既不甚旺,并有开挖已封旧迹,且山下田墓环列,即使砂旺亦未便开采,应请照例永远封禁。	道光	同上

348

附表1

（续表）

矿种	产地	出产或开发状况	出产时间	资　料　来　源
硫磺	湘乡县	咸丰八年十一月知县赖史直奉文试采磺砂,即在县内陈家山开采,仅采获五万六千八百斤。九年十月,以产磺不旺并有害民田,禀请封禁。又以安化小河直通娄底,沿岸煤坨间获磺斤,饬令随时收买解省供用。	咸丰	同治《湘乡县志》卷5"兵防"
硫磺	湘乡县		同治	同治《湘乡县志》卷2"地理"
硫磺	郴州	磺砂,本境所产各物所制各品……由陆路行销韶广一带……[硫磺]虽各处行销而为数无多故获利甚微。	光绪	光绪《郴州直隶州乡土志》"矿物"
硫磺	桂阳州	峰洞坳、松树背、九家湖、界址岭等处,道光二十六年奉文开采。二十七年[？]因开采过多,暂行封闭。	道光	光绪《湖南通志》卷58"矿厂"
硫磺	桂阳州	磺诸矿皆有之,亦曰磺为银母。旧制并硝炼磺,资军中火器之用,司库给价采办。道光中知州俞昌会承其事,取利致数万。	道光	同治《桂阳直隶州志》卷20"货殖传"
硫磺	桂阳州	咸丰十一年复行开采。	咸丰	光绪《湖南通志》卷58"矿厂"
硫磺	桂阳州	同治元年、二年均有开采。	同治	同上
硫磺	古丈坪厅	境内磺矿甚多。	光绪	光绪《古丈坪厅志》卷11"物产"
硫磺	永顺县	猛峒河侧,又云下有硫磺,然滨河水涨即没,不可开。	同治	同治《永顺县志》卷6"风土志"
硫磺	芷江县	产黄岩、茶山禾、粟江、楼溪、睦家陇诸处,久经封禁。	乾隆	乾隆《芷江县志》卷1"封域志"
硫磺	芷江县	县东一百二十里黄岩山产硫磺,今禁。	嘉庆	《古矿录》,第95页

349

(续表)

矿种	产地	出产或开发状况	出产时间	资料来源
硝	湘乡县	湘邑每年额硝二千五百斤,应领价银一百四十九两三钱,由藩库给发,均系硝户承办煎熬,给文自解自领。	同治	同治《湘乡县志》卷5"兵防"
硝	慈利县	乾隆四十六年奏准产硝,复行开采。	乾隆	光绪《湖南通志》卷58"矿厂"
硝	慈利县		光绪	光绪《慈利县志》卷6"物产"
硝	桑植县	萧家峒,乾隆四十一年因禁硝的一个案件。	乾隆	《清代的矿业》,第647页
硝	桑植县	乾隆四十六年奏准产硝,复行开采。出泉峪峒、泽岩峒、者[?]果寨、保宝峒、前窟峒、袤[?]家寨、岩窝口、喇扒峒。……峒内多石,土尽则止,工本所费贵于豫硝,今皆禁止私振。	乾隆	乾隆《永顺府志》卷10"物产";光绪《湖南通志》卷58"矿厂"
硝	桑植县	嘉庆十年,咨部复采其地。二十年,因各硝洞刨挖净尽,题请封闭。	嘉庆	同治《永顺府志》卷10"物产"
硝	石门县	乾隆四十六年奏准产硝,复行开采。	乾隆	光绪《湖南通志》卷58"矿厂"
硝	永定县		康熙	康熙《永定卫志》卷2"物产"
硝	保靖县	出山羊峒、手八峒。乾隆四十六年,准永顺府属之永顺、龙山、桑植等县复开采硝厂。永顺府每硝百觔需工本运脚银五两九钱一分八厘,岁可出硝三千余觔。嗣因苗变封禁。峒内多石土尽则止,工本所费贵于豫硝,今皆禁止私振。	乾隆	乾隆《永顺府志》卷10"物产"
硝	龙山县	出汝池峒、黄连峒、新峒、老虎峒、大劙峒、五眼峒、千溪峒、里耶峒、自生桥;乾隆四十六年,准永顺府属之永顺、龙山、桑植等县复开采硝厂。永顺府每硝百觔需工本运脚银五两九钱一分八厘,岁可出硝三千余觔。嗣因苗变封禁。峒内多石土尽则止,工本所费贵于豫硝,今皆禁止私振。	乾隆	同上

（续表）

矿种	产地	出产或开发状况	出产时间	资料来源
硝	龙山县	嘉庆十年,咨部复采其地。二十年,因各硝洞刨挖净尽,题请封闭。	嘉庆	同治《永顺府志》卷10"物产"
硝	永顺县	出耶里等处、茅岗土司之苦竹河、温塘并连界麻阳坪。雍正七年十二月上谕说"永顺之耶里等处与川省连界地方素产焰硝,土人以煎熬为业,外省小贩多以布盐杂物向煎熬之家零星易换,运至梅树地方分发。而私贩者即于此处雇船装载,分往各处发卖,致附近之苗人得以偷买私制火药。……"并令严禁。经迈柱察得当地土司境内亦产硝,并开有硝厂,均加禁止。	雍正	《雍正朝汉文朱批奏折汇编17》,第674页
硝	永顺县	出麻阳坪、木榔溪、陈柴峒、大明溪、川峒、滴水峒、小白羊峒、龙峒;乾隆四十六年,准永顺府属之永顺、龙山、桑植等县复开采硝厂。永顺府每硝百觔需工木运脚银五两九钱一分八厘,岁可出硝三千余觔。嗣因苗变封禁。峒内多石土尽则止,工本所费贵于豫硝,今皆禁止私振。	乾隆	乾隆《永顺府志》卷10"物产"
硝	永顺县	嘉庆十年,咨部复采。其地则麻阳坪,木榔溪,陈紫洞大明溪,穿洞,滴水洞,小白洞,龙洞。二十年,因各硝洞刨挖净尽,题请封闭。	嘉庆	同治《永顺县志》卷6"风土志";同治《永顺府志》卷10"物产";光绪《湖南通志》卷58"矿厂"
雄黄	石门县	慈、石之间黄石山黄水两岸界牌峪五洞三存,争讼封禁,又复开。	嘉庆	光绪《石门县志》卷6"物产"
雄黄	石门县	慈利、石门之间,出石黄溪侧。同治初,县设水卡,百物皆有税而雄黄之税称巨云。初土著之民掘黄为业,既而互相讼争,官厌其挠,封闭之。久而复开,讼愈纷矣……	同治	同治《石门县志》卷4"食货志";光绪《石门县志》卷6"物产"

351

(续表)

矿种	产地	出产或开发状况	出产时间	资料来源
雄黄	慈利县	雄黄出县北黄石山,号特产,初吴姓民专黄利,奸黠者艳之,稍相讼争,黄闭有日矣。事闻巡抚,使知府黄文琛来勘。文琛以为雄黄者天地自然之美利,锢闭之非算,则条论禁与不禁之害利,上书巡抚,巡抚是之。	咸丰	光绪《慈利县志》卷6"物产"
雄黄	慈利县	光绪二十二年后开办较有成效之矿。	光绪	《清史稿》卷124"食货"
雄黄	慈利县	二十二都有雄黄矿,发见千余年,今尤在采掘中,县矿之确以利名者惟雄黄为高额,"入缗钱总在百万以上"。其用途又只限于染纸葬坟。	民国及前千余年间	民国《慈利县志》卷6"实业"
砒	郴州	本境所产各物所制各品……由陆路行销韶广一带……其余若信[砒]……虽各处行销而为数无多故获利甚微。	光绪	光绪《郴州直隶州乡土志》"商务录"
砒	桂阳州	出买马湖。	乾隆	乾隆《直隶桂阳州志》卷2"物产"
砒	桂阳州	未炼者信石在矿曰灰沙,色似银矿,领南用粪田,岁卖之,亦致数千金。	同治	同治《桂阳州志》卷20"货殖"
砒	永州府	黄砒。	康熙	康熙《永州府志》卷4"食货志"
云母	新宁县	金紫岭。	乾隆	光绪《湖南通志》卷60"物产"引《一统志》
朱砂	长沙县		光绪	光绪《湖南通志》卷60
朱砂	善化县		光绪	同上
朱砂	湘潭县		光绪	同上
朱砂	保靖县		同治	同治《保靖县志》卷3"食货"

附表1

（续表）

矿种	产地	出产或开发状况	出产时间	资料来源
朱砂	永顺府	郡城西南五里许猛峒河侧，相传下有朱砂。又云下有火井，然滨河水涨即没，不可开。	乾隆	乾隆《永顺府志》卷10"物产"
朱砂	晃州厅	明末清初已发现，土人不识其矿，只用作红色颜料。	清初	《实业杂志》第179号。
朱砂	晃州厅	咸丰间，始有黔民来开采，嗣因出产渐旺，发生争斗，遂致停工。	咸丰	《实业杂志》第179号。
朱砂	乾州厅	1898年，乾州厅马鞍山产朱砂、水银甚旺，杨通诗等禀请开采，委乾州厅查勘，并无妨碍，准其开采。	光绪	《中国近代工业史资料》第二辑，第726页
丹砂	武冈州	何子口。	乾隆	乾隆《湖南通志》卷50"物产·食货"
丹砂	辰州府		乾隆	乾隆《辰州府志》卷16"物产考"
丹砂	沅陵县	旧制每年额解朱砂三斤八两，乾隆七年停解，四十五年起减半派解，邑一斤十两七钱。	乾隆	同治《沅陵县志》卷38"物产"
丹砂	沅陵县	嘉庆二十四年仍照原额派解（三斤八两）。	嘉庆	同上
丹砂	沅陵县	今折钞。（应该是出产减少或停止）	同治	同上
矾	浏阳县	县东四十里七宝山旧出铅、铁、硼砂、青矾、胆矾、土黄、缄石。	光绪	光绪《湖南通志》卷60
矾	郴州	矾砂：以上各处皆有（指金船塘、东坡、瑶岭、大凤岭、水源头、东坑湖、石仙岭、白砂坨、杉树坨、东冲、柿竹园、马王庙、冲兴、野鸡窝、蛇形、五马垅、帽岭、栗山、杨梅岭），然以金船塘、东坡最旺。	光绪	光绪《郴州直隶州乡土志》"矿物"
矾	桂阳州	矾石（出买马湖）。	康熙	康熙《桂阳州志》卷6"风土八·物产"

353

清代湖南的矿业：分布·变迁·地方社会

（续表）

矿种	产地	出产或开发状况	出产时间	资料来源
矾	耒阳县	矾石。	雍正	雍正《耒阳县志》卷1"方舆"
矾	耒阳县	矾石。	道光	道光《耒阳县志》卷21"物产"
石碌	桃源县		道光	道光《桃源县志》卷3"疆域"
石碌	泸溪县		乾隆	乾隆《湖南通志》卷50"物产·食货"
石碌	沅陵县		同治	同治《沅陵县志》卷38"物产"
石碌	常宁县		乾隆	乾隆《湖南通志》卷50"物产·食货"
石碌	衡阳县		乾隆	同上
石碌	澧州		康熙	康熙《岳州府志》卷14"物产"
石碌	澧州		乾隆	乾隆《湖南通志》卷50"物产·食货"
石碌	澧州		嘉庆	《古矿录》，第96页
石碌	麻阳县		乾隆	乾隆《湖南通志》卷50"物产·食货"
石青	沅陵县		同治	同治《沅陵县志》卷38"物产"
石青	慈利县		同治	同治《续修慈利县志》卷9"物产"
石青	澧州		康熙	康熙《岳州府志》卷14"物产"

354

附表1

（续表）

矿种	产地	出产或开发状况	出产时间	资 料 来 源
石青	澧州		嘉庆	《古矿录》,第96页
水银	泸溪县		乾隆	乾隆《湖南通志》卷50"物产·食货"
水银	沅陵县		乾隆	同上
瓷土	醴陵县	观口、沩山。	雍正	民国《醴陵县志》卷5"工商"
瓷土	醴陵县		乾隆	同上
瓷土	醴陵县		嘉庆	同上
瓷土	醴陵县		咸丰	同上
瓷土	醴陵县		同治	同上
瓷土	醴陵县		光绪	同上
陶土	湘阴县	陶瓦器(案三峰山陶户十二姓,相传明季张、杨、彭、瞿、李、庞六姓人距此地开窑。国初增入吴、王、谢三姓为九姓窑户,至嘉庆时窑户疲难,又得苏、李、刘三姓人帮费,合为十二姓。他姓无能阑入,亦习俗据以为利致然也)。	嘉庆及以前	光绪《湘阴县图志》卷25"物产志"
陶土	湘阴县		光绪	同上

355

附表2　康熙至同治年间湖南铜、铅、锌、锡矿在采矿厂(点)统计表

代码	矿厂或矿点	今地名	矿种	所在州县	采禁情况	在采时期	在采时间	等级估测
1	大凑山	宝山	铜铅锌	桂阳州	康熙五十二年准民采铜铅后,复兴盛。五十三年,黑铅厂停止。雍正五年封禁,六年复开,八年,准其铅垅内杂出之煤土煎铜,大概十二年又封禁;乾隆二年有私挖,八年复采。嘉庆以后,矿山封闭。	康熙雍正乾隆嘉庆	大部分时期均在采	A
2	停沙垅	宝山一带	铜	桂阳州	乾隆二十一年开采,约乾隆末年衰竭。	乾隆	30多年	B
3	鹿子坳(绿紫坳)	绿紫坳	铜	桂阳州	乾隆中,次盛之矿,乾隆八年开采,嘉庆年间停工,后民众私采。	乾隆嘉庆	约半个世纪	A
4	石壁(石壁下)	板田脚	铜铅	桂阳州	乾隆四年已试采,八年开采,约嘉庆初衰竭。	乾隆	约半个世纪	A
5	大有垅(凤垅)	宝山一带	铜	桂阳州	乾隆二十六年开采,乾隆四十三年封禁。	乾隆	约17年	B
6	马家岭	宝山一带	铜铅锌	桂阳州	乾隆四年已试采铜,八年开采铅,嘉庆初衰竭,于铅垅内夹产下铜砂烧炼。	乾隆嘉庆	约半个世纪	A

(续表)

代码	矿厂或矿点	今地名	矿种	所在州县	采禁情况	在采时期	在采时间	等级估测
7	黄沙坪(长富坪)①	黄沙坪	铅锌	桂阳州	康熙五十二年准民开采后兴起,可能不久封禁。乾隆三十四年又有开采。约嘉庆初衰竭。	康熙乾隆	约半个世纪	A
8	萧家岭	太和乡一带	铜	桂阳州	乾隆四年已试采,约嘉庆初衰竭。	乾隆	约半个世纪	A
9	雷坡石	大顺窿一带	铜铅	桂阳州	乾隆四年已试采,八年开采,约嘉庆初衰竭。	乾隆	约半个世纪	A
10	万景窝(大顺窿)	大顺窿一带	铜锡	桂阳州	康熙时设监值课管理锡矿。咸同时采,后因地下水停工。嘉庆年间发现并开采铜矿,道光末年停工,同治七年恢复开采,亏本而停办。	康熙嘉庆道光咸丰同治	约20年	B
11	石眼里	大顺窿一带	锡	桂阳州	约乾隆年间开采。	乾隆	不明	D
12	东边垅	大顺窿一带	铜锡	桂阳州	乾隆十六年开采,四十三年封禁。	乾隆	约27年	B
13	刘家塘		铜铅	郴州	约康熙十七年前,吴三桂势力下已开采,十七年清军复郴州将其封禁。	康熙	3—5年	D

① 同治《桂阳直隶州志》卷20,认为长富坪本名马家岭;嘉庆《直隶桂阳州志》卷26,认为马家岭与长富坪为二处;《中国矿床发现史》湖南卷第138页,认为长富坪即黄沙坪。本书取后一种说法。

357

(续表)

代码	矿厂或矿点	今地名	矿种	所在州县	采禁情况	在采时期	在采时间	等级估测
14	黄泥凹		铜	郴州	康熙十九年复开,二十三年,可能封禁。二十四年停税,任民采取。	康熙	约5年	C
15	桃花垅	桃花垅	铜铅	郴州	乾隆八年开采,二十八年封禁。	乾隆	约20年	B
16	甑下垅	红旗岭	铜铅	郴州	乾隆八年开采,二十八年封禁。	乾隆	约20年	B
17	枫山岭	横山岭	铅	郴州	乾隆八年开采,二十八年封禁。	乾隆	约20年	B
18	九家湖		铜铅	郴州	乾隆二十八年时在采的小矿点,当年封停。	乾隆	不明	D
19	三家湖		铜铅	郴州	乾隆二十八年时在采的小矿点,当年封停。	乾隆	不明	D
20	焦塘板		铜铅	郴州	乾隆二十八年时在采的小矿点,当年封停。	乾隆	不明	D
21	槽碓垅		铜铅	郴州	乾隆二十八年时在采的小矿点,当年封停。	乾隆	不明	D
22	新峡山		铜铅	郴州	乾隆二十八年时在采的小矿点,当年封停。	乾隆	不明	D

(续表)

代码	矿厂或矿点	今地名	矿种	所在州县	采禁情况	在采时期	在采时间	等级估测
23	白水塘		铜铅	郴州	乾隆二十八年时在采的小矿点，当年封停。	乾隆	不明	D
24	石仙岭	金船塘	铅锌	郴州	乾隆八年复采，二十九年封禁，三十一年试采，六十年封闭。	乾隆	约半个世纪	A
25	白砂坳	枞树板	铅锌	郴州	乾隆八年复采，二十九年封禁，三十一年试采，六十年封闭。	乾隆	约半个世纪	A
26	东坑湖（铜坑冲）①	铜坑湖	铜铅锌	郴州	乾隆四年试采，八年复采，二十九年封禁，三十一年复采，嘉庆八年时已"因开采年久，砂路断绝，被水浸坍"，九年封闭。	乾隆嘉庆	约半个世纪	A
27	椿树坳	枞树板	铅	郴州	嘉庆八年时也已停工。	乾隆嘉庆	约20年	B
28	金川塘	金船塘	铅锌	郴州	乾隆八年复采，二十九年封禁，三十一年复采，嘉庆九年封禁。	乾隆嘉庆	约半个世纪	A
29	三元冲	金船塘	铅	郴州	嘉庆八年时也已停工。	乾隆嘉庆	约20年	B

① 据湖南省湘南地质勘查院地质专家魏绍六先生考察，二处为同一地方。

（续表）

代码	矿厂或矿点	今地名	矿种	所在州县	采禁情况	在采时期	在采时间	等级估测
30	杉树坑	枞树板	铅锌	郴州	乾隆八年复采，二十九年封禁，三十一年复采，嘉庆八年时已停工，九年封禁。	乾隆嘉庆	约半个世纪	A
31	五马垅	五马垅	铅锡	郴州	嘉庆八年时，铅矿中积水待泄，还未穿通。乾嘉时产锡，开采时间不明。	乾隆嘉庆	约20年	B
32	龙头山	五马垅	铅	郴州	前已开采，嘉庆八年时试炼无铅。	嘉庆	不明	D
33	干柴窝		铅	郴州	浮面砂苗现，嘉庆八年试采，因荒石难采而封。	嘉庆	不及1年	D
34	显冲头		铅	郴州	有浮面砂苗现，嘉庆八年试采，荒石难采而封。	嘉庆	不及1年	D
35	九架夹	南风坳	铅锌	郴州	康熙五十二年采铅，五十三年停止，雍正三年复采白铅，四年获准黑白兼采，并获准采黑铅煎银抽税，其后依银气衰旺而定是否抽银税。	康熙雍正乾隆	大部分时期均在采	A
36	葛藤坪	红旗岭南段	铜铅锡	郴州	康熙十九年复开铜铅矿，二十三年封，二十四年停税任民采取。乾隆十一年，准民间开采本处锡矿，官收课税，十六年收归官办，衰落。	康熙乾隆	约10年	C

(续表)

代码	矿厂或矿点	今地名	矿种	所在州县	采禁情况	在采时期	在采时间	等级估测
37	白水垅		铜	郴州	康熙十九年复开,二十三年,可能封禁。二十四年停税,任民采取。	康熙	约5年	C
38	水浪石		铜	郴州	康熙十九年复开,二十三年,可能封禁。二十四年停税,任民采取。	康熙	约5年	C
39	柿竹园	柿竹园	铜锡	郴州	康熙十九年复采铜,二十三年,可能封禁。二十四年停税任民采取。乾隆八年复采铜,二十八年封禁。乾隆十一年锡矿已在采,十六年收归官办,乾隆五十年仍在采,约嘉庆初停止。	康熙乾隆嘉庆	约半个世纪	A
40	东冲	天鹅塘	锡	郴州	乾隆十六年奉文开采,乾隆五十年仍在采,大约至嘉庆初停止。	乾隆嘉庆	约40年	A
41	中兴	金船塘一带	锡	郴州	乾隆五十年时在采,约乾隆末年停止。	乾隆	约10年	C
42	野鸡窝	野鸡窝	锡	郴州	乾隆五十年时在采,约乾隆末年停止。	乾隆	约10年	C
43	马王庙	蛇形坪一带	锡	郴州	嘉庆时产锡,开采时间不明。	嘉庆	不明	D
44	蛇形	蛇形坪一带	锡	郴州	嘉庆时产锡,开采时间不明。	嘉庆	不明	D

(续表)

代码	矿厂或矿点	今地名	矿种	所在州县	采禁情况	在采时期	在采时间	等级估测
45	大湖坑		锡	宜章县	乾隆时已采尽封禁。	乾隆	不明	D
46	旱窝岭	宜章北、西	锡	宜章县	乾隆三十九年复开，嘉庆时已刨挖尽空，税锡由别县采办。	乾隆嘉庆	约20年	B
47	猫儿坑	宜章北、西	锡	宜章县	前经开采，采尽封禁。时间不详。乾隆三十九年复开，嘉庆时已刨挖尽空，税锡由别县采办。	乾隆嘉庆	约20年	B
48	羊牯泡	宜章北、西	锡	宜章县	乾隆三十九年复开，五十五年封闭。	乾隆	约15年	B
49	岭脚坪(羊牯泡子厂)	宜章北、西	锡	宜章县	乾隆三十九年奉文开采，后砂落水空，四十四年封禁。	乾隆	约5年	C
50	旱禾坑	宜章北、西	锡	宜章县	雍正六年刨试无砂遂封，乾隆十八年请开，随即封禁。	雍正乾隆	1—2年	D
51	黄泥坳	瑶岗仙一带？	铅	兴宁县	嘉庆十八年、二十二年、二十三年先后有人私挖相继封禁。	嘉庆	1—2年	D
52	烟竹坪	瑶岗仙一带？	铅	兴宁县	嘉庆十八年、二十二年、二十三年先后有人私挖相继封禁。	嘉庆	1—2年	D
53	长宁乡		铅	桂阳县	雍正年间有人呈准试采，仅数月内无获而引起恐慌，随即封闭。	雍正	约1年	D

(续表)

代码	矿厂或矿点	今地名	矿种	所在州县	采禁情况	在采时期	在采时间	等级估测
54	银岭		铅	桂阳县	雍正年间有人呈准试采,仅数月内无获而引起恐慌,随即封闭。	雍正	约1年	D
55	龙虎洞		锡	桂阳县	雍正年间有人呈准试采,仅数月内无获而引起恐慌,随即封闭。	雍正	约1年	D
56	延寿峒		锡	桂阳县	雍正年间有人呈准试采,仅数月内无获而引起恐慌,随即封闭。	雍正	约1年	D
57	东芒江	大山?	铜	桂东县	乾隆三年试采。	乾隆	约1年	D
58	流源	流源	锡	桂东县	乾隆九年商人试采,未成功,后即封禁,仍多偷挖,不能禁止。十一年闰三月至十二年四月又试采。十三年封禁。	乾隆	约1年	D
59	双坑		锡	桂东县	乾隆九年商人试采,未成功,后即封禁,仍多偷挖,不能禁止。十一年闰三月至十二年四月又试采。十三年封禁。	乾隆	约1年	D
60	袈裟岭		锡	桂东县	雍正年间呈准试采,无获而引起恐慌,遂封。	雍正	约1年	D
61	檀树漏		锡	桂东县	乾隆四十七、八年,准试采,二三年无果而终。	乾隆	约3年	D

363

(续表)

代码	矿厂或矿点	今地名	矿种	所在州县	采禁情况	在采时期	在采时间	等级估测
62	白竹		锡	桂东县	乾隆四十七、八年，准试采，二三年无果而终。	乾隆	约3年	D
63	寒口	寒口	锡	桂东县	乾隆四十七、八年，准试采，二三年无果而终。	乾隆	约3年	D
64	铜盆（坪）岭	铜盆岭	铜铅	常宁县	雍正七年至九年巡抚赵弘恩任内，已试采铜矿。乾隆三年又试采铜铅。乾隆二十二年覆准开采，乾隆四十三年封禁。	雍正乾隆	20多年	B
65	龙旺山	水口山	铜铅	常宁县	乾隆七年总督孙嘉淦奏有土商邓益茂聚集二万余人，开峒八百余口，设炉一百余座，采铜铅等砂一百六十七万斤。乾隆七年覆准刨挖，仅获黑铅粗砂，不敷工本，随经封闭。	乾隆	1—2年	D
66	耙冲岭	与广西义宁、怀远接	铜	绥宁县	雍正七年至九年巡抚赵弘恩任内曾试采。乾隆四年试采，初有成效，五年因苗众纷争，咨部封禁。十二年、十七年、四十三至四十四年先后有请开采者，均封禁。	雍正乾隆	4—5年	D

附表2

（续表）

代码	矿厂或矿点	今地名	矿种	所在州县	采禁情况	在采时期	在采时间	等级估测
67	黄垱峪		铜	桑植县	乾隆年间曾请开采，因砂石不旺封禁	乾隆	约1年	D
68	厉山		铅	桑植县	乾隆年间有土司曾开采，不久封禁，砂亦不旺。	乾隆	不明	D
69	水獭铺		铜	桑植县	康熙五十九年间，楚南各府承办铜斤，该地民间私采出卖。乾隆三年试采，乾隆四年又考虑桑植系新辟苗疆而停，于开采相当谨慎。	康熙乾隆	约2年	D
70	雷公嘴		铜	永顺县	清初长沙鼓铸，皆取资于该地之铜。	康熙雍正	不明	D
71	鱼涎口		铜	永顺县	乾隆时曾请开采，因砂石不旺封禁。	乾隆	不明	D
72	石米溪		铜	永顺县	乾隆时曾请开采，因砂石不旺封禁。	乾隆	不明	D
73	稍公塅		铜	零陵县	乾隆四十一年，因郴、桂二州铜铅矿出产渐微，恐误鼓铸，查明该处产有铜苗，奏请募商刨试。	乾隆	不明	D
74	九嶷山	九嶷山	铅锌锡	宁远县	乾隆年间禁，同治年间又禁。后无敢议采者。	乾隆同治	4—5年	D

365

(续表)

代码	矿厂或矿点	今地名	矿种	所在州县	采禁情况	在采时期	在采时间	等级估测
75	上堡市		锡	耒阳县	雍正以前有开采。	雍正	不明	D
76	上五堡		锡	江华县	康熙、同治年间稍有开采。	康熙同治	不明	D

资料来源：乾隆《郴州总志》卷12；嘉庆《郴州总志》卷19；嘉庆《直隶桂阳州志》卷26；同治《桂阳直隶州志》卷20；乾隆《桂东县志》卷2；同治《桂东县志》卷8；乾隆《宜章县志》卷4；嘉庆《宜章县志》卷7；光绪《湖南通志》卷58"矿厂"；《湖南省志》，第137、160页；《清代的矿业》，第225—227页冯光裕奏，第229—230页班第奏，第351—352页张渠题、杨锡绂奏，第248、355页高杞奏，第351页布兰泰奏，第499页户部议，第621—622页杨锡绂奏。嘉庆《直隶桂阳州志》卷26"矿厂志"；"高宗实录"卷87，第22页下—23页上；《清代的矿业》，第237—240页鄂昌奏、杨锡绂奏；同治《绥宁县志》卷26"矿厂"；乾隆《永顺府志》卷10"物产"；《雍正朝朱批奏折汇编31》，第124页；《宫中档乾隆朝奏折20》，第31—33页；《清代的矿业》，第246页姜晟奏；光绪《宁远县志》卷3"赋役"；民国《宁远县志》卷17"食货"；雍正《耒阳县志》卷1"方舆"；康熙《永州府志》卷9"物产"；雍正《江华县志》卷4"风土"；《现代中国实业志·下》，第386页；《中国矿床发现史》湖南卷，第138页。

说明：表中各厂开采时间大多根据《清代的矿业》中所录奏折，郴、桂二州部分矿厂或矿点采禁时间不明的，以光绪《湖南通志》卷58中"郴、桂二州铜铅各厂先于康熙五十二年、雍正三年及乾隆四年屡次开采，均因垅深砂远停止。至乾隆八年题明复采，召商承办……郴州铜铅各矿自乾隆八年复采，后于二十八年封禁"为准，在采时间也以该记载或同治《桂阳直隶州志》卷4所载桂阳州矿产"至嘉庆初，矿竭"两条资料估算。郴、桂二州矿厂（点）今地名主要据湖南省地质勘查院地质专家魏绍六先生的实地考察。等级估测，主要依据各矿厂（点）在整个清代的在采时间分为四等：A.40年以上；B.39—15；C.14—5年；D.5年以下及时间不明的。

参考文献

一、古代文献

《汉书·地理志》
《隋书·地理志》
《旧唐书·地理志》
《旧唐书·食货志》
《新唐书·地理志》
《元和郡县志》
《通典》
《宋史·地理志》
《宋史·食货志》
《宋会要辑稿·食货》
《文献通考》
《元丰九域志》
《太平寰宇记》
《元史·世祖纪》
《元史·食货志》
《续文献通考》
《明史·食货志》
《明一统志》

（明）宋应星：《天工开物》

《清通典》

《清朝文献通考》

《清高宗实录》

嘉庆《大清律例》

《清会典事例》

《清经世文编》

《乾隆东华续录》

"宣统政纪"

（清）黄本骥：《湖南方物志》，冯天亮、李如龙点校，（长沙）岳麓书社，1985年。

《陶文毅公全集》

《黄仁济全集·上广西抚宪史禀》

《冰心文集》

（清）俞正燮：《癸巳存稿》

《石渠馀记》

二、档案、调查资料、工具书

中国第一历史档案馆编：《雍正朝汉文朱批奏折汇编》，（南京）江苏古籍出版社，1991年。

《宫中档乾隆朝奏折》，（台北）国立故宫博物院印行，1982年。

中国第一历史档案馆编：《光绪朝朱批奏折》，（北京）中华书局，1995年。

"中央研究院"近代史研究所编印：《矿务档·湖南矿务》。

在上海东亚同文书院调查：《中国经济全书》第十辑，东亚同文会发行，（台北）南天书局有限公司，1989年重印。

谭其骧主编：《中国历史地图集》，地图出版社，1982年。

三、地 方 志

乾隆《湖南通志》,(清)陈宏谋修,范咸等纂,乾隆二十二年(1757)刻本。

光绪《湖南通志》,(清)卞宝第、李瀚章等修,曾国荃、郭嵩焘等撰,光绪十一年(1885)刻本。

《湖南乡土地理教科书》,(清)辜天佑编,宣统二年(1910)石印本。

康熙《长沙府志》,(清)苏佳嗣修,谭绍琬等纂,康熙二十四年(1685)刻本。

乾隆《长沙府志》,(清)吕肃高修,张雄图等纂,乾隆十二年(1747)刻本。

嘉庆《长沙县志》,(清)赵在文等纂修,嘉庆十五年(1810)刻本。

嘉庆《善化县志》,(清)王勋修,王馀英等纂,嘉庆二十三年(1818)刻本。

乾隆《益阳县志》,(清)高自位等修,曾璋等纂,乾隆十三年(1748)刻本。

同治《益阳县志》,(清)姚念杨等修,赵裴哲纂,同治十三年(1874)刻本。

光绪《湘阴县图志》,(清)郭嵩焘等纂修,光绪六年(1880)湘阴县志局刻本。

乾隆《湘乡县志》,(清)张天如、谢天锦纂,乾隆十二年(1747)刻本。

嘉庆《湘乡县志》,(清)翟声焕修,朱祖恪纂,嘉庆二十二年(1817)刻本。

同治《湘乡县志》,(清)齐德五等修,黄楷盛纂,同治十三年(1874)刻本。

乾隆《湘潭县志》,(清)吕正音修,欧阳焕纂,乾隆二十一年(1756)刻本。

嘉庆《湘潭县志》，（清）张云璈等修，周系英纂，嘉庆二十三年（1818）刻本。

光绪《湘潭县志》，（清）陈嘉榆等修，王闿运等纂，光绪十五年（1889）刻本。

嘉庆《醴陵县志》，（清）黄应培修，丁世王票纂，嘉庆二十中年（1819）刻本。

同治《醴陵县志》，（清）徐淦等修，江普光等纂，同治九年（1870）刻本。

民国《醴陵县志》，（清）陈鲲修，刘谦纂，民国三十七年（1948）铅印本。

民国《醴陵乡土志》，傅熊湘编，民国十五年（1926）铅印本。

乾隆《宁乡县志》，（清）李杰超修，王文清纂，乾隆十三年（1748）刻本。

嘉庆《宁乡县志》，（清）王余英修，袁名曜纂，嘉庆二十一年（1816）刻本。

民国《宁乡县志》，周震麟修，刘宗向纂，民国三十年（1941）活字本。

同治《安化县志》，（清）邱育泉修，何才焕纂，同治十年（1871）刻本。

同治《浏阳县志》，（清）王汝惺等修，邹焌杰等纂，同治十二年（1873）刻本。

康熙《茶陵州志》，（清）赵国宣修，彭康纂，康熙三十四年（1695）刻本。

同治《茶陵县志》，（清）梁葆颐等修，谭钟麟等纂，同治九年重修本。

康熙《桂阳州志》，（清）董之辅修，吴为相纂，康熙二十二年（1683）刻本。

乾隆《直隶桂阳州志》，（清）张宏燧修，卢世昌、邵纪纂，周仕议、李呈焕增补，嘉庆十年（1805）增刻本。

嘉庆《湖南直隶桂阳州志》，(清)袁成烈修，嘉庆二十三年(1818)刻本。

同治《桂阳直隶州志》，(清)汪敩灏修，王闿运纂，同治七年(1867)刻本。

康熙《临武县志》，(清)张声远修，邹章周纂，康熙二十七年(1688)刻本。

同治《临武县志》，(清)吴洪恩续修，同治六年(1867)增刻本。

乾隆《嘉禾县志》，(清)高大成修，李光甲纂，乾隆三十一年(1766)刻本。

康熙《郴州总志》，(清)陈邦器修，李嗣泌、刘带蕙纂，范廷谋增修，蔡来仪增纂，康熙五十八年(1719)增刻本。

乾隆《郴州总志》，(清)谢仲元等修，何全吉纂，乾隆三十五年(1770)刻本。

嘉庆《郴州总志》，(清)朱渥修，陈昭谋纂，嘉庆二十五年(1820)刻本。

光绪《郴州直隶州乡土志》，(清)谢馨槐纂，光绪三十三年(1907)刻本。

乾隆《宜章县志》，(清)杨文植等修，杨河等纂，乾隆二十一年(1756)刻本。

嘉庆《宜章县志》，(清)陈永图修，黄本骐纂，嘉庆二十年(1815)刻本。

光绪《宜章县乡土风俗志》，(湖南省图藏书，未署作者)。

乾隆《兴宁县志》，(清)罗绅修，张九镡等纂，乾隆二十三年(1758)刻本。

光绪《兴宁县志》，(清)郭树馨、刘锡九修，黄榜元纂，光绪元年(1875)刊本。

光绪《永兴县志》，(清)吕凤藻修，李献君纂，光绪九年(1883)刻本。

乾隆《桂阳县志》，(清)凌鱼等修，朱有斐等纂，乾隆二十年

(1755)刻本。

同治《桂阳县志》,(清)钱绍文等修,朱炳元等纂,同治六年(1867)刻本。

民国《汝城县志》,陈必闻修、卢纯道等纂,民国二十一年(1932)铅印本。

乾隆《桂东县志》,(清)洪钟等修,黄体德纂,乾隆二十三年(1758)刻本。

嘉庆《桂东县志》,(清)林凤仪等纂,嘉庆二十二年(1817)刻本。

同治《桂东县志》,(清)刘华邦修,郭岐勋纂,同治五年(1866)修,民国十四年(1925)重印本。

康熙《永州府志》,(清)刘道著修,钱邦芑纂,康熙九年(1670)刻本。

康熙《永州府志》,(清)姜承基修,常在等纂,康熙三十三年(1694)刻本。

道光《永州府志》,(清)吕恩湛修,宗绩辰纂,道光八年(1828)刻本。

光绪《零陵县志》,(清)嵇有康、徐保龄修,刘沛纂,光绪二年(1876)刻本。

光绪《道州志》,(清)李镜蓉、盛庚修,许清源等纂,光绪四年(1878)刻本。

雍正《江华县志》,(清)郑鼎勋修,蒋琛纂,雍正七年(1729)刻本。

同治《江华县志》,(清)刘华邦修,唐为煌等纂,同治九年(1870)刻本。

康熙《永明县志》,(清)周鹤修,王缵纂,康熙四十八年(1709)刻本。

乾隆《祁阳县志》,(清)李莳修,旷敏本纂,乾隆三十年(1765)刻本。

同治《祁阳县志》,(清)陈玉祥修,刘希关等纂,同治九年(1870)刻本。

乾隆《东安县志》，(清)吴德润修，毛世卿等纂，乾隆十七年(1752)刻本。

光绪《宁远县志》，(清)张大煦修，欧阳泽闿纂，光绪二年(1876)崇正书院刻本。

民国《宁远县志》，李毓九修，徐桢立纂，民国三十一年(1942)石印本。

康熙《宝庆府志》，(清)梁碧海修，刘应祁纂，康熙二十三年(1648)刻本。

乾隆《新化县志》，(清)梁栋修，杨振铎纂，乾隆二十四年(1759)刻本。

同治《新化县志》，(清)关培均等修，刘洪泽等纂，同治十一年(1872)刻本。

道光《新宁县志》，(清)张德尊纂修，道光三年(1823)刻本。

光绪《新宁县志》，(清)张葆连修，刘长佑、刘坤一纂，光绪十九年(1893)刻本。

乾隆《邵阳县志》，(清)萧聚昆修，邝永锴纂，乾隆二十九年(1764)刻本。

光绪《邵阳县志》，(清)诸垣修，黄文琛等纂，光绪二年(1876)刻本。

光绪《邵阳县乡土志》，(清)陈吴萃等修，姚炳奎纂，光绪三十三年(1907)刻本。

康熙《武冈州志》，(清)吴从谦修，潘应斗、潘应星纂，康熙二年(1663)刻本。

乾隆《武冈州志》，(清)席芬修，周思仁纂，乾隆二十一年(1756)刻本。

同治《武冈州志》，(清)黄维瓒、潘清修，邓绎纂，同治十二年(1873)刻本。

康熙《岳州府志》，(清)李遇时修，杨桂朝纂，康熙二十四年(1685)刻本。

乾隆《岳州府志》，(清)黄凝道修，谢仲坑纂，乾隆十一年(1746)

刻本。

光绪《华容县志》，（清）孙炳煜等修，熊绍庚等纂，民国十九年（1930）铅印本。

嘉庆《常德府志》，（清）应先烈修，陈楷礼纂，嘉庆十八年（1823）刻本。

同治《武陵县志》，（清）恽世临等修，陈启迈纂，同治二年（1863）刻本。

道光《桃源县志》，（清）谭震修，方堃、文运陞纂，道光元年（1821）刻本。

光绪《桃源县志》，（清）余良栋修，刘凤苞纂，光绪十八年（1892）刻本。

光绪《重修龙阳县志》，（清）黄教镕等修，陈保真等纂，光绪元年（1875）刻本。

同治《直隶澧州志》，（清）何玉棻修，魏式曾纂，同治八年（1869）刻本，1981年澧县档案馆翻印八卷本。

同治《续修慈利县志》，（清）嵇有庆，蒋恩澍修，魏湘纂，同治八年（1869）刻本。

光绪《慈利县志》，（清）吴恭亨纂修，光绪二十二年（1897）刻本。

民国《慈利县志》，田兴奎等修，吴恭亨纂，民国十二年（1923）铅印本。

同治《石门县志》，（清）林葆元，陈煊修，申正飏纂，同治七年（1868）刻本。

光绪《石门县志》，（清）阎镇珩纂修，光绪十五年（1889）刻本。

民国《安乡县志》，王燨纂修，民国二十五年（1936）石印本。

同治《安福县志》，（清）姜大定修，尹袭澍纂，同治八年（1869）刻本。

康熙《永定卫志》，（清）潘义修，杨显德纂，康熙二十四年（1685）刻本。

嘉庆《永定县志》，（清）赵享钤修，熊国夏、王师麟纂，嘉庆二十一年修,道光三年(1823)刻本。

同治《续修永定县志》,(清)万修廉修,张序枝纂,同治八年(1869)刻本。

嘉庆《龙山县志》,(清)缴继祖修,洪际清纂,嘉庆二十三年(1818)刻本。

乾隆《永顺府志》,(清)张天如等纂修,乾隆二十八年刻本(1763)刻本。

同治《永顺府志》,(清)张天如原本,魏式曾增修,郭鑑襄增纂,同治十二年(1873)增刻乾隆本。

同治《永顺县志》,(清)魏式曾等修,李龙章纂,同治十三年(1874)刻本。

民国《永顺县志》,胡履新等修,鲁隆崟等纂,民国十九年(1930)铅印本。

同治《保靖县志》,(清)林继钦等修,袁祖缓纂,同治十年(1871)刻本。

光绪《古丈坪厅志》,(清)董鸿勋纂修,光绪三十三年(1907)铅印本。

乾隆《辰州府志》,(清)席绍葆修,谢鸣谦、谢鸣盛纂,乾隆三十年(1765)刻本。

同治《沅陵县志》,(清)守忠等修,许光曙等纂,同治十二年(1873)刻本。

乾隆《泸溪县志》,(清)顾奎光修,李涌纂,乾隆二十年(1755)刻本。

道光《辰溪县志》,(清)徐会云等修,刘家传等纂,道光元年(1821)刻本。

同治《溆浦县志》,(清)齐德五修,舒其锦纂,同治十二年(1873)刻本。

民国《溆浦县志》,吴剑佩、陈整修,舒立淇纂,民国十年(1921)活字本。

乾隆《沅州府志》，（清）塘珠修，朱景英纂，乾隆二十二年（1757）刻本。

乾隆《芷江县志》，（清）闵从隆纂修，乾隆二十五年（1760）刻本。

康熙《黔阳县志》，（清）张扶翼纂修，康熙五年（1666）刻本。

同治《黔阳县志》，（清）陈鸿作等修，杨大诵等纂，同治十三年（1874）刻本。

乾隆《武冈州志》，（清）席芬修，周思仁纂，乾隆二十一年（1756）刻本。

乾隆《衡州府志》，（清）饶佺修，旷敏本纂，乾隆二十八年（1763）刻本。

同治《衡阳县志》，（清）罗庆芗修，彭玉麟等纂，同治十三年（1874）刻本。

雍正《耒阳县志》，（清）张应星纂修，徐德泰增修，雍正三年（1725）增刻本。

道光《耒阳县志》，（清）常庆、陈翰修，郑优、伍声俪纂，道光六年（1826）刻本。

光绪《耒阳县志》，（清）李师濂等修，宋世煦纂，光绪十一年（1885）刻本。

光绪《耒阳县乡土志》，（清）刘奎编，光绪三十二年（1906）活字本。

同治《常宁县志》，（清）玉山修，李孝经、毛诗纂，同治九年（1870）刻本。

乾隆《衡山县志》，（清）德贵纂修，钟光序续修，乾隆三十九年（1774）续修刻本。

光绪《衡山县志》，（清）李惟丙、劳铭勋修，文岳英等纂，光绪元年（1875）刻本。

同治《零县志》，（清）唐荣邦等修，周作翰等纂，同治十二年（1873）刻本。

光绪《靖州乡土志》，（清）金蓉镜编，光绪三十四年（1908）刻本。

光绪《靖州直隶州志》，（清）吴起凤等修，唐际虞等纂，光绪五年

(1879)刻本。

同治《绥宁县志》,(清)方传质修,龙凤翯纂,同治六年(1867)刻本。

同治《乾州厅志》,(清)蒋琦溥等修,张汉槎纂,同治十一年(1872)刻本。

道光《晃州厅志》,(清)张映蛟等修,俞克振等纂,道光五年(1825)修,民国二十五年(1936)铅印本

同治《永绥直隶厅志》,(清)周玉衡等修,杨瑞珍纂,同治七年(1868)刻本。

宣统《永绥厅志》,(清)董鸿勋纂修,宣统元年(1909)铅印本。

戴瑞徵《云南铜志》,收入方国瑜《云南史料丛刊》,云南大学出版社,2001年。

《湖南省志》第二卷"地理志·上",(长沙)湖南人民出版社,1962年。

《湖南省志》第一卷"湖南近百年大事纪述",(长沙)湖南人民出版社,1979年。

湖南省地方志编纂委员会:《湖南省志》第九卷"冶金工业",(长沙)湖南出版社,1993年。

四、著　作

章鸿钊:《石雅》,北平地质研究所,1921年。

[日]加藤繁:《唐宋时代金银之研究》,中国联合准备银行,1944年。日文原版书1926年由东洋文库出版。

丁文江:《中国官办矿业史略》,(北平)地质调查所,1928年;

马韵珂:《中国矿业史略》,上海开明书店1932年。

杨大金编:《现代中国实业志·下》,商务印书馆,1940年。

[日]平濑巳之吉:《近代支那经济史》,昭和十七年(1942)出版。

[日]芳贺雄:《支那矿业史》,(东京)电通出版部,昭和十八年

（1943）出版。

［英］李约瑟：《中国科学技术史》，剑桥出版社，1954年。

章鸿钊：《古矿录》，（北京）地质出版社，1954年。

赵泉澄：《清代地理沿革表》，（北京）中华书局，1955年。

杨宽：《中国古代冶铁技术的发明和发展》，（上海）上海人民出版社，1956年。

严中平：《清代云南铜政考》，（北京）中华书局，1957年。

汪敬虞编：《中国近代工业史资料》第二辑，（北京）科学出版社，1957年。

杨宽：《中国土法冶炼钢技术发展简史》，（上海）上海人民出版社，1960年。

王玺：《中英开平矿权交涉》，（台北）近代史研究所，1962年。

彭泽益编：《中国近代手工业史资料》，（北京）中华书局，1962年。

李恩涵：《晚清的收回矿权运动》，（台北）近代史研究所，1963年。

台湾矿业史编纂委员会：《台湾矿业史》，（台北）台湾省矿业研究会、台湾区煤矿业同业公会，1969年。

［日］里井彦七郎：《民众运动及其思想》，东京大学出版社，1972年。

北京钢铁学院中国冶金史编写组：《中国冶金简史》，（北京）科学出版社，1978年。

夏湘蓉、李仲均、王根元编著：《中国古代矿业开发史》，（北京）地质出版社，1980年。

童书业：《中国手工业、商业发展史》，（济南）齐鲁书社，1981年。

高冠民、窦秀英编著：《湖南自然地理》，（长沙）湖南人民出版社，1981年。

杨宽：《中国古代冶铁技术发展史》，（上海）上海人民出版社，1982年。

杨达：《唐代的矿产》，（台北）学生书局，1982年。

《中国自然地理·历史自然地理》，（北京）科学出版社，1982年。

韦庆远、吴奇衍、鲁素编:《清代的矿业》,(北京)中华书局,1983年。

卢荫兹:《中国古代科技之花》,(太原)山西人民出版社,1983年。

张朋园:《中国现代化的区域研究·湖南省,1860—1916》,(台北)近代史研究所,1983年。(又名《湖南现代化的早期进展(1860—1916)》,[长沙]岳麓书社,2002年。)

Tim Wright. *Coal Mining in China's Economy and Society 1895-1937*, Cambridge University Press, 1984.

许涤新、吴承明主编:《中国资本主义发展史》第一卷,《中国资本主义的萌芽》,(北京)人民出版社,1985年。

[美]费正清等编:《剑桥中国晚清史》,(北京)中国社会科学出版社,1985年。

吴晓煜等:《中国古代煤炭开发史》,(北京)煤炭工业出版社,1986年。

胡忠贵编著:《山西煤炭工业简史》,(太原)山西科学教育出版社1988年。

吴晗、费孝通等《皇权与绅权》,(天津)天津人民出版社,1988年。

[美]孔飞力著,谢亮生等译:《中华帝国晚期的叛乱及其敌人》,(北京)中国社会科学出版社,1990年。

中国近代煤矿史编写组:《中国近代煤矿史》,(北京)煤炭工业出版社,1990年。

董书城:《中国商品经济史》,(合肥)安徽教育出版社,1990年。

李仲均、李卫:《中国古代矿业》,(天津)天津教育出版社,1991年。

杭长松:《广西矿产资源开发史》,(南宁)广西人民出版社,1992年。

韦天蛟:《贵州矿产发现史考》,(贵阳)贵州人民出版社,1992年。

张朋园、杨翠华、沈松侨访问,潘光哲记录:《任以都先生访谈记录》,(台北)近代史研究所,1993年。

刘云彩:《中国古代冶金史话》,(台湾)商务印书馆,1994年。

刘泱泱主编:《湖南通史·近代卷》,(长沙)湖南出版社,1994年。

霍有光:《中国古代矿业成就及其他》,(西安)陕西师范大学出版社,1995年。

张伟然:《湖南历史文化地理研究》,(上海)复旦大学出版社,1995年。

杨纯渊:《晋煤开发史》,(太原)山西高校联合出版社,1996年。

龚胜生:《清代两湖农业地理》,(武昌)华中师范大学出版社1996年。

《中国矿床发现史》湖南卷,(北京)地质出版社,1996年。

·何堂坤、赵丰:《中华文化通志·科学技术·纺织与矿冶志》,(上海)上海人民出版社,1998年。

周振鹤:《地方行政制度志》,(上海)上海人民出版社,1998年。

Peter J. Golas, *Science and Civilisation In China*. Volume 5: *Chemistry and Chemical Technology*; Part 13: *Mining*. Cambridge university press 1999.

唐凌:《开发与掠夺——抗战时期的中国矿业》,(桂林)广西师范大学出版社,2000年。

李伯重:《江南的早期工业化》,(北京)社会科学文献出版社,2000年。

傅英:《中国矿业法制史》,(北京)中国大地出版社,2001年。

邹逸麟:《中国历史人文地理》,(北京)科学出版社,2001年。

曹树基:《中国人口史》第五卷"清时期",(上海)复旦大学出版社,2001年。

方志远:《明清湘鄂赣地区的人口流动与城乡商品经济》,(北京)人民出版社,2001年。

Elspeth Thomson, *Chinese Coal Industry-An Economic History* (Routledgecurzon Studies on the Chinese Economy, 2), Routledgecurzon Dec 27, 2002.

陈争平、龙登高:《中国近代经济史教程》,(北京)清华大学出版社,2002年。

[英]朱迪·丽丝著、蔡运龙等译:《自然资源·分配、经济学与政策》,(北京)商务印书馆,2002年。

瞿同祖著,范忠信等译:《清代地方政府》,(北京)法律出版社,2003年。

熊性美、阎光华:《开滦煤矿矿权史料》,(天津)南开大学出版社,2004年。

王菱菱:《宋代矿冶业研究》,(保定)河北大学出版社,2005年。

程建军:《风水与建筑》,(南昌)江西科学技术出版社,2005年。

韩汝玢、柯俊主编《中国科学技术史(矿冶卷)》,(北京)科学出版社,2007年。

王根元、刘昭民、王昶:《中国古代矿物知识》,(北京)化学工业出版社,2011年。

唐立宗:《坑利竞争:明代矿政、矿盗与地方社会》,(台北)政治大学历史系,2011年。

张以诚、刘昭民:《中国近代矿业史纲要》,(北京)气象出版社,2012年。

五、近人论文

王宠佑:《中国矿业历史》,《东方杂志》1919年第5期。

章鸿钊:《中国用锌之起源》,《科学》1923,8(3);《中国地质学会志》1923,2(1—2)。

章鸿钊:《再述中国用锌之起源》,《科学》1925,9(9)。

邓嗣禹:《唐代矿物产地表》,《禹贡》1934年第11期。

西耕:《历代采制矿质之趋势与其发生政治上经济上之影响》,《实业杂志》第199期,1934年。

铁丸:《隋唐矿业之史的考察》,《文化批判》1934年第4期。

刘兴唐:《古代矿业在文化史上的一考察》,《文化批判》1934年第

1期。

刘兴唐:《宋代矿业之史的考察》,《文化批判》1934年第6期。

陶希圣:《十六、七世纪间中国的采金潮》,《食货》1934年第2期。

[日]日野開三郎:《关于北宋时代的铜、铁的产量》,《东洋学报》第22卷1号,1934年。

[日]《关于北宋时代铜铁钱的需求与供给》,《历史学研究》6卷5—7号,1936年。

[日]中嶋敏:《关于支那湿式收铜法的沿革》,《东洋学报》第27卷第3号,1940年。

程郊章:《北宋一代国内之矿产经济》,《东亚经济》1943年第6期。

胡寄馨:《宋代银铜矿考》,《社会科学》(福建)1946年1、2期。

[日]里井彦七郎:《关于清代的矿业资本》,《东洋史研究》第11卷第1号,1950年9月。

[日]千叶焸:《北宋的矿山经营》,《东洋史学论集》2号,1954年。

[日]千叶焸:《南宋初期的矿业》,《东洋史学论集》3号,1954年。

张滥模:《从中国古代矿业看金属矿产的分布》,《科学通报》1955年9月。

白寿彝:《明代矿业的发展》,《北京师大学报》1956年第1期。

全汉昇:《山西煤炭资源与近代中国工业化的关系》,《中央研究院刊》第三辑,1956年版。

燕羽:《宋代胆铜的生产》,《化学通报》1957年第6期。

乔志强:《清末山西人民的收回矿权运动》,《山西师范学院学报》1957年第3期。

[日]宫崎市定:《宋代的煤和铁》,《东方学》1957年第3期。

吴子振:《中国古代浸析法采铜的成就》,《北京钢铁工业学院学报》1958年第5期。

[日]里井彦七郎:《清代铜、铅矿业的构造》,《东洋史研究》第17卷第1号,1958年6月。

华山:《宋代的矿冶工业》,《山东大学学报·历史版》1959年第2期。

秦佩珩:《关于明代的矿业及其他》,收入《明代经济史述论丛初稿》,河南人民出版社,1959年。

[日]里井彦七郎:《清代铜、铅矿业的发展》,《桃山学院大学经济学论集》2集,1961年3月。

[美]哈特威尔:《北宋时期中国铁煤工业的革命》,《亚洲研究杂志》1962年2月号。

张国辉:《中国近代煤矿业中的官商关系与资本主义的发生问题》《历史研究》1964年第3期。

张煜荣:《清代前期云南矿冶业的兴衰》,《云南矿冶史论文集》,云南历史研究所,1965年编印。

龚化龙:《明代采矿事业的发达和流毒》,《明代经济》1968年7月。

全汉昇:《清季西法输入中国前的煤矿水患问题》,《中国经济史论丛》第二册,(香港)新亚研究所出版,1972年。

[日]宫崎市定:《宋代的技术》,《中国科学技术史论集》,日本放送出版协会,1972年。

全汉昇:《清代云南铜矿工业》,(香港)中国文化研究所学报,1974年第1期。

苏云峰:《湖北近代工矿业之发展》,(台北)中央研究院近代史研究所集刊第九期,1980年。

傅衣凌:《王闿运〈桂阳直隶州志货殖传〉读后》,《中国古代史论丛》1981年第一辑。

彭泽益:《清代前期手工业的发展》,《中国史研究》1981年第1期。

方行:《清代北京地区采煤业中的资本主义萌芽》,《中国社会科学院经济研究所集刊》1981年第2期。

乔志强:《辛亥革命前的收回矿权运动》,《近代史研究》1981年第

3期。

钮仲勋:《魏晋南北朝矿业的分布与发展》,《历史地理》第二辑,上人民出版社,1982年。

李仲均:《中国古代采矿技术史略》,《科技史文集》第9辑,上海科学技术出版社,1982年。

新雨:《中国古代对煤的认识和利用》,《科技史文集》第9辑,上海科学技术出版社,1982年。

韦庆远、鲁素:《论清初商办矿业中资本主义萌芽未能茁壮成长的原因》,《中国史研究》1982年第4期。

韦庆远、鲁素:《清代前期的商办矿业和资本主义萌芽》,《清史论丛》第四辑,(北京)中华书局,1982年。

韦庆远、鲁素:《清代前期矿业政策的演变》(上、下),《中国社会经济史研究》1983年第3期、第4期。

杨余练:《康雍时期矿业政策的演变》,《社会科学辑刊》1983年第2期。

吴太昌:《国民党政府的易货偿债政策和资源委员会的矿产管制》,《近代史研究》1983年第3期。

姜铎:《开滦矿权被断送经过剖析》,蔡尚思:《论清末民初的中国社会》,(上海)复旦大学出版社,1983年。

郭声波:《历代黄河流域铁冶点的地理布局及其演变》,《陕西师范大学学报》1984年第3期。

杨涛:《明代万历年间矿税的原因初探》,《云南师范大学学报》1985年第6期。

杨涛:《明代万历中矿税监进奉内库考》,《云南师范大学学报》1986年第6期。

王颋:《元代矿冶业考略》,《历史地理研究》第一辑,复旦大学出版社1986年。

徐立志:《李鸿章与开滦煤矿(1878—1900)》,《河北师范学院学报》1987年第1期。

张建民:《"湖广熟、天下足"述论》,《中国农史》1987年第4期。

张建民:《清代湘鄂西山区的经济开发及其影响》,《中国社会经济史研究》1987年第4期。

潘君祥:《论官办基隆煤矿的创办和经营》,《中国社会经济史研究》1988年第1期。

王菱菱:《宋代矿冶经营方式的变革和演进》,《中国经济史研究》1988年第1期。

常玲:《清代云南的"放本收铜"政策》,《思想战线》1988年第2期。

潘向明:《评清代云南官治铜政》,《清史研究通讯》1988年第3期。

黄启臣:《万历年间矿业政策的论争》,《史学集刊》1988年第3期。

杨涛:《矿税大兴与明政权的解体》,《云南师范大学学报》1988年第3期。

周远廉:《万历后期的矿税之祸》,《历史论丛》1988年第3期。

丁长清:《开滦煤在旧中国市场上的运销初析》,《中国经济史研究》1988年第3期。

唐凌:《新桂系与广西矿业》,《广西师范大学学报(哲学社会科学版)》1989年第3期。

李华:《清代湖南的稻谷生产及其商品化》,《中国历史博物馆馆刊》1989年第10期。

薛国中:《宋代矿业中经营方式与产品所有权之变迁》,《湖北大学学报》1989年第1期。

郑享清:《试论晚清的保矿策略》,《史学月刊》1989年第6期。

余明侠:《李鸿章在中国近代矿业史上的地位》,《社会科学战线》1990年第1期。

李华:《清代湖南农村的采矿业》,《中国社会经济史研究》1990年第2期。

钟永宁:《试论十八世纪湘米输出的可行性问题》,《中国社会经济史研究》1990年第3期。

南炳文等:《关于万历年间的矿监税使》,《社会科学辑刊》1990年第3期。

于希贤:《中国风水地理的起源与发展初探》,《中国历史地理论丛》1990年第4期。

黄盛璋:《唐代矿冶分布与发展》,《历史地理》第七辑,上海人民出版社,1990年。

[韩]元廷植:《乾嘉年间北京的煤炭供应问题及其对策》,《东洋史学研究》第32辑,1990年。

张家炎:《清代江汉平原水稻生产评析》,《中国农史》1991年第2期。

张家炎:《清代中期江汉平原作物结构研究》,《古今农业》1991年第3期。

卞利:《明清时期徽州地区堪舆风行及其对社会经济的影响》,《安徽大学学报(哲学社会科学版)》1991年第3期。

李华:《清代湖南城乡商业的发达及其原因》,《中国社会经济史研究》1991年第3期。

赵连稳:《明万历年间矿税监乱鲁述略》,《齐鲁学刊》1991年第4期。

[日]吉田光邦:《关于宋代的铁》,收入《日本学者研究中国史论著选译》第十卷,中华书局,1992年。

张国雄:《"湖广熟、天下足"的经济地理特征》,《湖北大学学报》1993年第2期。

张国雄:《明清时期两湖外运粮食之过程、结构、地位考察》,《中国农史》1993年第3期。

王菱菱:《论宋代各级地方机构的矿冶业管辖权上》,《河北学刊》1993年第2期。

王菱菱:《论宋代各级地方机构的矿冶业管辖权下》,《河北学刊》

1993年第4期。

王菱菱:《论宋代边疆地区的矿冶禁采政策》,《宋史研究论丛》第三辑河北大学出版社,1993年。

高树林:《元朝冶炼户计研究——元朝"诸色户计"研究之三》,《中国经济史研究》1993年第3期。

曾晓玲等:《近代广西资本主义矿业的产生》,《广西师范大学学报》1993年第4期。

吴太昌:《近代中国钨、锑、锡业发展简史》,《开发研究》1993年第3期。

陈慈玉:《日据时期台湾煤矿业的发展》,《日据时期台湾史国际学术研讨会论文集》,(台北)"国立"台湾大学,1993年。

田淑华、石砚枢:《从考古资料看承德地区的辽代矿冶业》,《文物春秋》1994年第1期。

陈庆德:《清代云南矿冶业与民族经济大开发》,《中国经济史研究》1994年第3期。

张国雄:《"湖广熟、天下足"的内外条件分析》,《中国农史》1994年第3期。

丁长清:《中英开平矿务案始末》,《南开大学学报》1994年第4期。

唐凌:《广西近代矿产专业墟市难以形成的原因及其影响》,《广西师范大学学报(哲学社会科学版)》1995年第1期。

唐凌:《华侨对近代广西矿业的投资》,《八桂侨史》1995年第1期。

唐凌:《论国民政府资源委员会在广西的矿业经营活动》,《广西社会科学》1996年第5期。

唐凌:《抗战时期的中国煤矿市场》,《近代史研究》1996年第5期。

高荣盛:《元代匠户散论》,《南京大学学报》1997年第1期。

梅莉、晏昌贵、龚胜生:《明清时期中国瘴病分布与变迁》,《中国历史地理论丛》1997年第2期。

陈慈玉:《战时日本对东北煤业的统制》,《中华军史会会刊》1997年第3期。

[日]中嶋敏:《洪咨夔〈大冶赋〉》,《东洋研究》第125号,1997年11月。

[韩]元廷植:《清中期北京的煤炭不足和清朝的对策》,《中国社会经济史研究》1998年第3期。

李绍强:《论明清时期的铁业政策》,《文史哲》1998年第4期。

唐凌:《论广西近代的"极点型"与"双极线型"矿产圩市》,《广西民族研究》1998年第4期。

唐凌:《矿业在近代广西边疆开发中的作用》,《中国边疆史地研究》1999年第3期。

李玉:《湖南矿务总公司与晚清中外交涉》,《求索》1999年第5期。

王凯旋:《清代矿政述论》,《辽宁大学学报(哲学社会科学版)》2000年第1期。

王菱菱:《宋政府的矿产品收买措施及其效果》,《中国史研究》2000年第2期。

洪健业:《当"矿脉"遇上"龙脉"——清季台北鸡笼煤务史上的风水论述》上、下,《台湾风物》2000年第3、4期。

朱立芸:《近代西北金属矿业开发简论》,《开发研究》2000年第5期。

钟兴永:《清代湘米贸易论略》,《中国农史》2001年第1期。

刘玉峰:《唐代矿业政策初论》,《齐鲁学刊》2001年第2期。

刘莉亚:《论元代矿产品的流通政策》,《河北大学学报(哲学社会科学版)》2001年第3期。

陈慈玉:《战时经济统制下的台湾煤矿业》,《中国经济史研究》2001年第3期。

吴凤鸣:《我国早期矿产史料研究初探》,《北京化工大学学报(社会科学版)》2001年第2期。

吴凤鸣:《我国早期矿产史料研究初探(续)》,《北京化工大学学报(社会科学版)》2001年第4期。

薛亚玲:《中国历史上铜、锡矿业分布的变迁》,《中国经济史研究》2001年第4期。

王菱菱:《明代陆容〈菽园杂记〉所引〈龙泉县志〉的作者及时代——兼论宋代铜矿的开采冶炼技术》,《中国经济史研究》2001年第4期。

李玉:《袁世凯与晚清直隶矿权交涉》,《贵州师范大学学报(社会科学版)》2001年第4期。

杨三寿:《万历矿税大兴对官员的残害及其影响》,《云南师范大学学报》2001年第5期。

林枫:《万历矿监税使原因再探》,《中国社会经济史研究》2002年第1期。

匡济才:《抗战时期四川矿业发展述论》,《文史杂志》2002年第2期。

陈征平:《近代云南的矿业工业化与社会扩散效应》,《云南社会科学》2002年第2期。

王菱菱:《论宋代的胆铜生产》,《河北大学学报》2002年第3期。

侯峰、赵文红《矿冶业在清代云南开发中的作用》,《思茅师范高等专科学校学报》2002年第1期。

李玉:《论晚清矿章关于办矿洋商的规定及其效果》,《南京大学学报(哲学·人文科学·社会科学)》2002年第4期。

[日]中嶋敏:《宋代的矿业技术》,《东洋史学论集续编》,汲古书院,2002年。

赵文红:《17世纪后期至19世纪中期云南矿冶业获得长足发展的原因初探》,《思茅师范高等专科学校学报》2003年第1期。

胡小鹏:《元代的系官匠户》,《西北师大学报》2003年第2期。

李玉:《晚清中外合办矿务的"四川模式"》,《西南交通大学学报

（社会科学版）》2003年第2期。

林荣琴:《清代区域矿产开发的空间差异与矿业盛衰》,《中国社会经济史研究》2003年第3期。

王德泰:《简论清代云南"放本收铜"政策的实施》,《天水师范学院学报》2003第3期。

刘莉亚:《元代国家各级机构的矿冶业管理权》,《中国经济史研究》2003年第3期。

刘莉亚、陈鹏:《元代系官工匠的身份地位》,《内蒙古社会科学》2003年第3期。

王德泰:《简论清代云南"放本收铜"政策的实施》,《天水师范学院学报》2003第3期。

吕昭义等:《清代云南矿厂的帮派组织剖析——以大理府云龙州白羊厂为例》,《云南民族大学学报（哲学社会科学版）》2003年第4期。

陈征平:《清代云南铜矿开发的制度演化及"官冶铜政"的特征》,《思想战线》2003年第5期。

陈慈玉:《日治时期北台湾的煤矿灾变》,《台湾"国立"政治大学历史学报》第二十期,2003年。

李强:《论雍正时期的铜禁政策》,《学术界》2004年第1期。

张燕萍:《抗战时期资源委员会特种矿产统制述评》,《江苏社会科学》2004年第3期。

杨煜达:《清代中期（公元1726—1855年）滇东北的铜业开发与环境变迁》,《中国史研究》2004年第3期。

王菱菱:《宋代金银的开采冶炼技术》,《自然科学史研究》2004年第4期。

唐凌:《近代广西民营矿业公司股票研究》,《广西大学学报（哲学社会科学版）》2004年第4期。

张保强:《唐代西南地区矿冶业分布初探》,《乐山师范学院学报》2004年第11期。

王娟、鲁戈:《林则徐在云南的矿务活动》,《河南理工大学学报(社会科学版)》2005年1期。

赵文红:《17世纪后期至19世纪中期云南矿冶业的社会影响》,《学术探索》2005年第2期。

刘利平:《略论明代的金银矿业政策》,《肇庆学院学报》2005年第3期。

肖自力:《论民国年间(1914—1949)赣南钨业之发展》,《中国社会经济史研究》2005年第3期。

肖自力:《民国时期钨砂走私现象探析》,《近代史研究》2005年第4期。

范玉春:《矿业移民与西南地区社会变迁的个案分析——以广西合山煤矿开发及移民为例》,《中国边疆史地研究》2005年第4期。

孟庆山:《辽代矿产资源的开发与利用》,《辽宁工程技术大学学报(社会科学版)》2005年第5期。

李建国:《抗战时期中国特矿运输研究》,《南京社会科学》2006年第2期。

许可,戴建兵:《清乾隆朝省局铜政略述》,《江苏钱币》2006年第3期。

肖自力:《论中央苏区对江西钨矿的开发与钨砂贸易》,《中共党史资料》2006年第3期。

肖自力:《论抗战以前广东与赣南钨业的开发》,《江西社会科学》2006年第6期。

蓝勇:《清代滇铜京运路线考释》,《历史研究》2006年第3期。

蓝勇:《清代滇铜京运对沿途的影响研究——兼论明清时期中国西南资源东运工程》,《清华大学学报:哲学社会科学版》2006年第4期。

梁华:《清代矿业投资政策演变分析》,《西北师大学报(社会科学版)》2006年第6期。

胡小鹏、狄艳红:《略论元代的矿冶制度》,《西北师大学报(社会科学版)》2006第6期。

刘利平:《明正统以降银矿盗采活动及政府对策》,《兰州学刊》2006年第11期。

纪辛:《1927—1937年国家资本主义在矿业中的恢复——以煤矿业为例》,刘兰兮主编:《中国现代化过程中的企业发展》(福州)福建人民出版社,2006。

温春来:《清前期贵州大定府铅的产量与运销》,《清史研究》2007第2期。

戴建兵、许可:《清代铜政略述》,《江苏钱币》2007年第3期。

肖自力:《战时日本对中国钨砂的劫掠与国民政府的应对》,《抗日战争研究》2007年第1期。

肖自力:《江西钨业风潮(1928—1931年)述论》,《历史教学》(高校版)2007年第3期。

肖自力:《国民政府钨砂统制的尝试与确立》,《历史研究》2008年第1期。

梁华:《近代时期官办、官督商办煤矿的政府约束因素分析》,《中国经济史研究》2007年第3期。

陈海连、高瑄:《从〈滇南矿厂图略〉看清代云南铸币铜矿的运输问题》,《内蒙古师范大学学报(自然科学汉文版)》2007年第6期。

高宏:《清代中前期云南铜矿的开发及对交通的影响》,《边疆经济与文化》2007年第8期。

林荣琴:《清代湖南矿产品的产销——以铜、铅、锌、锡矿为中心》,《中国社会经济史研究》2007年第1期。

林荣琴:《清代湖南矿业开发的分布与格局(1644—1874)》,《历史地理》第二十二辑,(上海)上海人民出版社,2007年。

王力:《20世纪初期中日煤炭贸易的分析》,《中国经济史研究》2008年第3期。

王承文:《论唐代岭南地区的金银生产及其影响》,《中国史研究》2008年第3期。

卫钰:《康熙年间云南铜矿开采政策试探》,《湖南科技学院学报》

2008年第11期。

衷海燕:《明清粤东山区的矿产开发与生态环境变迁》,《学术研究》2009年第10期。

谢乾丰:《明代银矿冶业政策及其生产经营方式简析》,《兰台世界》2009年第12期。

贺喜:《乾隆时期矿政中的寻租角逐:以湘东南为例》,《清史研究》2010年第2期。

袁轶峰:《清前期黔西北的矿业开发与生态环境变迁》,《贵州大学学报(社会科学版)》2010年第3期。

林荣琴:《清代湖南矿业的兴衰(1644—1874)》,《中国经济史研究》2010年第4期。

林荣琴:《坑冶"十害论"与清代郴州的矿业》,《明清长江下游地区人文地理专题学术研讨会论文集》,复旦大学历史地理研究中心,2010年。

马琦:《论清代黔铅兴起的原因和背景》,《贵州大学学报(社会科学版)》2010年3期。

马琦:《清代各省采买滇铜的运输问题》,《学术探索》2010年第4期。

马琦:《清代黔铅运输路线考》,《中国社会经济史研究》2010年第4期。

马琦:《清代黔铅的产量与销量——兼评以销量推算产量的方法》,《清史研究》2011年第1期。

王德泰:《清代云南铜矿开采中"底本银"制度考》,《中国经济史研究》2011年第3期。

王德泰、强文学:《清代云南铜矿的开采规模与西南地区社会经济开发》,《西北师大学报(社会科学版)》2011年第5期。

袁轶峰:《清代黔西北矿业开发对毕节试验区建设的启示》,《毕节学院学报》2011年第6期。

杨煜达:《清代中期云南铜矿分布变迁与驱动力分析》,《地理学核心问题与主线——中国地理学会 2011 年学术年会暨中国科学院新疆生态与地理研究所建所五十年庆典论文摘要集》,2011 年。

凌永忠:《论抗日战争时期的云南铜业》,《中国边疆史地研究》2012 年第 1 期。

凌永忠:《论抗日战争时期云南铜业的贡献》,《思想战线》2012 年第 2 期。

贺喜:《明末至清中期湘东南矿区的秩序与采矿者的身份》,《中国社会经济史研究》2012 年第 2 期。

刘朝辉:《嘉道时期滇铜供应问题探析——兼论嘉道时期云南铜矿之衰落》,《云南师范大学学报(哲学社会科学版)》2011 年第 4 期。

刘朝辉:《嘉庆道光年间滇铜京运问题探析》,《内蒙古师范大学学报(哲学社会科学版)》2012 年第 3 期。

图表索引

图1-1　湖南省主要构造体系示意图 ·················· 34
图1-2　湖南省现代矿产资源分布图 ·················· 36
图2-1　清代湖南金属矿出产图 ······················ 64
图2-2　清代湖南非金属矿出产图 ···················· 65
图2-3　各等级矿厂（点）占总数比示意图（1644—1874年） ····· 71
图2-4　矿厂（点）的地区分布格局（1644—1874年） ········ 72
图2-5　铜、铅、锌、锡矿厂（点）在采数量和种类的地区差异
　　　　（1644—1874年） ···················· 74
图2-6　铜、铅、锌、锡矿厂（点）各等级的地区差异
　　　　（1644—1874年） ···················· 74
图2-7　铜、铅、锌、锡矿厂（点）各矿种的数量与等级差异
　　　　（1644—1874年） ···················· 75
图2-8　清代湖南在采铜、铅、锌、锡矿厂（点）的分布与开发格局
　　　　（1644—1874年） ···················· 81
图2-9　煤矿开发与封禁中的"制约—需求"模式 ············ 90
图2-10　清代湖南金、银矿开发的分布（1644—1874年） ······ 106
图2-11　清代湖南矿业开发的地理格局（1644—1874年） ······ 108
图3-1　在采铜、铅、锌、锡矿厂（点）的数量变化
　　　　（1644—1874年） ···················· 113
图3-2　在采铜及含铜矿厂（点）的数量变化
　　　　（1644—1874年） ···················· 114

395

图 3-3	在采铅锌及含铅锌矿厂（点）的数量变化（1644—1874 年）	115
图 3-4	在采锡及含锡矿厂（点）的数量变化（1644—1874 年）	116
图 3-5	康熙、雍正年间在采铜、铅、锌、锡矿厂（点）的分布	128
图 3-6	乾隆年间在采铜、铅、锌、锡矿厂（点）的分布	135
图 3-7	嘉庆十年以后在采铜、铅、锌、锡矿厂（点）的分布	139
图 3-8	清代湖南煤矿开发的分布与变迁（1644—1874 年）	142
图 3-9	煤矿在采地区的数量变化（1644—1874 年）	143
图 3-10	清代湖南铁矿开发的分布与变迁（1644—1874 年）	146
图 3-11	铁矿在采地区的数量变化（1644—1874 年）	146
图 5-1	九嶷山图	222
图 5-2	风水宝地环境模式	225
图 5-3	叶于梅描述的虞陵风水图	225
图 7-1	晚清湖南开采的主要金属矿产的分布	290

表 1-1	清代湖南省行政区简表（嘉庆二十五年）	27
表 1-2	唐代湖南境内的矿产及其分布	40
表 1-3	宋代湖南境内的矿业机构和矿产的分布	42
表 1-4	明代湖南省境内的矿产及其分布	47
表 2-1	湖南各州县铜、铅、锌、锡矿厂（点）分布及开采数量、等级表	70
表 2-2	乾隆五十年郴、桂二州矿产量（单位：万斤）	78
表 2-3	郴、桂二州铅锌矿年产量比较表（单位：万斤）	79
表 2-4	湖南封禁的煤矿（1644—1874 年）	88
表 2-5	湖南封禁的铁矿（1644—1874 年）	94
表 2-6	湖南开采的金矿矿点（1644—1874 年）	97
表 2-7	湖南开采的银矿矿点（1644—1874 年）	98
表 2-8	硫磺矿的采、禁（1644—1874 年）	101

表 2-9	硝土矿的采、禁(1644—1874年)	102
表 3-1	各阶段在采铜、铅、锌、锡矿厂(点)数量与等级表(1644—1874年)	112
表 3-2	清代宝南钱局铸炉数量的变化	121
表 3-3	康熙朝湖南在采铜、铅、锌、锡矿厂(点)及其分布	126
表 3-4	雍正朝湖南在采铜、铅、锌、锡矿厂(点)及其分布	127
表 3-5	乾隆初至嘉庆九年湖南在采铜、铅、锌、锡矿厂(点)及其分布	136
表 3-6	嘉庆十年以后在采矿厂(点)及其分布	139
表 4-1	清代宝南钱局铸炉数量的变化	189
表 4-2	宝南钱局鼓铸制钱原料配比及其变化	190
表 4-3	宝南钱局鼓铸中铜、铅、锌等矿的用量(单位:斤)	191
表 4-4	《云南铜志》记载历年湖南从云南采买铜矿之数量(单位:斤)	193
表 4-5	外省到湖南采买铅矿个别年份数量之估算(单位:斤)	194
表 4-6	湖南铜矿产销量之估算(单位:斤)	195
表 4-7	湖南部分年份锌矿产销量之估算(单位:斤)	196
表 4-8	湖南铅矿产量最低值之估算(单位:斤)	200
表 6-1	煤和铁的流通	243
表 7-1	光绪、宣统时期湖南矿业的分布	270
表 7-2	1898年后经整理继续开采的矿厂(点)	277
表 7-3	晚清湖南开采的金矿矿点	283
表 7-4	晚清湖南铜、铅、锌、锡矿开发的分布	284
表 7-5	晚清湖南锑矿开发的分布	287